D1689673

Hagen Twente

Das Beschütz Mich

*Über das Leben eines Vaters im Allgemeinen
und das Umgangsverfahren im Speziellen*

In Deutschland werden jährlich rund 40.000 Umgangsverfahren verhandelt, bei denen 80 Prozent der Väter um ihre Kinder kämpfen. Dieser einzigartige Roman beleuchtet nicht nur das komplexe und oft undurchsichtige Geflecht von Familiengerichtsprozessen, sondern bietet auch einen intimen Einblick in das Leben des Autors. Durch Reinhold Voss, einem Experten im Umgangsverfahren, gewinnt der Autor schließlich das Recht, Vater zu sein. *Das Beschütz Mich* zeigt, welche Schlüsselrollen verschiedene Verfahrensbeteiligte spielen und wie man das scheinbar Unmögliche erreichen kann: einen Gerichtsbeschluss, der den Kindern ihren Vater zurückgibt. Parallel dazu entfaltet sich eine berührende Erzählung über Kindheit, Jugend und die unzerbrechliche Liebe zu den eigenen Kindern. Ein leidenschaftliches Plädoyer für die Rechte der Väter und eine emotionale Reise durch das Leben.

Hagen Twente, der über drei Jahre unermüdlich für seine Kinder kämpfte, hält seine Erlebnisse in *Das Beschütz Mich* fest. Wohnhaft in Hamburg, präsentiert er dieses emotionale Werk als sein Debüt. Parallel dazu hat er auch ein Kinderbuch verfasst, *Lukke und Lykka auf der Suche nach der Sonne*. Beide Bücher zeigen Twentes vielseitiges Schreibtalent.

Hagen Twente

DAS BESCHÜTZ MICH

Über das Leben eines Vaters im Allgemeinen und das Umgangsverfahren im Speziellen

Impressum

© 2024 Hagen Twente
1. Auflage

Umschlag, Illustration: Tamara Foerster
Lektorat, Korrektorat: Karolina Schucht
Herstellung und Verlag: BoD - Books on Demand, Norderstedt

ISBN
Paperback   978 3759 721 372
Hardcover   978 3759 749 222
Auch als e-Book erhältlich

Das Vervielfältigen, Nachdrucken und Kopieren ist auch in kleinen Textteilen nicht gestattet und wird mit rechtlichen Schritten verfolgt. Dieses Werk ist einschließlich all seiner Teile urheberrechtlich geschützt. Jede Verwertung, die über die engen Grenzen des Urheberrechtsgesetzes hinausgeht, ist ohne schriftliche Zustimmung des Autors unzulässig und strafbar. Dies gilt insbesondere für Vervielfältigungen, Übersetzungen, Mikroverfilmungen sowie die Speicherung in elektronischen Systemen.
Für Satz- und Druckfehler keine Haftung.

Alle Rechte vorbehalten: Hagen Twente

Für mehr Informationen, Anmerkungen etc.: kontakt@hagentwente.de

Für meine Kinder. Für Hartmut.

INHALTSVERZEICHNIS

Boom, voll ins Gesicht 11
Taj Mahal..31
ASD 41
Meine Vaterrolle – Teil I 46
Sven 50
Meine Vaterrolle – Teil II..55
Gerichtsverfahren Begleiteter Umgang.....................................72
Sankt Pauli ist immer da...87
Psychowochen 96
Die Strafakte..108
Hauptsacheverfahren 139
James Brown is Dead 147
Papa Mama Opa Oma Sohn..162
Wiedersehen 173
SHG I...185
Die Ratte Kleinfeld...188
SHG II 193
Weihnachten..197
Das Gutachten 209
Die Kartoffelfrau 218

Lukke und Lykka auf der Suche nach der Sonne 225

Boxen 235

Isolation 246

Chemical Romances 255

Sprengkommando Voss 270

Auswärtsspiel 290

Das Beschütz Mich 299

Begleitete Umgänge 314

Die Zeitschleife 321

Mediation 337

Der Beschluss 353

Alles oder Nichts 366

Dead Man Walking 376

Runde 12 384

Epilog I 394

Epilog II 398

DAS BESCHÜTZ MICH ist ein Roman, kein Ratgeber und kein Sachbuch. Zu Risiken und Nebenwirkungen fragen Sie bitte Ihren Arzt oder Ihre Anwältin.

Bei allen zitierten Schreiben, Gutachten und Beschlüssen handelt es sich um fiktive Texte.

BOOM, VOLL INS GESICHT

21.02.2013

Noch zehn Minuten und das Leben, das ich geliebt, für das ich alles gegeben habe; ein gelungenes, ein tolles Leben, wird unwiderruflich beendet sein. Es wird nicht mehr existieren.

Feierabend! Muckel muckel, in der Küche. Levke hat wieder mal Scheißlaune. Da kommt man nach getaner Arbeit nach Hause, öffnet das Gartentor, der Hund kommt angerannt, die Kinder auch. Alle streicheln, küssen, hochheben, hochwerfen (außer den Hund!), super. So soll es sein.
Wenn da nicht „Schlechte-Laune-Levke" wäre, die neuerdings gar nicht mehr grüßt. Sehr witzig. Die schafft's doch immer wieder, mir mit den einfachsten Mitteln die Laune zu versauen. Na ja, man gewöhnt sich ja an alles. Woran ich mich aber bestimmt nicht gewöhne, ist diese Mütze. Levke trägt seit Kurzem immer eine selbst gestrickte, kleine Mütze aufm Kopf. Also nicht nur auf der Straße, nee, auch zu Hause. Ich lebe mit dem Rabbi von Finkenwerder zusammen. Dabei hat Levke doch mit Religion nichts am Hut, beziehungsweise an der Mütze. Das soll mal wieder jemand verstehen. „Immer was Neues, nur nichts Gutes" – würde meine Mutter sagen, Gott hab sie selig. Ich meine, was soll der Quatsch, ich trage schließlich auch keinen Turban. Würde auch kacke aussehen. Levkes Mützen-Look geht mir jedenfalls so richtig aufn Sack. Ich habe sie mal gefragt, ob sie damit irgendetwas ausdrücken will. Nö, will sie nicht. Sie fühlt sich so wohler. Ich würde mich auch wohler fühlen, wenn ich mittags ein, zwei Jägermeister trinken würde. Mache ich aber nicht. Levke macht das bestimmt nur, weil sie weiß, dass sie mich damit ärgern kann. Tja, und das schafft sie ja auch. Außerdem werden ihre wunderschönen, schwarzen Haare immer

kürzer. Levke könnte mich ja mal mit einem Lack-und-Leder-Outfit überraschen, hier ist aber, wie so oft, der Wunsch der Vater des Gedankens. Vielleicht sollte ich mir wirklich mal mittags einen Jägermeister genehmigen.

Irgendwie und irgendwann hatten wir keine richtig schöne Beziehung mehr. Also nicht wie Bernhard und Bianca, die Mäusepolizei. Levke hasst übrigens die Polizei. Ich habe meiner Tochter den Schlachtruf: „Ich bin nichts, ich kann nichts, gebt mir eine Uniform!" beigebracht. Den hat sie immer gerufen, wenn wir Bundespolizisten in ihrer Kampfmontur sahen. Lustig war das. Ein kleines Mädchen, das den Hero-Turtles lachend „Ich bin nichts, ich kann nichts, gebt mir eine Uniform" ins Gesicht geschrien hat. Klasse! „So, Ida Marie, jetzt noch einmal ganz laut!!" Ich glaube, dass sogar die Cops grinsten. Das hat sie sowieso nur bei den Robocops gerufen. Bei der normalen Schmiere hat sie immer nur gelacht, gewunken und freudig geschaut. Tolles Mädchen. Aber zurück zu Levke und mir. Dick und Doof? Nee, gelacht wird bei uns schon lange nicht mehr, Levke geht zum Lachen immer in den Keller und mir bleibt das Lachen neuerdings immer im Hals stecken. Levke hat ein Lachverbot für Erwachsene verhängt. Dabei haben wir früher so viel gelacht. Levke lachte viel über mich, aber irgendwann hat sie damit aufgehört. Vielleicht sind meine Witze schlechter geworden oder sie kannte schon alle. Allerdings sind die Witze von Fips Asmussen ja auch immer die gleichen, seit über 50 Jahren, aber immer noch lachen die Leute darüber.

Hatten wir vielleicht eine Beziehung wie Siegfried und Roy? Ja, das passt. Ich bin nämlich der, der sich in der Beziehung dermaßen verrenkt, um dem anderen zu gefallen, bis er dann im Rollstuhl sitzt. Oder wie war das? Roy hatte doch seinen Kopf in das Tigermaul gesteckt und happs, zapzarap, Nase ab. Wie doof muss man sein.

Selbst schuld. „Noch'n Arschvoll dazu", hätte meine Mutter gesagt. Ehrlich gesagt, sind Levke und ich nur noch wegen der Kinder zusammen. Sigfried und Roy bestimmt auch nur wegen der Tiger. Kinder können die ja keine haben, also jedenfalls keine selbstgemachten. Wenn sie wirklich Kinder hätten haben wollen, hätten die beiden sich ja welche herzaubern können. Siegfried und Roy zaubern ja schließlich auch ausgewachsene Elefanten herbei. Da dürfte ein Drei-Kilo-Baby eigentlich kein Problem darstellen. Aber wahrscheinlich wollten Siegfried und Roy gar keine Kinder und vermutlich können sie gar nicht richtig zaubern. Wenn sie sich ein Baby herzaubern würden, würde irgendwo anders sicher eins fehlen. Ich glaube, das muss das Schlimmste für Eltern sein, wenn ihr Kind verschwindet. Beim Elefanten kann man mal ein Auge zudrücken, der findet sich leichter wieder an, weil er ja viel größer ist. Wenn einer von diesen Zauberern eines meiner Kinder wegzaubert hätte, würde ich dem, dem der Tiger den halben Kopf weggebissen hat, noch den restlichen Teil vom Kopf zu Brei schlagen und der Unversehrte könnte sich schon mal einen Platz in der Reha suchen. Levke können die meinetwegen gern wegzaubern, aber ehrlich, was sollen die beiden mit Levke? Die würden sie bestimmt ganz schnell wieder zurückbringen beziehungsweise zurückzaubern. Zaubern die beiden überhaupt noch? Oder hat sich das seit dem Tigerunfall ausgezaubert? In meiner Beziehung ist das jedenfalls leider so. Der Zauber ist vorbei, Aschermittwoch. Drauf geschissen! Dafür kann „Schlechte-Laune-Levke" gut kochen und backen. Ich freue mich jetzt schon auf die nächste Donauwelle von Levke.

Heute Morgen bin ich, wie immer um sechs Uhr, nach der ersten Hunderunde aus dem Haus. Das mache ich immer so früh, damit ich Levke morgens nicht über den Weg laufe. Levke ist ein Morgenmuffel. Ganz, ganz schlimm und damit sie mich morgens nicht mit ihrer Muffeligkeit ansteckt, mache ich mich rechtzeitig vom Acker. Nach der Arbeit bin ich heute noch mit Sweety, unserem lustigen Mischling, zum Tierarzt. Der blöde – aber so süße! – Köter muss ständig zum Tierarzt. Levke wollte unbedingt wieder einen Hund und die Kinder natürlich auch. Und wer darf morgens die erste Runde mit dem Hund gehen? Und die letzte? Und zum Tierarzt? Ich! Das wäre ja eigentlich auch okay, wenn Levke nicht arbeitslos wäre. Also so richtig arbeitslos ist sie nicht. Sie hat vor einem halben Jahr ihren alten Job gekündigt und bereitet seither ihre Selbstständigkeit vor. Ja, wenn sie das denn mal täte. Eigentlich macht sie seit einem Jahr nichts anderes als ihr Engagement in der Bürgerinitiative „Finkenwerder gegen Windkraft". Levke will unbedingt die geplanten Windkraftanlagen bei Finkenwerder verhindern. Was haben wir deswegen schon gestritten! Ich finde Windkraft wie Solarkraft toll. Was für eine tolle Technik, um Energie zu gewinnen. Energiegewinnung mit einem Rohstoff, der umsonst ist, was soll denn daran schlecht sein? Ein Atomkraftwerk oder eine Kohlemine will sie aber auch nicht im Garten haben. Der einzige Grund, warum Levke die Windräder verhindern will, ist doch, weil ihr Vater von einem dieser Windräder in den Tod gesprungen ist. Möllemann lässt grüßen. Levke hat es allerdings nie wahrhaben wollen, dass sich ihr Vater in den Tod gestürzt hat. Mein Vater hat sich an einer Heizung aufgehangen und weil ich das akzeptiert habe, kann ich auch in Häusern ohne Fußbodenheizungen wohnen. Ich denke, dass ein großes Problem in der heutigen Gesellschaft ist, dass niemand mehr etwas aushalten kann, keine Schmerzen, keine Entbehrungen, keinen Druck, immer gleich nur Mimimi.

Verhinderung von Windrädern, Turbolenzstörungen, Schallentwicklungen, Schattenwurf, Lichtreflexion, Mikroklima, Vogelkiller. Von morgens bis abends das gleiche Thema. Ich habe bereits einen schweren Tinnitus und Blumenkohlohren. Außerdem bekommen wir kaum noch Besuch, weil keiner das Geschwaller und Geschwurbel von dieser Bürgerinitiative mehr hören kann. Gruselig. Aber ich halte auch das aus. Bleibt mir ja auch nichts anders übrig, wenn ich hier wohnen bleiben will und das möchte ich eigentlich ganz gerne. Schon allein wegen der Kinder und unserer gemütlichen Bauernkate, in der wir leben. Dann ist da noch mein so schöner Arbeitsweg. Ich fahre immer mit dem Auto zum alten Elbtunnel und dann mit dem Rad unter der Elbe nach Sankt Pauli. Dieses Radeln durch den Elbtunnel, morgens und abends ist immer ein Highlight meines Tages. Irgendwann wird der Plan mit den Windrädern verworfen, wie Levke das will. Vorher wird Levke nämlich nicht damit aufhören und dann habe ich auch wieder meine Ruhe. Bestimmt bilden sich dann die Blumenkohlohren zurück. Allerdings wird es nicht lange dauern, bis Levke ein neues Thema hat, mit dem sie sich den ganzen Tag über beschäftigen kann. Mit etwas Glück ist es diesmal das Kamasutra, die indische Liebeskunst in der westlichen Welt. Aber auch da ist wohl eher der Wunsch der Vater des Gedankens. Kann ich gleich vergessen. Die Hoffnung stirbt zwar zuletzt, aber sie stirbt. Also muckel muckel, in der Küche.

Es klingelt an der Tür. Entweder Jan oder Birgitt. Bitte nicht Birgitt. Ökofeministin Birgitt ist die beste Freundin von Levke und trägt Oberlippenbart, wie Stalin. Birgitt wäre bestimmt gerne Stalin. Dann würde sie sofort alle Werbung mit nackter Frauenhaut verbieten und Frauen dürften ihre Beine nie mehr enthaaren. Deodorant gäbe es auch nicht mehr und Männer würde sie auch verbieten. Nee, da übertreibe ich. Männern wäre es jedenfalls verboten, jüngere Frauen zu vernaschen. Ihr Kerl ist nämlich mit einer Jüngeren durchgebrannt. Tja Birgitt, rate mal, warum. Sollte man Birgitt fragen, welche einflussreiche Person sie gerne wäre, würde sie mit Sicherheit sagen: „Rosa Luxemburg, Gandhi, Fidel Castro" oder so einen Quatsch. Aber denken würde sie „Stalin", wegen des Bartes und wegen der Macht. Ich wäre gerne Charlie Sheen, wegen der Frauen. Sagen würde ich allerdings Bruce Willis, einer der letzten Helden unserer Zeit. Dann würde Birgitt wieder nölen: „Bruce Willis ist doch nur eine Filmfigur, das passt ja mal wieder zu dir, Hagen!" Ja eben, das passt zu mir und Stalin passt zu dir, wegen der Macht und des Bartes, du blöde Kuh.

Haben die alle kein Zuhause? Na, bestimmt nicht so ein Schönes. Jonny macht auf.
„Hagen, da sind zwei Menschen an der Tür!"
Oh, zwei Menschen, GEZ? Nein, die kommen immer allein. Warum geht Levke denn nicht hin? Die könnte doch die Menschen mit ihrer schlechten Laune vertreiben. Mittlerweile macht hier jeder, was er will. Also dem Sohn zu Hilfe eilen.
„Ja bitte, was ist hier los?"
Tatsächlich zwei Menschen, sehen nicht aus wie Jehovas oder wie heißen diese Kirchenburschen mit den netten Anzügen – Mormonen? Obwohl, die haben doch immer so weiße Anstecker am Revers und eine Bibel in der Hand. Sind auch nie Frauen dabei. Die beiden sehen auf jeden Fall nicht gefährlich aus. Die Frau sogar ganz flott.
„Kripo Hamburg, sind Sie Herr Twente?"
Dann zeigen beide ihre Plastikkarte. Ha, wie im Film.
„Ja, der bin ich?"
„Schlechte-Laune-Levke" gesellt sich im Flur dazu. Ja, wenn es spannend wird, kommen sie alle. Ich sage zu Levke:
„Hab ich irgendwas verpasst?"
„Ich wollte dir das noch sagen."
Boah, da stellt sich plötzlich ein ganz unangenehmes Gefühl ein. Da droht Gefahr. Der Mensch erkennt sowas. Ist ja auch nicht so schwer. Aus Langeweile kommt die Kripo Hamburg sicher nicht zum Abendbrot vorbei. Was wollen die von mir? Was wollte Levke mir noch sagen? Was will die Kripo hier? Was hat Levke damit zu tun? Levke hat bestimmt irgendjemanden angezeigt. Womöglich den Hamburger Umweltminister, damit er ins Gefängnis kommt und

die Finkenwerder Windräder eingestampft werden. Aber was habe ich damit zu tun? Ich habe schließlich niemanden angezeigt. Ich habe die letzten Jahre auch nichts gemacht, was den Besuch der Kripo rechtfertigen könnte.

„Können wir Sie unter vier Augen sprechen?", fragt der männliche Beamte. Bestimmt meint er unter sechs Augen oder darf die Frau, die er mitgebracht hat, nicht mitsprechen? Vielleicht muss sie ja die Tür sichern. Levke schnappt sich die Kinder und verschwindet im Wohnzimmer, will die Lütten vor dem Fernseher fixieren. Klappt immer. Die Kinder dürfen sehr wenig fernsehen. Fernsehen ist für beide etwas ganz Besonderes. Da verlieren meine Kinder sogar das Interesse an der Kripo Hamburg.
„Ja, gehen wir in die Küche."
Wir drei also in die Küche. Der Mann stellt einen Alu-Koffer auf den Tisch und legt eine rosa Mappe darauf.
„Herr Twente, gegen Sie wurde Anzeige wegen sexuellen Missbrauchs an Ihrer Tochter Ida Marie erstattet."

Boom, voll ins Gesicht.

In meinem Kopf fängt es an zu rauschen. Ich merke, wie ich zusammensacke, bleibe zwar noch stehen, aber es fühlt sich so an, als ob ich zusammensacke. Mir wird schlecht und mein Herz donnert in meiner Brust.
„Oh, super!" Das ist doch mal ein guter Spruch.
Die meinen das ernst.
„Wollen Sie sich zu dem Vorwurf äußern?"
„Nein." – In der Kürze liegt die Würze, wir sprechen nämlich nicht mit der Polizei.
Da fliegt die Tür auf, Levke stürmt rein.
„Wie hat er reagiert? Wie hat er reagiert?"

Gute Fragen darf man zweimal stellen, denke ich. Gar nicht hat er reagiert. Blöde Frage, wie hat die Fußgängergruppe reagiert, als der Wagen sie erfasste und alle tötete? Gar nicht haben die reagiert, grundsätzlich sind Fußgänger nämlich überfordert mit solch einer Situation. Ich bin auch überfordert. Sind hier alle verrückt geworden? Levke ist verrückt geworden. Jetzt habe ich den Salat.

„Levke, du bist krank! Wer steckt dahinter? Ich will den Namen wissen! Den Scheiß hast du dir nicht allein ausgedacht!"

Die flotte Kripobeamtin zieht mit der Hand ihre Jacke auf, damit ich ihre Waffe sehen kann. „Herr Twente, wenn Sie jetzt eine falsche Reaktion zeigen, nehmen wir Sie sofort in Haft."

Oh, jetzt wird's richtig lustig. Jetzt bloß keine falsche Reaktion zeigen.

„Nein, nein, nein, alles bestens, ich bleib ruhig, keine Gefahr."

Was denken die denn, dass ich es auf eine Schießerei in meiner Küche ankommen lasse? Das ist mein Zuhause und ich werde gerade in meiner Küche mit einer Waffe bedroht.

„Levke, wer steckt dahinter? Was soll dieser Scheiß?" – Keine Antwort, nur ein blödes Gesicht.

„Levke, du bist krank!"

Scheiße, scheiße, scheiße. Ich merke, wie ich zu zittern anfange. Meine Hände zittern richtig heftig. Da stehen wir vier nun in der Küche. Ich vorm Herd. Die Kripofrau mit der Wumme vor der Tür zum Garten und der dicke Kripomann daneben, Levke neben der Tür zum Flur. Ich soll meine Tochter missbraucht haben. Wer denkt sich denn so einen Scheiß aus? In meinem Kopf dreht sich alles. Jetzt wird mir auch noch schlecht... Das kann doch wohl nicht wahr sein.

„Herr Twente, wir können Sie nicht des Hauses verweisen, aber wir bitten Sie, das Haus freiwillig zu verlassen."

Hmmm, und wenn nicht? Dann gehen sie wieder und dann gibt's gleich Abendbrot? Nö, ich bleib hier! Levke kann doch gehen, ins Frauenhaus oder besser nach Ochsenzoll. Da gehört sie ja wohl hin. Aber das kann ich nicht sagen, ich muss hier weg.
„Ja, ich muss mal telefonieren!"
Wen ruf ich denn jetzt an? Michael! Handy nehmen, mein Gott, zittere ich.
„Hi Michi, Hagen hier, kann ich bei dir schlafen? Levke hat mich angezeigt. Ich soll Ida Marie missbraucht haben! Du fährst gerade Pizza aus? Ich melde mich nochmal."
Jan anrufen, Jan ist besser.
„Hi Jan, Hagen hier, kann ich bei dir schlafen, Levke hat mich angezeigt. Ich soll Ida missbraucht haben. Die Bullen sind hier und bin aufgefordert, die Wohnung zu verlassen – gut, dann komm ich gleich vorbei."
Toll, wenn man Freunde hat, die keine blöden Fragen stellen. Oh Gott, oh Gott, oh Gott. Ich möchte jetzt bitte erst mal eine Zigarette rauchen. Zigaretten schmecken ja am besten, wenn man Stress hat, wenn man sich ordentlich ärgert oder sich heftig erschrickt. Alle drei Anforderungen erfüllt. Aber nichts da. Ich drehe nämlich selbst. Doch meine Hände zittern so dolle, dass ich das nicht hinbekommen würde. Die Kripo oder Levke kann ich ja wohl schlecht fragen, ob sie mir eine drehen. Mein Gott, fühle ich mich elend.
„Warum hast du nicht mit mir geredet?" Du Arschloch (nur gedacht, nicht gesagt).
Levke sagt nichts, guckt nur blöd.
„Wollen Sie ein paar Sachen einpacken?", fragt die Kripofrau.
„Ja."

Ich gehe aus der Küche an Levke vorbei. Vorbei am Wohnzimmer, hinter dessen Tür meine Kinder sitzen; Jonny, acht Jahre, Ida Marie, vier Jahre alt – *Missbrauchsopfer*. Ich stehe orientierungs- und, fas-

sungslos vorm Kleiderschrank, neben mir. Die Kripofrau ist mir gefolgt.
„Ich weiß gar nicht, wo ich was reinpacken soll", sage ich verzweifelt. Zack, wie aus dem Nichts reicht mir Levke meine Sporttasche. Wo kommt die denn auf einmal her?
„Levke, ruf bitte deine Mutter an, sie wird stolz auf dich sein. Du bist ja noch kaputter als sie."
Levke sagt wieder nichts. Ich packe sinnlos irgendwelche Sachen ein. Fertig. Die Tasche ist nicht mal halb voll. Ich schaue die Kripofrau an.
„Ich weiß gar nicht, was ich noch einpacken soll!"
„Zahnbürste und Rasierzeug?"
Super Idee. Gut, wenn man von Profis umgeben ist. Also wieder den Flur runter, diesmal steht Levke vorm Kinderzimmer.
„Levke, du hast alles zerstört, du hast alles kaputt gemacht!"
Wieder keine Antwort. Die redet nicht mehr mit mir.
„Scheiße."
Zahnbürste, Rasierzeug und Deo ab in die Tasche. Ich öffne die Tür zum Wohnzimmer. Meine Kinder sitzen vor dem Fernseher.
„Ich muss nochmal zur Arbeit, Noteinsatz, wird bestimmt später, tschüss ihr zwei."
„Tschüss, Hagen."
In Begleitung der Kripo verlasse ich mein Zuhause. Die Cops gehen links, ich rechts die Straße runter. Alter, was war denn das? Ich schleiche die Deichstraße runter, die dunkel, kalt und nass ist. Nicht ansatzweise kapiere ich, was da gerade passiert ist. Was war das? Vielleicht wache ich ja gleich auf und es war alles nur geträumt. Das wäre das Beste. Scheint aber nicht so, scheint ganz und gar nicht so. Ich bekomme die Füße nicht mal richtig hoch und stolpere. Spätestens jetzt muss ich doch aufwachen. Kennt man doch, dieses Stolpern und Zucken, kurz nach dem ersten Einschlafen. Ich stolpere und schlag lang hin. Wieder aufrappeln. Jetzt rauscht es noch mehr

in meinen Ohren. Hose dreckig, auch das noch. Das ist doch derzeit meine einzige Hose. Ich stolpere mich noch zu Tode. Ach, welch ein armseliger Anblick, welch ein armseliger Zustand. Mir wird schlecht. Mitte finden. Ich höre eigentlich nur noch Rauschen. Vielleicht ist das ja das Rauschen meines Lebens, das gerade den Bach runtergeht. Was sage ich denn, wenn mich jemand fragt, was ich vorhabe? „Ich geh zum Sport, ich schlaf heute Nacht mal bei Jan", oder vielleicht: „Ich suche mir grad eine Brücke zum Runterspringen." Ganz hier in der Nähe ist die Köhlbrandbrücke, 53 Meter ist die hoch. Da springt öfters mal jemand runter. Wohl aufgrund der mangelnden Sprungalternativen in Hamburg. Vom Hochhaus springen ist scheiße. Klatsch, Spritz, Fleischknochenmatsch. Dem Matsch ist es zwar egal, der Tot macht einem ja keine Scherereien, aber irgendjemand muss das ja auch wieder wegmachen, wegwischen, womöglich noch wieder zusammenpuzzeln. Ich könnte das nicht. Ein Fleischmatschpuzzle. Gruselige Vorstellung. Allerdings könnte ich auch nicht von der Köhlbrandbrücke springen. Ich bin so was von nicht schwindelfrei. Diesem Stress würde ich mich nicht aussetzen. Da würde ich lieber weiterleben. Sterben sollte angenehm und überraschend sein. Gesprungen wird also heute nicht mehr. Gesprungen wird überhaupt gar nicht. Hoppala, schon wieder gestolpert, Sturzflug, ich stürze nicht, ich lande. Den Boden unter den Füßen verlieren, so fühlt sich das also an. Bevor ich mich hier zu Tode stolpere, setze ich mich lieber hin. Auf die Bank am Kinderspielplatz. Wie passend. *Da sitzt er, das Schwein, und hält Ausschau nach neuen Opfern.*

Erstmal sitzen und sich noch einen nassen Arsch holen. Auch egal. So, jetzt noch einmal versuchen, eine Zigarette zu drehen. Ich zittere immer noch wie Espenlaub, dazu auch noch Regen, aber ich will jetzt rauchen. Rauchen, rauchen! Ich habe ein Recht auf Rauchen. Ich werde jetzt sowieso mehr rauchen. So, Zigarette zusammengedreht, gepresst und geklebt. Feuer frei und die Lunge fluten. Ein Zug, halbe Zigarette weg. Vielleicht sollte ich auf Zigarren umsteigen. Das ist doch unser Spielplatz. Mein Spielplatz, traurig, nass und kalt, wie ich. Unser Spielplatz, zwei Kinder habe ich hier aufgezogen. Ich habe unsere Kinder hier aufgezogen. Nicht Levke. Ich soll Ida sexuell missbraucht haben. Missbraucht, sexuell, aaaaaaaarghhhhhh. Nein, nein, nein. Wieso hat Levke das gemacht?

Seit einer Woche hat Ida Probleme beim Stuhlgang, die offizielle Darstellung. Platt gesagt, hat die Kleine Probleme beim Kacken. Wie aus heiterem Himmel konnte Ida nicht mehr normal kacken. Na, wer kann schon von sich behaupten, dass immer alles flutscht. Geht ja auch nichts über einen guten Teflonschiss. Wie dem auch sei, Ida jammerte halt seit Kurzem immer auf Toilette, wenn es um das große Geschäft ging. Levke hat da sofort ihre Chance gewittert. Oh Mann, kaum hat Ida „ich muss mal" gesagt, schaltete Levke das Blaulicht ein und es ging los. Stuhlgang mit Eins-zu-eins-Betreuung. Ich habe das Ganze nicht so ernst genommen. Ich habe gedacht, aber mich nicht getraut zu sagen, dass Idas Stuhlgangproblem bestimmt mit dem ganzen mikrobiotischen Krams von glücklichen Pflanzen und Blumen zusammenhängt, den Levke seit Neuestem auftischt. Gott sei Dank gibt es wenigstens noch manchmal Fleisch, natürlich nur von Tieren, die mit einem Lächeln freiwillig zur Schlachtbank gehen. Aber es ist bestimmt nur eine Frage der Zeit, bis das Fleisch halal oder koscher sein muss. Schlimmstenfalls muss ich dann kleine Lämmer in unserer Badewanne schächten. Gruselige Vorstellung. Mache ich auf gar keinen Fall. Ich kann ja Gott sei Dank während der Arbeit heimlich zu McDonalds gehen. Das Stuhlgangproblem von Ida war meiner Meinung nach nur ein temporäres Problem. Bei der Aufzucht von Kindern gibt es ständig temporäre Probleme. Das Kind beißt, das Kind hört auf einmal nicht mehr, das Kind kann nicht einschlafen oder nicht aufwachen, das Kind kann plötzlich nicht mehr pfeifen oder es pfeift nur noch, spricht dafür nicht mehr. Temporäre Probleme halt. Überalterte und unerfahrene Eltern suchen dann gleich einen Facharzt auf, verabreichen Globuli oder noch besser: Bachblüten. Wie ich Bachblüten hasse. Es gibt gefühlt über 3.000 Bachblüten gegen alle Beschwerden, die man auch noch kombinieren kann. Ich vermute, dass Levkes Mutter im Vorstand der Bachblüten AG ist, denn wir haben über ein Dutzend verschiedene Bachblüten zu Hause. Bachblüten helfen gegen alles, wirklich alles. Krebs, Aids, Grippe, Hornhaut, Leseschwäche, Pflaumensturz und Pimmelschnupfen. So ein Humbug, so ein Scheiß. Ich hasse Bachblüten, ich hasse auch Levkes Mutter – zu Recht. Die Bachblüten-Oma vertickt auch noch Traumfänger. Die helfen dann, wenn Bachblüten nicht mehr helfen können. Levke kann ihre Mutter auch nicht ab. Oh wonder why. Gisela, ihre Mutter, ist irgendwann hochkant zu Hause rausgeflogen. Hatte einen neuen Stecher und Papa hatte deswegen wohl keinen Bock mehr auf die alte Schreckschraube. Auf jeden Fall musste Gisela das eheliche Haus verlassen. Und was hat sie nicht mitgenommen? Ihre vier Kinder. Das muss man sich mal vorstellen. Eine Mutter hat vier Kinder, einen Jungen, drei Mädchen, sucht sich einen neuen Stecher und lässt die Kinder beim Vater, einem Windkraftanlagenmonteur, der überall auf der Welt Windkrafträder hinstellt und immer auf Montage ist. Das prägt die Kinder. Da wussten die Kinder dann, welchen Stellenwert sie im Leben ihrer Mutter hatten. Welche Mutter macht so etwas? Armseliger geht's ja wohl kaum. Auf jeden Fall wollte die Bachblüten-Oma ein neues Leben mit einem neuen Stecher anfangen. Levke musste deswegen ihre Geschwister mit ihrer Oma aufziehen. Ihre Mutter hat dann eine Ausbildung zur Tischlerin gemacht. Warum eigentlich Tischlerin? Vielleicht hat sie sich gedacht, ach, wenn meine Kinder weg sind, lerne ich drechseln und drechsel mir einfach vier neue. Eigentlich eine gute Idee. Ich sollte auf Bäcker umschulen, dann könnte ich mir einfach zwei neue Kinder backen, aber auch wenn ich eine Tonne Zucker anrühren würde, nie könnten sie so süß werden wie Ida und Jonny.

Das Beste kommt allerdings zum Schluss. Gisela, ihr neuer Stecher und ein Haufen anderer Kaputter haben eine Religionsgemeinschaft gegründet. HKK e. V., Hannover Kreis-Kirche oder so. Könnte aber auch für Hannover Klapps-Kallis stehen. Würde auf jeden Fall besser passen. Mit Tischrücken, Geisterbeschwörung, Engelanrufen und so einen Scheiß. Immer ein halb volles Glas Wasser an jedes Fenster stellen, da kommen nämlich die bösen Geister nicht dran vorbei. Ich weiß allerdings nicht, ob die bösen Geister in die Gläser reinfallen oder ob sie davon trinken und dann tot umfallen. Ist mir aber auch latte. Der Anführer, der sogenannte Hohepriester, nannte sich Gundalf oder so. Die Glaubensgemeinschaft wurde allerdings irgendwann aufgelöst, weil die Bullen Gundalf erwischten, als er nackt, mit einer gehäuteten Katze um den Hals, bei Neumond eine 300 Jahre alte Eiche in Hannover fickte. Unglaublich? Aber so war das.

Religionen gehen mir eh aufn Sack. Ich kann diese ganzen Religionsspaggen nicht ab. Ich mache da keinen großen Unterschied zwischen den Katholiken und Muslimen oder sonst wem. Obwohl Islamisten, also die Straight Edge Muslime, die am liebsten wieder mit ihrer Karnevalsverschleierung im Mittelalter im Kalifat leben möchten, mir schon ein Dorn im Auge sind. Kopftuch, Hidschab – okay. Wer meint, das muss sein, meinetwegen. In der Lebensmittelproduktion müssen Arbeiter ja auch weiße Mützen tragen und in der Chirurgie ist eine grüne Kappe Pflicht. Allerdings tragen sie diese aus hygienischen Gründen. Niemand sollte ein Haar in der Suppe finden oder Schuppen in der Bauchhöhle. Das wäre jedenfalls eine nachvollziehbare Erklärung und würde bestimmt zu mehr Verständnis für die albernen Kostüme führen, die sie doch tragen, weil es die

Männer so wollen und die Frauen irgendwann wollen, was sie sollen. Wenn ich an die katholische Kirche denke, sehe ich alte, aufgequollene Männer in lilafarbenen Kostümen, die den Kreuzzügen und der Inquisition nachtrauern. Alte Priester mit wässerigen Augen, die sich ihre fetten, roten Rubinringe von kleinen Jungs küssen lassen, bevor sie sie vergewaltigen. Das Highlight of Shit der Religionen sind für mich die Taliban. Gibt sicher noch beknacktere Glaubensfaschisten, aber die Taliban haben sich aufgrund ihrer Landung von Passagierflugzeugen in Hochhäusern doch einiges Gehör verschafft. Bis zu 9/11 wusste ich nicht mal, dass es die Taliban überhaupt gibt, geschweige denn, wo diese Taliban leben oder was sie den ganzen lieben Tag lang tun. Hat mich irgendwie auch nicht weiter interessiert. Männer, die Kindern ihr Spielzeug und ihre Musikinstrumente wegnehmen, die Mädchen die Schule und Lesen lernen verbieten, sind einfach nur riesige Arschlöcher. Die Taliban sehe ich als totale Spaßbremsen und somit sind sie für mich völlig inakzeptabel. Die Oberfrechheit bei diesen bewaffneten Sandalenträgern mit Bart und Turban ist die traditionelle Ausgehkleidung für die verehrten Damen. Die Burka. Meine Fresse. Die Burka erinnert mich immer an Heintje. Nicht an den Schlagersänger Heintje, sondern an den Kanarienvogel meiner Mutter. Dieser Heintje hat den ganzen Tag geträllert. Aber nicht nur den ganzen Tag, auch die ganze Nacht. Deswegen hat meine Mutter abends eine Decke über den Vogelkäfig gelegt. Dann war endlich Ruhe. Dieser Vogelkäfig, mit Decke drüber, sah aus wie eine Burka. Eine Burka ist sozusagen ein großer, abgedeckter Vogelkäfig, mit Löchern für die Beine. Da bekommt die Frau einfach eine Decke über den Kopf und dann ist Ruhe. Dann wird nicht mehr gesungen oder geträllert. Spaß verdorben. Die Kanarienvögel singen übrigens nicht, weil sie glücklich sind, sondern weil sie einsam sind. Wusste ich bis vor Kurzem auch nicht. Da habe ich über Jahrzehnte fälschlicherweise immer von mir auf die Kanarienvögel geschlossen. Levke würde mich bestimmt auch gerne in eine Burka stecken. Das würde sie glatt machen, Frechheit. Vollkommen inakzeptabel. Nicht mit mir. Das geht gar nicht, bei den Taliban-Frauen nicht und überhaupt auch ganz allgemein nicht. Grundsätzlich steckt man Menschen nicht in abgedeckte Vogelkäfige mit Löchern für die Beine. Das gehört sich nicht, das ist menschenverachtend. Aber wenn ich schon dabei bin, dann mache ich gleich mal den Sack zu, Ross und Reiter benennen – woher kommt denn diese Phrase schon wieder? Google ich später mal oder auch nicht. Religionen, was für eine gequirlte Scheiße, Mumpitz, Schwachfunk, absoluter Quatsch. Wir leben doch nicht mehr in Erdhöhlen und die Erde ist schon lange keine Scheibe mehr. Der Himmel ist uns nicht auf den Kopf gefallen, aber fast alle vom Religionsmob da draußen glauben das immer noch. Klopf, klopf, klopf, jemand zu Hause? Ich sehe Religionen als ein ganz einfaches, schlaues Geschäftsmodell, um nicht arbeiten zu müssen. Die feinsten Kleider, die größten Hütten, das beste Essen und was tun sie dafür? Nichts. Wie die Vögel – sie säen nicht, sie ernten nicht und der liebe Gott oder besser gesagt, der verarschte Rest der Welt, ernährt sie doch. Wie das auch anders geht, zeigt doch der Buddhismus. Wir leben im 21. Jahrhundert. Wir fliegen morgen zum Mars, wir bauen Atomkraftwerke, haben Herzschrittmacher in der Brust und Smartphones in den Händen. Dennoch; irgendwelche Knalltüten glauben immer noch an Gott, Allah, Jehova, Baumgeister, Odin oder wen oder was weiß ich. Ich jedenfalls nicht.

Levke läuft jedenfalls bei jeder Krankheit immer zu großer Form auf. Das gestaltet sich folgendermaßen: Bei Durchfall wird im Tropeninstitut angerufen, um die aktuellen EHEC-Koordinaten zu bekommen, oder aber ich muss mit Jonny zum Orthopäden, weil sein Rücken angeblich schief ist. Was er aber nicht ist, was mir der Orthopäde auch bestätigte. Außerdem geht Ida zur Logopädin, weil sie mit vier Jahren noch nicht das Alphabet auf Tschechisch rückwärts aufsagen kann und so weiter und so fort. Wenn unsere Kinder nichts haben, dann lässt Levke sich halt in alle Körperöffnungen was reinstecken – also medizinische Geräte, um Vagina, Darm und Magen zu spiegeln, ansonsten wird da nichts reingesteckt – ha, schön wär's. Wenn in den Weichteilen alles okay ist, dann halt der Rücken. CT, Röntgen, MRT. Ergebnis: schlimmer Scheuermann, tangential abdriftender Rücken; spongiöse, mit schweren linksorientierten Verschiebungen der K4, K5-Wirbel – was das heißt? Nichts heißt das. Rücken schmerzfrei, aber die Krankenkasse mit über 35.000 Euro im Soll. Bekommt halt ein Kind weniger eine Knochenmarkspende. Hauptsache, Levke kann sagen, was sie alles nicht hat.

Also auf zum Kinderarzt mit Ida. Und? Nichts, gar nichts. Keine Würmchen, kein nichts. Empfehlung der Kinderärztin: Po-Bad und Ibuprofen. „Schlechte-Laune-Levke" war dann mal wieder auf einer Sitzung der Bürgerinitiative FGW – Finkenwerder gegen Windkraft. Ich kann es nicht mehr hören. Bachblüten, Scheuermann, Turbulenzstörungen, Schattenwurf, Infraschall, Mikrobiotik, 24/7 von morgens bis abends und jetzt auch noch Stuhlgangprobleme unserer Tochter. Jeder gesunde Mensch würde einen Tinnitus vom eigenen Gesabbel und Geseier bekommen, nicht Levke. Auf der Arbeit auch immer das gleiche Gefasel von Schimmel, Drecksmieter und zu Hause das Geschwurbel von Levke. Ich hätte einfach schon vor Jahren anfangen sollen, mir Heroin in die Venen zu donnern. Habe ich aber nicht – hätte, hätte Fahrradkette. Jetzt habe ich den Salat, Ermittlung wegen sexuellen Missbrauchs an der eigenen Tochter. Ich war halt der Meinung, dass Ida sich da, mit der tatkräftigen Unterstützung von „Schlechte-Laune-Levke", reingesteigert hat und dass auch dieses temporäre Problem von allein vorbeigehen wird. Meine Mutter hat immer gesagt, wenn jemand aus der Familie krank war: „Ach, das ist von allein gekommen, das geht auch wieder von allein" und dann kann man sich neuen temporären Problemen zuwenden. Wie zum Beispiel dem Haarzwirbeln von Jonny. Dafür bekomme ich jetzt bestimmt auch bald noch die Schuld.

Mist, ich muss ja irgendwie zum Elbtunnel kommen, der Autoschlüssel liegt ja zu Hause. Also wieder zurück. Unsere Bauernkate sieht in der Dunkelheit mit den beleuchteten Fenstern wunderschön aus. Ich schnapp mir Levkes Rad und radel zum Elbtunnel. Ich radel nicht, ich bewege mich taub durch die Nacht, mir ist übel, ich habe Angst. Endlich am Elbtunnel, Radwechsel. Ich erwische den letzten Fahrstuhl um 20:00 Uhr. Na ja, sonst hätte ich halt die Fähre genommen. Die Fahrt auf dem Rad durch den Elbtunnel ist schrecklich. Ich bekomme kaum Luft, habe Angst, dass die Elbe in den Tunnel brechen könnte. Ich will hier nur noch raus; dabei war diese Fahrt doch immer so ein Geschenk.

Bin ich froh, als ich auf der anderen Seite der Elbe wieder lebend rauskomme. Erstmal zum Kiosk, Bier kaufen. Schön warm und hell im Kiosk, ich bin klitschnass. *Kinderschänder.* Oh Gott, das muss ich ja auch noch jedem erzählen. Obwohl – das hat Levke bestimmt schon getan. Auf zu Jan. Jan kenne ich seit zehn Jahren. Jan ist unser Babysitter, die Kinder lieben Jan. Jan ist schwul und versucht seit zwanzig Jahren, Schauspieler zu werden, leider erfolglos. Zwanzig Jahre Ablehnung und Niederlagen, jetzt ist er 36 und hat nichts. Ich bin 45 und habe auch nichts mehr, also ich fühle mich, als wenn ich nichts mehr haben würde. Alles weg. Ich bin ein Häufchen Elend. Jan wohnt auf Sankt Pauli. Verranztes Ein-Zimmer-Apartmenthaus. Kaputte Eingangstür, stinkendes Treppenhaus, willkommen ganz unten. Aber das stört mich nicht, wenigstens kann ich irgendwo hin. Jan nimmt mich lange in den Arm. Torben, sein Ex-Freund, ist auch da. Torben arbeitet bei der Kripo. Toll, was ich für Leute kenne. Ich erzähle den beiden die ganze Geschichte ganz genau und ganz oft. Trinke Bier und kiffe, kommt jetzt auch nicht mehr drauf an. Wir drei können nicht verstehen, warum Levke mich wegen der Stuhlganggeschichte angezeigt hat. Irgendwann komme ich zu dem Schluss, dass heute der schlimmste Tag in meinem Leben ist. Torben erzählt eine Geschichte von den Simpsons. Bart steht nackt und gefesselt an einem Laternenpfahl und jammert. Dann kommt Homer vorbei und Bart jammert „Ohgottgottgott, das ist der schlimmste Tag in meinem Leben." Homer guckt Bart an und sagt: „Bis jetzt."

Wir trinken und kiffen weiter. Irgendwann drückt mir Jan eine Tablette, SEROQUEL (kenne ich gar nicht) in die Hand, damit ich schlafen kann, dazu noch ein paar IBU, gegen die Kopfschmerzen. Ich schlafe betrunken und bekifft auf dem Sofa ein. Meine Mutter hat immer gesagt: „Lieber Gott, mach, dass es Nacht wird, Tag wird es von ganz allein."

Mein Handywecker klingelt. Sieben Uhr. Kein Albtraum geträumt, aber ordentlich geschwitzt. Ich liege klatschnass auf dem Sofa, Torben und Jan liegen im Doppelbett. Na, das wäre ja auch zu schön gewesen, wenn das alles nur ein Albtraum gewesen wäre. Ich fühle mich wie in Watte gepackt, verquollene Augen, trockenen Mund. So, wie war das jetzt. Levke hat mich angezeigt, wegen sexuellen Missbrauchs an meiner Tochter. Torben, Jan und ich hatten gestern Abend besprochen, dass ich mich auf jeden Fall scheiden lassen will. Ja, ich will mich scheiden lassen. Wie geht das eigentlich, sich scheiden zu lassen? Bevor ich das rausfinde, muss ich erst mal eine Bleibe finden. Ich kann ja schlecht die nächste Zeit bei Jan auf dem Sofa schlafen. Pit! Pit muss mich aufnehmen. Pit hat eine kleine Zweizimmerwohnung in Eimsbüttel. Wohnküche, da sitzen wir immer, Schlafzimmer und ein leeres Zimmer für seine Tauchausrüstung. Das leere Zimmer wäre klasse. Kurz bei Pit angerufen und Pit bestätigt die Buchungsanfrage, ohne zu zögern. Toller Freund. Samstag ist der Umzug in meine neue Herren-WG. Herren-WG mit 45 Jahren, dass ich das noch erleben darf. Ich hatte doch mit meinen WG-Zeiten vor 20 Jahren abgeschlossen. Auf ein Comeback dieser

Zeit hätte ich eigentlich gerne verzichtet. Tolle Wurst. Danke, Levke.

23.02.2013
- Die Kinder und Levke sind im Reiterurlaub – zurück in unsere Kate, 6 Kartons gepackt
- Einzug bei Pit

26.02.2013
- 1. Termin bei meiner zukünftigen Anwältin Jayanna Mandal
- Arbeit geht weiter und jeden auf der Arbeit informiert, was passiert ist
- Antrag auf Akteneinsicht und Begleiteten Umgang
- Antrag auf Scheidung sofort, da ein Jahr Tisch und Bett getrennt
- Ich will die Scheidung schnell und sauber hinter mich bringen
- Ich wohne jetzt bei Pit

Taj Mahal

26.02.2013

Endlich mein erster Anwaltstermin. Ich kann jetzt schon nicht mehr. Mit der Bahn nach Steilshoop. Asi-Steilshoop. Schon in der Bahn fällt mir auf, dass ich ins Ausland fahre. Es dauert nur 30 Minuten Bahnfahrt vom Hamburg Hauptbahnhof bis Steilshoop. Aber es ist Ausland. Die Menschen in der Bahn sind schlechter gekleidet, schlechter gelaunt, haben schlechtere Haut. Grundsätzlich würde ich mal sagen, es steht schlecht um diese Menschen. Um mich steht es auch schlecht. Wenn man Hilfe braucht, sollte man sich von kompetenten, erfahrenen Menschen beraten lassen. Ich bin also auf dem richtigen Weg. Habichtstraße, Steilshoop, raus aus der Bahn und die Kanzlei suchen. Kleines Schild an einem Wohnhaus. Anwältin Jayanna Mandal.

Öffnungszeiten Mo.–Do. 9.00–12.00 und 15.00–18.00
Freitag 9.00–12.00 Donnerstag 9.00–14.00

Was für ein Kuddelmuddel und dann noch 14:00 Uhr am Donnerstag mit einem Aufkleber übergeklebt. Das geht gar nicht. Das Klingelschild ist die Visitenkarte eines Hauses. Einer der Leitsätze aus der Immobilienwirtschaft. Kann alles Kacke aussehen, aber das Klingeltableau ist immer schön einheitlich zu halten. Na, jetzt bin ich ja hier, der Weg nach vorn ist kürzer als der zurück. Die Kanzlei ist in einem ganz normalen Wohnhaus. Na super, mit einem Glaspalast hatte ich eh nicht gerechnet; hier wird wenigstens kein Geld verschleudert, aber dennoch. Tür auf, Schock der Nächste. Die Frontfrau hat tatsächlich einen roten Punkt auf der Stirn, einen Bindi. Ich glaube, das heißt, dass sie vergeben ist. Oh Gott, oh Gott, oh Gott, wo bin ich denn hier gelandet? Bollywood? Ich glaube es nicht.

„Schönen guten Tag, ich bin Hagen Twente und habe einen Termin bei Frau Mandal."
„Schönen guten Tag, nehmen Sie bitte noch kurz Platz."
Ich soll in einem 1,50 Meter breiten Flur Platz nehmen. In einem Flur, in dem schon drei indische Verbrecher sitzen. Müssen ja Verbrecher sein, sonst wären die ja nicht hier. Wahrscheinlich Internetbetrug oder Schwarzarbeit, bestenfalls Drogenhandel. Ich bin hier der einzige Deutsche, genauer gesagt der Einzige, angeklagte deutsche *Kinderficker*, der sich von seiner beknackten Frau scheiden lassen will. Am besten einfach gegen die Wand gucken und eine Zeitung schnappen, denke ich mir. Gibt leider keine Zeitschrift, nur das Steilo Wochenblatt. Ich fühle mich ausgeschlossen, fremd. Jetzt weiß ich mal, wie das ist. Ich schnappe mir das Wochenblatt. Was sehe ich da auf der ersten Seite? Eine kleine Vierfarbanzeige von Frau Jayanna Mandal, hübsch sieht sie ja aus. Aaaaaaarghhh Achim, ich bring dich um. Am besten gehe ich einfach wieder. Nein, tue ich nicht. Mein Freund Achim hat mir Frau Mandal empfohlen. Also muss sie gut sein.

Achim arbeitet im Jugendamt und ist Psychologe, also kennt er sich mit der Materie aus. Was hat Achim gesagt, zu der Anwältin, die ich mir aus dem Sankt Pauli Wochenblatt bei Jan rausgesucht habe? Wenn Anwälte es nötig haben, eine Anzeige zu schalten, dann können sie nicht gut sein. Aha! Aber bei Frau Mandal ist das wohl nicht so. Das war Absicht von Achim, Intergrationsachim, Inklusionsachim. Sehr witzig, hahaha. Achim kennt meine Vergangenheit. Ich war nämlich im Alter von 20 bis 25 Jahren Skinhead. Keiner von den ganz Bösen, eher einer von den lustigen Gewalttätern. Mitläufer, Quereinsteiger-Skinhead. Aber da bleibt natürlich immer was hängen. Es war eine gute Zeit. Viel saufi saufi und viel Spaß.
Ein bisschen Angst und Schrecken verbreiten gehörte natürlich auch dazu. Bergedorf und Lohbrügge waren damals harte Pflaster. Nach-

dem ich innerhalb von zwei Wochen zweimal von Bombern zusammengeschlagen und abgezogen wurde – „Was guckst du?" –, habe ich mir die Haare abrasiert, mir bei CHAMEUSE Bomberjacke, rote Martens mit Stahlkappe, Hosenträger und ein Fred Perry gekauft und fertig war der Nachwuchsskinhead. Ich habe mich dann einfach zu den Glatzen im Grünen Zentrum gestellt und war sofort Teil vom LA, dem Lohbrügger Anhang. Meine neue Peer-Group hatte nichts mit den heutigen Ostglatzen, den Boneheads zu tun. Wir waren Oi-Skins, stolze Arbeiterklasse. Wir hörten natürlich Onkelz, Endstufe und Screwdriver, aber auch Reggae, Ska, Cock Sparrow, Madness, Ramones und Cockney Rejects.

Beim Lohbrügger Anhang waren auch Türken, Griechen, Rumänen und sogar Jungs mit richtig langen Haaren dabei. Eine bunte, laute, aber sehr, sehr schlagkräftige Truppe. Unsere Gegenspieler waren die blauen und grünen Bomber, alle, die auf dicke Hose machten, und die linken Punks. Ich fühlte mich sofort wohl und gut aufgehoben. Das Allerbeste war, dass ich bereits nach ein paar Wochen mit Dani zusammengekommen bin, einem Skinheadgirl wie aus dem Bilderbuch. Dani hatte einen Renee Haarschnitt, Netzstrumpfhose, Bomberjacke und sollte meine zweite große Liebe werden. Von diesem Zeitpunkt an hieß es „Doktorspiele sind vorbei, angesagt ist Keilerei."

Gewalt erzeugt Gegengewalt, so einfach ist das, leider. Tja und der Herr Ex-Skinhead will sich jetzt von einer indischen Anwältin aus der bisher größten Krise seines Lebens raushauen lassen. Das nenne ich doch mal eine erfolgreiche Resozialisierung. Dafür müsste es doch eigentlich einen Preis geben. „Auszeichnung für gelungene Resozialisierung eines ehemals rechten Gewalttäters" – 25.000 Euro Preisgeld, gestiftet vom Reiseveranstalter Taj Tours. Das Geld fließt natürlich über Frau Mandal direkt der indischen Gemeinde Steilshoop zu.

So, warten und guck die weiße Wand an. Das ist hier gar keine Kanzlei, sondern eine 2,5-Zimmer-Wohnung, die sich als Kanzlei verkleidet hat. Danke Achim, das hast du genau gewusst. Ein Inder nach dem anderen darf rein. Obwohl ich pünktlich war, warte ich locker eine Stunde. Die könnten mir ja wenigstens mal einen Chai Tee anbieten.
„Herr Twente, bitte, kommen Sie rein, ich bin Frau Mandal."
Boah!!! Ist die schön, Gott sei Dank habe ich gerade andere Sachen im Kopf, sonst wäre ich jetzt schockverliebt.
Ich nehme Platz auf einem bequemen Ledersessel, sie hinter ihrem riesigen Schreibtisch.
„Was kann ich für Sie tun, Herr Twente?"
„Ich brauche Ihre Hilfe, Herr Achim Remmer hat Sie empfohlen. Meine Frau hat mich des sexuellen Missbrauchs an meiner Tochter Ida angezeigt. Ich habe das aber nicht gemacht und ich will mich deswegen scheiden lassen."
Dann erzähle ich ihr die ganze Geschichte.
„Sie haben ein ernsthaftes Problem, Herr Twente, Sie brauchen tatsächlich eine Anwältin."
Ach, darauf wäre ich gar nicht von allein gekommen, ich dachte, das regelt sich einfach so. Ich nehme meinen ganzen Mut zusammen und frage sie: „Frau Mandal, ganz offen gefragt, haben Sie so etwas schon einmal gemacht, ich meine, ich lege jetzt mein Leben in Ihre Hände?"
Oh, das war eine gute Frage. Was soll sie denn antworten?
„Nö, habe ich noch nie gemacht, aber ich habe das schon mal auf YouTube gesehen."
„Herr Twente, Straf- und Familienrecht ist mein Fachgebiet und ich würde sagen, ich bin eine der Besten."
Na, das hat Achim auch gesagt und was anderes wollte ich ja auch gar nicht hören.

„Passen Sie auf, Herr Twente, ich werde Ihnen jetzt mal erklären, wie das läuft."
Ja, das würde ich auch gerne mal wissen.
„Wir haben hier zwei Hauptverfahren: ein strafrechtliches Verfahren und ein Scheidungsverfahren. Für das Strafrechtsverfahren beantrage ich Akteneinsicht und wenn wir die haben, sehen wir weiter."
„Wie lange dauert das?"
„Drei bis sechs Monate."
„Na, dann."
„Wir gehen davon aus, dass Sie die Tat nicht begangen haben und werden die Einstellung des Verfahrens nach § 170 II StPO verlangen."
„Aha."
„Das Scheidungsverfahren ist unterteilt in mehrere Unterverfahren. Da hätten wir die Ehescheidung an sich, den Zugewinnausgleich, den Kindesunterhalt, den Ehegattenunterhalt und eventuell noch ein Umgangsverfahren. Für jedes Verfahren benötige ich eine Vollmacht und für jedes Verfahren werden Sie eine Honorarvereinbarung unterschreiben."
Ah, jetzt kommt sie auf den Punkt, das geht ja hier zack zack.
„Was kostet mich denn das?"
„Also, in meiner Kanzlei arbeiten wir mit Festpreisen, da wissen sie am besten, woran sie sind. Für das Strafrechtsverfahren nehme ich 1.000 Euro."
Das hört sich preiswert an.
„Für das Scheidungsverfahren 2.000 Euro."
Okay, das geht ja noch.
„Für die Berechnung des Zugewinnausgleichs 4.000 Euro."
Autsch, jetzt wird's teuer – da nehme ich doch lieber noch einmal Strafrecht. Den Spruch mit dem indischen Basar spare ich mir jetzt mal, vielleicht später. 7.000 Euro – das schöne Geld.
„Für die Verfahren Kindesunterhalt und Ehegattenunterhalt 2.000

Euro, für das Umgangsverfahren erst einmal 2.000 Euro."
Das sind dann ja erst einmal 11.000 Euro, woher soll ich die denn nehmen? Ich bin pleite.
„Wir sagen, dass Sie beide schon seit einem Jahr in der Wohnung getrennt gelebt haben. Somit kann die Scheidung sofort eingereicht werden, weil das Trennungsjahr bereits vollzogen ist."
„Ach, sagen wir das?"
„Wenn Ihre Frau das bestätigt, fragt da kein Richter nach."
Das Gespräch zog sich dann doch noch um einiges in die Länge und ich erhielt die ersten Infos, wie man Scheidung spielt. Zunächst ein Trennungsjahr, dann wird der Zugewinn in der Ehe berechnet, also wer was mit in die Ehe gebracht hat und was während der Ehe zusammen angehäuft wurde. Dann, wer später von wem wie viele Rentenpunkte bekommt. Bestimmt muss ich Levke welche von meinen hart erarbeiteten Rentenpunkten abgeben. Ich kann das alles nicht. Wir haben noch nicht mal angefangen, Scheidung zu spielen und ich kack schon ab. Levke war in unserer Ehe immer für jede Art von Papierkram zuständig. Ich hasse das und jetzt soll ich das alles allein machen, das bekomme ich nie allein, ohne Levke, hin. Ich kann ja nicht mal einen Brief gerade falten.
„Frau Mandal, wann sehe ich meine Kinder wieder?"
Schweigen, sie schaut nur mitleidig. Hunde können genau so gucken. Das liegt den Hunden im Blut. Für Anwälte gibt es da bestimmt ein Seminar, das Hundeblick-Seminar.
„Rechnen Sie mit zwölf Monaten, bestenfalls mit sechs Monaten."

Wieder rauscht es in meinen Ohren. Sie hat nicht zwölf Monate gesagt. Nee, hat sie bestimmt nicht. Da habe ich mich sicherlich verhört. Also noch einmal: „Tschuldigung, Frau Mandal, wann sehe ich meine Kinder wieder?"
„Rechnen Sie mit einem Jahr."
Sie hat tatsächlich zwölf Monate gesagt!

„Wie, ein Jahr? Ein Jahr? Zwölf Monate? 2014? Ich habe doch nichts gemacht."
Hitzewallungen, ein Rauschen, Zittern, Tränen schießen mir in und aus den Augen.
„Ich hab doch nichts gemacht, gar nichts, rein gar nichts habe ich gemacht, nichts, gar nichts, nichts."
„Ich werde ein Eilverfahren zum Begleiteten Umgang beantragen, Kostenpunkt 2.000 Euro."
„Was ist ein Begleiteter Umgang?"
„Wenn unserem Antrag stattgegeben wird, dann können Sie Ihre Kinder ein, zweimal im Monat unter Aufsicht für ein paar Stunden sehen."
Ich kann meine Kinder ein, zweimal im Monat unter Aufsicht für ein paar Stunden sehen. Was ist denn das für eine Scheiße.
„Ich kann bitte was?"
„Mehr ist nicht drin, Herr Twente, Sie haben eine Anzeige wegen sexuellen Missbrauchs an Ihrer Tochter an der Backe. Herr Twente, stellen Sie sich auf eine sehr lange und sehr schwierige Zeit ein. Wenn wir Glück haben, knickt Ihre Frau nach einigen Wochen ein und sieht, was sie angerichtet hat. Leider ist es bittere Realität, dass Mütter ihre Ehemänner und Väter der gemeinsamen Kinder wegen sexuellen Missbrauchs im Zuge einer Scheidung anzeigen. Oft knicken diese Mütter jedoch ein und erkennen, dass sie einen schlimmen Fehler gemacht haben, weil sie das Leid der Kinder nicht mehr aushalten können. Es gibt allerdings Mütter, die sehr krank sind, und dann kann sich solch ein Verfahren über Jahre ziehen. Ich weiß jetzt noch nicht, welcher Typ Ihre Frau ist. Was meinen Sie?"
Mir schwant Böses, Levke knickt nicht ein. Ich sage nichts.
„Was ist nochmal ein Begleiteter Umgang?"
„Sie sehen Ihre Kinder in einer sozialen Einrichtung und ein Umgangspfleger ist dabei."
Ein Umgangspfleger, was ist ein Umgangspfleger? Ist das ein Lehr-

beruf? Wie Altenpfleger oder Tierpfleger? Hätte ich vielleicht auch lieber lernen sollen. Dann säße ich jetzt nicht hier.
„Was ist denn das alles für eine verkackte Drecksscheiße?", platzt es aus mir raus.
„Herr Twente, bitte mäßigen Sie sich, ich habe Ihnen Ihre Frau nicht ausgesucht."
Na, da hat sie wohl recht. Vielleicht sollte ich mir in Zukunft lieber eine Frau zuteilen lassen. Dann habe ich später jemanden, den ich verklagen kann.
„Frau Mandal, ich muss Ihnen noch was sagen, ähmmmm, ich war in meiner Jugend Skinhead."
„Ja, und? Wahrscheinlich haben Sie auch Drogen konsumiert, oder?" „Ja, das ist richtig."
„Das ist in diesem Fall egal, aber lassen Sie sich die Haare wachsen, sieht vor Gericht besser aus."
Als ich wieder auf der Straße bin, geht's mir noch schlechter als vorher. Kaum hat man Kontakt zu diesen Menschen, denen es schlecht geht, geht es einem genauso. Deswegen bleiben die auch meist unter sich. Ja, es nivelliert sich alles immer am unteren Ende der Fahnenstange ein. Jetzt bin ich auch einer von ihnen. Bloß nach Hause! Ach, ich habe ja gar kein Zuhause mehr. Schnell in die Küche in meiner neuen Herren-WG bei Pit. Set und Setting ändern. Bier trinken, kiffen und Haare wachsen lassen. Aber vorher soll ich ja noch zur Bank gehen und Geld für Frau Mandal besorgen. Also erst mal zur HASPA auf Sankt Pauli. Gott sei Dank steht mein Sachbearbeiter am Schalter.
„Moin Herr Meier, ich würde gerne die Hälfte von meinem, also dem Sparbuch von Levke und mir abheben." Darauf dürften so ungefähr 20.000 Euro sein, mit der Hälfte kann ich die ersten Scheidungsverfahren bei meiner Anwältin Frau Mandal bezahlen.
„Dafür brauche ich das Sparbuch."
„Habe ich nicht, das hat Levke und wir lassen uns gerade scheiden."

„Ohne Sparbuch kein Geld, tut mir leid."
„Aber Sie kennen mich doch, bitte."
„Ohne EC-Karte bekommen Sie auch kein Geld am EC-Automat, ohne Sparbuch bekommen Sie hier kein Geld, da kann ich wirklich nichts machen."
Mir tut das auch alles sehr leid. Herr Meier tippt an seinem Computer. Na, vielleicht drückt er ja doch ein Auge zu.
„Herr Twente, ich darf Ihnen das eigentlich nicht sagen, aber ... das Guthaben auf Ihrem Sparbuch beträgt genau einen Euro."
Fuck, jetzt bin ich auch noch ausgeraubt worden, schlimmer geht immer.
„Kann ich meine Lebensversicherungen plattmachen oder sind die auch schon aufgelöst?"
„Die könnte ich Ihnen auszahlen, aber Herr Twente, überlegen Sie sich das nochmal. Das sind alte Lebensversicherungen, die sind goldwert, die werden steuerfrei ausgezahlt."
„Auszahlen, platt machen, was hilft das Geld, wenn man's behält? Mein Leben ist eh vorbei, also her mit dem Zaster. Wann kann ich das Geld abholen und wie viel ist das?"
„Das dürften knapp 15.000 Euro sein und das dürfte eine Woche dauern."
Klasse. Immer wenn man denkt, es geht nicht mehr, kommt von irgendwo ein Licht daher. Ist der eine Bus weg, kommt der nächste. Ich bin wieder im Rennen.

03.03.2013
- SMS an Levke und auf dem Anrufbeantworter eine Nachricht für die Kinder hinterlassen

08.03.2013
- Sorge mich um die Kinder, habe die Kinder seit zwei Wochen nicht gesehen, wer liest Ida denn jetzt was vor und wirft sie hoch?
- Angst, dass Levke mir die Kinder wegnimmt oder mit den Kindern einfach wegzieht
- Termin beim ASD
- Info von Achim, dass Levke bei ihm war – Lage eskalierte, Levke drehte komplett durch, schrie ihn an, er würde einen Kinderschänder unterstützen und pöbelte vor seinem Haus, nachdem er ihr die Tür vor der Nase zugeschlagen hatte

ASD

Achim sagte mir, dass das Jugendamt bei hochstrittigen Familienangelegenheiten früher oder später immer federführend ist. Also, wer zuerst kommt, mahlt zuerst. Auf zum zuständigen „Allgemeinen Sozialen Dienst", dem ASD Altona. Eigentlich super, dass Problemstadtteile immer einen eigenen sozialen Dienst haben. In Steilshoop gibt es sicher vier soziale Dienste. Nord, Süd, Ost, West und Mitte, das wären dann sogar fünf.
Jetzt stehe ich vorm ASD-Gebäude und muss wieder jemandem erzählen, was passiert ist. Das ist das Schlimmste, immer wieder jemandem erzählen zu müssen, was passiert ist. Früher oder später merkt man, dass man eigentlich immer gleich verurteilt wird. Nach dem Motto: „Wo Rauch ist, ist auch Feuer."
Keine Ehefrau zeigt ihren Mann einfach mal so wegen sexuellen Missbrauchs an der eigenen Tochter an, wenn da nichts wäre. Fast keine. Bis auf ein paar hart Durchgeknallte und dazu gehört ganz an der Spitze „Schlechte-Laune-Levke". Auf der Arbeit gilt nämlich auch immer: „Bei einer Vielzahl von Möglichkeiten ist das Wahrscheinlichste das Wahrscheinlichste." Deshalb denke ich, dass das bei vielen Leuten hier genauso gilt. Wenn da nichts wäre, hätte Levke mich ja auch nicht angezeigt und die Stuhlgangprobleme könnten bei einer falschen Überinterpretation eventuell ein bisschen verdächtig sein. Ich denke, dass das bei den meisten Vätern, denen sexueller Missbrauch vorgeworfen wird, sogar stimmt, weil sie, wie die meisten angeklagten Mörder, ja auch welche sind. Nur, dass Mörder in der Gesellschaft wohl mehr Akzeptanz und Verständnis finden als Kinderschänder, selbst Kindermörder stehen noch über Kinderschändern. Zu Recht. Wer ein Kind missbraucht, ist eine Persona non grata.
Bei manchen Vätern mag das stimmen, aber nicht bei mir. Gott sei Dank muss ein Angeklagter wegen sexuellen Missbrauchs keinen

silbernen Punkt auf der Stirn tragen. Obschon ich dieser Idee noch vor ein paar Tagen relativ offen gegenübergestanden wäre. Da kann ich ja froh sein, dass niemand mich nach meiner Meinung gefragt hat und ich in Deutschland nichts zu sagen habe. Ist wohl auch besser so. Sonst müsste ich jetzt mit gutem Beispiel und silbernem Punkt auf der Stirn vorangehen.

Na, dann mal rein in die Höhle des Löwen, beim ASD. Herr Kallert, Sozialarbeiter, nimmt mich in Empfang. Eigentlich eine lustige Erscheinung, groß, leicht öko, mit Oberlippenbart. Herr Kallert kann aber Oberlippenbart tragen, ohne albern damit auszusehen. Der Bart passt. Wahrscheinlich wurde Herr Kallert schon mit dem Oberlippenbart geboren. So etwas gibt es, kein Scherz! Wenn auch nur selten in unseren Kulturkreisen, eher in der Mongolei. Da genießen Neugeborene mit Oberlippenbart großes Ansehen. Ja, und die Mädchen erst mal! Da wäre die Birgitt ganz groß rausgekommen. Die wurde bestimmt auch schon mit Oberlippenbart geboren. Tja, Birgitt, Pech gehabt, leider kamst du nicht in der Mongolei zur Welt, sondern in irgendeinem Kaff im Sauerland. Herr Kallert kommt aber bestimmt auch nicht aus der Mongolei.

Endlich, Tag fünfzehn nach diesem Horrordonnerstag und ich habe meinen ersten Kontakt mit dem Jugendamt. Ich schildere mal wieder die Geschehnisse der letzten Tage und bitte ihn um Hilfe, damit ich meine Kinder bald wieder sehen kann. Nach meinen Ausführungen durchsucht er seine Akten und seinen Computer nach Informationen zu meinem Fall. Denn bei jeder Straftat mit Kindern informiert normalerweise die Polizei innerhalb von 24 Stunden das zuständige Jugendamt. Das wird auch bei häuslicher Gewalt oder Drogenkonsum der Eltern gemacht. Wenn also im häuslichen Bereich der Papa der Mama zum Beispiel eins auf die Fresse haut oder Mami beim Crack rauchen die Pfeife um die Ohren fliegt, der Notarzt mit der Polizei kommt und die Polizei dann feststellt, dass bei dieser Explosion beziehungsweise bei der Prügelei Kinder zugegen waren, heißt es: Bericht schreiben. Innerhalb von 24 Stunden soll der Bericht dann beim Jugendamt sein. Das ist eigentlich auch eine gute Regelung. Sonst könnte ja jeder machen, was er will und Herr Kallert wäre arbeitslos. Nicht so in meinem Fall. Da war nichts, kein Bericht und keine Information. Herr Kallert fand das sehr merkwürdig. Wo er mir das sagte, fand ich das natürlich auch. Na, wer hat denn da geschlurrt? Die Kollegen Stiller und Wagner wohl. Na ja, aufgeschoben ist nicht aufgehoben.

„Haben Sie denn einen Anwalt, Herr Twente?"

Blöde Frage – nee, ich lass mich von einem ausgebildeten Garten- und Landschaftsgärtner beraten.

„Ja, klar, habe ich."

„Es ist nicht selbstverständlich, dass Sie einen Anwalt haben, Sie brauchen ja grundsätzlich keinen Anwalt beim Familiengericht. Anwälte wollen doch eh nur Geld verdienen."

Oha, oho, hört hört. Klar, dass die gute Frau Mandal nicht ganz billig ist, habe ich bereits gemerkt. Aber glaubt er wirklich, dass ich in meiner Situation auf eine Anwältin verzichten könnte? Wenn ich jetzt keinen Anwalt brauche, dann brauche ich wohl niemals einen. Sehr witzig, Herr Kallert.

„Was haben Sie denn getan, um eine außergerichtliche Einigung zu erlangen?"

Hahaha, Witzigkeit kennt keine Grenzen. Für eine außergerichtliche Einigung ist es jetzt wohl etwas zu spät. Ich könnte ja mal die Kollegen Stiller und Wagner fragen, was sie davon halten. Das meint der Kallert doch nicht ernst, sind hier alle verrückt geworden?

„Wissen Sie, Herr Twente, das Wohl des Kindes steht bei uns an erster Stelle, an allererster Stelle. Wir interessieren uns natürlich auch für die Eltern, aber das Kind steht im Vordergrund. Für mich ist es äußerst wichtig zu wissen, warum Sie der Meinung sind, dass Ihre Kinder Sie brauchen. Herr Twente, Sie haben Rechte und Pflichten im Umgang mit Ihren Kindern und auch Kinder haben

Rechte. Für mich ist es äußerst wichtig zu wissen, warum Sie Ihre Kinder sehen möchten, warum die Kinder Sie sehen müssen. Ich möchte das ganz genau wissen, schriftlich, Ihre Vaterrolle. Ich kenne Sie ja gar nicht. Wäre auch möglich, dass Sie Abend für Abend nach Hause kommen, Frau und Kinder schlagen und dann eine Flasche Jägermeister vor dem Fernseher leeren." Ha, da war er wieder, der gute, alte Jägermeister, Dschungelmaggi, Kommodenlack.
„OK, mache ich, haben Sie nächste Woche auf Ihrem Tisch."
Ja super, danke schön, Herr Kallert, danke schön, Jugendamt. Dann suchen Sie erst einmal meine Akte, die schon seit 15 mal 24 Stunden auf Ihrem Schreibtisch liegen sollte. Diese Schludrigkeit erklärt nämlich, warum ständig irgendwelche Chantals, Kevins und wie die Kinder sonst so heißen, verhungern oder verdursten. Ja, ich weiß, darüber macht man keine Witze. Aber wenn es zwei Wochen dauert, bis Informationen über ein halbverhungertes Kind im Kinderzimmer, mit leichten Verletzungen aufgrund der explodierten Crackpfeife von Mami, auf dem Schreibtisch des zuständigen Sachbearbeiters landen, dann könnte das rettende Glas Wasser oder der rettende Müsliriegel etwas zu spät kommen.
Tschüssli Müsli, und wieder raus. Jetzt die Straße runter zum Elbtunnel, durch den Elbtunnel radeln, in mein Auto setzen und ab nach Hause. Das Gartentor öffnen, der Hund kommt angerannt, Ida und Jonny lachend hinterher, ich nehme Ida hoch, werfe sie hoch und sie schreit:
„Nochmal Hagen, bis in die Wolken, nochmal, bitte, bitte, noch hundertmal, Hagen, bis in die Wolken!"
Diesmal würde ich sie hundertmal hochwerfen; ich würde nie wieder aufhören, sie hochzuwerfen. Immer noch einmal, bis in die Wolken, und Ida würde vor Glück und Freude juchzen. Danach wäre Jonny dran, durchkitzeln, rangeln und Fangen spielen. Aber ich stehe hier vor dem Jugendamt, mir ist kalt, es regnet und ich weine, bis meine Nase verstopft. Ich bin so schrecklich traurig und allein.

Hoffe, dass mich niemand sieht, der mich kennt. Ich würde mich am liebsten auf den nassen Boden fallen lassen, mich einrollen, liegen bleiben und weinen. Ich denke an die Obdachlosen, die ganz in der Nähe von hier auf dem Lüftungsschacht vorm REWE schlafen, dort eingerollt und vollgepisst liegen. So schnell kann das gehen. Ob diese Gefallenen wohl noch vor Kurzem beim Herrn Kallert waren? Ich werde hier jetzt nicht zu Boden gehen und liegen bleiben. Ich beiße die Zähne zusammen, schließe mein Fahrrad los, lasse meinen Tränen freien Lauf. Gott, wie ich heule. Tonnenschwer schiebe ich mich weg, weg von diesem Ort. Weg von der Elbe, die ich so liebe, weg von meinen Kindern, die ich so sehr vermisse, von meiner Frau, mit der ich alt werden wollte; raus, allein, in die kalte, nasse Dunkelheit.

MEINE VATERROLLE – TEIL I

Einen Tag später sitze ich an meinem Arbeitsplatz. Wie immer, wenn ich etwas zu unserer Scheidung und meiner jetzigen Situation schreibe. Levke hat unsere drei Laptops, okay, einer ist kaputt und einen PC mit Monitor und Drucker. Ich habe eine scheiß Kladde und alles, was ich für Frau Mandal schreibe, muss ich in der Firma machen. Wer sich scheiden lassen will, sollte auf jeden Fall Internet, Drucker und Laptop haben. Dieses Equipment entstresst die Sache ungemein.
Samstagmittag im Büro. Meine Vaterrolle. Ja, wie war das denn damals? Wie fing alles an?
Ida und Jonny sind „Kinder der Liebe", guter erster Satz. Wir waren so verliebt, verdammt verliebt und uns lag die Welt zu Füßen. Wir wohnten damals in Altona. Was haben wir da gefeiert! Wo wir waren, Levke und ich, war die Party. Ich hatte ja schon 15 Jahre härtestes Feiern hinter mir. Fünfzehn Jahre kein Erbarmen mit meinem Körper. Eigentlich sollte Schluss sein mit den Drogen und der Feierei. Aber als ich Levke kennenlernte, musste ich doch nochmal ran. Levke kannte nämlich keine Drogen, keine harte Feierei. Levke kannte gar nichts, was Spaß machte. Levke war 29 Jahre alt, als ich sie kennenlernte und hatte noch nie richtig Spaß in ihrem Leben. Das muss man sich mal vorstellen. 29 Jahre und noch keinen Spaß, keine Freunde, keine Gang, keine Feierei, keine Drogen, keine Leidenschaft, keine Hobbies. Ich glaube, sie hatte nicht mal längere Zeit einen festen Freund vor mir, was aber wohl auch ihrer Größe, ihrer Schönheit und ihrer Unnahbarkeit geschuldet war. Nichts. Levke war bis dahin eigentlich immer allein. Sie hatte ja schließlich drei kleinere Geschwister zu versorgen. Sie erzählte mir, dass sie so viele Jahre einsam verbrachte und darauf wartete, dass der Prinz auf dem weißen Schimmel vorbeikommt und sie mitnimmt. Der Prinz kam tatsächlich, das Warten hatte sich gelohnt.

Ich ging im Winter 2001 auf ein Metallkonzert im Grünspan. Was ich da wollte, erschließt sich mir bis heute nicht. Ich war wohl nur aus einem Grund dort: um die Liebe meines Lebens zu treffen. Ich kannte die Band nicht, hatte aber freien Eintritt, nichts vor und einem geschenkten Gaul schaut man ja nicht ins Maul. Auf der Bühne stand eine düstere Metall-Band, die das Publikum mit roher Leber und sonstigen Fleischresten bewarf, warum auch immer. Metall – nee, wirklich nicht meins. Ich kann einfach nicht verstehen, wieso man solche Musik mögen kann. Dieses schreckliche Gitarrengekniddell, das Rumgeschreie und Gegrunze und dann diese langen Haare, einfach alles gruselig.

Auf jeden Fall stand Levke am Tresen. Sie entsprach definitiv nicht meinem Beuteschema; klein, blond oder rotblond, schlank. Levke war fast so groß wie ich, hatte schwarze Haare wie Uma Thurman in Pulp Fiction, absolut unnahbar und für mich unerreichbar, nicht meine Preisklasse. Trotzdem stellte ich mich neben sie und sprach sie an. Sie wirkte zwar irgendwie hart, aber doch so zart und vor allem war sie wunderschön, wie aus einem Märchen, Dornröschen. Zack, schockverliebt über beide Ohren. Ich bin mir sicher, dass dieser Moment, dieser Abend, das einzige Mal war, wo sich unsere Lebensbahnen berühren konnten. Wären wir uns hier nicht begegnet, wären wir uns nie begegnet. Mein Leben wäre ein ganz anderes geworden. Sollte dann wohl so sein. Das ist ja das Phänomen. Man denkt, dass eine bestimmte Prüfung oder diesen einen bestimmten Job zu bekommen, lebensentscheidend ist. Man versucht sein Leben zu planen, hofft, die großen Entscheidungen, die man fällt, erweisen sich als richtig. Aber oft ist es der Köpper ins flache Wasser, Unfälle, plötzliche Zufallsbekanntschaften, ungeplante Dinge, über die man nicht nachdenkt, die unser Leben in ganz andere Bahnen lenken, wie es eigentlich geplant war.

Das war Liebe auf den ersten Blick. Bestimmte Momente, sehr schöne oder sehr schreckliche, vergisst man ja nie. Die hat man wie

ausgedruckte Bilder für den Rest seines Lebens im Kopf. Vielleicht ist es aber auch ganz anders. Es sind nicht die Bilder oder die Momente, die sich im Gehirn einbrennen. Es ist vielmehr so, dass man so oft an diese Momente denkt, darüber redet, dass diese Momente erst durch das ständige Wiederholen nicht mehr verschwinden. So kann man sich im Nachgang unlöschbare Erinnerungen erschaffen. Wie ausgedachte Geschichten oder Lügen, die man nur immer und immer wieder wiederholen, erzählen muss, bis man diese Geschichten dann selbst glaubt. So entstehen schöne oder schreckliche Erinnerungen, die es vielleicht so nie gegeben hat.
Ich war jedenfalls schockverliebt. Nach dem Konzert habe ich Levke noch zur S-Bahn gebracht und den leckersten McDonalds Cheeseburger meines Lebens mit ihr gegessen. Beim Abschied haben wir uns geküsst. Ich hatte noch nie ein Mädchen geküsst, was genauso groß war wie ich. Das Küssen, ohne sich nach unten zu beugen, fühlte sich so unglaublich anders, so unglaublich gut an. Levke und ich waren auf Augenhöhe. Später in unserer Beziehung wurde Levke allerdings immer größer oder ich kleiner. So fing das an, mit uns. Wie bereits erwähnt, hatte Levke bis zu unserem Kennenlernen nichts, gar nichts erlebt. Das sollte sich jedoch nun schlagartig ändern. Levke wohnte bereits zwei Jahre in Hamburg, wollte Erzieherin werden und hatte noch nie Besuch in ihrer klinisch sauberen Wohnung. Dann trat Hagen, Groß- und Einzelhandelskaufmann, für Spaß und Freude jeder Art, in ihr Leben. Levke lernte im Schnelldurchlauf jede Art von Freude kennen, die ich mir mühsam und teuer über 15 Jahre erarbeitet hatte. Eine coole Gang, Drogen, tollen Sex, Feierei, Spaß, Spaß, Spaß. Für mich war diese Nachspielzeit natürlich auch okay – ich bin ja kein Nein-Sager.
Unser erstes Date war im PHONODROME, *der* Technoclub auf der Reeperbahn. Levke war noch nie zuvor in einem Technoclub gewesen. Sie sah original aus wie Mia Wallace. Toll sah sie aus. Ich war natürlich, wie immer, komplett verstrahlt. Wir sprachen bei diesem

ersten Date schon darüber, dass wir irgendwann gerne Kinder hätten. Natürlich redet man viel, sehr viel auf Ecstasy – aber irgendwas in mir wusste: Das ist die Frau, mit der ich Kinder haben werde, obwohl ich vorher nie wirklich darüber nachgedacht hatte, Kinder zu haben. Wir waren das nächste Jahr jedes Wochenende im PHONODROME, festes Inventar. Ein paar Wochen nach dem ersten Date sind wir schon in unser „Abbruchhaus" in Altona zusammengezogen. Das Haus sollte in ein paar Jahren abgerissen werden, stand schon halb leer und wir bekamen einen 2-Jahresvertrag und eine große Altbauwohnung für kleines Geld. Glück muss man haben. Ich wohnte seinerzeit etwas „prekär" und war froh, wieder ein richtiges Zuhause zu haben. Zwei Monate zuvor hatte mich meine damalige Freundin Eva vor die Tür gesetzt. Ich weiß gar nicht mehr, warum. Ich zog dann bei unserem Nachbarn Sven, eine Tür weiter, ein. Das waren wirklich verrückte Zeiten. Irgendwie waren die Zeiten, die ich hatte, immer verrückte Zeiten.

SVEN

Also bin ich bei Sven eingezogen. Sven war eigentlich eine arme Sau, aber ein wirklich guter Mensch. Sowas geht ja oft miteinander einher. Ich hoffe, dass die Welt da draußen später nicht mal so über mich spricht. Zumindest nicht das mit der armen Sau. Sven war, genauso wie ich, früher bei den Skinheads, ein Mitläufer. Sven war Rocker zweiter Klasse. Diese Jungs nennt man, glaube ich, Hangarounds. Mann ist erst mal lange Zeit ein Hangaround, bevor Mann ein vollwertiges Mitglied – Member – wird. In der ersten Zeit ist Mann der Arsch vom Dienst. Sowas gibt's bei den Skinheads allerdings nicht. Bei den Rockern ist das anders: Clubheim putzen, Getränke schleppen und beim Einreiten darf man halt nur zugucken und nicht reinstecken. Da lobe ich mir doch die flachen Hierarchien bei den Skinheads. Da gehört man einfach dazu, selbst wenn man neu dabei ist und noch keine Nahkampfspange hat. Auch wird bei den Skins auf diese albernen Kutten verzichtet. Sven hatte auch immer eine Kutte an, aber ich glaube, die war von KiK. Sven war hauptberuflich selbstständiger Hausmeister. Sein ganzer Stolz war sein englisches Motorrad, eine Triumph. In meinen Augen eine Klapperkiste, wie alles, was aus England kommt. Was aus Italien und Frankreich kommt, klappert allerdings auch immer. Eigentlich klappert alles, was nicht in Deutschland gebaut wird. Die Entwicklung eines Landes ist meiner Meinung nach daran zu erkennen, ob dort gute Autos hergestellt werden, die nicht klappern. Eigentlich klappern nur deutsche und schwedische Autos nicht. Ich fragte einmal meinen englischen Freund Liam, was Deutschland ausmacht. Er sagte: „Solid, everything in Germany is solid." Recht hat er.
Auf einem dieser Rockerabenden hat sich Sven auf jeden Fall mal ordentlich LSD auf der Zunge zergehen lassen. Das hätte er definitiv nicht machen sollen. Teufelszeug, wenn man das nicht verträgt – heißt ja nicht umsonst, dass LSD die Königin unter den Drogen ist.

Sven konnte das auf jeden Fall nicht ab. Wenn man allerdings merkt, dass man LSD nicht verträgt und der LSD-Film nach zwei, drei Tagen nicht weniger wird, dann hat man verloren und hoffentlich eine gute Berufsunfähigkeitsversicherung. Sven konnte das LSD jedenfalls nicht ab und ich bin mir nicht sicher, ob irgendeine Versicherung bei so einem groben Unfug einspringt. Wie immer ist man oft erst hinterher schlauer. Es stellt sich aber die Frage, warum das so ist. Hat vermutlich mit dem Bildungsniveau, mit Fehlinformationen, jugendlichem Leichtsinn oder Ignoranz zu tun. Meine Mutter sagte immer: „Das hätte man doch mit'n Arsch wissen können."

Erst war er eine Woche verschollen. Cool, die ganze Bude für mich allein. Ich dachte, der wäre vielleicht mit seinen Rockerfreunden spontan in den Urlaub gefahren. Mit dem Bumsbomber nach Bangkok oder so. Als er jedoch nach ein paar Tagen wieder zu Hause aufschlug, hat Sven erst einmal die ganze Wohnung mit Post-its dekoriert. Danach wurden alle Gewürze auf dem Küchenboden verteilt, dummes Zeug geredet und sich nicht mehr gewaschen. Nach einer Woche sah er dann aus wie Catweazle. Am Anfang war das ja noch lustig. Wenn ich nach Hause kam, erwartete mich jedes Mal ein neuer Knaller. Bemalte Wände, bemalte Schränke, bemalter Sven. Ich habe diese Aktionen jedoch nie hinterfragt, wollte ihn nicht verunsichern. Der Gute wirkte seinerzeit offensichtlich schon recht instabil. Ich bat ihn nur, mein Zimmer aus seiner Aktionskunst herauszuhalten. Daran hat er sich gehalten und der Rest war mir egal. Eigentlich muss jeder selbst wissen, was er tut. Sven wusste das aber definitiv nicht mehr. Es entbehrte sich allerdings nicht einer gewissen Komik und Schadenfreude, ihn so zu sehen. Wer den Schaden hat, braucht für den Spott nicht zu sorgen.

Dann ist er aber zu weit gegangen. Es kam „The Point of no Return". Post-it's kleben, Sachen bemalen und alle T-Shirts auf links zu drehen, war ihm plötzlich nicht mehr genug. Der Mensch strebt nach Größerem. Nicht kleckern, sondern klotzen, lautete wohl der Tagesbefehl, den ihm sein kleiner Mann im Ohr ausgegeben hatte. „Befehl wiederholen, Ausführung melden", wie mein Papa immer sagte. Schon als ich die Wohnungstür aufschloss, schlug mir beißender Benzingeruch entgegen, höchste Explosionsgefahr. Sven hatte seine Triumph in unserer Küche bis auf die kleinste Schraube komplett zerlegt. Ich fragte mich allerdings, wie auch immer er die Karre in die Küche bekommen hatte.

In unserer Küche sah es aus wie in einer dieser kleinen, schmuddeligen, indischen Hinterhofschrauber-Werkstätten. Sven hatte seine erste Zweigstelle in der Greifswalder Straße, Sankt Georg eröffnet. Global Player Raschid Taj Sven Incorporation Limited Motorbikes. Raschid Sven saß mit riesengroßen schwarzen Pupillen auf dem Küchenboden. Ich finde diese großen Pupillen auf LSD, Ecstasy oder Speed ja wirklich sexy. Doch Sven verbreitete nicht ansatzweise den Hauch von Erotik, den große, schwarze Pupillen beim Ficken verbreiten. Svens Gesicht war ein Abgrund, aus seinen Augen blickte totaler Kontrollverlust, der blanke Wahnsinn. Dennoch verspürte ich starkes Verlangen, ihm einen roten Punkt mit Edding auf die Stirn zu malen. Mit ölverschmierten Händen, Gesicht und Klamotten saß er verloren in einem Meer aus Metall auf dem Küchenfußboden, absolut bemitleidenswert, aber doch faszinierend. Ich war schockiert, aber konnte meinen Blick nicht von diesem Elend abwenden. Obwohl es mir bestimmt nicht an Empathie mangelt, fand ich es doch irgendwie sehr lustig. Well done, Sven. Das war's! Ende Gelände! Ende aus, Mickey Mouse, you are fucked!

„Alter, was machst du denn hier, Digga?"

„Ich mach das sauber und dann baue ich alles wieder zusammen."

„Das glaubst du doch selbst nicht, Sven! Das bekommst du im Leben nie wieder zusammen!"

Oha, das hätte ich nicht sagen dürfen, denn Sven befürchtete das wohl auch schon.

Denn ihm war das Schlimmste passiert, was hätte passieren können. Unwiderruflich musste er akzeptieren, dass er das Wichtigste in seinem Leben zerstört hatte und sein Triumph-Traum verloren war. Das Zerstören an sich ist eigentlich nicht schlimm. Das kann schon mal passieren. Wenn einem allerdings schmerzlich bewusst wird, dass das, was man als Sinn und Glück im eigenen Leben empfunden hat, durch eigenes Verschulden zerstört ist, man seinen Traum nicht wieder zusammensetzen kann und dass Glück und Sinn im Leben unwiederbringlich verloren sind, dann stirbt ein großer Teil dessen, wofür wir leben. Kurzum, man hat verkackt. Wenn das auf LSD passiert, potenziert sich natürlich die Katastrophe. Sven hatte komplett verkackt und die Kontrolle über sein komplettes Leben verloren.
Innerhalb kürzester Zeit fielen seinem Forscher- und Reinigungsdrang alle elektrischen Geräte, wie Fernseher, Toaster, Kühlschrank, Handy usw. zum Opfer. Mein Gott, wie das bei uns aussah. Eigentlich unglaublich, dass hier noch Menschen wohnten, dennoch herrlich und einzigartig. Well done, Sven. Heute bin ich mir sicher, dass ihm die Erkenntnis, dass er seine Triumph und all die anderen Geräte, die er auseinanderbaute, nie wieder zusammen bekäme, den Rest gab. Ein paar Tage später ist er in die Klapse gekommen. Armer Sven. Was der jetzt wohl macht?
Diese besonderen Umstände führten dazu, dass auch ich die Wohnung verlassen musste. War eh kein schönes Wohnen mehr, weil ich nichts wiederfand oder liegenlassen konnte, was aus mehr als zwei Teilen bestand. Sven hat wirklich alles auseinandergebaut. Also Schlüssel in den Briefkasten und viel Spaß beim Aufräumen gewünscht. Ich war glücklich, dass Gott sei Dank mein Name nicht im Mietvertrag stand und Levke mit mir zusammenzog. Im Nachhinein war das ja leider auch nicht die beste Idee, wie sich viel später herausstellen sollte. Tja, hinterher ist man immer schlauer. Wenigstens vertrage ich LSD – das ist ja auch schon mal was.

In einem lichten Moment fragte Sven mich damals, ob ich übergangsweise seinen Hausmeisterjob machen könnte, solange, bis er sein Moped wieder zusammengebaut hätte. Er glaubte wirklich, dass er seine Triumph wieder zusammenbekommen könnte. Toll, wie das Gehirn einen an der Nase herumführen kann. Glaube kann ja bekanntlich Berge versetzen. Man denkt zumindest, man könnte Berge mit Glauben versetzen. Kann man natürlich nicht, hat noch nie jemand geschafft.

Ab jener Zeit war ich neben meiner wichtigen Tätigkeit als Marktforscher auch noch Teilzeit-Hausmeister. Von meinem neuen Chef Kai, Immobilien-Hai alter Schule, erfuhr ich, dass ich locker 1.000 Euro nebenbei für ein bisschen Rasenmähen und Glühbirndrehen verdienen sollte. Da war ich doch sehr angenehm überrascht. Kai fragte noch, was denn Sven jetzt macht. Ich antwortete nur, dass er sich als Motorradschrauber selbstständig machen wollte. Kai war sehr irritiert, Sven könne doch nicht mal eine Zündkerze rausdrehen. Ich widersprach ihm und sagte: „Man müsse nur an sich glauben, dann kann man alles schaffen. Ich habe von Menschen gehört, Kai, die nur durch ihren Glauben Berge versetzt haben." Kai meinte, dass er auch von solchen Menschen gehört hätte. Eben. Aber er glaube, dass Sven nicht zu diesen Menschen gehört. In diesem speziellen Fall würde Kai wohl recht behalten.

MEINE VATERROLLE – TEIL II

Ein gutes Jahr später wurde geheiratet. Eigentlich wollten wir sofort nach ein paar Wochen heiraten, aber so eine Hochzeit bedarf doch einiger Vorbereitungen. Also beschlossen wir erst einmal, ordentlich weiterzufeiern. Im Juli 2003 war es so weit. Die „Mutter aller Partys" – mit Abstand und ohne Wenn und Aber der beste Tag meines Lebens. Die Trauung vollzogen wir im engsten Freundes- und Familienkreis im Standesamt Altona mit anschließendem Sektempfang auf dem Altonaer Balkon, mit Blick auf meine geliebte Elbe. Levke, groß, gertenschlank im weißen, fließenden Seidenkleid mit schwarzen Chucks, so wunderschön. Ich hielt mit, im Anzug von Policke und weißen Chucks. Gott, waren wir glücklich, wie auch meine Mutter. Leider konnte mein Vater nicht dabei sein, der war schon im Himmel, hat aber bestimmt von oben zugeschaut. Nach einem feierlichen, feinen Mittagessen fanden wir sogar noch die Zeit, das erste Mal verheiratet Liebe zu machen. Abends verwandelte sich unsere Wohnung dann in einen Technoclub und alle unsere Freunde kamen in Abendgarderobe. Zur Feier des Tages hatten wir eine Dose mit 100 Ecstasy-Pillen auf einem kleinen Regal im Flur stehen. Jeder durfte so viele Pillen nehmen, wie er wollte. Wir hatten sogar die Party bei der Polizei angekündigt, um unwillkommenen Besuch der Cops vorzubeugen. Wir hatten Türsteher und eine Handvoll DJs am Start sowie Nebelmaschinen und Strobos. Das Besondere an unserer Wohnung war, dass man vom Flur über eine kleine Treppe in einen riesigen Keller gehen konnte. Dort war der Dancefloor, es war eine Miniaturausgabe des TRESORS in Berlin und genau so wurde dort diese Nacht gefeiert. Es wurde die Party des Jahrzehnts. Meine Fresse, was für eine Party. Direkt nach der Party ging es mit unserer Dogge Sputnik nach Holland in die Flitterwochen.
Irgendwann war dann die Technoszene in Hamburg tot. Das PHONODROME musste einem Hotel weichen und es gab keinen drecki-

gen, lauten, geilen Technoclub mehr in Hamburg. Aufgrund mangelnder Alternativen beschlossen wir deshalb, ein Kind zu bekommen. Es wurde also scharf geschossen. Kurze Zeit später schenkte ich Levke dann ein T-Shirt mit dem Aufdruck „Werdende Mutter". Damit waren die wilden Zeiten endgültig vorbei. Tschüss Drogen, Tschüss Zigaretten, Tschüss Weizenbier und Tschüss ihr wilden Partynächte. Es fühlte sich so richtig und so gut an. Wir haben die Schwangerschaft mit Jonny genossen und waren stolz, Eltern zu werden. Levke entschied, dass sie so lange wie möglich arbeiten, dann schnell das Baby bekommen wollte und hotte hüh, so früh wie möglich wieder weiterzuarbeiten.

Auf jeden Fall sollte ich die Elternzeit übernehmen. Levke stieg damals voll bei Kai, dem Immobilien-Hai ein und schoss von null auf hundert. Sie schmiss ihre Ausbildung zur Erzieherin ein paar Wochen vor der Prüfung und wurde stellvertretende Geschäftsführerin bei Kai. Ich wurde nebenberuflich Abteilungsleiter Technik. Wir verdienten uns dumm und dusselig und waren nach über zwei Jahren immer noch total verknallt ineinander, wie in unseren ersten Tagen und Wochen. Dieses unfassbare Geschenk entwickelte sich für mich zu einer wundervollen, tiefen, großen Liebe. Ja, Levke war ein Geschenk, mein Hauptgewinn, die Liebe meines Lebens.

Weil mein damaliger Arbeitgeber, ein Marktforschungsladen in Hamburg, mit einem anderen Unternehmen fusionierte, dichtgemacht wurde, kassierte ich noch eine fette Abfindung und arbeitete von da an als selbstständiger Hausmeister. Zwei Monate nach der Geburt von Jonny übernahm ich dann die Rolle der Mama, auf die ich richtig Bock hatte. Der Plan war ganz einfach. Levke wollte schnell wieder arbeiten und ich freute mich auf die Zeit mit einem Baby, meinem Kind. Mit meiner rosaroten Brille stellte ich mir vor, wie ich tagsüber unser Baby betreue und ich, wenn Levke von der Arbeit käme, als selbstständiger Hausmeister losgehe. So weit, so gut. Frau von der Leyen hatte damals das Betreuungsgeld auf den

Weg gebracht. Das hieß für uns, 1.800 Euro von der Behörde, 3.000 Euro fürs Hausmeistern und Levke verdiente über 3.000 Euro netto. Über 7.000 Euro netto im Monat – ha, Playboy Leben, Geld ausgeben.
Levke war eine so alles überstrahlende, märchenhafte Schwangere. Wir waren mit Jonny im Sommer hochschwanger und Levke sah wunderschön, überwältigend aus. Beeindruckend, wie groß so ein Bauch werden kann, ohne zu platzen. Levke hat ihren Babybauch, mit Jonny drin, immer so stolz und majestätisch vor sich hergetragen, da wurde nichts versteckt. Mein Gott, was habe ich Levke um dieses Gefühl beneidet, unser Baby im Bauch tragen zu dürfen. Wie gerne hätte ich gewusst, wie sich das wohl anfühlt. Ich kann keine Frau verstehen, die sich gegen ein Kind entscheidet, obwohl es bestimmt viele gute Gründe dafür gibt. Ich musste Levke und ihren Bauch jedenfalls immer und ständig streicheln, um dieses Glück zu begreifen. Wie stolz bin ich neben ihr gegangen. Meine Frau, meine Liebe, mein Baby. Wer noch nie den Druck des Fußes seines Babys durch den Bauch seiner über alles geliebten Frau gespürt hat, kennt nicht eines der tollsten, unglaublichsten Gefühle dieser Welt.
Levke wollte damals eine Hausgeburt, die ich nun definitiv nicht wollte. Hausgeburt, Hippiescheiße, was für ein Blödsinn. Aber, wie so oft, gab ich nach, leider. Ein paar Tage vor der Geburt waren wir sogar noch im Stadion am Millerntor. Levke sah wie eine Göttin aus, die einen Medizinball verschluckt hatte. Nein, wie eine Amazone, mit einem Medizinball im Bauch. Riesenbusen und dann dieser Bauch. Yeah. Meine Amazone, mit meinem, unserem Baby im Bauch. Sankt Pauli lieferte, wie so oft zu dieser Zeit, einen Grottenkick ab und einer der umstehenden Fans schrie irgendwann: „Aller, Sankt Pauli, nehmt euch mal ein Beispiel an dieser Frau, die bekommt hier gleich ihr Kind und die schreit für euch, singt für euch, feuert euch an und ihr seid euch zu fein, um dem Ball hinterherzulaufen!" Ich drehte mich um, schaute ihn an. „Stimmt doch, oder

was?", schob er nach. „High Five." Auf den Punkt gebracht. Mein Gott, ich war stolz auf uns. Ein paar Tage später setzten die ersten Wehen ein und Levke versuchte 48 Stunden lang im Abbruchhaus unser Baby auf die Welt zu bringen. Unwissend, wie schlecht so eine Geburt laufen kann, vertrauten wir einer bescheuerten, kinderlosen Geburtshelferin namens Bärbel das Leben von Levke und unserem ungeborenen Baby an. Überhaupt sollte eine Hebamme ohne Aufsicht und Verstärkung im Rücken nur praktizieren dürfen, wenn sie selbst schon ein Kind zur Welt gebracht hat. Oder hat jemand schon einmal von einem Deutschlehrer gehört, der noch nie ein Buch gelesen hat? Eben!

Jonny wollte partout nicht auf diese Welt. Vielleicht zu Recht. Das Einzige, was Bärbel einfiel, um die eigentliche Geburt einzuleiten, war eine Badewanne mit kaltem Wasser und irgendein Kerzenöl und wirklich, ohne Scheiß, Indianergesänge. Bärbel, allein dieser Name, saß vor Levkes Scheide und versuchte, Jonny mit kehligem Oberton-Singsang durch den Geburtskanal zu singen. Wahrscheinlich hat er sich ob des Gesanges in Richtung Magen oder Wirbelsäule aufgemacht. Indianergesänge, ich meine, wo leben wir denn? Weiß doch jeder, was mit den indigenen Völkern passiert ist. Der Heimat beraubt, abgeschlachtet und in Reservaten eingepfercht. Wenn ich nicht während der zweiten Strophe gesagt hätte, dass es jetzt reicht, Schluss, aus, wir fahren ins Krankenhaus, dann hätte Jonny wahrscheinlich noch seinen zweiten Geburtstag in Levkes Bauch verbracht, während Bärbel davor Indianerballaden trällert. Ich kann nur jeder Erstgebärenden davon abraten, auch nur einen Gedanken daran zu verschwenden, eine Geburt zu Hause in Betracht zu ziehen. Wir leben doch nicht mehr in Erdhöhlen, sind keine Wilden mehr und eine Frau bekommt keine zehn Kinder. Somit ist es nicht egal, ob mal ein Kind unter der Geburt krepiert. Frauen haben nicht mehr die Becken unserer Vorfahren und Kinder wiegen nicht mehr nur 2.000 Gramm. Jede Erstgebärende, die ihr Kind nicht in einem Krankenhaus zur Welt bringt und es verliert, verdient noch einen Arschvoll dazu und jede, die es ohne Krankenhaus gesund zur Welt bringt, hat einfach nur Glück gehabt. Glück, das man nicht herausfordern sollte. Hausgeburt, LSD – Hippiescheiße. Frag mal Sven, ob er das nochmal nehmen würde.

Im Krankenhaus schilderte ich dem diensthabenden Arzt kurz die vergangenen Stunden im Abbruchhaus. Die Indianergesänge habe ich nicht erwähnt. Der Arzt konnte sich allerdings ein Grinsen nicht verkneifen und sagte schnippisch: „Ach, ja, die Hausgeburt, die sanfte Geburt, derartige Fälle haben wir hier häufiger. Jetzt zeigen wir Ihnen mal, wie das geht." Oh, Gott sei Dank, in Sicherheit, endlich von Profis betreut. Mit einer Periduralanästhesie bekam Levke eine kurze Verschnaufpause nach 48 Stunden Stellungskampf und Trommelfeuer. Kurze Pause auf der Reise. Plötzlich waren Jonnys Herztöne weg. Nulllinie und schrille Pieptöne. Panik! Schockschwerenot! Nichts klappt, immer geht alles schief. Diese ganze Geburt war eine einzige Katastrophe, die jetzt auf ihren Höhepunkt zusteuerte. Showdown. Die Tür flog auf und zwei Ärzte mit Mundschutz stürmten ins Zimmer.

„Was ist hier los?"

Haben diese Ärzte etwa uns oder mich das gefragt? Was weiß denn ich, was hier los ist. Ich bin Hausmeister und keine Hebamme. Ich war noch nie bei einer Geburt dabei und habe sowas noch nie erlebt, noch nicht mal auf YouTube gesehen. Es war wie in unserer Lieblingsserie, Emergency Room, nur leider live. Levke flehte mich, mit Angst verzerrten Gesicht, weinend an.

„Hagen, mach was, Hagen, bitte, bitte, Hagen, mach was, ich hab solche Angst." Und ich erst mal. Nachdem der Arzt Levke eine Spritze gegeben hatte, fing sie Sekunden später am ganzen Körper an zu zucken. Dann habe ich gehandelt. Ich habe gebetet.

„Wo ich gehe, wo ich stehe, ist der liebe Gott bei mir; wenn ich ihn auch niemals sehe, bin ich sicher, er ist hier. Bitte, bitte, lieber Gott, lass das alles gut ausgehen, nimm mich, aber lass unser Baby und Levke am Leben."

Ja, das habe ich getan, gebetet und mein Leben für das von Levke und unserem Sohn angeboten und das habe ich auch genauso gemeint. Das Gebet habe ich im Kindergarten gelernt und das ist auch das einzige, was ich kenne und das „Vater Unser" natürlich. Das Kindergartengebet ist aber ehrlicher und passte besser. Wenn einem so richtig der Arsch auf Grundeis geht, hilft nur eines: Beten. Mein Leben, damit Levke und unser Kind verschont werden. Wo soll ich unterschreiben? So betete ich, wie noch niemals zuvor in meinem Leben, weil ich wusste, dass das das Einzige ist, was jetzt noch helfen kann. Es hat geholfen. Ich bin später trotzdem nicht wieder in die Kirche eingetreten – Undank ist der Welten Lohn.

„Das Kind wird jetzt sofort geholt. Beeilung, Beeilung – Sie können mitkommen, Herr Twente, die Schwester zeigt Ihnen, wo Sie sich umziehen müssen."

Wieso muss ich mich umziehen? Was soll ich denn anziehen? Die Schwester nahm mich am Arm und Levke entfernte sich weinend in ihrem Bett. Dann ging es mit dem Fahrstuhl in den Keller. Hier sind also die unterirdischen Fabriken, in denen Menschen hergestellt werden. Die Schwester schiebt mich in eine Umkleidekabine und gibt mir eine komplette OP-Ausrüstung. Grüner OP-Kittel, Kopfbedeckung, Plastikclogs und Mundschutz. Ich schaue in den Spiegel. Dr. Twente, der Arzt, dem die Frauen vertrauen. Klasse, steht mir doch gut. Hätte ich mich bloß in der Schule mehr reingehängt. Es ist immer wieder das Gleiche, wenn es wirklich ernst wird, schießen mir die unpassendsten Gedanken durch den Kopf.

Dr. Fummel ist bereit und fertig zum Noteinsatz. Rein in den OP, Rettung naht.

„Stellen Sie sich bitte ans Kopfende und halten Sie mal schön Händchen, Ihre Frau wird für einen Kaiserschnitt vorbereitet", höre ich die Schwester sagen. Mach ich gerne, hatte schon befürchtet, ich müsste hier assistieren. Levke sah allerdings ganz schön schlecht aus. Was'n Wunder, die Gute hatte seit über 48 Stunden nicht geschlafen und versucht, zu gebären. Das letzte Mal, als Levke so lange wach war, drehte sie zu donnernder Technomusik in der Druckkammer des PHONODROMES, mit wunderschönen, großen schwarzen Augen, frei. Levke hat immer so schön weich und elegant getanzt, irgendwie hat sie zur Musik geschwebt. Damals war die Frage, was kommt zuerst, Putzlicht oder Wadenkrampf? Doch jetzt ging es um Leben, vielleicht sogar um Tod. Levke zitterte am ganzen Körper. Schnell ihre Hand nehmen. Die haben ihre Hände mit Lederbändern am Bett fixiert! Ich schaue die Schwester an. „Wir haben Ihre Frau fixiert, damit sie sich nicht verletzt." Ach so, ich wusste gar nicht, dass man das so macht. Sofort denke ich an Hannibal Lecter und Jodie Foster und daran, dass man Levke auch noch eine Ledermaske überstülpen könnte, damit sie niemanden beißt. Sicher ist sicher. Levke stammelt: „Hilfe, ich muss kotzen!" Gesagt, getan. Ich halte ihr meine Hände als Schale hin. Schnell reicht die Schwester mir eine Papierversion. Gott sei Dank kann ich nicht sehen, was Dr. Frankenstein und Dr. Seltsam hinter dem grünen Vorhang alles veranstalten. Ich habe die ganze Zeit gedacht, das ist doch alles nicht wahr, war aber wahr. Jonny wurde von den Ärzten mit so viel Verve aus Levkes Bauch geholt, dass sie ihm dabei die halbe Backe aufgeschnitten haben. Die Narbe ziert ihn heute noch. Levke war zu diesem Zeitpunkt schon bewusstlos. Ich hatte Minuten später Jonny auf dem Arm. Sein Kopf sah aus wie eines dieser orangeweißen Absperrhütchen und zur Begrüßung hat er mich noch von oben bis unten mit Kindspech dekoriert. Natürlich wusste ich bis dahin gar nicht, was Kindspech überhaupt ist. So ging es von einer Ohnmacht in die nächste. Man lernt halt nie aus und wächst mit seinen Aufgaben. Draußen ging bereits die Sonne auf. Na, das hatte ich mir aber alles ganz anders vorgestellt. Ich war allein mit Jonny, habe geheult und leise „Hilfe, Hilfe, bitte helfen Sie mir", gestam-

melt. Irgendwann schoben die Schwestern Levke ins Zimmer. Ich sah überall Schläuche und Kabel und meine Levke schien mehr tot als lebendig. Dennoch war ich froh, dass sie wieder da war. Ich bin dann gleich zu ihr rüber und habe ihr Jonny hingehalten. Sie flüsterte nur: „Geh weg, den kannst du behalten, ich kann nicht mehr!"
Beide mussten dann noch zwei Wochen im Storchennest bleiben.
Nur acht Wochen später arbeitete Levke tatsächlich wieder in Vollzeit. Respekt! Ja, und ich war auf einmal die Mama für unser Kind. Allein mit einem Säugling, der so furchtbar klein war, und ich wusste nicht, wie man damit umgeht. Aber das ist mal wieder typisch für mich. Ich denke einfach nicht nach. Ich mache die Dinge, die ich machen soll oder machen muss, die andere mir auftragen. Ich mache Sachen einfach so, ohne groß darüber nachzudenken. Einen Plan mache ich mir immer erst hinterher, bestenfalls. Worauf hatte ich mich da bloß eingelassen? Obwohl es im Nachhinein die richtige Entscheidung war, bin ich dennoch der Meinung, dass ein Baby die ersten Monate zur Mutter gehört. Schließlich waren beide die letzten neun Monate doch so eng verbunden, eins. Das sollte man besser nicht so abrupt beenden.
Kein Mensch, keiner, nicht einer hat sich damals um uns oder um mich gekümmert. Nicht ein verdammtes Formular musste ich ausfüllen, damit ich mit Jonny, acht Wochen alt, allein zu Hause bleiben durfte. Eigentlich toll, wie viel Vertrauen der Staat damals in mich hatte. Allerdings fragte ich mich des Öfteren, warum es für Levke von vornherein klar war, dass sie nach acht Wochen wieder arbeitet. Eine Erstgebärende macht doch so etwas nicht freiwillig. Selbst heute frage ich mich immer wieder, warum Levke nicht mit ihrem ersten Kind zusammen sein wollte. Warum hatte sie mir Jonny nach dieser apokalyptischen Geburt einfach komplett anvertraut, warum konnte sie ihn so einfach loslassen? Levke ist dann auf der Arbeit immer mit einer Milchpumpe auf die Toilette gegangen, um sich die Muttermilch abzupumpen. Wenn ich darüber nachdenke,

war das doch komisch. Spätestens zu diesem Zeitpunkt hätte Levke doch sagen müssen: „Stopp – bis hierhin und nicht weiter." Krass, die warme Muttermilch aus den Brüsten mit einer Plastik-Pumpe abzupumpen, auszusaugen, rauszuziehen, rauszuquetschen, was auch immer und das allein auf dem Klo der Firma. Wenn ich mir das heute vorstelle, wäre das so, als wenn sie sich heimlich auf der Arbeit Heroin in die Venen drücken würde, nur andersrum, beides nicht gut, das Drücken und das Pumpen.
Jonny war kein einfaches Baby und leider ständig krank. Entweder hatte er Durchfall, Erbrechen, entzündete Augen oder alles zusammen. Gott, was haben wir mit ihm gelitten. Ich war grundsätzlich mit der Situation komplett überfordert. Meine Welt war von heute auf morgen eine andere. Mal eben auf links gedreht – Inside Out. Gerade noch auf der Überholspur gelebt, 25 Jahre Überholspur, ganz links, Blinker gesetzt, Vollgas, ich, ich, ich und plötzlich war alles vorbei. Jetzt gab es nur noch Jonny. Ich habe mit ihm alles gemacht, was eine gute Mutter, in diesem Fall, ein guter Vater, mit seinem Baby macht. PEKiP – ohne PEKiP kein Abitur, Babyschwimmen, Mutter-Kind-Gruppen, Babymassage, Baby-Yoga. Allerdings fand Jonny diese Aktionen eher nicht so klasse. Eigentlich hat er immer geschrien, sobald er in einer dieser Gruppen war. Aus der PEKiP-Gruppe wurde ich deshalb höflich ausgeschlossen, da Jonny seine PEKiP-Ablehnung mit lautem Schreien Ausdruck verlieh. Immer wenn dort andere Babys schrien, gab es Mamas Brust und Ruhe im Karton. Ich hatte zwei Fläschchen, die eingeteilt werden mussten. Außerdem habe ich keinen Anschluss zu anderen Müttern gefunden. Ich fühlte mich niemals zuvor so allein und hilflos wie zu dieser Zeit. Dieser ganze Frühförderscheiß, alles für die Katz, meiner Meinung nach. Ist doch eh schon schlimm genug, aus der Sicherheit eines warmen Bauches in diese gottlose Welt geholt zu werden. Deshalb war es Jonny wohl auch am liebsten, ganz eng im Tragetuch an mich gebunden, herumgetragen zu werden. So verbrachten

wir Tage, Wochen und Monate mit stundenlangen Spaziergängen, die auch unserem Hund sehr gefielen. Gespielt haben wir viel. Stundenlang haben wir auf dem Boden, dem Sofa oder auf dem Bett gespielt. Jonny konnte mit nicht mal einem Jahr mit vier kleinen Bällen gleichzeitig auf dem Rücken liegend jonglieren. Diese besondere Zeit brachte mich oft an meine Grenzen und darüber hinaus. Allerdings habe ich mich nie mehr gefühlt als in diesen Jahren der Prüfung, die ich bestanden habe und nicht missen möchte. Alles wurde erheblich besser und einfacher, als Jonny zu laufen begann. Obwohl es fast an ein Wunder grenzte, dass dieser kleine Mann überhaupt laufen lernte, denn eigentlich habe ich ihn immer nur getragen, weil er nicht laufen wollte. Wenn dem nicht so war, kam sofort das Kommando „Arm!!!". Ich liebte es, Jonny zu tragen, denn er war so leicht und ich habe mich so stark gefühlt. Entweder hatte ich ihn im rechten Arm oder setzte ihn auf die Schulter. Ja, immer auf die Schultern, wie ich später dann auch Ida so furchtbar gern trug. Als Jonny allein lief, lernte er schnell klettern und wir haben alle Spielplätze und Bäume Finkenwerders erklettert. Ich habe ihn immer ermuntert, noch höher zu klettern und über noch höhere Balken zu balancieren. Jonny konnte mit drei Jahren besser klettern als die meisten Sechsjährigen. Noch heute bewegt er sich affengleich in Bäumen. Ich habe es genossen, wenn andere Mütter den Kopf schüttelten und ich ihn aus zwei Metern Höhe auffing. Ich habe Jonny immer aufgefangen. Ich hatte bei Verletzungen auch keine Arnika-Globuli oder Bachblüten dabei, sondern litt laut mit ihm. Pustete ordentlich und sagte, „Indianerherz kennt keinen Schmerz" und „Weiter geht die wilde Fahrt". Sowie Jonny das Klettern liebte, liebte Ida das Hochwerfen. „Nochmal Hagen, bis an die Decke, bis in den Himmel." Immer und immer wieder, bis zum Muskelversagen. Toben, Werfen, Raufen, Durchkitzeln, Blödsinn machen – das ist meine Vaterrolle. Die Angst vor allem nehmen, alles ausprobieren. Ja, ich habe meinen Kindern das Selbstvertrauen und den Mut gegeben, den sie für diese Welt brauchen. Ida war ganz anders als Jonny, immer mehr, immer höher, immer weiter – ein Wildfang. Als Jonny ein Jahr alt war, zogen wir auf die andere Seite der Elbe. Wir kauften ein kleines Bauernhaus in Finkenwerder, unsere neue Heimat, endlich angekommen. Zwei Jahre später kam dann Ida. Auch Ida war ein Kind der Liebe und auch Idas Geburt war wieder ein Desaster, wieder mit Notkaiserschnitt, wieder hatte ich Angst um das Leben des Babys und um Levkes Gesundheit. Ich höre noch heute, wie der Arzt sagte: „Herr Twente, Sie haben eine Tochter" und ich dachte: Oh, nein, kein Mädchen, ich wollte doch noch einen Jungen! Aber auch Ida war ein Geschenk. Ida war ein einfaches Kind. Diesmal ist Levke zu Hause geblieben, Ida lief einfach so durch. Meine Ida. Kurz nach der Geburt von Ida sind Levke und ich beide arbeitslos geworden. Ich kämpfte aufgrund meiner Elternzeit und der unsicheren Zukunft mit den Folgen eines Burn-outs und einer damit verbundenen Depression. Aber auch diese Zeit, die wir gemeinsam durchgestanden haben, ging vorüber. Ich glaube, ein Twente fällt immer wieder auf die Füße. Ida entwickelte sich zu einem Papa-Kind. Ich sagte so oft zu ihr: „Meine Ida!" Sie antwortet dann immer: „Mein Hagen!"

Jonny ist ein Mama-Kind, ein „Gold-Standard" eben. Mit Jonny rassle ich ab und zu mal zusammen. Ich glaube, mit Ida habe ich mich noch nie gestritten. Weil beide Kinder mich brauchen, zerreißt es mir schier das Herz, dass wir unsere Eheprobleme auf den Rücken dieser Gottesgeschenke austragen. Heulend wie ein Schlosshund schreibe ich diese Zeilen. Ich sehe mich so oft in meinen Kindern. Ich würde, ohne mit der Wimper zu zucken, mein Leben für das Glück dieser Kinder geben.
Aktion, Entertainment, Spaß und Abenteuer. Dafür stehe ich. Kindergeburtstage werden von mir mit Leben gefüllt. Ich habe Levke und den Kindern ein Stück Land an der Elbe besorgt, wo sie Gemü-

se anbauen und rumstromern können. Ich stelle ein echtes, 500 Kilogramm schweres Stahlboot in den Garten, baue ein Pfahlhaus, eine Doppelschaukel und staue Bäche. Ich gehe rodeln mit den Kindern, bastele Pfeil und Bogen aus Weiden, versuche vergeblich, seit Jahren die Kinder für Fußball zu begeistern, besorge riesige Schlauchboote für die ganze Familie. Ich gründete den „Stars Wars Club" mit selbst gebauten Lichtschwertern, Ausweisen und dem Abschießen von Raketen. Alle Vergnügungsparks im Norden müssen mindestens einmal im Jahr besucht werden. Genauso Museen, Dino-Ausstellungen, Sankt Pauli Spiele, Osterfeuer, 3D-Kino, Ausflüge mit der Hafenfähre, raus in die Natur, in den Sachsenwald, paddeln auf der Bille, Äpfelklauen im Alten Land. Hagenbeck und Tierpark Schwarze Berge. Nichts wird ausgelassen. Einmal im Jahr besuchen wir unsere Freunde in England oder sie besuchen uns. Letztes Jahr war ich allein mit den Kindern eine Woche Zelten im Wendland auf dem Birkenhof von Torben. Feuermachen, Wildkatzen fangen und Zirkusnummern mit allem Pipapo gehörten zur Tagesordnung. Blödsinn machen und in der Öffentlichkeit laut sein, dass es Levke manchmal peinlich war. Das ist mein Leben mit den Kindern. Ich mache das nicht nur für die Kinder. Nein, das alles ist auch für mich das Größte und ich mache das aus ganzem Herzen. Ich liebe es, den Kindern Blödsinn zu erzählen. Levke sagt dann immer lachend: „Papa erzählt wieder Dünnes!" Aber ich erkläre ihnen auch die Welt der Physik, der Biologie und das Universum. Ja, ich kaufe den Kindern auch manchmal pädagogisch wertloses Spielzeug. Dafür gehe ich aber jede Woche mit ihnen in die Bücherhalle.

Dennoch hatte mein Leben auch andere Seiten. Der regelmäßige Besuch mit den Kindern bei meiner schwer an Demenz erkrankten Mutter in einer Dementen-Einrichtung gehörte genauso dazu, wie Blödsinn machen. In dieser Zeit lernte ich viel von ihnen. Sie zeigten mir mit ihrer kindlichen, offenen Art, wie man mit dieser Krankheit umzugehen hat. Jonny wollte und durfte dann seine tote Oma bei der Aussegnung begleiten. Ich gehe auch gerne mit den Kindern zu Ärzten und regelmäßig ins Schwimmbad. Seit Jahren versuche ich, Jonny das Schwimmen beizubringen. In der Schwimmschule, in der offenen Gruppe, mit Privatunterricht, leider bisher mit eher bescheidenem Erfolg, aber ich gebe da nicht auf. Dafür habe ich beiden das Fahrradfahren beigebracht und lese Ida jeden Abend eine Gute-Nacht-Geschichte vor. Levke liest Jonny jeden Abend vor. Am liebsten hören beide ausgedachte Geschichten von mir, in denen sie selbst vorkommen. Besonders im letzten gemeinsamen Jahr habe ich beide Kinder mehrmals die Woche abends allein versorgt und ins Bett gebracht, weil Levke aufgrund ihres intensiven ehrenamtlichen Engagements im Kampf gegen Windmühlen sehr viele abendliche Sitzungen und Treffen wahrnehmen musste. Ich male gerne mit den Kindern, obwohl ich wirklich schlecht darin bin. Ich spiele auch gerne Brettspiele, obwohl eher mit Ida, Jonny verliert so ungern. Singen würde ich gerne mehr mit den Kindern, aber ich kann einfach nicht singen und ich kann mir keine Texte merken. Deswegen singen wir eigentlich nur Stadionwechselgesänge. Jedes Wochenende machen Ida und ich das Familienfrühstück, ein englisches Frühstück. Das war ein fester und wichtiger Bestandteil des Wochenendes, ganz besonders für Ida. Wer macht das denn jetzt eigentlich? Ich wurde mit den meisten Stimmen in den Elternrat von Idas Kita gewählt und organisierte dort erstmals ein Eltern-Kind-Camp, mit Übernachtung in Zelten und einem Grillabend. Trotz einer meist 50-Stunden-Woche als technischer Leiter eines Immobilien-Investors mache ich jeden Montag und Mittwoch um 15:00 Uhr Feierabend, um die Kinder von Hort und Kita abzuholen, um dann den Nachmittag mit ihnen zu verbringen. All das und noch viel, viel mehr können die Kinder und Levke bestätigen. Ja, das bin ich. Ein lebenslustiger und starker Vater, der seine Kinder über alles liebt und ihnen zeigen will, wie lustig, toll und spannend das Leben ist. Deswegen weiß ich, dass die Kinder mich, wie auch ihre Mutter brauchen, und wünsche mir nichts sehnlicher, als dass Levke und ich, obwohl getrennt lebend, diese kleinen Menschenkinder gemeinsam in ihre Zukunft begleiten.

Keine drei Stunden habe ich für meine Vaterrolle gebraucht. Das liest sich doch sehr gut. Da wird Herr Kallert bestimmt zufrieden sein. Wie gut sich das anfühlt. Jetzt weiß ich endlich, was meine Vaterrolle war und ist. Vom Schreiben, Weinen und Erinnern bin ich allerdings fix und fertig. Das war richtig anstrengend. Also erst einmal ein Belohnungsbier. Dann den Text eingekürzt und der ganze Kram mit den Drogen, Dr. Fummel und die vielen Abschweifungen rausschmeißen. Ausdrucken und fertig. Ob Levke ihre Mutterrolle auch zu schreiben hat? Das wäre bestimmt interessant. Was sie wohl schreiben würde? So gut wie ich kommt sie dabei bestimmt nicht weg. Wie es jetzt wohl weitergeht? Vielleicht kommen wir ja sogar wieder zusammen. Ich würde gerne diesen ganzen Scheiß schnell vergessen, Schwamm drüber, kann ja mal passieren. Wir könnten den Mantel des Schweigens darüber ausbreiten. Wie lange wird es dauern, bis alles wieder normal wird? Kann das überhaupt wieder normal werden? Bei diesem Gedanken wird mir richtig mulmig. Ist alles, was ich gerade geschrieben habe, wirklich vorbei? Was hat Jayanna gesagt? Ich werde meine Kinder wohl dieses Jahr nicht wiedersehen. Wie geht es ihnen überhaupt? Vor vierzehn Tagen haben wir uns das letzte Mal gesehen. Wir haben uns doch sonst jeden Tag gesehen. Levke und ich waren morgens die Ersten, die die Kinder sahen, und abends waren Levke und ich die Letzten, die sie gesehen haben. Mich haben Ida und Jonny jetzt seit vierzehn Tagen nicht mehr gesehen. Das ist bestimmt ganz schrecklich für die beiden, die wissen nicht mal, wo ich wohne. Vielleicht machen sie sich sogar Sorgen um mich. Oh Gott, jetzt wird mir richtig schlecht. Die Freude über meine Vaterrolle ist komplett weg. Ich spüre Panik aufsteigen. Das wird sicherlich noch ganz, ganz schlimm. Das wird bestimmt noch viel, viel schlimmer, als ich mir das jetzt vorstellen kann. Gott sei Dank weiß ich nicht, was da noch auf mich zukommt und habe Seroquel, meine Schlafpille. Dann kann ich wenigstens zwischendurch mal schlafen. Ich starre auf den Bildschirm und spüre, nein, ich fühle fast schon, dass da etwas ganz, ganz Schreckliches auf mich wartet. Was sagte Jayanna? Ich sehe meine Kinder dieses Jahr nicht wieder. Wir haben März. Jayanna hat ja Erfahrungen mit Scheidungen, die hat bestimmt schon hunderte Scheidungen als Anwältin begleitet. Die weiß, wovon sie redet. Ich habe absolut keine Ahnung von Scheidungen, weil ich noch nie eine erlebt habe. Außerdem gibt es in unserem engen Freundeskreis keine Geschiedenen. Kein Wunder, da gibt es ja nicht mal Verheiratete, geschweige denn Eltern. Zudem kenne ich niemanden, der eine Anzeige wegen sexuellen Missbrauchs an der eigenen Tochter an der Backe hat. Ich bin am Arsch, also nicht nur ein bisschen, sondern komplett am Arsch. Jayanna sagte zwar, dass ich meine Kinder dieses Jahr nicht mehr sehen werde, aber wir haben einen Antrag auf Begleiteten Umgang gestellt. Dann sehe ich meine Kinder halt schon bald wenigstens begleitet. Ich habe mein Leben nicht mehr in der Hand. Mein Leben liegt jetzt in der Hand von Frau Mandal, von Richtern, vom Jugendamt und vor allem in der Hand von Levke. Levke ist entweder verrückt geworden oder sie hat einen Plan. Egal, was es ist, das wird kein gutes Ende nehmen. Das, worüber ich eben geschrieben habe, das gibt es nicht mehr. Ich habe keine Kinder mehr, kein wunderschönes Bauernhaus mit Garten, keine Einbauküche und kein Kinderzimmer. Es gibt keinen Hund und kein Auto mehr. Ich kann nicht mehr in den Kindergarten, meine Ida abholen oder Jonny zur Zirkusschule bringen und eine Frau habe ich auch nicht mehr. Ich nehme starke Neuroleptika, um einzuschlafen und schlafe auf einem 90-cm-Crackbett in einer Herren-WG unter einem Pamela-Anderson-Poster. Ich rauche fünfzig Selbstgedrehte am Tag und esse seit vierzehn Tagen nur Nacken mit Kartoffelsalat und Schinken-Käse-Toast. Strafanzeige, Jugendamt, Scheidung, Unterhalt,

Crack-Bett, Anwälte, Neuroleptika, Begleiteter Umgang, Vaterrolle. Alles Wörter, die bis vor vierzehn Tagen nicht zu meinem Wortschatz gehörten. Da läuft gerade mein Leben komplett aus dem Ruder und ich merke das erst jetzt. Meine Situation ist eine totale Katastrophe und ich bin mir auf einmal ganz sicher, dass das erst der Anfang ist. Ich stehe erst bis zu den Knöcheln in der Scheiße. Da ist noch ordentlich Luft nach oben. Ich lege mich flach auf den Boden und starre an die Bürodecke. Ich würde jetzt gerne im Boden versinken und dann in unserer Bauernkate in Finkenwerder wieder auftauchen. Deichstraße, Jonny, Ida, Levke und unser Hund Sweety sind da. Ich würde zusammen mit Ida Frühstück machen, englisches Frühstück, das beste englische Frühstück, das wir je gemacht haben. Mit Würstchen, Beans, Spiegelei, Toast, Pilzen, Bacon, Kaffee und ausnahmsweise mit eiskalter Cola für alle. Weil heute so ein schöner Tag ist; weil ich so dankbar bin, dass wir eine so großartige, glückliche, heile und gesunde Familie sind.

12.03.2013
- Beschluss vom Amtsgericht, dass eine Ergänzungspflegschaft eingerichtet wird, dass das Jugendamt Altona mit Interessenwahrnehmung der Kinder beauftragt ist
- Schreiben von Frau Mandal auf Regelung des Umgangsrechts im Wege der einstweiligen Anordnung einmal wöchentlich unter Aufsicht im Jugendamt
- Eidesstattliche Versicherung, dass ich nichts gemacht habe
- Levkes Namen in meinem Tattoo überstechen lassen

13.03.2013
- Gespräch mit Michi, ich kann seine Wohnung haben, solange er in Spanien arbeitet

- Gespräch ASD, Bitte um Scheidungsberatung
- Gespräch Frau Schmidt, Hort Jonny. Beide sagen, dass Jonny eigentlich der Alte sei. Allerdings würde er manchmal weinen, aber die anderen Kinder würden ihn trösten

14.03.2013
- Gespräch mit Erik, Kita Ida – Hoffnungslos, dass Levke einknickt

16.03.2013
- Post von Levkes Anwältin, Trennung ab 1.3., nicht ein Jahr vorher, also neben Kindesunterhalt auch noch Trennungsunterhalt, die Hälfte von meinem Gehalt ist weg

- Kontaktverbot zur Beruhigung der Situation, wohl eher damit die Mutter mit ihrem Scheiß ungestört weitermachen kann

- keine Aussicht auf meine Kinder

21.03.2013
- Hass gegen Levke

Gerichtsverfahren Begleiteter Umgang

22.03.2013

Heute sehe ich Levke zum ersten Mal nach vier Wochen wieder. Die Verhandlung ist auf 13:00 Uhr angesetzt. Ich bin schon seit sechs Uhr wach. Wie jede Nacht seit vier Wochen sind wieder drei T-Shirts durchgeschwitzt und mein Crack-Bett ist mittlerweile ein Wasserbett. Wie kann man nur so viel schwitzen? Das sind bestimmt zwei Liter jede Nacht. Ich schwitze am ganzen Körper, so als wenn ich gerade einen 1.000-Meter-Lauf in unter drei Minuten hingelegt hätte, allerdings ohne mich dabei zu bewegen. Passives Schwitzen. Das kenne ich aus der Sauna. Dieses schöne Gefühl, wenn sich nach fünf Minuten bei 90 Grad überall kleine Schweißperlen am Körper bilden. Das Schwitzen in der Nacht ist alles andere als schön. Ob das durch den Stress kommt, oder ob das die Tränen sind, die ich am ganzen Körper weine? Wahrscheinlich kommt das vom Seroquel, aber das setze ich auf keinen Fall ab. Also wird weiter geschwitzt. Solange ich nicht eines Nachts ertrinke, kann ich damit leben. Wenn ich das Seroquel absetzen würde, könnte ich gar nicht schlafen. Ich habe das einmal probiert und die ganze Nacht wach im Bett gelegen. Schreckliche Nacht. Die beste Zeit, also wenn es überhaupt noch eine gute oder beste Zeit gibt, ist nämlich die, wenn das Seroquel nach 30 Minuten einschlägt. Ich liege bis davor wach im Bett und denke, wie immer seit vier Wochen, 24/7 das Gleiche. Meine Gedanken sind immer bei Levke (Wut, Hass), bei Jonny und Ida (Traurigkeit, Sehnsucht), bei „der Sache" (Verzweiflung, Angst). Das ist so furchtbar anstrengend und ich kann nichts gegen diese Gedanken machen. Die einzige Ablenkung ist meine Arbeit, aber auch da kann ich mich höchstens fünf Minuten auf irgendetwas konzentrieren. Gott sei Dank geht mir die Arbeit leicht von der Hand. Meine Arbeit ist das Einzige, was mir noch von meinem Leben geblieben ist. Wenn ich die auch noch verlieren würde, hätte ich nichts mehr und diese unkontrollierbaren, sich ständig wiederholenden Gedanken würden mich in den Wahnsinn treiben. Es gibt Menschen, die Stimmen hören, die dann irgendwann diese Menschen zerstören. Ich habe ständig Gedanken, die ich nicht haben will, die ich aber nicht abstellen kann. Wenn das Seroquel anfängt zu wirken, merke ich, wie diese Gedanken sich auflösen. Wie ein Traum, an den man sich morgens noch kurz schemenhaft erinnert, der sich dann aber schnell in einzelne Fragmente zerlegt. Diese Fragmente können allerdings nicht mehr zu einem Ganzen zusammengepuzzelt werden, sosehr man sich auch anstrengt, löst sich der Traum auf und verschwindet dann. Wenn ich im Bett liege, werden diese Gedanken immer kürzer, erst zu zusammenhanglosen Sätzen, dann zu einzelnen Wörtern. Ich kann dann irgendwann keinen ganzen Satz mehr denken, dann sind es nur noch zusammenhangslose Wörter ohne Bedeutung und ich schlafe ein, um kurze Zeit später das erste Mal klatschnass wieder aufzuwachen. Wenn ich Seroquel tagsüber nähme, könnte ich wohl nicht mehr sprechen, da sich das, was ich sagen möchte, schon vorher aufgelöst hätte. Vielleicht sollte ich das mal ausprobieren. Einen Tag nichts denken. Wie lange dieser Gedanken-Terror in meinem Kopf wohl noch weitergeht? Wie lange halte ich das aus, ohne wahnsinnig zu werden, und wie war das früher eigentlich? Was habe ich da den ganzen Tag gedacht? Wann ich wohl mal wieder normal denken kann? Wie lange wird dieser Scheiß dauern? Noch Monate? Jahre? Wann sehe ich Jonny und Ida wieder?

Heute wird entschieden, ob und wann ich Jonny und Ida wiedersehe. Jayanna und ich haben einen *„Antrag zur Klärung des Umgangsrechts im Wege der einstweiligen Anordnung"* gestellt. In diesem Antrag fordere ich *„einen betreuten, direkten Kontakt zu den Kindern unter der Überwachung eines geschulten Mitarbeiters des Jugendamtes im wöchentlichen Rhythmus, ohne die Anwesenheit der Mutter."* Da Levke jeglichen Kontakt von Jonny und Ida zu mir ablehnt, soll jetzt das Gericht entscheiden. Wenn das klappt, sehe ich Jonny und Ida bald wieder. Vielleicht können wir dann zusammen mit dem Aufpasser auf den Dom gehen, in den Hansapark oder mit der Hafenfähre fahren oder einfach mal wieder auf einem Spielplatz toben. Dann kann ich Ida endlich wieder hochwerfen, mindestens hundertmal und mit Jonny rangeln. Ach, wäre das schön. Gott sei Dank steht der Frühling vor der Tür, da können wir vieles draußen machen. Hier in Pits Bude wäre es ja ein bisschen eng und nicht ganz kindgerecht. Eventuell gibt es im Jugendamt ein Spielzimmer, natürlich kameraüberwacht.

Ich sitze in der Küche und starre auf die Uhr an der Wand. 7:00 Uhr und schon die dritte Zigarette. Unglaublich, wie viel ich rauche. Das sind über 50 Glimmstängel am Tag. Dabei hatte ich schon mehr oder weniger damit aufgehört. Jetzt bin ich Kettenraucher. Ekelig. Früher habe ich gern geraucht, allerdings nur abends nach dem Essen und natürlich im Stadion. Tagsüber hatte ich schon seit Jahren damit aufgehört. Ich finde nämlich Menschen, die nach Rauch riechen, besser stinken, eklig. Das ist für mich schlimmer als der Geruch von leckeren Mettbrötchen, Maurermarmelade oder Schweißgeruch. Ich hoffe, das mit dem Rauchgeruch hält sich bei mir in Grenzen, da ich fast zu jeder Zigarette auch einen Fisherman's Friend kaue. Wenn das so weitergeht, rauche ich mich noch zu Tode. Was für eine Kackerfindung, diese Zigaretten. Was für ein PR-Coup! Da wird etwas teuer verkauft, was stinkt und das darüber hinaus dazu führt, dass man selbst und die Klamotten stinken. Ja, sogar dazu, dass die ganze Wohnung sich zu einer Räucherkammer verwandelt. Außerdem sind Zigaretten derbe ungesund und töten langfristig und high wird man von den Dingern auch nicht, was ja der Vorteil aller anderen Drogen ist. Trotzdem ein Bestseller, unglaublich, wie dumm Menschen sind.

Ich rauche jetzt Kette und nehme jeden Abend ein starkes, verschreibungspflichtiges Neuroleptikum, trinke zu viel Bier und kiffe zu viel. Außerdem habe ich vom Rauchen, Kiffen, Trinken und Weinen ständig Kopfschmerzen und verquollene Augen. Gegen die Kopfschmerzen nehme ich täglich ein paar Ibus, gegen die verquollenen Augen BERBERIL. Ich ernähre mich ausschließlich von Schinken-Käse-Toast, Rührei und Nackensteak mit Kartoffelsalat. Wohne in einer leicht punkigen Herren-WG und schlafe auf einem 90cm-Crack-Bett. Was für eine Veränderung meiner Lebensumstände innerhalb von einem Monat. Ich würde mal sagen, ich befinde mich auf einem absteigenden Ast, im freien Fall. Wann wohl die Talsohle erreicht sein wird und es wieder bergauf geht? Bestenfalls heute! Ich habe aber leider das Gefühl, dass ich das nicht mehr lange durchhalte. Hoffentlich läuft heute bei Gericht alles gut und ich sehe demnächst meine Kinder wieder. Den Vormittag verbringe ich rauchend, immer dasselbe denkend in der Küche. Ich starre Stunden einfach nur gegen die Wand und warte darauf, dass die Zeit vergeht. Für Ida und Jonny habe ich zu Ostern große Kinderüberraschungseier gekauft und einen Brief mit Bildern gebastelt. Die werde ich Levke geben. Ein kleines Lebenszeichen von mir, damit meine Kinder wissen, ich denke an sie. Leider besteht die Gefahr, dass Levke die Eier selbst isst und nicht den Kindern gibt. Egal, der gute Wille zählt.

Eine Stunde vor Verhandlungsbeginn warte ich bereits vor dem Gerichtsgebäude. Wie das wohl abläuft? Hätte ich Jayanna ja mal fragen können. Ich fühl mich koddrig und schlecht vorbereitet, aber was soll ich auch vorbereiten. Jayanna ruft an und sagt, dass sie gleich da ist und ich auf dem Parkplatz warten soll. Dann kommt sie im schicken Porsche 911 vorgefahren. Tja, wer lang hat, lässt lang hängen. Ich habe nicht mal mehr meinen alten, roten Opel Astra Kombi. Auf jeden Fall habe ich eine hübsche Anwältin.

„Herr Twente, seien Sie gleich auf das Schlimmste gefasst. Wir werden gleich erfahren, was genau hinter dem Missbrauchsvorwurf steht, weil Ihre Frau der Anschuldigung gleich Substanz geben

muss. Bis wir Akteneinsicht haben, wird es wohl noch ein paar Wochen dauern."
„Ach, ich dachte, wir verhandeln heute, wann ich meine Kinder wiedersehe."
„Wir hören uns zunächst an, was Ihre Frau zu sagen hat, dann sind wir schlauer."
Das hört sich aber gar nicht zuversichtlich an. Jayanna zieht ihren schwarzen Anwaltsponcho über. Steht ihr sehr gut. Also rein ins Gericht. Uhhh, da fühle ich mich ja gleich noch viel unwohler. Irgendwie bin ich ja der Angeklagte. Heute trete ich zwar als Antragsteller auf, aber eigentlich bin ich der Angeklagte. Nicht irgendein Angeklagter, wegen eines Verkehrsdeliktes, Betrug oder Schlägerei, nein, Kinderschänder. Angeklagt wegen sexuellen Missbrauchs an der eigenen Tochter. Schlimmer geht nimmer. Ich weiß zwar, dass ich kein Kinderschänder, Pädophiler, kein widerliches Monster bin, aber alle anderen denken es bestimmt. Da steht er, das Monster. Ich fühle mich fürchterlich und ganz klein mit Hut. Mittlerweile habe ich mich schon daran gewöhnt, dass ich eine Anzeige wegen sexuellen Missbrauchs an der Backe habe. Ich musste mich ja auch schon oft genug erklären. In der Kita, in der Schule, beim Jugendamt, bei meiner Familie, bei meinen Freunden. Oh man, das ist echt unangenehm, gelinde ausgedrückt. Aber hier im Gericht wird mir das nochmal so richtig bewusst. Ich fühle mich schuldig, obwohl ich nichts getan habe.
Levke steht mit ihrer Anwältin vorm Verhandlungssaal. Schlecht sieht sie aus. Zumindest geht das Ganze nicht spurlos an ihr vorbei. Wäre auch ein Wunder. Das ist gar nicht mehr Levke, also meine Levke. Alles wirkt komplett surreal, wie eine Aufführung, ein Albtraum. Ich bin nicht mehr der, der ich vor vier Wochen war. Levke ist so weit weg und fremd. Dabei waren wir doch über zehn Jahre täglich zusammen. Herr Kallert ist auch schon da. Jayanna begrüßt die Anwältin, Herrn Kallert und sogar Levke. Ich begrüße nieman-

den. Die Richterin Frau Dr. Dahlenburg-Steinfeld kommt auf die Sekunde pünktlich in ihrer schwarzen Robe. Die ist aber jung. Wie mein Hausarzt, der ist auch so jung. Daran merkt man, dass man älter wird. Unser Verhandlungssaal ist eher ein Verhandlungszimmer. Ganz schön schedderig. Nicht mal eine einheitliche Bestuhlung. Geht gar nicht, finde ich. So ein herrschaftliches Gebäude, Stuck, hohe Decken und dann die Einrichtung wie vom Recyclinghof. Wie die Brötchen von Kamps; außen hui, innen pfui. Die Richterin sitzt erhöht vorm Fenster, ich mit Jayanna links, Levke mit ihrer Anwältin, Frau Hensen uns gegenüber und Herr Kallert bei der Tür. Die Anwältin von Levke sieht irgendwie sympathisch aus, also nicht gefährlich. Die Richterin stellt kurz alle vor und erklärt, worum es heute geht. Ich fühle mich so ganz und gar nicht wohl in meiner Haut. Ich mag Levke gar nicht anschauen, ich schaue nirgendwo hin.

Levkes Anwältin erklärt: „Die Kindesmutter kann sich zurzeit keinen, auch keinen Begleiteten Umgang vorstellen. Die Kindesmutter besucht zurzeit mit Ida eine Traumaambulanz, bei der auch Jonny bereits angemeldet ist."

Ida besucht eine Traumaambulanz? Was ist denn eine Traumaambulanz und wieso ist Ida da? Die Richterin fordert Levke auf, die derzeitige Situation sowie die Geschehnisse der letzten Wochen zu erklären. Levke hat jede Menge Aufzeichnungen vor sich liegen, die sie abliest und halb frei vorträgt. Zunächst kommt die Geschichte mit dem Stuhlgang. Mir sind diese Stuhlgangprobleme peinlich, aber das habe ich bereits zugegeben. Dann erzählt Levke, dass Ida ihr zunächst in „Babysprache" und dann in normaler Sprache gesagt hat, dass ich mit ihr, Ida, Kussspiele am ganzen Körper spielen würde und sie mich auch am ganzen Körper küssen solle.

Boom, wieder voll ins Gesicht. Bitte was? Bitte was? Ich höre wohl nicht richtig. Gott sei Dank sitze ich. Lautes Rauschen in meinen Ohren. Mir wird richtig schlecht.

Diese Kussspiele sollen stattgefunden haben, während Jonny im oberen Bett laut gelesen hat. Das ist gelogen, frei erfunden, das hat es nie gegeben. Ich habe Ida nicht am ganzen Körper geküsst und Jonny liest nie laut. Dann beschreibt sie die Tage, bevor mich die Kripo zu Hause abholte. Ida sei sehr krank geworden und musste sich morgens übergeben, konnte nicht in den Kindergarten gehen. Davon wusste ich gar nichts, beziehungsweise daran kann ich mich gar nicht erinnern. Das ist doch gelogen. Levke war daraufhin bei irgendeiner Beratungsstelle, die ihr versicherte, dass sich Ida sowas nicht ausgedacht haben konnte. Nee, das hat sich ja auch Levke ausgedacht. Dann erzählt sie, dass sich Ida in der Nacht in die Hose gemacht hat und ich Ida die Nachthose gewechselt hätte. Diese Pyjamahose-Hose hat sie am nächsten Tag, nach Rücksprache mit der Beratungsstelle, zum LKA zur Untersuchung gebracht und es folgte die Anzeige. Abends hat mich dann die Kripo der Wohnung verwiesen. Ich glaube nicht, was ich da höre. Doch Levke erzählt und erzählt und erzählt. Ich erfahre, dass Ida einen Waschzwang entwickelt hat und Levke Protokoll über den Waschzwang führt. Jetzt wird mir richtig schlecht. Das sind alles Lügen, niederträchtige Lügen. Ich fühle mich wie auf dem Weg zur Schlachtbank, nein, ich bin auf der Schlachtbank. Levke erzählt weiter, dass Ida nur noch mit ihr zusammen auf Toilette gehen wollte und sich ständig untenrum waschen muss. Ida erzählte ihr, dass ich Fotos von ihr nackt gemacht und ihr „etwas" in den Po gesteckt hätte. Ich habe bitte was gemacht? Wer denkt sich denn so einen kranken Scheiß aus? Was passiert hier gerade? Ich möchte einfach im Boden versinken. Am besten einfach sterben. Schlimmer kann es jetzt wirklich nicht mehr werden. Ich dachte immer, dass der schlimmste Moment in meinem Leben der war, an dem die Kripobeamten Stiller und Wagner mir in unserer Küche mitteilten, dass ich Ida missbraucht haben soll. Das toppt jetzt alles. Das gerade ist jetzt der allerschlimmste Moment in meinem Leben. Wie komme ich denn aus dieser Scheiße wieder raus? Levke erzählt weiter, dass Ida nicht mehr in den Kindergarten will, dass Ida schlimmste Trennungsängste hat und Levke sie nicht mehr allein lassen darf. Außerdem erklärt sie, dass Ida gern zur Traumaambulanz geht. Das ist doch alles nicht wahr, diesen Lügenvortrag hat Levke doch auswendig gelernt. Ich sage nichts, ich bin komplett sprachlos und überrumpelt. Schachmatt. Ich spüre Jayannas Hand an meinem Arm, wie fürsorglich. Ich brauche auch eine Traumaambulanz. Das ist alles gelogen, aber absolut glaubwürdig vorgetragen. Wenn ich es nicht besser wüsste, würde ich Levke glauben. Irgendwann ist Levke fertig mit ihrem Vernichtungsvortrag und ich bin es auch. Ich weiß gar nicht, was ich denken, geschweige denn sagen soll. Mir ist total schlecht. Das Rauschen in meinen Ohren ist zu einem Dröhnen geworden, das Dröhnen meines Lebens, das den Bach runtergeht oder, besser gesagt, im Klo runtergespült wird. Diesmal aber so richtig.

Die Richterin schaut mich an und alle anderen auch. Ich werde mit Blicken durchbohrt, regelrecht aufgespießt, obwohl mein Leben bereits gerade mit Worten zerstört wurde.

„Herr Twente, Sie haben jetzt die Möglichkeit, dies alles zuzugeben, damit würden Sie Ihren Kindern viel Leid ersparen."

Scheiße, das hier ist jetzt zu einem Schauprozess geworden und ich werde für etwas, das ich nicht getan habe, zum Täter beziehungsweise zum Sündenbock gemacht. Levke hat mich vor versammelter Mannschaft vorgeführt, demontiert, zerstört und vernichtet. Man braucht mir nur noch den Gürtel meiner Hose und meine Schnürsenkel abnehmen und sagen, ich muss mich in die Mitte des Raumes stellen, um mich komplett zu erniedrigen.

„Ich werde hier gar nichts zugeben. Ich habe überhaupt nichts gemacht. Ich wusste zwar, dass hier gegen mich der Vorwurf des sexuellen Missbrauchs im Raum steht, höre aber diese konkreten Vorwürfe das erste Mal. Ich weiß nicht, wie Ida darauf kommt, solche Geschichten zu erzählen. Ich gehe davon aus, dass sich Ida so

etwas nicht ausgedacht hat, kann aber sagen, dass ich all das nie gemacht habe. Die einzigen Küsse, die es zwischen mir und meiner Tochter gab, sind Küsse auf die Stirn, die Augen, die Nase und die Wangen. Ich habe nichts davon gemacht. Das sind alles niederträchtige Lügen."
Die Richterin wendet sich an Kallert: „Stimmen Sie einem Begleiteten Umgang zu?"
„Ich würde in diesem diffizilen Fall keine Form des Umganges befürworten, auch keinen Begleiteten Umgang."
Die Richterin bittet um Stellungnahme zu den heute in der Verhandlung aufgetauchten Vorwürfen bis zum 29.03.2013; Termin zur Verkündung einer Entscheidung wird auf den 11.04.2013, 10:00 Uhr, Raum B077 anberaumt.
Klappe zu, Affe tot. Jetzt bitte nur noch raus hier, die Ostereier esse ich selbst.
Ich trete mit Jayanna den ungeordneten Rückzug an. „Frau Mandal, wie geht das denn jetzt weiter, ich bin total geschockt. Damit habe ich nicht gerechnet, ich habe nichts gemacht."
„Das geht jetzt gar nicht weiter. Das war's. Wir schreiben jetzt eine Stellungnahme. Die Gegenseite schreibt auch eine. Danach wird verkündet, dass sie keine Begleitenden Umgänge bekommen. Wir werden allerdings beantragen, dass das Hauptsacheverfahren eröffnet wird."
Der Kallert kommt zu uns: „Ich gehe davon aus, dass es einen Missbrauch gegeben hat, wenn nicht durch den Vater, dann durch einen Dritten. Ich empfehle Ihnen, Anzeige gegen Unbekannt zu erstatten."
„Ich glaube nicht, dass es einen Missbrauch gegeben hat. Alles, was Levke erzählte, ist doch erst eingetreten, als ich weg war. Vorher waren die Kinder ganz normal. Das, was Levke vorgetragen hat, haut irgendwie nicht hin. Ich bin zwar geschockt und schwer getroffen, aber sicher, dass Ida nicht missbraucht wurde. Nicht von mir

und auch nicht von jemand anderem. Frau Mandal, wann sehe ich meine Kinder wieder?"

„Im Zuge des Hauptsacheverfahrens ..."

„Was ist überhaupt ein Hauptsacheverfahren?"

„Im Hauptsacheverfahren wird geklärt, wann, wie und ob sie Ihre Kinder wiedersehen dürfen."

Wann, wie und ob? Hat sie eben ob gesagt? Was für eine Scheiße! In was für eine Scheiße bin ich hier geraten? Eigentlich wollte ich heute einen Domtermin, zwar unter Aufsicht, aber mit meinen Kindern klarmachen. Jetzt reden wir darüber, ob ich meine Kinder überhaupt wiedersehe. Das läuft komplett aus dem Ruder, gar nicht gut. Klar denken kann ich jedenfalls nicht mehr. Muss ich scheinbar auch nicht, da mein Leben eh fremdgesteuert wird und ich die Kontrolle über mein Leben komplett verloren habe. Nicht so, als wenn man die Kontrolle über ein Auto verliert, weil man zu schnell fährt. Nein, ich bin der Fahrer, aber ein anderer lenkt und das ist definitiv keine Urlaubsreise, das ist ein Horrortrip. So eine Scheiße.

„Wie geht das jetzt mit diesem Hauptsacheverfahren?"

„Im Zuge des Hauptsachenverfahrens wird höchstwahrscheinlich ein umfangreiches Gutachten erstellt. Im Zuge dieses Gutachtens werden Sie Ihre Kinder unter Aufsicht wohl sehen. Neben der Ergänzungspflegschaft durch Frau Kramer werden die Kinder einen Verfahrensbeistand bekommen, der die Kinder vor Gericht vertritt."

„Einen Verfahrensbeistand? Was oder wer ist denn das jetzt schon wieder?"

„Kinder haben auch Rechte, die vor Gericht gehört und erörtert werden müssen. Kinder können sich ja schlecht einen Anwalt suchen und Sie als Eltern scheiden dafür aus, weil ihre Rechte ja schon durch die Ergänzungspflegschaft eingeschränkt sind. Der Verfahrensbeistand ist der Anwalt der Kinder."

„Wer sucht den aus?"

„Die Richterin, die auch die Gutachterin oder den Gutachter aussucht."
„Wie lange dauert das alles? Wann sehe ich meine Kinder wieder?"
„Das Hauptsacheverfahren wird vielleicht in zwei bis drei Monaten eröffnet. Wenn ein Gutachter gefunden wird, der Zeit hat, braucht er für die Erstellung des Gutachtens etwa vier bis fünf Monate. Anschließend kommt es irgendwann zu einem Beschluss, der die Umgänge mit Ihren Kindern regelt. Ich denke, Anfang nächsten Jahres."
„Wir haben jetzt Anfang dieses Jahres!"
„Ja, rechnen Sie mit einem Jahr."
Ich soll mit einem Jahr rechnen? Ich bin nach diesen vier Wochen schon ein psychisches Wrack und nur dank der Schulmedizin und meiner grundsätzlich positiven, fröhlichen Art am Leben. Ein Jahr, vier Jahreszeiten? Das schaffe ich nicht. Wie soll ich das denn schaffen? Wie sollen das eigentlich meine Kinder schaffen? Ida pfeift scheinbar jetzt schon aus dem letzten Loch. Ida treffe ich bestimmt schon vor dem Hauptsacheverfahren in Ochsenzoll. Was macht eigentlich mein Sohn Jonny? Von dem hat Levke gar nichts erzählt.
„Herr Twente, ich vertraue Ihnen nach wie vor. Wir sehen uns Montag in meinem Büro. Vereinbaren Sie später einen Termin. Keine Sorge, wir bekommen das hin. Sobald wir Akteneinsicht bekommen, sind wir schlauer." Jayanna spricht mir also ihr Vertrauen aus, das machen Politiker immer, bevor sie jemanden absägen.
„Frau Mandal, erstatten Sie noch Anzeige gegen Unbekannt? Obwohl ich nicht glaube, dass da was war."
„Ja, mache ich. Das Problem ist, dass Ihre Frau sehr glaubhaft rübergekommen ist und die Richterin und das Jugendamt ihr scheinbar alles abkaufen."
„Frau Mandal, das Problem ist, dass Levke nicht mehr alle Latten am Zaun hat. Ich gehe sogar davon aus, dass sie das selbst alles glaubt. Levke glaubt immer alles, was sie denkt."

„Herr Twente, wir sehen uns Montag."

„Ja." – Wenn ich dann noch lebe.

Was für eine Scheiße, Gott sei Dank habe ich das alles vorher nicht gewusst. Das lief aber gar nicht gut, das muss ich jetzt erstmal alles bei ein paar Bier auseinander tüdern. Ida ist angeblich in einer Traumaambulanz, geht nur noch zu Hause auf Klo und hat einen Waschzwang. Natürlich hängt sie an ihrer Mutter, denn der Vater ist ja einfach verschwunden. Ida und Jonny wissen bestimmt nichts von meiner frivolen Herren-Trinker-WG. Was Levke da alles erzählt hat, habe ich gar nicht mitbekommen, und Jonny liest nie laut. Ich bin mir ganz sicher, dass Ida von niemandem missbraucht wurde. Es gab niemals die Gelegenheit, meinem Mädchen so etwas anzutun. Niemand hätte sich das getraut, weil er ja wüsste, dass Hagen Idas Vater ist und Hagen denjenigen dafür zerschmettern und auslöschen würde. Bestimmt erzählt Levke bei der nächsten Verhandlung, dass ich auch Jonny missbraucht hätte und er jetzt nicht mehr zur Schule, sondern mit Ida zur Traumaambulanz geht. Ich brauche den Kontakt zu dieser Traumaambulanz, damit ich weiß, was dort mit Ida gemacht wird. Hat Levke nicht gesagt, dass Jonny auch schon bei der Traumaambulanz angemeldet ist? Ich habe noch vor zwei Wochen gedacht, dass diese ganze Sache bald vorbei ist. Eine schnelle, saubere Scheidung, die Sache mit den Kindern regeln und weiter geht das Leben. Komplette Fehleinschätzung der Situation, wirklich eine komplette Fehleinschätzung. Ich habe jetzt eine Anzeige wegen sexuellen Missbrauchs an der Backe, die ich wohl aufgrund von Levkes heutigem Vernichtungsvortrag nicht mehr auf die leichte Schulter nehmen kann. Ich warte jetzt auf die Akteneinsicht und die Einstellung des Strafverfahrens. Die Begleiteten Umgänge mit meinen Kindern kann ich mir sowieso in die Haare schmieren. Es wird demnächst ein Hauptsacheverfahren mit der Richterin, Frau Dahlenburg-Steinfeld geben, bei dem das Jugendamt in Person von Herrn Kallert eine Rolle spielt. Die Kinder werden bereits durch eine Ergänzungspflegerin, Frau Kramer, betreut, die ich vielleicht mal kennenlernen sollte. Dann bekommen die Kinder noch einen Anwalt, also einen Verfahrensbeistand. Außerdem wird es noch ein Gutachten geben. Dann ist da noch die Traumaambulanz und unsere Scheidung mit Gütertrennung, Zugewinnausgleich, Rentenpunkten, Unterhalt und was weiß ich noch alles. Ich heirate nie, nie, nie, niemals wieder. Ich will meine Kinder zurück und dann werden meine Samenstränge gekappt. Irgendwo in diesem ganzen Schlamassel, diesem Tohuwabohu, sind auch noch Jonny und Ida, die ich wohl erst nächstes Jahr wiedersehe. Außerdem muss ich auch noch in Michis Wohnung umziehen. Das schaffe ich alles nicht, das kann ich nicht schaffen, und Levke weiß das ganz genau. Aber vielleicht täuscht sie sich. Vielleicht täuschen wir uns da beide. Man wächst ja schließlich mit seinen Aufgaben und genug Aufgaben zum Wachsen habe ich ja jetzt. Muss ich jetzt wohl oder übel über mich hinauswachsen.

Als ich im Kiosk die Halben in meine Tasche packe, sind da die Ostereier. Die schicke ich dann eben per Post. Der Osterhase bringt die Eier auch nicht persönlich vorbei. Außerdem werde ich den Kindern ab heute jede Woche einen Brief schicken, oder besser, ein Paket, und zwar so lange ... bis wann? Bis ich die beiden wiedersehe oder bis sie achtzehn sind? Bis ich aus der Klapse entlassen werde? Auf jeden Fall mache ich das. Irgendwie schaffe ich das. Ich habe die letzten vier Wochen überstanden und das nächste Jahr überlebe ich auch. Das kann nicht ewig so weitergehen, irgendwann hat Levke ihr Pulver verschossen und dann bin ich am Zug, bestenfalls.

25.03.2013

- Frau Mandal, Kallert alle glauben, dass Ida missbraucht wurde, Anzeige gegen Unbekannt, ich glaube das nicht

- Frau Mandal erlässt Strafanzeige und Strafantrag gegen Unbekannt

28.03.2013
- Eröffnung des Hauptsacheverfahrens, um den zukünftigen Umgang meiner Kinder mit mir gerichtlich regeln zu lassen

02.04.2013
- Erste Auseinandersetzung mit dem Thema PAS, dem Parental Alienation Syndrome, auf Deutsch: Die induzierte Eltern-Kind-Entfremdung, EKE. Das PAS beschreibt die Manipulation des Kindes durch den betreuenden Elternteil, die zum Ziel hat, die Liebe des Kindes zum anderen Elternteil zu zerstören, um diesen aus dem Leben des Kindes zu eliminieren. Nach dem Verlust eines Elternteils ist das Kind beherrscht von Angst, nun auch den anderen zu verlieren. Ein Kind schlägt sich aus Sicherheitsbedürfnis und Abhängigkeitsgründen auf dessen Seite und wendet sich gegen den verlorenen Elternteil. Mir wird angst und bange

03.04.2013
- Idee – ich schreibe ein Buch über diesen ganzen Wahnsinn
- Wöchentliche Briefe und Pakete an die Kinder

11.04.2013
- Verkündung 10:00 Uhr – Kein Umgang

14.04.2013
- Brief an Kita und Schule mit Bitte um regelmäßige Information
- Es wird mir klar, dass ich meine Kinder wohl erst nach dem Hauptsacheverfahren in einem Jahr sehen werde

19.04.2013
- Kinderbrief mit Ankündigung neue Wohnung
- Gespräch mit Frau Berger, Jonny hat immer sein Dino-Buch von Papa dabei
- Umgangsverbot von Levke auch für Torben, Jan, meine Schwester Kerstin und ihre Kinder Lisa und Hannah

21.04.2013
- Zwei Monate Nacken mit Kartoffelsalat

23.04.2013
- Info von der Rechtsanwältin von Levke, Frau Hensen: Levke verarmt angeblich, soll sie doch und am besten verhungern
- Wie soll es weitergehen?

26.04.2013
- Kinderbrief mit vielen Erinnerungen an das, was wir früher gemacht haben. Ob die Kinder diese Briefe überhaupt erhalten? Eine Antwort und sei es nur eine Postkarte, habe ich noch nie bekommen. Ich schreibe wohl seit Monaten ins Leere

SANKT PAULI IST IMMER DA

01.05.2013

Ich lieg hier, hab grad gekifft, ist momentan eh egal, ich kiff viel die letzten Wochen, dafür trinke ich weniger und muss nicht ständig nachts raus zum Pieschern. Das, was ich früher pieschern musste, schwitze ich jetzt ja aus. Ständig frage ich mich, wie mein Freund Pit das macht. Wie macht der das bloß? Der muss nachts nie raus, obwohl er viel mehr trinkt als ich. Okay, der ist ja auch ein Kopf größer, aber dennoch. Ich habe Pit mal gefragt, ob er Alkoholiker sei. Nö, sei er nicht, er sei Trinker. Ich bin, glaube ich, auch ein Trinker. Bisher kannte ich Pits Pieschgewohnheiten nur aus dem Stadion. Ich stehe seit über 20 Jahren neben ihm am Millerntor und Pit war noch nicht einmal pinkeln. Wie macht der das? Wo lässt der das? Der schwitzt auch nie. Wir treffen uns immer 90 Minuten vor Spielbeginn, immer mit einem Bier in der Hand. Danach geht es ins Stadion und erst mal einen Halben holen und anschließend an unseren Platz. Wir haben unseren festen Platz. Zehntausend Stehplätzen in der Gegengerade des magischen FCs, aber wir stehen immer exakt aufn Zentimeter an derselben Stelle. Einmal in all den Jahren waren wir etwas spät dran und irgendwelche Jungspunde standen auf unseren Plätzen. Die Jungs waren sich natürlich keiner Schuld bewusst. Also Pit, Franka, Ina und ich zu unseren Plätzen, zweiter Wellenbrecher, links von der Coachingzone der Gäste. Platz weg, Wellenbrecher besetzt. Dabei brauchen Pit und ich den Wellenbrecher, um uns abzustützen. Pit, damit er keine Rückenschmerzen bekommt und ich spätestens ab der zweiten Halbzeit, um mich festzuhalten, damit ich nicht total hacke umkippe. Es ist wirklich beeindruckend, wie viel Bier wir während eines Spiels trinken. Zwei Halbe vorm Stadion, dann nochmal zwei, drei Halbe, bis das Spiel beginnt. Man trinkt natürlich der Wetterlage angepasst. Bei 30 Grad im Schatten mehr als bei 0 Grad und Schneeregen. Wenn das Spiel gut läuft und der „Millerntor Roar" einen mitreißt, natürlich noch mehr. Unter optimalen Bedingungen kommt es regelmäßig zur sogenannten Bierflut. Irgendjemand kommt ständig mit Bier an, Bier satt. Da kommen schnell mal fünf, sechs Halbe während des Spiels zusammen, das wären dann schon mal so zehn Halbe. Fünf Liter, bevor man sich nach dem Spiel noch vor der Südkurve auf zwei, drei Abschiedsbierchen trifft. Fünf, sechs Liter Bier in drei Stunden, da ist man natürlich schon etwas angetüddert, aber Pit muss nicht einmal püschern. Vielleicht sollte ich ihn damit mal bei „Wetten, dass?" anmelden. Das wäre doch mal eine tolle Außenwette. Endlich mal eine ohne Bagger. Lediglich bei Sicherheitsspielen, also Rostock, Dresden und so, gibt es kein Bier. Dann bringe ich immer Jägermeister in diesen Joghurt Quetschies mit, was natürlich nur eingeschränkt die Bierflut ersetzen kann.

Ich also hin zu den Jungspunden, Franka hält mich noch fest: „Hagen, mach kein Ärger." Nachdem ich zur ihr gesagt habe: „Was stehen da diese Schnellspritzer auf unseren Plätzen?" Vier junge Kerle. Irgendwie drollig. Ich also zu dem Größten aus der Gruppe, weil genau das wichtig ist und genau das will ich auch Jonny beibringen. Bei Ärger sich immer den Größten als Erstes schnappen. Oh Gott, oh Gott, mein Jonny, wie soll er eine Kampfsituation ohne meine Hilfe überstehen? Wer soll ihm Rangeln, Schubsen und Beine stellen beibringen, wenn nicht ich?

„Ihr steht auf unseren Plätzen!"

„Das sind Stehplätze, hier gibt es keine Plätze!"

„Wenn du und deine anderen Schnellspritzer euch jetzt nicht sofort einen anderen Platz sucht, dann mach ich aus deiner Brille eine Achterbahn, du Klappstuhl."

Zack und weg sind sie.

Autorität kann man nicht erzwingen, die bekommt man verliehen. Aber Sankt Pauli ist nicht nur Saufen. Franka hat immer schwarze Joints dabei. Schwarzes Jointpapier, das angeblich aus Frankreich kommt, ist mit Lakritzsaft getränkt und in Deutschland verboten – sowas Leckeres. Es wird aber nicht nur gekifft und gesoffen, nein, da ist viel mehr. Sankt Pauli ist eine Passion, eine Leidenschaft. Eifersucht ist auch eine Leidenschaft. Eine Leidenschaft, die mit Eifer sucht, was Leiden schafft. Anderes Thema. Ich denke, eine Leidenschaft kann man nicht erzwingen, das ist wie verliebt sein oder die Liebe, das kann man auch nicht erzwingen. Liebe oder verliebt sein findet einen, da muss man gar nichts für tun, das ist ja das Tolle daran. Niemand sucht sich einen Fußballverein aus, den er toll findet, sondern der Verein kommt zu dir, wie die Liebe oder halt auch nicht. Auf jeden Fall hat sich der FC Sankt Pauli mich ausgesucht. Der FC ist meine Passion, also die Heimspiele. Meine Eltern waren immer bei den Heimspielen von Bergedorf 85, den Elstern, mit mir. Bei diesem Ausflug trug mein Vater immer Anzug und meine Mutter war immer frisch frisiert. Ich fand das Spiel eher langweilig. Deswegen bin ich die ganze Zeit im Stadion rumgelaufen und habe jeden gefragt, ob ich die leeren Bier- oder Brauseflaschen haben könnte. Da ist dann immer richtig was an Pfand zusammengekommen, und hinterher sind wir oft essen gegangen. Schön war das. Jonny und Ida waren auch schon mit im Stadion, aber nach Currywurst, Fanta und Cola wollten sie nach Hause. Ich denke, wenn ich die beiden irgendwann mal wieder sehen darf, dann werden wir auch wieder zum Fußball gehen. Ob die Begleitperson beim Begleiteten Umgang wohl freien Eintritt hat? So wie die Begleitung bei den Rollifahrern?

„Bitte vier Tickets, zwei Kinder, ein *Kinderschänder* und ein Begleitticket, Aufpasser Jugendamt, *wir wollen ja nicht, dass der Papa hier im Stadion seine Kinder vernascht, Zwinkersmiley, ein bisschen Spaß muss sein – ja, gerne im Pädoblock.*"

Wenn die Kinder irgendwann mal wieder mit mir ins Stadion gehen, finden sie es bestimmt gut, wenn sie die ganzen Pfandbecher für Stück 1,50 abgeben können. Kommen schnell mal 10, 20 Euro für jeden bei raus. Das wird ihnen bestimmt gefallen. So bin ich da ja schließlich auch reingerutscht.

Wenn ich zum Stadion gehe, weiß ich oft nicht mal, gegen wen wir überhaupt spielen. Das macht aber nichts, ich habe ja Pit, den wandelnden Fußball-Almanach, mein Fußball-Lexikon. Pit kennt jeden Spieler, erkennt das System 3-5-2 oder 4-3-3, er weiß aufgrund der Spieleraufstellung, ob wir offensiv oder zurückgezogen spielen. Er weiß, welcher Spieler verletzt ist und welcher gerade die Form seines Lebens hat. Ich erkenne die Spieler nur an ihren Namen auf den Trikots. Okay, ein, zwei Spieler, wenn sie sehr groß oder sonst auffällig sind, erkenne ich schon, wie zum Beispiel Morike Sako. Pit erinnert alle, aber wirklich alle Spiele mit Ergebnissen. Er weiß noch Jahre später, wer die Tore wann geschossen hat und wer die Vorlage reingab. Toll, wirklich beeindruckend und mystisch, vor allem, weil er das nicht lernen braucht. Der sieht das Spiel und behält alles für ewig. In der Halbzeit frage ich Pit immer, wie das Spiel so läuft und das erzähle ich dann meinem Nebenmann. Der denkt bestimmt, dass ich mich gut mit Fußball auskenne, das Spiel lesen kann. Kann ich natürlich nicht. Kein bisschen. Ich weiß fünf Minuten nach Spielende nicht mal wer, wann, was für ein Tor geschossen hat. Mir ist es sogar schon öfter passiert, dass ich den Seitenwechsel zur zweiten Halbzeit nicht so richtig mitbekommen habe und dann die falsche Mannschaft anfeuerte. Ist schon peinlich.

Ein Fußballspiel am Millerntor ist wie eine riesige Open Air Theateraufführung. Schon vor dem Betreten der Arena flirrt die Luft und es schlägt einem ein großes Gewusel der Freude und Vorfreude entgegen. Wenn wir das Stadion betreten, ist es immer noch leer, ruhig und dieses wunderschöne, frisch gemähte Geläuf liegt wie ein weicher, grüner Teppich im Betonrund. Wenn Dom ist, weht sogar der Duft von Zuckerwatte und gebrannten Mandeln ins Rund. Sollte alles zusammenkommen, Dom und Freitagabend-Spiel, dann gibt's hinterher immer noch ein Feuerwerk. Das Stadion füllt sich langsam, die ersten Spieler lassen sich blicken und werden frenetisch begrüßt. Die ersten Fangesänge gegrölt. Es geht langsam los. Über uns der blaue Himmel, Möwen, rechts der Hochbunker, die Freunde an der Seite, was für ein Geschenk. Irgendwann sind 30.000 Menschen freudig erregt im Stadion. Dann erklingt unsere Hymne.

Das Herz von St. Pauli, das ist meine Heimat,
in Hamburg da bin ich zuhaus.
Der Hafen, die Lichter, die Sehnsucht
begleiten das Schiff in die Ferne hinaus.
Das Herz von Sankt Pauli, das ruft mich zurück,
denn dort an der Elbe, da wartet mein Glück.
Die Elbe, der Michel, der Kurs ist immer gut.
St. Pauli, die Freiheit, das liegt uns so im Blut
und hat das Lebensschiff ein Leck,
in Hamburg bleiben wir an Deck,
ja in Hamburg bleiben wir an Deck.
Das Herz von St. Pauli, das ist mein Heimat,
in Hamburg da bin ich zuhaus.
Der Hafen, die Lichter, die Sehnsucht begleiten.
Das Schiff in die Ferne hinaus.
Das Herz von St. Pauli, das ruft mich zurück,
denn dort an der Elbe, da wartet mein Glück.
Das Herz von St. Pauli, das ist meine Heimat,
in Hamburg da bin ich zuhaus.
Ahhhhhouuuuuu!

Dieses Lied singen 25.000 (die Gäste hören ja nur zu) von ganzem Herzen mit. Jedes Mal habe ich Gänsehaut, meistens Pippi in den Augen. Wenn die Punk-Gitarren aufhören, singt das ganze Stadion a cappella, unglaublich schön. Fischer Chor at it's best. Dann wird wieder „Sankt Pauli, Sankt Pauli, Sankt Pauli" geschrien. „Die ganze Kurve singt und tanzt für dich, unser Ein und Alles, ja, wir lieben dich." „Hier gewinnt nur einer, Sankt Pauli und sonst keiner."

Immer pünktlich auf die Sekunde betreten die Recken die Arena. Hells Bells von AC/DC, auf die Gitarre explodiert das Stadion, Konfetti, Bier, gute Laune, bestenfalls Pyrotechnik, alles fliegt einem um die Ohren. Dann wird gespielt und gefeiert. Wir feiern unseren Verein, aber irgendwie feiern wir auch uns, das Leben. Selbst wenn Sankt Pauli grottig spielt, feuern wir an, wir pfeifen unseren Sankt Pauli niemals aus. 90 Minuten schreien und singen. Man kann doch im normalen Leben nie laut schreien, laut singen. Hier geht das, hier ist der einzige Platz, an dem man so richtig laut schreien, durchdrehen, freidrehen kann. Am nächsten Tag bin ich immer heiser und verkatert. Dieses Schreien und Singen wird natürlich ab und zu unterbrochen, um Bier zu holen oder wegzubringen. Was für ein Lärm 25.000 Menschen machen können, wie alles explodiert, wenn ein Tor fällt, der Song 2 von Blur aus den Boxen dröhnt. Ich möchte gern mal wissen, wie sich das für die Spieler anhört.

Als ich mal zu Hause rausmusste, weil Levke das wollte und es mir richtig schlecht ging, war ich mit Franka bei einem Freundschaftsspiel im Stadion. Da sagte sie zu mir: „Weißt du Hagen, egal was passiert, Sankt Pauli ist immer da." Da hatte sie recht. Ich bin so gerne im Stadion. Was früher die Feierei war, sind jetzt die Heimspiele, die letzte große Party, die geblieben ist – auf die ich noch mit einem Rollator gehen werde.

04.05.2013
- Auszug bei Pit, Einzug in Michis Wohnung. Michi arbeitet zurzeit in einer Auffangstation für Hunde in Calpe, Spanien und vielleicht will er dort bleiben, nicht mehr zurückkommen, bestenfalls
- Große Freude, wieder ein Zuhause zu haben
- Einsicht, dass Levke das alles geplant hat

07.05.2013

- Ich weiß nicht mehr, wie sich meine Kinder anhören, wie sie aussehen, sie verschwinden langsam
- Unsicherheit, warum Frau Mandal nicht mehr Gas gibt

11.05.2013

- Kinderbrief mit Umzug neue Wohnung – Hagen immer gut drauf – Ätsch

12.05.2013

- Hauptsache Verfahren geht los
- Frau Bachmann-Meinicke wird Verfahrensbeistand
- Kinder seit 10 Wochen nicht gesehen
- Ich habe das erste Mal in meinem Leben echte Geldprobleme. Das Geld aus meinen Lebensversicherungen hat Jayanna. Nach Abzug Miete, Unterhalt und den Fixkosten habe ich knapp 400 Euro zum Leben. So fühlt sich also Armut an. Schöne Scheiße

13.05.2013

- Warten auf Akteneinsicht, auf das Hauptsacheverfahren, auf Frau Bachmann-Meinicke, Einstellung des Verfahrens, Warten, warten, warten. Immer nur warten
- Habe ich das Schlimmste hinter mir?
- Laptop gekauft

18.05.2013

- Kinderbrief HMS Ocean, früher war ich mit Ida und Jonny bei jedem „Open Ship" im Hafen, dieses Mal schaue ich mir

den englischen Hubschrauberträger alleine an und muss die ganze Zeit mit meinen Tränen kämpfen. Ohne Ida und Jonny ist nichts mehr schön
- 10 x am Tag Mails checken, ob es was Neues gibt
- Levkes Anwältin Frau Hensen ist raus – Herr Kleinfeld ist ihr neuer Anwalt

21.05.2013
- Ida hat ihren 5. Geburtstag, ohne mich, ich bin so traurig

24.05.2013
- Ich fange an, Levke wirklich abgrundtief zu hassen. Sie soll einfach verschwinden und nie wieder zurückkommen
- Termin bei Jonnys Therapeut Herrn Wollner; Info, dass Jonny nicht mehr leben wolle – Zusammenbruch unter Tränen

30.05.2013
- Ich rauche zu viel, meine Lunge ist geteert
- Gespräch mit der Traumaambulanz, Frau Rose – es gab nur eine beschissene Einzelsitzung, Ida leidet und ich drehe durch
- Levke ist bei Bachmann-Meinicke ausgerastet
- Freudige Erwartung des Hauptsachverfahrens am 02.08.2013
- Zermürbung mit Kinderbriefen
- Gedanken an mein Buch
- Habe die Kinder seit 12 Wochen nicht gesehen
- Hoffnung, dass ich meine Kinder im August sehe

- Levke will unseren Opel nicht mehr – zu alt und schlechter Zustand – wie ich

04.06.2013
- Zahlungsübersicht Frau Mandal – bis jetzt 16.500 Euro bezahlt

07.06.2013
- Mail an Frau Mandal – Levke ist geisteskrank, Angst vor erweitertem Suizid

08.06.2013
- Kleinfeld beantragt, dass ich eine Urkunde zur Verpflichtung zu Unterhaltszahlungen unterzeichnen soll. Die sogenannte Unterwerfungsurkunde

11.06.2013
- Jayanna hat auch Bedenken, dass Levke durchdreht. Ich soll Bachmann-Meinicke auf Sorgerecht ansprechen
- Ich habe wieder Hoffnung
- Was machen die Kinder durch?

12.06.2013
- Träume jede Nacht von Levke – auch das noch
- Ich drehe komplett durch, die armen, armen Kinder
- Ich bringe Levke um – totaler Hass

Psychowochen

Immer wenn ich den Briefkasten aufschließe, hoffe ich, dass Post drin ist, obwohl ich genau weiß, „nur keine Post ist gute Post". Genauso fülle ich manchmal auch einen Lottoschein aus. Wenn ich die Dinger kreuze, sehe ich mich immer schon als Millionär. Endlich wieder Post. Vom Gericht. Irgendwie hoffe ich, da steht was Gutes drin. Gott sei Dank denke ich das noch. Doch der Unterschied zwischen einem Pessimisten und einem Optimisten ist, dass der Pessimist besser informiert ist. Ich bin dennoch Optimist. Noch. Das wird bestenfalls so bleiben, hoffentlich. So, was schreibt denn das Gericht? WAS? Für das voll gegen die Wand gefahrene Verfahren auf Begleiteten Umgang soll ich die kompletten Kosten tragen. Uuups. 2.100 Euro Gerichts- und Verfahrenskosten sowie die Kosten der Gegenseite in Höhe von 1.378 Euro, plus die Kosten für Jayanna in Höhe von 2.000 Euro. Macht summa summarum 5.478 Euro. Bidäääääää??? Was? 5.478 Euro dafür, dass ich nichts gemacht habe und doch nur meine Kinder sehen wollte? Fünfeinhalbtausend Euro für nichts? Was? Was? Was? Zittern, weiche Beine, Wut, Tränen schießen mir in die Augen. Ich soll fünfeinhalbtausend Euro für nichts bezahlen! Für eine Stunde Gericht? Eine Stunde Erniedrigung und Lügen? Fünfeinhalbtausend Euro dafür, dass ich vorgeführt wurde? Fünfeinhalbtausend Euro? Sind die nicht ganz dicht? Bei meinem derzeitigen Gehalt, abzüglich des Unterhalts für die Kinder und für Levke sowie Miete für Michis Wohnung, müsste ich dafür ein Jahr arbeiten, ohne etwas zu essen. Ich sehe mich in der Schlange der Tafel. So eine Scheiße und das war erst das erste Verfahren. Das ist mehr, als die Hochzeit inklusive Flitterwochen gekostet hat. Ich heirate nie, nie, niemals wieder, ich schwör, Habibi.

Der Sinn meines Lebens ist nicht mehr, eine gute Zeit und viel Spaß mit Jonny und Ida zu haben. Nein, mein Lebensinhalt besteht jetzt darin, mich mit dem Jugendamt, mit meiner Anwältin, mit der Verfahrensbeiständin der Kinder, mit den Psychologen der Kinder, mit der Traumaambulanz, mit den Hortmitarbeitern sowie Jonnys Klassenlehrerin zu treffen, um irgendwie Informationen über meine Kinder zu bekommen. Was für ein Wahnsinn. Jeder dieser Termine bedeutet Bauchweh und ist richtig schlimm. Vor allem die Zeit vor diesen Terminen. Ich würde mich am liebsten davor drücken, aber ich muss da ja hin und eigentlich will ich das, weil ich denke, ich könnte alles klären, alles geraderücken. Grundsätzlich vertraue ich ja diesen Menschen. Ich muss ihnen vertrauen, aus Mangel an Alternativen. Ich hoffe, dass diese Menschen neutral sind. Hat ja schon öfter Fälle gegeben, bei denen sich die Mutter einen sexuellen Missbrauch durch den Vater ausdachte.

Ich weiß ja, dass ich Ida nichts angetan habe, weiß aber auch, dass andere davon ausgehen, dass ich ein Monster bin. Eins, das die eigene Tochter missbrauchte. Nur so zum Spaß denkt sich eine Mutter sowas ja nicht aus.

Frau Bachmann-Meinicke ist die vom Gericht, per Beschluss, eingesetzte Verfahrensbeiständin der Kinder. Man sagt auch „der Anwalt der Kinder". Der Verfahrensbeistand vertritt die Interessen der Kinder vor Gericht. Genau wie der Wichser Kleinfeld, Levkes neuer Anwalt, die Interessen von der Schrottmutter vertritt und Frau Mandal, die Perle des Orients, meine Interessen vor Gericht durchboxen soll. Ich gehe ganz fest davon aus, dass meine Kinder mich gerne wiedersehen wollen. Somit müsste die Bachmann-Meinicke auf einer Linie mit meinen Interessen liegen, bestenfalls. Also hin zu Frau Bachmann-Meinicke. Die Dame wohnt vor den Toren der Stadt. Einzelhaus mit jeder Menge Buddha-Statuen, Tibetfähnchen und ähnlichem Kokolores im Garten. Es sieht aus wie auf dem Mount Everest, halt ohne Berg. Fehlt nur das Basislager, die bunten Michelin-Männchen und die fleißigen Sherpas. Ich mag das, ist schön und positiv. Frau Bachmann-Meinicke ist etwas älter, strahlt aber irgendwie Ruhe, Gutes aus. Sie ist bestimmt ein guter Mensch. Ihre Wohnung beziehungsweise ihr Praxiszimmer – oder ist das schon ein Therapiezimmer oder ein Kanzleizimmer, schließlich ist sie ja die Anwältin der Kinder? – hat den gleichen Eso-Flair wie der Garten. An einer Wand hängt tatsächlich ein Bild vom Osho, ein Fan-Poster, so wie der Bravo-Starschnitt, den ich von Olivia Pascal in meinem Kinderzimmer hatte. Da war das verrückte Hippie-Mädchen Bachmann also in ihrer Jugend in dem Poona-Ashram. Hare-Krishna, Hare Hare, Krishna Krishna und jetzt noch mal alle im Chor, ein Hare-Krishna Trip. War bestimmt die beste Zeit in ihrem Leben, mit freier Liebe, Love and Peace, viel bekifftes Tanzitanzi, sowie meine Technozeit, halt nur auf indisch. Wenn es dem Kindeswohl dient, können wir auch gerne Nag-Champa-Räucherstäbchen abfackeln. Standesgemäß sitzen wir auf Kissen am Boden. Mir gefällt das, Levke bestimmt nicht. Hoffentlich hat sie es mal wieder mit der Bandscheibe, blöde Kuh. Wie immer erkläre ich meine Sicht der Dinge und händige ihr meine „Vaterrolle" aus. Ich habe zusätzlich ein paar Kopien der Kinderbriefe dabei. Sie macht mir unmissverständlich klar, dass Levke jede Art von Umgang der Kinder mit mir, egal ob begleitet oder nicht, ablehnt. Ich dürfte nicht in die Nähe der Kinder kommen, da ich auch nonverbale Signale sexueller Natur aussenden könnte. Na, dann wäre das doch geklärt, dass die Mutter einen Sockenschuss hat, denke ich. Dann fragt sie mich, ob mir das Münchhausen-by-proxy-Syndrom was sagt.

„Der mit der Kanonenkugel? Nö, sagt mir nichts."

Sie klärt mich auf, dass sie den Verdacht hat, dass Levke diesen Missbrauch erfunden hat, um sich allein um die Kinder kümmern zu können. Es gibt Mütter, die ihre eigenen Kinder absichtlich verletzen, um anschließend für sie da sein zu können, um unentbehrlich zu werden. Davon hatte ich allerdings noch nichts gehört. Bin ich somit auch nicht drauf gekommen, sowas kann sich ja auch keiner ausdenken. Wäre klasse, wenn Frau Bachmann-Meinicke das dem Gericht schreiben würde. Dann hätte der Spuk ja schneller als gedacht ein Ende. Ich habe ein gutes Gefühl, doch ich weiß mittlerweile, dass auf mein Gefühl kein Verlass mehr ist. Drei Wochen später halte ich die Stellungnahme von ihr an das Gericht in meinen Händen. Das übliche, bitte, bitte, bitte von mir und nein, nein, nein von Levke. Allerdings hat Levke die Vorwürfe des Missbrauchs, wie befürchtet, jetzt auch auf Jonny erweitert. Dann fehlt jetzt ja nur noch Sweety, unser Hund. Doch einzig die Passagen über Jonny und Ida sind wichtig:

Gespräch mit Jonny am 29.05.2013:
Jonny erzählte, dass er seinen Vater ganz doll vermisse. Während des Gesprächs wollte er mehrfach wissen, wann er Papa wiedersehen dürfe.
Von der Verfahrensbeiständin erfuhr Jonny im Gespräch, dass sein Vater für ihn und seine Schwester Briefe und Geschenke bei der Anwältin der Mutter abgegeben hatte. Jonny sagte daraufhin, dass er keine Geschenke und auch keine Briefe bekommen habe und erzählte, dass es aber auch sein könnte, dass diese noch versteckt für ihn irgendwo liegen würden, da seine Eltern das ja auch an Weihnachten auch so machen.
Als er die Briefe von seinem Papa liest, musste er richtig weinen und sagte, dass er ihn mega doll vermisse. Jonny erzählte dann auch, dass er öfters Zuhause weine, weil sein Papa nicht mehr da sei. Seine Mama würde ihm dann sagen, wenn er seinen Papa vermisse, solle er sich vorstellen, dass Hagen auf der Arbeit sei.
Weiter erzählte Jonny über seinen Vater, dass die beiden zusammen total viel Spaß haben, auch wenn sein Papa manchmal streng war. Jetzt will er ihn unbedingt wiedersehen, Papa sei schon zu lange arbeiten.
Oft hätten sich seine Eltern gestritten, weil entweder Papa oder Mama was falsch gemacht haben. Aber Papa sei nett zu Jonny und Ida gewesen, auch wenn die Stimmung zwischen ihm und Mama

nicht gut war. Wenn er und seine Schwester Fernsehen wollte, könne man ihn leicht dazu überreden.

Mit Ida albere er herum, spiele „Hochwerfen" mit ihr und sie müsse dabei immer lachen. Er kämpfe mit Papa im Spiel und manchmal gewinne er sogar. Wenn er groß sei, möchte er so stark wie Papa sein.

Nach Küssen an ihn und seine Schwester gefragt, antwortete Jonny, dass Papa ihnen ab und zu vier bis fünf Küsschen auf die Stirn gebe, aber nie auf den Körper. Anfassen würde er sie beim Rumtoben und Kämpfen.

Zum Abschied des Gesprächs sagte Jonny, dass er auch auf die Geschenke vom Papa verzichten würde, die die Frau erwähnte, die ihm die Briefe zeigte, wenn dafür sein Papa wiederbekommen könne.

Gespräch mit Ida 29.05.2013:
Eine Weile wollte sie nicht in den Kindergarten, weil sie es da doof fand. Die Erzieher seien doof, aber die meisten Kinder nett. Ein paar Freundinnen vermisse sie.

Papa habe sie nie doof berührt. Ihre Hand nähme er, wenn sie über die Straße gehen müssten und wenn sie ihn frage, spiele er oft mit ihr „Hochwerfen". Einmal durfte sie sogar Cola trinken, das habe Papa ihr erlaubt, nur Mama solle sie es nicht erzählen.

Als sie noch kleiner war, hatte sie manchmal Probleme aufs Klo zu gehen und „Kacka" zu machen. Papa sei da aber oft nicht dabei gewesen, Mama eher. Fotos mache Papa eher selten von ihr, das mache eher Mama. Im Badezimmer habe er noch nie ein Foto von ihr gemacht.

Sie könne sich nicht daran erinnern, dass ihr Vater ihr je wehgetan habe oder doof zu ihr gewesen sei.

Sie habe keine Briefe und keine Geschenke erhalten. Die Verfahrensbeiständin liest sie ihr vor. Darüber freute sich Ida sehr, viele

Bilder im Brief würde sie erkennen. Sie fragte daraufhin, ob ihr Papa in der Nähe sei und ihr die Briefe selbst vorlesen könne.

Als sie hörte, dass ihr Vater für eine längere Zeit weg sei, weinte sie sehr. Sie wolle ihn bitte wiedersehen und vermisse ihn „mega doll".

Zum Schluss schreibt sie, dass sie aufgrund des eingereichten Berichts den Antrag auf sofortigen Begleiteten Umgang durch einen Träger des ASD stellt. Gute Schlussfolgerung.
Aufgrund ihres Berichtes komme ich zu dem Entschluss, Levke bei der nächsten Gelegenheit den Schädel einzuschlagen. Aber schnell legt sich meine Traurigkeit wie eine dicke, schwarze Teichfolie über meinen Hass. Ich sehe meine Kinder diese Zeilen sprechen. Ich sehe meine Kinder, wie sie auf den Kissen am Boden sitzen und weinen. Nach über drei Monaten lese ich die ersten Worte meiner Kinder. Mir wird bewusst, dass sie nichts haben, was ihnen Hoffnung gibt, dass sie ihren geliebten Papa je wiedersehen werden. Bis vor drei Wochen wussten sie nicht einmal, dass ich an sie denke und ihnen regelmäßig schreibe. Ich lese diese Worte von ihnen immer und immer wieder und weine mit ihnen zusammen. Ganz bewusst sehe ich Jonnys, Idas und meine Tränen zusammenfließen in der Traurigkeit des Ganzem. Die Kinder sind so, so, traurig. Das muss Levke doch täglich sehen und jetzt lesen. Sie kann doch nicht wollen, dass unsere Kinder so leiden. Aber vielleicht ist es genau das, was sie will. Sie will, dass unsere Kinder leiden, damit nur sie allein die Kinder trösten kann. Jonny nimmt sie ja sogar noch in Schutz. Was soll der Junge auch tun, um zu überleben? Ich kann das kaum aushalten, ertragen. Wie kann das Levke aushalten?
Ob des Berichts müsste ich doch eigentlich bald meine Kinder wiedersehen dürfen, oder?
Parallel zu dem Termin bei Frau Bachmann-Meinicke stand noch ein Termin bei Dr. Wollner in der Gemeinschaftspraxis für Kinder-

und Jugendpsychiatrie und Psychotherapie am Norderweg, dem Psychologen von Jonny, an. Wie immer das gleiche Prozedere, Vaterrolle übergeben, meine Sicht der Dinge schildern. Dieses Mal definitiv in einer Kinderpraxis und nicht im Esotempel. Natürlich muss ich wieder so viel weinen. Am schlimmsten ist es zu erfahren, wie traurig Jonny ist, dass ich ausgezogen bin, dass er manchmal so traurig ist, dass er nicht mehr leben will. Ich muss auch hier wieder erfahren, dass Levke mittlerweile davon ausgeht, dass auch Jonny von mir missbraucht wurde oder er Zeuge des Missbrauchs an Ida gewesen war. Auch hier halte ich ein paar Wochen später das Protokoll in den Händen:

Diagnose und Probleme nach ICD 107MAS:
Achse I: *Psychiatrisches Störungsbild*
Anpassungsstörung mit emotionaler Krise (F43.2), momentan rückläufig Z.n Enkopresis (F98, 1–Z)
Achse II: *Teilleistung– und Entwicklungsstörungen*
Keine
Achse III: *Intelligenzniveau*
Nach klinischem Eindruck durchschnittliche Intelligenz
Achse IV: *Körperliche Begleiterkrankungen*
Keine bekannt
Achse V: *Psychosoziale Begleitumstände*
Disharmonie in der Familie zwischen Erwachsenen
Trennung der Eltern
Achse VI: *Psychosoziales Funktionsniveau*
3 – Mäßige Beeinträchtigung in mindestens ein oder zwei Bereichen

Na, dann wäre das ja jetzt geklärt. Viel interessanter ist der testpsychologische Befund:

CBCL (Elternurteil der Mutter)
Fremdbeurteilungsverfahren zur Einschätzung der Kompetenzen und Probleme von Kindern und Jugendlichen

Sozialer Rückzug	Körperliche Beschwerden	Ängstlich Depressiv	Soziale Probleme
3	3	3	1
Schizoid Zwanghaft	Aufmerksamkeitsprobleme	Dissoziales Verhalten	Aggressives Verhalten
2	3	3	3

Ausmaß: **2:** *weitgehend vorhanden* **3:** *stark vorhanden* **1:** *nicht vorhanden*

TRF (Lehrerurteil)
Fremdbeurteilungsverfahren zur Einschätzung der Kompetenzen und Probleme von Kindern und Jugendlichen

Sozialer Rückzug	Körperliche Beschwerden	Ängstlich Depressiv	Soziale Probleme
1	1	1	1
Schizoid Zwanghaft	Aufmerksamkeitsprobleme	Dissoziales Verhalten	Aggressives Verhalten
1	1	1	1

Ausmaß: **2:** *weitgehend vorhanden* **3:** *stark vorhanden* **1:** *nicht vorhanden*

Was sagt uns das? Wir sehen zwei Jonnys in der Begutachtung. Die Schrottmutter hat einen schizoiden, ängstlich depressiven, aber trotzdem aggressiven Sohn, mit körperlichen Beschwerden im sozialen Rückzug und dissozialem Verhalten im Haus. In der Schule ist er dann ein ganz normaler Junge. Merke nur ich das oder ist das scheißegal? In der Entwicklungsanamnese vergisst Levke dann, dass Jonny und sie fast bei der Geburt drauf gegangen wären, wenn ich

die Geburt im Abbruchhaus nicht abgebrochen hätte. Natürlich auch kein Wort darüber, dass sie nach acht Wochen wieder gearbeitet hat und ich die ersten zweieinhalb Jahre mit Jonny zu Hause blieb, um ihre Rolle zu übernehmen. Hat sie scheinbar vergessen und mich fragt ja keiner. Dafür haut sie den nächsten Wahnsinn raus: *„Die Mutter ist sich nicht sicher, inwieweit Jonny Zeuge des Missbrauchs oder vielleicht selbst Opfer geworden sein könnte. Eine Verletzung im Analbereich sowie eine weitere Verletzung am Penis im Alter von 4 Jahren könnten darauf hindeuten. Seinerzeit sei diese Verletzung so interpretiert worden, dass, wie von Jonny selbst berichtet, ein anderes Kind ihm im Kindergarten „einen Stock in den Po gesteckt" habe.*
Weder von einer Penisverletzung noch von einem Stock im Po weiß ich was. Passiert ja öfters, dass sich Kinder im Kindergarten Stöcke in den Po stecken. Stockbrot ist alle, also stecken wir uns die restlichen Stöcke in den Po. Wenn sowas passiert wäre, hätte es aber ganz bestimmt ein Gespräch in großer Runde gegeben. Wo hat die Mutter all diese kranken, schrägen Gedanken her? Warum wird bei Levke alles unkommentiert aufgeschrieben? Unglaublich. Dann macht sie Jonny über eine halbe Seite schlecht. Schreikind, er sei sehr schwierig gewesen, habe viel geweint, motorisch unruhig und zappelig und wütend in der Kita, aggressiv zur Mutter, schlechtes Benehmen, Ausraster und Wutanfälle, Schläge gegen die Mutter und so weiter und so fort. Jonny war, Betonung auf war, ein ganz normaler Junge, nicht mal besonders frech. Da war ich ein ganz anderes Kaliber. Warum macht sie das alles? Dieses Münchhausen-Syndrom, von dem Frau Bachmann-Meinicke erzählt hat, würde schon passen. Aber das interessiert ja bestimmt niemanden. Wer hat hier überhaupt was zu sagen? Außer der Mutter. Muss ich das alles zu Gericht geben oder ist das ein internes Problem zwischen der Mutter und unseren Kindern? Da hat sich niemand und vor allem ich nicht einzumischen. Auf jeden Fall bietet der Psychodoktor Wollner

eine weitere kinderpsychologische Versorgung an. Na super, dann haben jetzt beide Kinder einen Gehirnklempner und sind angeblich in der Traumaambulanz. Als ich sie das letzte Mal sah, wirkten sie glücklich und stabil. Das kommt davon, wenn man die Kinder mal ein paar Wochen allein mit der Schrottmutter lässt. So ein Gehirnquacksalber wäre bei Levke auf jeden Fall angebracht. Wirklich helfen würde hier wohl aber nur ein durch die katholische Kirche zugelassener Exorzismus. In welcher Hölle leben Jonny und Ida? Ich darf darüber gar nicht nachdenken.
Nächster Termin, Frau Achtermann-Hilsberg, die Synapsenschrauberin von Ida, auch hier wieder das gleiche Prozedere. Vaterrolle aushändigen und meine Sicht der Dinge vortragen. Die Praxis sieht aus wie ein geschrumpfter Kindergarten. Die Achtermann-Hilsberg sieht sehr lecker aus, denke ich. Sie wahrscheinlich: *So sieht also ein Kinderschänder aus.* Ich spüre, dass sie mich nicht mag, unangenehmes Gefühl. Allerdings lange nicht so unangenehm wie das Gespräch mit Frau Berger, der Klassenlehrerin von Jonny. Frau Berger hat auf meine Bitte um ein Gespräch einfach nicht reagiert. Da bin ich zum Schulleiter und habe ihn gebeten, dass er Frau Berger sagt, dass ich einen Gesprächstermin benötige. Doch nach einer Woche hatte sie sich immer noch nicht gemeldet. Also wieder zum Schulleiter. Immer wenn ich die Schule betrete, fühle ich mich wie ein Einbrecher und hoffe, dass mich niemand kennt, *den Kinderficker*. Ich drohe dem Schulleiter mit einer Beschwerde bei der Schulaufsicht, wenn ich kein Gespräch mit der Berger bekomme. Kurze Zeit später sitze ich dann mit ihr zusammen und weiß sofort, dass sie voll hinter Levke steht. Sie ignoriert mich. Obwohl ich ihr gegenübersitze, beachtet sie mich nicht. Sie lässt mich ihre tiefe Verachtung spüren. Sie antwortet auf meine Fragen in kürzesten Sätzen. Immerhin erfahre ich, dass es Jonny gut geht. Dass er eigentlich wie immer ist, nur dass er ab und zu mal weint, aber die Klasse tröstet ihn. Ich solle bitte nicht auf die Idee kommen, ihn hier in der Schule abzupassen.

Er braucht jetzt diesen sicheren Raum. Ich sage ihr natürlich nicht, dass ich schon ein paar Mal an der Schule war, um ihn auf dem Schulhof zu sehen. Einmal sah ich ihn, aber das war eher schlimm als schön. Ich kam mir vor wie ein Spanner, ein Kinderficker, der sein nächstes Opfer sucht. Dabei wollte ich doch nur mal meinen Sohn sehen. Geschützter Raum. Das ist auch das, was die Achtermann-Hilsberg gesagt hat. Sie würde Ida einen geschützten, sicheren Raum geben. Ich bräuchte mittlerweile auch einen gesicherten, geschützten Raum, am besten mit betreutem Trinken. Eine Stunde in der Woche, was soll das bitte für ein Schutz sein? Wenn eine Stadt tagelang, wochenlang mit Bomben eingedeckt wird, bringt ein Schutzraum für eine Stunde doch auch nichts. Dann noch ein Gespräch mit der Kitaleitung und dem Bezugserzieher von Ida. Als ich den Kindergarten nach der Schließung betrete, fühle ich mich noch schlechter, als beim Betreten von Jonnys Schule. Was war das früher immer für ein Alarm, wenn ich Ida abgeholt habe! Großes Geschrei und Gejauchze, erst mal Fangen spielen. Alle auf Hagen. Die kleinen Kinder haben sich immer an meinen Beinen festgehalten und eines hatte ich auf dem Rücken. So bin ich dann Ida hinterher, was für ein Spaß. Jetzt schleiche ich mit gesengtem Blick über das leere Kitagelände und hoffe, dass nicht doch noch eine Mutter oder ein Vater auf dem Gelände ist. Nichts ist mehr wie früher und nichts wird wieder so werden. Das wird mir in der Kita wieder furchtbar bewusst. Ich habe nichts mehr mit dem Hagen von vor drei Monaten zu tun. Der alte Hagen, einfach wegradiert. Erik und Malte sagen, dass sie hinter mir stehen, dass sie nicht glauben, dass da „was war", machen mir aber ganz unmissverständlich klar, dass sie keine Chance sehen, dass Levke einknickt, Levke sei wie im Wahn und erzählt, dass ich auch Jonny missbraucht hätte. Na super. Ida sei im Kindergarten unauffällig, alles sei wie früher. Wenn ich das, was ich über Dritte über meine Kinder in all diesen Terminen erfahren habe, mit den Schilderungen von Levke vor Gericht übereinander lege, passt das alles nicht zusammen. Zwei Welten. Sind meine Kinder nun Psycho-Wracks oder sind sie wie immer? Na ja, ich sehe auch aus wie immer, mache wie immer meine Arbeit, bin aber trotzdem ein Psycho-Wrack. Einen Missbrauch sieht keiner, aber der Verlust des Vaters ist nur bei Frau Bachmann-Meinicke relevant. Sie will diesen Verlust beenden, sie ist schließlich auch ihre Anwältin. Doch die anderen wollen, können nur Schutzräume anbieten, Räume, um sich von der Trauer für ein paar Minuten zu erholen und ein viel zu kleines Pflaster auf die verwundeten Seelen meiner Kinder kleben.

DIE STRAFAKTE

Endlich, nach drei Monaten und zwei Wochen, ist die Ermittlungsakte freigegeben. Jayanna hat mich angerufen, dass ich die Akte bei ihr abholen kann. Na, dann nichts wie hin, da bin ich ja mal wirklich gespannt. Wie immer muss ich erst einmal mit den anderen Verbrechern in dem schmalen Flur warten. Dann darf Herr Twente eintreten. Jayanna sieht wie immer klasse aus.
Die Ermittlungsakte hat genau 150, in Worten hundertfünfzig, Seiten. Meine erste eigene Ermittlungsakte. Toll. Jayanna hat schon einige hundert Post-it's reingeklebt und die ganze Akte mit Textmarkern bunt verziert. 150 Seiten, damit hatte ich nun wirklich nicht gerechnet, das ist ja ein richtiges Buch. Was da wohl alles drinsteht?
„Herr Twente, da steht sehr viel Schlimmes drin, was Sie wahrscheinlich sehr, sehr wütend machen wird. Ihre Tochter wurde gerichtsmedizinisch untersucht, ob des Verdachts des analen Missbrauchs."
Was, was denn noch alles? Mein Herz schlägt mir bis zum Hals und alles in mir ballt sich zu einer Faust zusammen.
„Sobald Sie die Akte lesen oder gelesen haben, nehmen Sie bitte zu niemandem, verstehen Sie, zu niemandem Kontakt auf und bewahren Sie die Nerven. Nur wir sprechen über diese Akte. Sie werden ein paar Tage brauchen, um mit der Akte klarzukommen. Machen Sie auf gar keinen Fall etwas Unüberlegtes und rufen Sie mich gerne jederzeit an."

Meine Spannung auf das, was in der Akte stehen könnte, hat sich innerhalb von Sekunden in Angst verwandelt. Ich habe Angst, die Akte zu lesen. Was stehen denn da für Horrorgeschichten drin?
Eine Stunde später sitze ich dann in meiner Küche. Die Akte liegt vor mir. Seit ich bei Jayanna raus bin, habe ich bereits zehn Zigaretten geraucht. Rosafarbenes Papier-Deckblatt, Titel: *Staatsanwalt-*

schaft Hamburg, Ermittlungssache Amtsgericht Hamburg. Auf einem Aufkleber steht:

7203/JS52/
176 StGB Sexueller Missbrauch von Kindern
Twente, Hagen
01.07.1967

Auf Seite eins folgt die Strafanzeige, mit Tatort (21129 Hamburg, Finkenwerder Deichstraße), Tatzeit (bis 21.02.2013), Straftat (Sexueller Missbrauch von Kindern gemäß § 176) Geschädigte Person (Twente, Ida Marie), Beschuldigte Person (Twente, Hagen) und unten:
Die Kindsmutter gab an, dass ihre Tochter ihr Anfang Februar (genauer Tag könne sie nicht sagen, sie war zu schockiert) abends vor dem Zubettgehen erzählte, dass ihr Vater sie, nachdem sie vom Spielplatz nach Hause kamen und er sie in ihr Zimmer gebracht hatte, an der Vulva geküsst habe. Frau Twente stellte nach dem Gespräch eine klebrige Flüssigkeit im Vulvabereich ihrer Tochter fest.

Nach der ersten Seite habe ich bereits genug. Dieser Vorwurf ist echt schlimm. Sehr schlimm, wenn man es, wie damals im Gericht, hört, aber heftiger noch, wenn das tatsächlich schwarz auf weiß vor einem liegt. Dann geht es doch noch tiefer und ist noch viel bedrohlicher. Ich bin kein harter Hund. Ich habe eine große Klappe, aber da ist nicht viel dahinter. Eigentlich bin ich ein eher ängstlicher Mensch und versuche, Streitereien aus dem Weg zu gehen. Gebe gerne klein bei, um meine Ruhe zu haben. Verstecken kann ich mich jetzt allerdings nicht mehr. Die Augen zu machen und hoffen, dass alles irgendwie schnell vorbeigeht und das Unheil mich nicht findet, wird nicht funktionieren.

Was passiert hier gerade? In mir seit Monaten diese diffuse Angst; Angst, meine Kinder zu verlieren, Angst vor der Scheidung und Angst vor dieser Strafanzeige. Angst, pleitezugehen; Angst, keine Wohnung zu finden; Angst, meine Arbeit zu verlieren. Angst, Angst, Angst. Alles, was sich da ohne mein Wissen und Zutun zusammengebraut hat, was bisher unsichtbar war, mich aber trotzdem bedrohte, hat jetzt durch die Strafakte ein Gesicht bekommen. Diese Bedrohung ist real. Gar kein gutes Gefühl.

Dann kommt die zwanzigseitige Vernehmung von Levke. Sie war tatsächlich mit Ida im Polizeipräsidium, um mich anzuzeigen. Levke hat tatsächlich den Beamten Idas Pyjamahosen mitgebracht, um sie auf Sperma untersuchen zu lassen. Neben Angst und Wut jetzt auch noch Ekel. Die Vernehmung musste dann abgebrochen werden, lese ich, da Ida im Warteraum zu weinen anfing und sich nicht mehr beruhigen ließ. Was tut Levke unserer Tochter an? Und es ist erst Tag eins der Katastrophe. Das Ergebnis der Pyjamahosen kam um 16:53 – natürlich negativ, was sonst.

Es folgt das Protokoll des Abends vom 21.02.2013, mit dem Besuch der Kripo. Dort steht *„aufgrund des zu ungenauen Vorwurfs sind durch die Staatsanwaltschaft keine Maßnahmen gegen Herrn Twente erfolgt, aber zusammen mit der KB Wagner (LKA 34) besuchte ich die Wohnadresse der Familie Twente auf."* Da hatte ich also Glück, dass die Staatsanwaltschaft besonnen war. Wenn der Staatsanwalt einen schlechten Tag gehabt hätte und er noch ein, zwei Verhaftungen für die Erfüllung der Verhaftungsbilanz gebraucht hätte, wäre ich von der Kripo also gleich mitgenommen und in U-Haft gesperrt worden. Gruselige Vorstellung. Dann säße ich jetzt vermutlich schon im Gefängnis und wäre wohl der Lustsklave eines 130 Kilogramm schweren Clanbosses. Levke wusste das, die ist ja nicht blöd. Das war also der Plan. Irgendwie habe ich die Geschichte mit der Anzeige auf die viel zu leichte Schulter genommen, weil ich der Meinung war, dass da nichts nachkommen kann. Ich hatte schließlich nichts gemacht. Was unsichtbar im Hintergrund für eine Maschinerie in Betrieb ging, wusste ich ja nicht. Wie Hans Guck in die Luft, sonst wäre ich damals in der Küche tatsächlich tot umgefallen. Im Vermerk vom Kripomann Stiller liest sich das dann wie folgt:

„*… Nach einer freundlichen Begrüßung durch Herrn Twente betrat ich die Küche, wo ich mit ihm über den schwerwiegenden Vorwurf sprach, ohne jedoch die Person, die Anzeige erstattet hatte, zu nennen. Ich konnte an der Begrüßung erkennen, dass Herr Twente wirklich zu keinem Zeitpunkt darauf vorbereitet war, was nun auf ihn zukam. Herr Twente reagierte sofort und schloss von sich aus auf seine Frau. Tief erschüttert von den Vorwürfen, bezeichnete er sie als krank. Der Umfang der Anschuldigungen schien ihm erst nach und nach bewusst zu werden, was zu Zittern führte und ihn psychisch stark mitnahm. In mehreren Nachfragen an seine Frau versuchte er zu verstehen, warum sie nicht mit ihm gesprochen hatte, und wer sie dazu veranlasst hatte, ihn anzuzeigen. Frau Twente reagierte jedoch nicht. Währenddessen führte Frau Twente die Kinder ins Wohnzimmer, um sie von der Unterhaltung fernzuhalten.*"

Ja, kurz und knapp, ziemlich genauso habe ich das damals auch erlebt. Das mit der fetten Knarre fehlt, aber vielleicht war das ja keine Absicht. Die Dimensionen dieser Anzeige werden mir allerdings erst jetzt nach und nach bewusst. Wer Levke dazu brachte, mich anzuzeigen, hatte ich mir aber damals schon gedacht. So große Scheiße entsteht nicht von allein und bestätigt sich in der ersten Vernehmung von Levke. Sie sagt: „*…, wenn Sie wollen, meine Freundin Birgitt Meier kann dies Ihnen gern bestätigen!*" . Ha, endlich habe ich es schwarz auf weiß. Genau das, was ich am 21.02.2013, dem D-Day, fragte. Das wäre also geklärt. Vier Sachen habe ich Levke an dem Abend, an dem ich meine beiden Kinder das letzte Mal sah, an den Kopf geworfen. Erstens: „Du hast alles zer-

stört." Stimmt, abgehakt. Zweitens: „Du bist krank." Würde ich mal so stehen lassen, krank – oder böse. Wird sich bestimmt noch zeigen. Drittens: „Du bist noch kaputter als deine Mutter." Das ist richtig. Viertens: „Wer steckt dahinter, den Scheiß hast du dir nicht allein ausgedacht – ich will wissen, wer dahintersteckt!"
Das war der Moment, als Kollegin Wagner ihre Dienstpistole zeigte. Jetzt weiß ich es, obwohl ich mir das damals schon dachte. Birgitt und der Frauen Finken Club. Levke und Birgitt sind seit zwei, drei Jahren Freundinnen, falls man das so nennen kann. Eigentlich waren erst Jonny und Birgitts Tochter Sarah befreundet. Birgitt ist, wie sollte es anders sein, alleinerziehend. Allerdings hat sie keinen Doppelnachnamen, weil es sich ja bei den linken Gutmenschen nicht ziemt, zu heiraten. Die Pissflitsche Birgitt also. Wenn ich jetzt sagen würde, dass ich sie noch nie abkonnte, würde ich lügen. Ich mag ja eigentlich jeden. Sogar Levke mag ich noch, irgendwie, weil ich mir nicht vorstellen kann, dass das, was jetzt Levke ausmacht, wirklich Levke ist. Also die Frau, die ich mal geliebt habe und wohl immer noch liebe. Ich hab sie auch nicht mehr alle. Egal. Birgitt also. Birgitt war schon bei unserer ersten temporären Trennung vor ein paar Jahren scheiße. Ich habe mal versucht, mit ihr über die Trennung zu reden, aber da kam dann nur so ein feministischer Scheiß. Von wegen, wie schwer es Frauen haben, sich selbst zu verwirklichen und dann das Patriarchat und überhaupt und bla bla bla, Gelaber, dummes Zeug. Ich wollte keine politischen Diskussionen, sondern über mich, meine Frau und unsere Probleme reden.
Natürlich wohnt Birgitt mit anderen linken, langhaarigen Hippies auf einem Resthof. Lange Haare, kurzer Verstand. Außerdem benutzt sie kein Deo, sondern reibt sich ihre, wie sollte es anders sein, behaarten Achseln mit indischen Duftsteinen ein. Das Ergebnis ist allerdings, besonders im Sommer, eher bescheiden, aber Gott sei Dank muss ich ja nicht an ihren Achseln riechen. Gruselige Vorstellung. Neben den Achselhaaren schmücken sie auch noch krass be-

haarte Beine. Wildschweinleggins. Um die Sache rundzumachen, hat sie ja auch noch diesen Oberlippenbart. Den rasiert sie sich natürlich regelmäßig, also meistens zumindest, manchmal ist sie auch etwas stoppelig. Einfach igittigitt. Der Frauen Finken Club besteht allerdings nicht nur aus Birgitt und Levke, obwohl ich denke, die beiden sitzen da im Aufsichtsrat. Außerdem war das Betreten für Männer verboten und ich kenne die anderen Frauen aus dem Finken Club nur flüchtig. Einmal war ich da, um Levke einen Schlüssel vorbeizubringen und musste mich gleich von Birgitt anschnauzen lassen: „Ey, Zutritt für Männer verboten!" Hätte ich bloß geantwortet, dass ich mir von Oberlippenbartträgerinnen nichts verbieten lasse und Levke an die Hand genommen, um sie aus dem Dunstkreis dieser Faschistinnen zu entfernen. Habe ich aber nicht, habe Levke nur den Schlüssel gegeben und später nicht mehr über diese Situation gesprochen. Birgitts Ex, Sönke, hat sich eine neue geangelt, fünfzehn Jahre jünger. Da hatten die Frauen vom Finken Club ja wieder ordentlich was, um sich das Maul zu zerreißen. Vanessa hatte ein Kind mit ihrem Freund Markus, aber der Markus wollte dann nach der Geburt doch lieber wieder zurück zu seiner alten Freundin und dem Kind, welches er mit dieser hatte. First choice, best choice. Svenja hatte Carsten, einen Mann, der sich um gar nichts kümmert, außer um seine Hunde. Blinde, alte, kranke Hunde mit drei Beinen, einem Auge, Krätze, Gicht und Würmern. Hunde, die nicht sterben dürfen, obwohl sie so weit sind und gerne sterben würden. Wenn sie es dann doch in einem unbeachteten Moment schaffen zu sterben, dann werden ihre Gebeine oder zumindest Bilder von den Hunden, in einem Schrein mit Kerzenlicht und Räucherstäbchen aufbewahrt. Der Carsten fickt wahrscheinlich auch eher mit seinen Hunden als mit seiner Frau. Die armen Hunde, obwohl: Im Finken Frauen denken bestimmt alle, die arme Frau. Dann ist da Britta, mit drei Kindern, ohne Mann. Was der Mann verbrochen hat, weiß ich allerdings nicht, vielleicht Pornos geguckt. Auf jeden Fall haben die Finken

Frauen alle Scheißmänner. Der Sönke bekommt nur bei Jüngeren einen hoch, der Markus bekommt nur bei seiner Ex einen hoch, Carsten bekommt nur bei Hunden einen hoch und Svenjas Mann nur vorm Laptop. Keiner dieser Premium-Männer kümmert sich um die Kinder, den Haushalt oder um eine Arbeitsstelle. Alles müssen die Finken Frauen allein machen und keiner der Männer hat Geld, somit gibt es auch keinen Unterhalt, aber da springt ja wenigstens der verhasste Staat ein.
Letztes Jahr habe ich einmal etwas Nettes von Levke gesagt bekommen. Ich weiß das noch so genau, weil es halt das einzig Nette war, was sie mir letztes Jahr sagte:
„Alle Frauen im Finken Club beneiden mich um dich!"
Wunderte mich nicht, ich bin ja auch der Einzige, der regelmäßig Sport treibt, einer gut bezahlten Arbeit nachgeht und sich in jeder freien Minute mit viel Spaß um seine Kinder kümmert. Der, der die besten Kindergeburtstage auf die Beine stellt, gerne grillt und kocht, dem man nicht beim Gehen die Schuhe besohlen kann, der keine Hunde oder andere Frauen fickt. Okay, Pornos gucke ich schon manchmal, gerne, aber das wissen die ja nicht, bestenfalls. Alles schreckliche Frauen. Meine Mutter hätte gesagt:
„Die könnste mir alle nackt vorn Bauch binden, dann würde ich so lange schnell rennen, bis sie abfallen."
Heute denke ich, dass es Levke bestimmt gewurmt hat, dass sie mit Hagen, diesem tollen Mann, tollen Vater, nicht so richtig dazu gehörte. Na, das ist jetzt ja anders. Jetzt ist sie ja das größte, das bemitleidenste Opfer von allen. Mit einem Mann, der das Feindbild schlechthin ist. Der das personifizierte, fleischgewordene Böse, die Urangst aller Mütter und Frauen darstellt. *Dem Pädophilen in Gestalt des eigenen Ehemanns.* Ach, du arme Levke.
Auf Seite 15 die offizielle Beantragung an das LKA 35, Abteilung Analytik, vom 21.02.2013. Die zwei Pyjamahosen, rosafarbene und blaurot gestreift, mit einer speziellen Lampe abzuleuchten, um zu-

nächst festzustellen, ob irgendetwas auf Spermaspuren hindeutet. Die Antwort auf Seite 22: *Die durchgeführten forensischen Untersuchungen an den vorgelegten Schlafanzughosen ergaben keine Anzeichen von Samenflüssigkeit.* Krank oder böse, ich weiß es nicht. Ich tendiere jetzt nach 15 Seiten allerdings auf böse.
Auf Seite 18 dann der Antrag der Kripo an das Gericht, eine Ergänzungspflegschaft für Ida einzurichten, dem der Oberstaatsanwalt Lieberich dann am 28.02.2013, auf Seite 20, nachkommt. *Die Aufgaben des Pflegers erstrecken sich darauf, die Interessen des Kindes im laufenden Ermittlungsverfahren gegen den Vater Hagen Twente, geboren am 01.07.1967 in Hamburg, zu vertreten. Dies beinhaltet insbesondere die Entscheidungen bezüglich der Ausübung des Aussage- und Untersuchungsverweigerungsrechts sowie der Strafantragstellung.* Der Beschluss hierzu auf Seite 22 vom 13.03.2013. Also so bin ich, beziehungsweise Ida, zu Frau Kramer gekommen, die ich bis heute nicht kennenlernen durfte. Habe mich schon die ganze Zeit gefragt, wer diese Frau aus welchem Hut gezaubert hat. Es folgt seitenweise Anwaltsgeschreibsel. Dann zehn Seiten Aufzeichnungen von Levke vom 28.02.2013. Es geht nur um Scheide, Küssen, Geheimnisse, Penis, Kussspiele, Geheimsprache, Stuhlgang, Reinigungsrituale. Alles unangenehmer, kranker Scheiß. In was für einer Welt leben meine Kinder jetzt eigentlich? Levke ist auf jeden Fall nicht nur böse, sondern hat definitiv einen Vollbums in der Birne.
Auf Seite 30 der nächste Knaller. Levke und ihre Schergen haben doch tatsächlich bei der Staatsanwaltschaft einen Durchsuchungsbeschluss bei meiner Firma beantragt, um meinen Rechner zu beschlagnahmen. So ein Miststück. Da habe ich vor drei Monaten innerhalb von einer halben Stunde alles – aber wirklich alles – verloren, was ich geliebt habe. Mein ganzes Leben, meine Kinder, mein Zuhause, mein Geld, mein Sofa, meinen Fernseher, meine Einbauküche, meinen Laptop, meinen Garten, meinen Opel, meinen guten

Ruf, alle meine Bilder und Videos von meinem Leben. Das Wenige, was ich noch hatte, passte locker in eine Sporttasche, die nicht einmal voll war. Das Einzige, was mir blieb, war meine Arbeit, die mir Levke auch noch wegnehmen wollte. Mein Chef hätte es bestimmt nicht witzig gefunden, wenn die Bullen seine Rechner mitgenommen hätten, *weil er einen Kinderficker beschäftigt*. Ich platze vor Wut, ich schreie meine Wut raus. Ich heule und drehe durch. Ich denke an Jayannas Worte, dass ich die Nerven bewahren soll, aber das gelingt mir jetzt gerade so gar nicht. Der Staatsanwalt, Herr Harder, hat das Verlangen des Packs zweimal abgelehnt. Danke Herr Harder, dafür gibt's mal einen Blumenstrauß, Pralinen ... oder was schenkt man Staatsanwälten? Ne Krawatte?
Was muss eine Mutter tun, um den Vater zu vernichten?

<u>Die sieben Top-Tipps:</u>
1. Anzeige wegen Kindesmissbrauch
2. Das Zuhause wegnehmen
3. Konten leer räumen
4. Die Kinder wegnehmen
5. Den Ruf ruinieren
6. Bei der Steuer anzeigen
7. Dafür sorgen, dass er seine Arbeit verliert

Levke hat nicht gekleckert, sondern geklotzt. Das hat sich auch nicht einfach so ergeben, war kein Zufall und auch kein spontaner, brutaler Angriff. Keine Tat im Affekt. Das war ein geplanter Anschlag auf mein Leben. Nicht im übertragenden Sinne. Der Versuch, mich zu töten. Sie hat nicht unsere Kinder beschützt, sondern das einzige Ziel war und ist es, dass ich mich umbringe. Levke weiß genau, dass ich mit dem Selbstmord meines Vaters d'accord bin, wie sie es mit dem Suizid ihres Vaters nicht ist. Dass ich Selbstmord als legitimes Mittel sehe, um allzu große Probleme auf einen Schlag zu beseitigen. Levke will mich wirklich in den Selbstmord treiben. Mittelbares Töten nennt man so etwas. Ich stelle mir gerade vor, wie meine Levke, der ich immer vertraute, sich hinsetzt und überlegt, was sie tun muss, damit ich mich umbringe. Sie hat sich ganz genau überlegt, was zu tun ist, damit ich das mache. Sie wollte alles für sich allein haben. Shakespeare lässt grüßen. Gruselig. Krass. Ich bin mir sicher, dass mich noch nie jemand töten wollte. Warum auch? Ich bin doch ein netter Kerl. Warum wollte sie, dass die Kinder einen Vater haben, der sich umgebracht hat? Warum tut ein Mensch sowas? Jemanden aus Versehen zu töten, kann passieren. Sollte natürlich nicht passieren, passiert aber schon mal. Rote Ampel übersehen, warum auch immer, Radfahrer von links. Bums. Tot. Dabei wollte der Radfahrer doch so gerne noch ein bisschen leben. Lief doch gerade alles so gut bei ihm, neue Stadt, neuer Job, gutes Wetter, frisch verliebt. Bums. Tot. Die Welt dreht sich weiter. Nur ohne ihn. Sowas will man doch nicht. Sogar bei einer derben Prügelei prügelt man sich doch nur. Selbst wenn man nochmal nachtritt, wenn der Gegner unten liegt, macht man das doch nicht, um ihn zu töten, sondern damit er unten bleibt und dann ist auch gut.

Da sitzt meine geliebte Frau am Küchentisch und überlegt sich, wie sie mich dazu bringen kann, mich zu suizidieren. Krank. Jemanden töten, ohne sich die Hände schmutzig zu machen. Du Drecksau, verrecken sollst du. Ersticken an deiner eigenen Scheiße. Ich werde mich nicht umbringen. Jetzt erst recht nicht. Niemals, den Gefallen tue ich dir nicht. Das wäre ja noch schöner. Ich werde mindestens hundertundzwölf Jahre alt. Wenn du stinkend, einsam und kalt in deinem Sarg liegst, werde ich auf deinem Grab tanzen. Mein Wort drauf, versprochen.

Später, auf Seite 32, wird dann Frau Kramer als Ergänzungspflegerin eingesetzt. Ihre erste Amtshandlung ist es, meine vierjährige Tochter in eine Videoanhörung bei der Kollegin Wagner zu schicken. Natürlich wusste ich davon nichts, warum auch. Hätte ich eh nichts gegen machen können. Levke hat Ida als Ball für ihre Vernichtungskampagne ins Spiel geworfen und jetzt darf jeder darauf eintreten. Ich frage mich, ob das überhaupt legal ist. Ich meine, die Frau Wagner hat doch bestimmt keine Ausbildung zur Kinderpsychologin oder sowas? Ich denke, für die Vernehmung eines vierjährigen Mädchens bedarf es doch schon einer gewissen Erfahrung oder Zulassung. In Deutschland braucht man doch für jeden Scheiß einen Schein. Auf dem Vordruck, mit *HINWEIS zur Videoaufnahme der Befragung Ihres Kindes*, ist ~~Ihres~~ durchgestrichen und handschriftlich *des* eingefügt. Bei der Unterschrift ist ~~Erziehungsberechtige/r~~ durchgestrichen und handschriftlich *Ergänzungspflegerin* hingeschrieben.

Dann kommen die Seiten 35 bis 65. Das Kreuzverhör meiner Tochter Ida wurde am 12.04.2013 von 9:25 bis 10:15 durchgeführt. Nach einem kurzen Smalltalk versucht die Verhörspezialistin Wagner das Gespräch auf Fotos und Fotografieren zu lenken, was aber nicht so recht gelingen will. Ist ja auch kein Wunder, diese Fotos existieren schließlich nur in den dunklen Hirnwendungen der Schrottmutter. Irgendwann hat Ida darauf keine Lust mehr. Das liest sich dann so:

Beamtin
Oh, was stört dich denn?
Ida Twente
Du alberst so rum.
Beamtin
ich albere rum? Ida, bitte, ich kann dich gar nicht sehen, du hast dich ja ganz hinter deiner Ente versteckt. Bist du denn noch da?
Ida Twente
(Gemurmel)
Beamtin
Wo ist Ida? Hallo?

Ida Twente
Geh bitte weg.
Beamtin
Ah, da bist du ja. Tut mir leid, Ida, ich darf leider nicht gehen.
Ida Twente
(unverständlich) GEHEN!
Beamtin
(lacht)
Ida Twente
Ich werd gleich böse!
Beamtin
Warum denn?
Ida Twente
Wegen ich du machst einfach Ärger (unverständlich)
Beamtin
Ida, bitte, wenn wir kurz miteinander sprechen, ist es auch vorbei.
Ida Twente
Ich will nicht mit dir sprechen. Kann ich gehen?
Beamtin
Ok, vielleicht ist es hier nicht spannend genug für dich? Wir machen es kurz, ja? Deine Mama hat mir etwas erzählt: Kann es sein, dass du ein Geheimnis mit deinem Papa hast?
Ida Twente
Es gibt ganz viele! Du sollst gehen!
Beamtin
Warum kannst du die Frage nicht beantworten?
Ida Twente
Kann ich! Ich will nicht. Du bist langweilig. Mama? Können wir bitte gehen, Mama? Ich bin müde.
Beamtin
Wenn du mir die Frage beantwortest, musst du nicht mehr herkommen.

Ida Twente
(reagiert nicht)
Beamtin
Ida? Willst du jetzt lieber schlafen?
Ida Twente
(nichts zu hören)
Beamtin
Ida ...
Ida Twente
Ich bin müde.
Beamtin
Aber ich habe dir doch gar nichts getan? Mmmh?
Ida Twente
Du bist langweilig. Ich mag dich nicht.
Beamtin
Meine Aufgabe ist es leider, so blöde Fragen zu stellen.
Ida Twente
(nichts zu hören)
Beamtin
Soll ich dich mal kurz mit deiner Mama alleine lassen?
Ida Twente
Nein.
Beamtin
Warum nicht?
Ida Twente
Weil du dann wiederkommst. Ich will bitte nicht die langweiligen Fragen beantworten.
Beamtin
Aber ich kann dir keine spannenden Fragen stellen.
Ida Twente
Aber dann wäre gut, wenn du einfach mal dein Maul hältst.

Ach, was bin ich stolz auf meine Ida. Man muss die Sprachen mit den Menschen sprechen, die sie verstehen. Das war in meiner Skinheadzeit so und deswegen mag ich jetzt auch die ANTIFA so gerne. Eigentlich hätte die Verhörspezialistin jetzt langsam mal rallen müssen, dass bei Ida nichts zu holen ist, aus dem einfachen Grund, weil es da nichts zu holen gibt. Vielleicht würden härtere Suggestivfragen oder Waterboarding weiter helfen. Aber das langweilige Fragen-ohne-Antwort-Spiel geht weiter:

Beamtin
Wie ist das eigentlich für dich, dass dein Papa nicht mehr bei euch wohnt?
Ida Twente
So doof.
Beamtin
Warum?
Ida Twente
(murmelt), ich weiß nicht, wo mein Papa ist. Wann kommt er wieder? Mama spielt kein Hochwerfen mit mir.
Beamtin
Mhm. Möchtest du Papa denn jetzt wiedersehen?
Ida Twente
Ja.
Beamtin
Was hat Papa denn sonst noch mit dir gemacht?
Ida Twente
Spielplatz. Und Geschichten vorgelesen. Und Fernsehr. Ich will gehen. Lass mich in Ruhe.

Und das 30 Seiten lang! Frau Wagner fasst später in ihrem Vermerk zusammen, dass Ida wenig Interesse an einer Unterhaltung hatte und es schwirig war, das Gespräch auf das eigentliche Thema zu lenken. Gut gemacht, kleine Ida. Wir reden nämlich nicht mit der Polizei. Ich bin mir sicher, dass es sich bei Frau Wagner bestimmt nicht um eine Verhörspezialistin, geschweige denn um eine approbierte Kinderpsychologin handelt. Dass Levke beim Verhör mit in dem Raum saß, macht das Ganze doch sowieso zu einer Farce. Idas mangelnde Kooperation macht mich stolz, aber es gab ja auch nichts, was die Verhörspezialistin aus ihr hätte rausquetschen können. Gleichzeitig schäme ich mich, weil ich die letzten Monate immer nur an mich gedacht habe. Was macht Ida durch und was macht eigentlich Jonny? Die Kinder habe ich irgendwie unterbewusst ausgeblendet, wohl einfach nur zum Selbstschutz. Ida hat gesagt, sie würde mich gerne sehen, Jonny bestimmt auch, aber ich bin ausgezogen und keiner weiß, wo ich wohne. Die beiden denken wahrscheinlich, dass ich einfach abgehauen bin. Wie die Mutter von Levke habe auch ich meine Kinder zurückgelassen. Ob ich das jemals wieder gerade biegen kann? Auf Seite 67 sehe ich noch ein Schwarz-Weiß-Bild von Ida. Trotzig sieht sie aus. Ich habe gar keine Bilder mehr von meinen Kindern. Alle beschlagnahmt von der Schrottmutter.

Nach dem Protokoll der Verhandlung bezüglich des Begleiteten Umganges kommen wieder zehn Seiten Aufzeichnungen von Levke vom 14.03.–11.04.2013. Es geht nur um Pippi, Toilette, Küssen, Tränen, Albträume, Bauchschmerzen, Waschrituale und anderen kranken Psychoscheiß. Diese Aufzeichnungen sind ermüdend, wirklich bizarr und sehr unangenehm. Wer soll sich diesen ganzen Scheiß eigentlich durchlesen? Zum Glück sind das nur Momentaufnahmen. Wenn ich das ganze Elend, in dem die Kinder jetzt leben, erfahren würde, könnte ich das wohl nicht ertragen. Außerdem geht meine Tochter immer noch nicht wieder regelmäßig in die Kita. Unser schönes Leben wurde durch Levke komplett zerstört. Levke hat bestimmt einen Raum im Keller, wie in diesen Psychothrillern, mit Bildern der Kinder, Bilder von Pyjamahosen, Toiletten, Zeitungsausschnitten von Kinderschändern, sowie Bildern von mir, mit ausgeschnittenen Augen und ausgeschnittenem Unterleib. Das alles mit Bindfäden verbunden, garniert mit Pfeilen und Fragezeichen. Vor dieser Wand sitzt Levke dann jeden Abend, wenn die Kinder schlafen, kratzt sich ihre Pickel auf, ritzt ihre Haut und schreibt mit Blut teuflische Zeichen. Im Kopf gefangen und gesteuert von ihren irren Gedanken. Gruselige Vorstellung. In der Realität wahrscheinlich noch viel schlimmer.

Dann kommt die nächste Zeugenvernehmung von Levke. Seite 85 bis 109. Frau Wagner fragt Levke gleich zu Beginn, warum sie mich nicht sofort mit den Vorwürfen konfrontiert hätte. Antwort: weil sie Angst hatte und ich *„Menschen belästige und auch einfach schnell zuhauen kann"* – das wusste ich überhaupt nicht von mir. Nächste Frage von der Wagner: *„Nachdem Ida Ihnen ihre ‚Geheimnisse' offenbart hatte, warum haben Sie nicht die Wahl getroffen, in ihrem Schlafzimmer zu übernachten oder sie an einen geschützten Ort zu bringen?"* Antwort: *„Das weiß ich nicht."* In einem guten Krimi würde die Kommissarin jetzt aufspringen, um den Tisch gehen und sagen: „Wissen Sie was, Frau Twente, jede Mutter, die so etwas von ihrer Tochter erfährt, würde ihren Mann zur Rede stellen, da hat eine Mutter keine Angst. Gute wie schlechte Mütter schützen ihre Töchter, wenn es sein muss, sterben sie sogar für ihre Töchter. Jede, wirklich jede Mutter, brächte ihre Tochter in Sicherheit, um danach den Vater zur Rede zu stellen. Sie haben weder das eine noch das andere gemacht und wissen Sie, warum nicht? Weil sie sich das alles ausgedacht haben. Menschen, die Verbrechen vortäuschen, verhalten sich nämlich nicht so wie Menschen, denen wirklich Verbrechen widerfahren. Was wollten Sie mit dieser Anzeige bezwecken? Die Kinder für sich allein haben? Haben Sie einen geldwerten Vorteil, wenn Ihr Mann sich umbringen würde? Sind da Immobilien, Geld, Aktien, die Sie dann für sich allein hätten?"

Wir sind hier aber nicht in einem guten Krimi, sondern in einem schlechten Film. Also weiter; seitenweise kranker Scheiß. Levke sagt doch tatsächlich, dass es zu Hause ruhiger geworden ist und die Kinder nicht mehr so viel Stress machen wie früher, als der Hagen noch da war. Ja, frag dich mal warum, du blöde Kuh. Weil die beiden dir auf Gedeih und Verderb ausgeliefert sind. Da du ja ihren Vater aus ihrem Leben entfernt hast, können sie jetzt nicht riskieren, auch noch die Mutter zu verlieren oder es sich mit ihr zu verscherzen. Levke wird jetzt auch von der Beratungsstelle „Mut im Bauch" unterstützt. Herzlichen Glückwunsch, das ist bestimmt genauso ein Verein wie der Frauen Finken Club. Levke schreibt tatsächlich, dass Jonny gedroht hat, sich umzubringen. Er hat sich den Hals zugehalten und sich selbst gewürgt. Außerdem hat er sich ein Besteckmesser genommen und an seine Hand gehalten, das sogar mehrfach und sie begründet das mit dem Verdacht, dass ich auch Jonny missbraucht habe. Mir wird schlecht und es schießen mir die Tränen in die Augen. Ja, Levke, du hast es geschafft, ich beginne dich abgrundtief zu hassen. Was tust du unseren Kindern an? Du lässt unsere Kinder für deine kranken Gedanken über die Klinge springen. Ich kann nichts machen, sie nicht stärken, sie schützen. Kann ihnen keine Hoffnung geben, dass alles gut wird, obwohl ich selbst nicht mehr dran glaube. Durch dieses ganze Geschreibsel von Levke und die ganzen Protokolle erkenne ich erst jetzt, in was für einer schrecklichen Situation unsere Kinder sind. Viel, viel schlimmer als die Situation, in der ich mich befinde. Meine Kinder sind der Schrottmutter und ihren kranken Gedanken wehrlos ausgeliefert. Schreckliche Vorstellung. Ich muss jetzt erst mal ein Weizen trinken und mich beruhigen, bevor ich mich an den Rest rantraue. Levke stellt mich dann noch als Sexmonster dar, der sie gezwungen hat sexy, billige Kleidung zu tragen (ich wusste gar nicht, dass Levke solche Kleidung hat). Dann erklärt sie, dass ich sie ständig begrabscht hätte (da muss sie mich verwechseln). Wahrscheinlich wirft sie mir demnächst noch vor, dass ich in meiner Kindheit im Kindergarten mit Mädchen gespielt habe. Ob Levke wohl weiß, dass ich all diesen Scheiß auch zu lesen bekomme? Kann ich mir eigentlich nicht vorstellen. Gott sei Dank bekomme ich das jetzt alles kompakt auf einmal. Also, alles auf einmal runterspülen und in Blättchen drehen, anders halte ich das nämlich nicht aus. Es sind noch 50 Seiten. Auf Seite 110 kommt der Grundriss unseres Hauses und auf Seite 111 ein Bild vom Stockbett der Kinder. *Tatortbilder*, ich könnte Galle kotzen, aber erstmal kräftig am Joint ziehen.

Auf Seite 113 startet dann die zweite Videoanhörung von Ida am 18.04.2013 von 9:00 bis 9:19 und endet auf Seite 128. Wieder stürzt sich die Verhörspezialistin Wagner auf meine kleine Ida, vier Jahre alt. Wieder unterschreibt die Ergänzungspflegerin Kramer die nötigen Folterdokumente. Abu Graiib, die Zweite. Da bin ich ja mal gespannt, wie sich meine Ida diesmal schlägt. Nach dem üblichen Smalltalk auf den ersten Seiten wird ab Seite 115 nicht mehr um den heißen Brei geredet.

Beamtin
Weißt du, wo dein Papa nun ist?
Ida Twente
Nein. Mama sagt, er ist ausgezogen.
Beamtin
Weißt du auch, warum?
Ida Twente
Papa hat Blödelei gemacht.
Beamtin
Und was für welche?
Ida Twente
Weiß ich nicht. Ich glaube, mit Oma.

Beamtin
Und deswegen musste er gehen?
Ida Twente
Ich glaube, ja.
Beamtin
Und wie findest du das?
Ida Twente
(fängt an zu weinen)
Beamtin
Warum weinst du?
Ida Twente
Mein Papa ist weg. Wann kommt Papa wieder?
Beamtin
Was haben du und Papa denn immer so zusammen gemacht?
Ida Twente
Hast du schon gefragt.
Beamtin
Kannst du es mir nochmal sagen?
Ida Twente
In der Küche haben wir Pferd spielen.
Beamtin
Und du hast auf ihm drauf gesessen?
Ida Twente
Ja. (lacht)
Beamtin
War das cool?
Ida Twente
(lacht)
Beamtin
Und sonst so? Was habt ihr zusammen gemacht?
Ida Twente
Kuscheln, Ausflüge mit Jonny, Bücher von der Bücherhalle gelest.

Beamtin
War das schön?
Ida Twente
Mmh (bejaht)
Beamtin
Und gab es auch mal Dinge, die Papa gemacht hat, die nicht so schön waren?
Ida Twente
Ich fand alles mit Papa schön. Wann kommt Papa wieder?
Beamtin
Mhmm. Und war der Papa auch mal böse?
Ida Twente
Nicht zu mir, aber Mama und Papa waren manchmal böse und haben laut gestreit!

Und so weiter und so fort. Es geht um Pferde und immer wieder um Fotos und geheime Spiele, aber es kommt nichts bei raus. Woher auch, gibt ja nach wie vor nichts, was man aus Ida rauspressen könnte. Was auch wieder im Vermerk der Verhörspezialistin steht. Das alles ist jetzt zwei Monate her und Ida weiß immer noch nicht, wo ich wohne und dass ich nicht ausgezogen bin, sondern dass mich ihre Mutter mithilfe einer niederträchtigen Lüge aus ihrem Leben entfernt hat. Mir laufen in einer Tour die Tränen durchs Gesicht, mein Sweater ist schon nass und meine Zähne knirschen. Ich bin nur noch traurig und meine Hände zittern. Gott sei Dank macht das Gras mehr oder weniger taub, packt mich in Watte, dämpft mein Taumeln und Fallen. Noch 20 Seiten, dann habe ich es geschafft.
Auf Seite 129 bis 147 dann nochmal das gleiche Geschreibsel und Geschwurbel von Levke, was ich schon am Anfang der Akte gelesen habe. Da hat wohl jemand falsch kopiert, kann passieren, auch gut.
Dann folgen die letzten drei Seiten. Das Protokoll der rechtsmedizinischen Untersuchung am 17.04.2013 um 15:30, Untersuchte:

Twente, Ida (w), geb. 21.05.2008. Absender ist das Universitätsklinikum Hamburg-Eppendorf, Zentrum Diagnostik, Institut für Rechtsmedizin, Aktenzeichen Untersuchungsstelle G0893-13 von Frau Dr. med. Selina Massner, Leitung klinische Rechtsmedizin I. Empfänger: die neue Erziehungsberechtigte meiner Tochter, Frau Kramer.

Mein Herz donnert in meiner Brust, alles in mir ballt sich zu einer Faust zusammen, der Nebel in meinem Kopf ist verschwunden, die Matte aus Gras getauscht gegen Beton. Ich bin innerhalb von zwei Sekunden im kompletten Kampfmodus. Wenn mich jetzt jemand anticken, ansprechen oder nur anschauen würde, würde ich sofort auf ihn einprügeln. Die bekannte Vorgeschichte als Einleitung, bla bla bla, Seite 2:

Anschließend erfolgt eine Unterredung mit der Mutter, die jedoch wenig geneigt ist, Auskunft zu geben. Ihre Worte sind knapp, ihre Sätze kurz. In ihrem Schweigen schwingt eine Schwermut mit, als sie beklagt, dass sie sich einsam fühlt und alles ihr zu lange erscheint. Ein Hauch von Tragik durchzieht ihre Worte, während sie erwähnt, dass sie in der Beratungsstelle „Mut im Bauch" Unterstützung findet.

Nach einem ausführlichen Gespräch mit Frau Kramer und Frau Wagner, der verantwortlichen Kriminalbeamtin des LKA 35, wird entschieden, Ida einer Untersuchung zu unterziehen, sofern dies möglich ist.

Du Fotze, du Fotze, du Stück Scheiße. Du fühlst dich allein? Was meinst du, wie sich Ida fühlt? Was dauert dir zu lange? Meine Vernichtung? Oder die Zerstörung von Ida? Was hat Jayanna noch gesagt? Die meisten Mütter, die sich den Vorwurf des sexuellen Missbrauchs ausdenken, knicken nach ein paar Wochen ein, wenn sie merken, was sie ihren Kindern damit antun. Die Fotze Levke nicht.

Die jammert noch rum und würde es sogar zulassen, wenn Frau Kramer anordnen würde, Ida zu foltern. Vom Täter zum Opfer, widerlich. Ich bring dich um. Bei der nächsten Gelegenheit bringe ich dich um.

Rechtsmedizinische Untersuchung
Ida ist 4 Jahre und 11 Monate alt. Ein lebhaftes, fröhliches Kind, das rasch Vertrauen zur untersuchenden Ärztin fasst und bei der Untersuchung sehr kooperativ ist.

Ja, warum wohl? Weil es keinen sexuellen Missbrauch gegeben hat, weil sich die Schrottmutter das alles ausgedacht hat. Wie erklärt man das alles einer 4 11/12-jährigen? Erklärt man das überhaupt?

Sie ist 110,5 cm groß und wiegt 18 kg. Bei der Untersuchung sind die Mutter und Frau Kramer anwesend. Die Mutter sitzt mit einem leicht teilnahmslosen Ausdruck da und beobachtet die Untersuchungsschritte aufmerksam. Erst nach Aufforderung der Ärztin nimmt sie während der Genitaluntersuchung neben ihrer Tochter Platz.

Ich bring sie um, ich bring sie um, bei der nächsten Gelegenheit bringe ich die Fotze um. Da widerfährt meiner kleinen Ida eine gerichtsmedizinische Untersuchung ihres Genitalbereichs und die Mutter sitzt teilnahmslos, mit kritischem Blick daneben. Muss aufgefordert werden, ihrer Tochter beizustehen. Die Fotze weiß doch ganz genau, dass es nichts herauszufinden gibt. Die tut so, als hätte sie mit der ganzen Sache nichts zu tun. Das ist dein Werk, Levke, einzig und allein dein Werk, dein Teufelswerk.

Ida präsentiert sich grob orientiert in einer altersgerechten Entwicklung. Sie willigt in die Untersuchung ihres Anus ein, sieht jedoch verwirrt aus, warum dies jetzt geschehen soll. Die Untersuchung erfolgt in der Seitenlage mit leicht angewinkelten Beinen. Die Gesäßhälften werden behutsam auseinandergezogen. Es sind keine Stuhlreste feststellbar. Der Analsphinkter (äußerer Afterschließmuskel) ist intakt, zeigt einen vollständigen spontanen Verschluss ohne Dilation. Die Analfurchung wirkt unauffällig, ohne Anzeichen von Entzündung, und es sind keine sichtbaren Narben erkennbar.

Mir wird richtig übel, ich muss würgen, ich kotze Tränen. Levke kann das alles einfach beenden. Die Vernehmungen, diese Untersuchung, das Weinen von Ida und Jonny, das Leiden der Kinder. Aber sie sitzt nur teilnahmslos daneben. Was für ein Monster, Abschaum, Dreck. Levke, du bist tot, du weißt es nur noch nicht.

Rechtsmedizinische Beurteilung

Der Befund der Analregion bei der Untersuchung präsentierte sich als unauffällig.
Angesichts unserer Beobachtungen und des Eindrucks, dass das Mädchen möglicherweise durch die Mutter beeinflusst wird, raten wir zu einer kinder- und jugendpsychiatrischen Begutachtung.

Das Mädchen wird nicht nur durch die Mutter beeinflusst. Die Mutter benutzt das Mädchen für ihren niederträchtigen Plan, mich, wie auch immer, aus dem Leben der Kinder und aus ihrem Leben für immer zu entfernen. Nicht Ida sollte psychiatrisch begutachtet werden, sondern die Mutter. Weggesperrt gehört sie, für immer, damit sie nie wieder ein solches Unheil über Kinder bringen kann. Dagegen ist die Mutter von Levke die Mutter Maria. Levke soll einfach aus dem Leben der Kinder verschwinden, so wie es ihre Mutter ge-

macht hat. Levke muss ja eigentlich wissen, dass ich diese Akte bekommen habe; sie hat diese Akte bestimmt auch bekommen. Sie kennt mich und weiß, was mir die Kinder bedeuten. Wie gefährlich ich werden kann, wenn jemand meinen Kindern zu nahe kommt. Sie muss ab sofort in Angst leben. In Angst vor mir. Ich bin jetzt eine Gefahr für sie, bin ab sofort ihre Bedrohung. Jetzt weiß ich auch, warum sie jeglichen Kontakt zu mir verweigert. Weil sie Angst hat, Angst, dass ich sie bei der nächsten Gelegenheit in Stücke reiße. Diese Angst hat sie zu Recht. Ich bringe sie bei der nächsten Gelegenheit um. Mit bloßen Händen werde ich ihr den Garaus machen.
Ich glaube, ich bin traumatisiert. Die Strafakte hat mich traumatisiert. Ich sitze am Küchentisch und starre auf die Akte. Es ist ganz leise, ich höre ein leises Rauschen. Ich weiß aber nicht, ob es das Rauschen der Stadt ist oder das meines Blutes. Es ist aber wohl wieder das Rauschen des Baches, der mein Leben wegspült. Ich bin ganz ruhig, Tränen laufen, nein, fließen aus meinen Augen, aber ich habe nicht das Gefühl zu weinen, sondern es ist, als hätten meine Augen ein Leck. Mein ganzer Körper sowie mein Kopf fühlen sich komplett leer an. Irgendwie wie eine aufgeblähte Plastiktüte im Wind. Ich spüre meinen Atem und ich atme tief in meinen ganzen Körper. Der Atem verteilt sich vom Kopf über die Lunge, den Bauch und die Beine in meine Füße. Ich kann in meine Füße atmen. Ich atme in meinen Körper ein und mit den Tränen aus meinen Augen wieder aus. Ich sehe, wie meine Hände zittern, nein, die zittern nicht, die flirren, die flirren total unkontrolliert. Ich habe vermutlich einen Schock. Ich kann mich nicht bewegen. Hoffentlich bleibt mein Herz nicht stehen oder mein Schließmuskel versagt. Jetzt bloß nichts Falsches machen. Ich bleibe ganz ruhig sitzen, schaue meinen Händen beim Zittern zu. Atme tief in meine Füße. Ein Ruck schießt durch meinen Körper und ich spüre ganz deutlich, wie die Erde sich dreht und sehe mein Herz schlagen. Schlagartig wird das Rauschen doller und es kommt auch noch ein schrilles Piepen dazu. Hörsturz,

Schlaganfall, Herzinfarkt, Blinddarmdurchbruch, oder brennen mir jetzt komplett alle Sicherungen durch? Ich muss die nächsten Minuten überleben, dann normalisiert sich das schon wieder, bestenfalls. Nach ein paar Minuten, gefühlt Stunden, merke ich, wie ich wieder nur in meine Lunge atme. Das Piepen ist weg, stattdessen knistert es in meinen Ohren. Das Rauschen des Baches höre ich nur noch in weiter Ferne. Auch fließt nichts mehr aus meinen Augen und meine Hände liegen fast ruhig auf dem Tisch. Allerdings habe ich immer noch Angst, mich zu bewegen. Die kleinste Bewegung könnte mich vielleicht auseinanderfallen lassen. Ich ziehe die Schultern vorsichtig hoch, bewege die Füße, atme tief in meine Lunge. Mir wird ganz warm und ich fange überall gleichzeitig zu schwitzen an. Überlebt! Was auch immer das war, es ist vorbei. Ob ich eben hätte sterben können? Ein weißes Licht habe ich nicht gesehen, aber ganz deutlich gespürt, wie die Erde sich dreht, habe mein Herz schlagen gesehen; ich habe wirklich in meine Füße geatmet und meine Hände gehörten nicht mehr zu mir. Ich fange an, Geräusche zu machen, laut zu reden. Will hören, dass alles okay ist.
„Puhhhhh, Ohhhhhh, W A S   W A R   D A S? Alter, puhhhh, Test, Test, eins, zwei, Test, Hagen an Erde, Hagen an Erde ... alles okay? Alles okay!"
Das war wohl etwas zu viel für mich. Ich muss an einen Tsunami denken. Nicht, dass gerade eine Tsunamiwelle über mich hinweggerauscht wäre. Nein, jetzt ist erst der Moment, an dem das Wasser den Strand verlässt. Das Wasser hat sich bis zum Horizont vom Strand zurückgezogen und stand für mein Leben. Ich stehe am Strand und starre seit Monaten auf den Meeresboden, den Resten meines Lebens und kann das alles nicht verstehen. Das ist einfach alles zu viel für mich. Wie bei den Menschen in Thailand, die ungläubig auf den freigelegten Meeresgrund starrten. Dann sahen sie, wie das Wasser am Horizont zurückkam. Aber es war nicht das Wasser, das da zurückkam. Es war der Tod. Das Unheil, was auf sie

zurauschte. Das Schlimmste würde erst noch kommen. Die Strafakte ist nichts Gutes, die Strafakte ist lediglich die Welle am Horizont, das Unheil. Das Schlimmste wird erst noch kommen und ich kann nicht wegrennen.

Warum habe ich mich eigentlich auf die Strafakte gefreut? Ich habe mich quasi so verhalten, als wenn man sich auf sein Todesurteil freut. Jayanna sagte, dass wir die Einsicht in die Strafakte brauchen, damit wir alle Hintergründe erfahren und wir wissen, was auf uns zukommt. Ich wusste ja gar nicht, was in so einer Akte steht. In Strafakten, die man vom Tatort aus dem Fernsehen kennt, sind meist nur ein paar lose Blätter zu sehen und da geht es schon um Mord und Totschlag. Mit so etwas habe ich irgendwie gerechnet. Ob Jayanna mit so einer Strafakte gerechnet hat? Was hat da alles die letzten Monate ohne mein Wissen stattgefunden? Habe ich davor die Augen verschlossen? Oder konnte ich das nicht wissen? Diese Frau Kramer, was war die noch? Ergänzungspflegerin. Wie hat die Wagner den Einsatz der Ergänzungspflegerin begründet? *„Ida Twente ist aufgrund ihres Alters als verstandesunreif anzusehen. Zudem wird ihr Vater, als gesetzlicher Vertreter, im vorliegenden Verfahren beschuldigt und ist somit rechtlich verhindert."* Rechtlich verhindert, nett gesagt. Ich bin komplett außen vor. Ich habe gar nichts mehr mit dem Leben meiner Kinder zu tun. Ich habe gar nichts mehr mit meinem Leben zu tun. Wenn die Kramer Ida schon nach Abu Graiib zum Verhör einbestellen und auf den Untersuchungsstuhl beordern kann, was kann die denn noch? Ida zur Adoption freigeben? Bei eBay reinstellen? Mittlerweile würde mich selbst das nicht mehr wundern. Mich braucht man ja nicht zu fragen, ich bin ja rechtlich verhindert. Aber Levke lässt das alles zu. Dabei könnte sie das alles sofort beenden. Doch Levke nimmt das alles in Kauf und wird noch von dieser Beratungsstelle betreut; „Ich dich auch"? „Mut und Rauch"? nee, „Mut im Bauch". Sie wusste ganz, ganz genau, was aufgrund ihrer niederträchtigen Anzeige passiert. Ich stehe derweil am Strand und starre mit einem großen Fragezeichen im Gesicht auf den Meeresboden, den Rest meines Lebens, der übrig geblieben ist. Irgendwie wird mir langsam klar, dass das Schlimmste erst noch kommt.

Alles, was ich eben gelesen habe, ist schon zwei, drei Monate her. Wie ein Untersuchungsbericht von irgendwelchen Massengräbern. Das Schlimme sind nicht die Gräber, sondern das, was den Verscharrten zuvor widerfahren ist. Die gerichtsmedizinische Untersuchung ist genau zwei Monate her. Seit vier Monaten habe ich nichts von meinen Kindern gehört und dann solche Berichte. Vernehmungen, bis Ida weint, Vernehmungen, bis sie schreit. Jonny hat versucht sich umzubringen. Ständige Tränen bei den Kindern, eine gerichtsmedizinische Untersuchung, Traumaambulanz, eine komplett geistesgestörte Mutter. Die Kinder denken, ich bin ausgezogen, habe sie verlassen und keiner weiß, wo ich wohne. Ich schäme mich, dass ich die letzten Monate im Selbstmitleid untergegangen bin. Was mussten, müssen die Kinder aushalten? Die fühlen sich bestimmt von mir verlassen, verraten und verkauft. Ein Vater muss doch seine Kinder vor allem Schlechten, Bösen und Gefährlichen beschützen. Die Schrottmutter hat mich bei unseren Kindern zum Schlechten, Bösen und Gefährlichen gemacht und ich habe meine Kinder allein gelassen. Ob ich das wohl jemals wieder heilen kann? Ihnen das Urvertrauen zurückgeben kann, welches Levke den Kindern nahm? Hat die Zeit, die die Kinder bis zum 21.02.2013 mit mir hatten, gereicht, um sie so stark zu machen, dass sie diesen Horror durchstehen? Dass sie nicht als seelische Krüppel, depressiv, ritzend, drogenabhängig, kaputt da rauskommen? Ich muss weiter machen, bis die beiden wieder einen Papa, Hagen haben dürfen. Ich schwöre, dass ich mich nicht unterkriegen lasse. Ich werde nicht auf die Knie, nicht auf die Bretter gehen, ich werde schlimmstenfalls stehend sterben. Ich werde hier als Sieger rausgehen. Ich werde mich nicht wie Levkes Mutter verpissen. Ja, du Fotze, du weißt nicht, was richtige Eltern ausmacht. Dir fehlt die kleinste Eigenschaft einer Mutter, ihre Brut zu schützen und nicht zu opfern. Ich bin ein Twente und meine Kinder sind Twentes und wir Twentes geben nicht auf, niemals. Okay, mein Vater hat sich uffgehangen, aber da waren wir Kinder ja schon groß. Schwamm drüber, er hat schließlich sich und nicht seine Kinder geopfert. So, also, den Rotz hochgezogen, ausgespuckt und rauf da. Schmerz ist Schwäche, die den Körper verlässt. Erst mal ein Weizenbier und einen Joint und dann setze ich mich an die Stellungnahme.

17.06.2013
- Meine Nichte Hannah fährt nach Neuseeland – Kinderbrief

21.06.2013
- Michi will zurückkommen und ich habe keine Wohnung mehr

22.06.2013
- Bin alleine und traurig

23.06.2013
- Ich denke 24/7 an die Kinder, habe wohl eine Depression

01.07.2013
- Ich habe Geburtstag, 46 Jahre, alle haben an mich gedacht
- Jayanna hat das alleinige Sorgerecht beantragt, rein strategisch, um Levke untersuchen zu lassen, fünf Seiten voll Angriff – ich glaube mittlerweile nicht mehr, dass das klappt, dass das jemals endet

- Ich habe nur einen Wunsch: meine Kinder in den Arm zu nehmen
- Kinderbrief mit schönen Erinnerungen: Bille Bad, Birkenhof, Katzen fangen, Bunkerwald, Eisfelder Elbe, Schützenfest, Davidwache, Hafengeburtstag, Orthkaten, Krabbenkutter, wie sehr ich das alles vermisse

12.07.2013
- Das Strafverfahren ist eingestellt, musste weinen, Glückwunsch-SMS von allen
- Denke das erste Mal, ich brauche mal wieder eine Freundin
- Hoffnung, dass alles gut wird und ich denke, ich sehe meine Kinder bald wieder

16.07.2013
- Kinderbrief – ich denke immer nur an Jonny und Ida

24.07.2013
- Treffen mit Kallert, das Gericht hat um Stellungnahme gebeten und er schließt sich Frau Bachmann-Meinicke an – sofortiger Umgang, er schreibt eine Empfehlung. Er empfiehlt, weiter Druck auf die Mutter auszuüben. Ich soll durchhalten, ich würde meine Kinder bald wieder sehen. Ein guter Tag, der Beste seit fünf Monaten – Jayanna freut sich auch und gratuliert

26.07.2013
- Kinderbrief Nr. 20

- Es ist alles geklärt – Verfahren eingestellt. Was gibt es noch zu klären, fragt Kallert. Hinweis, dass Mutter und Vater, also auch ich, sich vollumfänglich um die Kinder kümmern können

28.07.2013
- Wie lang geht der Scheiß noch?

30.07.2013
- Kleinfeld beantragt alleiniges Sorgerecht für Levke
- Kleinfeld bestreitet, dass Ida ihren Vater liebt – Täter-Opfer-Beziehung, Stockholm Syndrom – Ratte
- 35 Seiten Dummheit und Lügen – Frechheiten

03.08.2013
- Ich spüre ganz bewusst die heilende Wirkung von Bier

04.08.2013
- Levke wird nicht aufhören – ich auch nicht
- Die Hoffnung schwindet, dass das ein gutes Ende nehmen könnte
- Wieder und wieder – ich schreibe ein Buch über all das hier

11.08.2013
- Die Lindenallee mit 4 Zimmern ist geregelt – ich richte sie in Gedanken ein
- Immer mehr Hass und Rachegefühle

13.08.2013
- Sommer, ganz anders als gewohnt

15.08.2013
- Habe meine Kinder sechs Monate nicht gesehen
- Kinderbrief „Durchhalten"; es kämpfen viele für uns. Inhalt des Briefes: Katzenbabies Birkenhof, Spaß

21.08.2013
- Empfehlung Begleiteter Umgang, sofort

23.08.2013
- Mietvertrag für die Lindenallee unterschrieben – bricht mir zwar finanziell das Genick, aber so toll, ein neues Zuhause zu haben

HAUPTSACHEVERFAHREN

23.08.2013

10:00 Uhr; große Verhandlung vor dem Familiengericht. Eröffnung des Hauptsacheverfahrens, Anhörung und Erlass zum Trennungsunterhalt, Anhörung und Erlass zur beantragten Entlassung von Frau Bachmann-Meinicke und Anhörung zur elterlichen Sorge. Vier Fliegen mit einer Klappe, ein großer Abwasch. Ich bin irgendwie noch frohen Mutes und wie immer viel zu früh vor Ort. Der frühe Vogel fängt den Wurm, der späte Bär fängt mehr. Scheiß auf den Bären. Obwohl ich aufmerksam den Eingang des Gerichts beobachte, bekomme ich nicht mit, wie Levke das Gericht betritt. Ich sehe sie erst, als sie die Treppen zum Gerichtssaal hochhumpelt. Ha, klasse, die Bandscheiben. Das geschieht ihr recht, blöde Kuh – kleine Strafen schickt der liebe Gott sofort, große nach neun Monaten. Dann kommt endlich, wie immer auf den letzten Drücker, Jayanna. Jayanna hat einen Hackenporsche mit all meinen Akten dabei, na ja, in eine Gucci-Tasche passen die wohl auch nicht mehr rein. Die Gänge im Gericht haben immer etwas Kathedrales. Es heißt ja nicht umsonst Hohes Gericht. Die Schritte hallen und man flüstert automatisch. Die ganze Architektur soll einem Ehrfurcht einflößen. Tut sie auch, bis man den eigentlichen Verhandlungssaal betritt, alles schedderig. Außen hui, innen pfui. Bevor es losgeht, sitzt man erst mal auf alten Holzbänken, flüstert, taxiert den Gegner. Levke sieht kacke aus. Richtig kacke. Finde ich gut. Die blöde Kuh kommt gleich mit zwei Anwälten. Die Frau geht noch, aber zum ersten Mal sehe ich diesen Kleinfeld. Wie tief kann man sinken? Was ist denn bitte Kacke-Kleinfeld für ein Pisser? Kacke-Kleinfeld ist noch ein Kompliment, Kacke-Kleinwuchs passt. Levke ist locker einen Kopf größer als der kleine Wichser. Die Schöne und das Biest? Nee, das Gruselkabinett, Monster, Mumien, Mutationen, mir bleibt aber auch nichts erspart. Der junge Kleinfeld hat in der Schule bestimmt richtig gelitten, Mobbingopfer. Er hat über die vielen Jahre die Schikanen und Quälereien seiner Mitschüler ausgehalten, über sich ergehen lassen und nur der Gedanke, sich für die Erniedrigungen irgendwann zu rächen, hat ihn überleben lassen.

Er sieht aus wie ein Monchhichi aus den 80ern, nee, Chucky, die Mörderpuppe – und dann diese viel zu kleine Nase. An der Nase eines Mannes erkennt man seinen Johannes. Kleinwuchs hat bestimmt einen Mikropenis, eingebettet in Stahlwolleschamhaaren. Meine Fresse, ist das ein hässlicher Vogel. Da hat der liebe Gott aber wirklich einen ganz schlechten Tag gehabt. Da würde ich mich eher von Joseph Goebbels verteidigen lassen, womit wir bei der Größe und der Widerlichkeit wären. Gefühlt haben fast alle Männer unter 1,70 schon mal ein grundsätzliches Problem mit sich selbst. Sie sind somit ebenso für die Gesellschaft ein potenzielles Problem. 1,60 m groß, 30–35 Jahre alt, Meckihaarschnitt einen bunten Eastpack-Rucksack und eine gelbe, fette G-Shock-Uhr. Dazu ein schlecht sitzender Anzug, Hemd offen, Schlips schlabbert rum, widerlicher Typ, Vollspasst. Den Eastpack-Rucksack hat er bestimmt von einem minderjährigen Hauptbahnhofstricher abgezogen oder gegen ein paar Crack Steine eingetauscht. Die G-Shock-Uhr ist dem armen Stricher bestimmt beim Fisten in Kleinfelds Arsch vom Handgelenk gerutscht. Da wird sich der Herr Winkeladvokat bestimmt gefreut haben. Für kleines Geld schön die Rosette gedehnt bekommen und hinterher noch eine fette G-Shock für umme geschissen. Da ist es wieder, mein Problem, dass ich einfach zu schnell abgelenkt bin. Es geht allerdings auch nichts über ein perfektes Feindbild. Levkes letzte Anwältin, Frau Hensen, war mir ja noch irgendwie sympathisch; die hatte irgendwas Mütterliches, Esoterisches. Kacke-Kleinfeld hab ich sofort gefressen, kein Wunder bei seinem Geschreibsel. Wo sie den wohl herhat? Früher oder später schnappe ich mir diesen Wichser. Den fresse ich zum Frühstück und zum Mittag scheiß ich ihn gegen die Wand. Dass sich Levke gar nicht schämt. Das zeigt mal wieder, wie krank und kaputt sie ist. Widerlich, aber in der Not frisst der Teufel ja bekannterweise Fliegen. Das passt – Schmeißfliegen, die sich von Scheiße ernähren. Jetzt kommt Quasimodo auch noch auf mich zu und streckt mir seine adipösen, kurzen Wurstpfoten entgegen. Igittigittigitt, ich will nicht wissen, wo diese Hand eben noch zugange war. Ich lass meine Hand unten.

„Kleinfeld", sagt er.

Schön für ihn, aber nicht mein Problem. Ich sage nichts. Eins, zwei, drei, vier Sekunden.

„Dann nicht", sagt der Wichser, dreht sich um und schleicht von dannen. Eben, dann nicht. Eins zu null für mich. Damit hat er nicht gerechnet. Dem gebe ich nicht die Hand. Die Faust kann er haben, mitten ins Gesicht und einen Tritt in die Eier. Danach würde ich ihm den Rucksack und die G-Shock abziehen und beides im Drop-In dem rechtmäßigen Besitzer zurückgeben.

Frau Dahlenburg-Steinfeld schließt die Arena auf. Auf die Richterin lasse ich nichts kommen. Lange dunkle Haare, wirklich hübsch, ein Mädchen aus gutem Haus. Einmarsch der Gladiatoren, mein Gott, was für eine Trümmertruppe. Ein kleinwüchsiger Stricher-Ficker mit seiner devoten, abgetakelten Assistentin.

Die gute Frau Bachmann-Meinicke, Osho-Anhängerin, Herr Kallert mit Bratwurstbart und Sandalen, die Irre Humpelfuß-Levke mit fetten Augenringen und Hagen Twente als trauriges Abbild seiner selbst.

Die einzigen Lichtblicke: die Richterin und Jayanna, die indische Perle. Frau Dahlenburg-Steinfeld eröffnet die Schlacht mit den Worten, dass auch noch Frau Hambach-Stolte kommen wird. Super, die hat mir zu meinem Glück ja gerade noch gefehlt.

Erst kommt die Hambach-Stolte zu spät und dann reißt sie auch gleich das Maul ordentlich weit auf. Die Verhandlung sei zu früh, sie sei mitten im Gutachten, bla bla bla, Laber, Laber Rhabarber.

Die Hambach-Stolte hat das Gutachten doch eh schon fertig. Mama ist die Beste und Papa kann sich gehackt legen.

Dann geht's los. Der erste Akt: Entpflichtung von Frau Bachmann-Meinicke, weil sie ja die Kinder durch das Zeigen meiner Briefe angeblich traumatisiert hat. So wollen es Levke und Jimmy-Glitschie-Kacke-Kleinwuchs gern. Fünfzehn verlogene Seiten hat Kacke-Kleinfeld gegen die gute Frau Bachmann-Meinicke geschrieben. Kann natürlich auch angehen, dass Levke ihm das alles diktierte. Hat sie sicher und Kacke-Kleinwuchs ist bestimmt nur eine seelenlose, abgehalfterte Crack-Marionette. Nutten-Anwalt.

Der Inhalt der Stellungnahme von Frau Bachmann-Meinicke ist ja bekannt – sofortiger Begleiteter Umgang. Kurzfassung der Stellungnahme von Hofnarr Kacke-Kleinfeld:

In der Umgangssache von Jonny und Ida Twente unter Bezugnahme auf den Antrag der Verfahrensbeiständin vom 04.06.2013, wird beantragt, den Antrag auf sofortigen Begleiteten Umgang zurückzuweisen.

Zur Erinnerung: Da beantragt meine Anwältin am 28.02.2013 und die Anwältin meiner Kinder am 04.06.2013 den sofortigen Begleiteten Umgang und was habe ich mich jedes Mal gefreut. Jetzt haben wir Ende August. Da sind mal sportlich fünf Monate vergangen und ich habe meine Kinder immer noch nicht gesehen. Der Sommer ist fast vorbei, die ersten Spekulatius stehen in den Regalen und heute wird erneut darüber verhandelt, den sofortigen Begleiteten Umgang zurückzuweisen.

Grundsätzlich denke ich, dass nichts schneller gehen sollte, als es sofort zu erledigen. Wenn man z. B. sofort einen Arzt oder Rettungshunde nach Naturkatastrophen braucht oder aber auf das MEK im Entführungsfall angewiesen ist, kann niemand fünf Monate warten. Anders ist das wohl beim sofortigen Begleiteten Umgang. Da

fängt man nach fünf Monaten wieder das große Diskutieren an. Da kann ich ja von Glück sagen, dass nicht ein baldiger Begleiteter Umgang empfohlen wurde. Vermutlich hätte ich mich dann mit Jonny und Ida in einem Frühclub auf der Reeperbahn treffen können.
Die arme Frau Bachmann-Meinicke, ihr Osho so fern und Pisser-Kleinfeld hackt auf ihr rum. Was für eine gottlose Welt. Das ist nicht Bachmann-Meinickes Ding. Dann der Hammer. Die Hambach-Stolte fällt ihrer Kollegin, der guten Frau Bachmann-Meinicke, in den Rücken. Es sei richtig von der Levke gewesen, die Briefe nicht zu zeigen. Was soll denn daran bitte richtig gewesen sein? Die blöde Hambach-Stolte geht doch tatsächlich davon aus, dass ich meine Tochter missbraucht habe. Genau das, was ich befürchtet habe. Schöne Scheiße.
„Herr Twente, vor Ihnen liegt noch ein sehr langer Weg. Die von Ihnen geschriebenen Briefe sind absolut unverantwortlich. Sie stürzen die Kinder damit in schwerste Loyalitätskonflikte. Sie müssen wirklich noch viel lernen. Da liegt noch viel Arbeit vor Ihnen."
Ups, Schluck, Treffer. Jetzt bin ich schon wieder ganz klein mit Hut, weil ich und nicht die Dreckmutter die Kinder in schwerste Loyalitätskonflikte stürze. Wenn es nach der Hambach-Stolte geht, sollte ich mich wohl lieber von der Köhlbrandbrücke stürzen. Vielleicht sollte ich ihr mal ordentlich meinen schlaffen Diddel an die Backen hauen. Dann hackt sie weiter vor versammelter Mannschaft auf mich ein.
„Bei einem Begleiteten Umgang mit Jonny ab Oktober dieses Jahres sehe ich keinerlei Probleme. Allerdings sollte der Umgang extrem gut vorbereitet sein, besonders im Hinblick der geschriebenen Briefe des Vaters ...", – vorwurfsvoller Blick zu mir –, „so können Sie nicht auf die Kinder zugehen."

Ich fühle mich mal wieder vorgeführt, alle starren mich an. Seht her, da steht er, der böse Friederich, einfach widerlich. Ich habe das mit den Briefen jetzt verstanden. Nochmal müssen sie mir das nicht sagen. Ich spreche Ihre Sprache, Frau Diplom-Psychologin.

„Mit Ida sieht das anders aus. Nach Rücksprache mit Frau Achtermann-Hilsberg wurde mir bestätigt, dass Ida zurzeit schwer irritiert ist."

Ich bin auch schwer irritiert. Vor allem von diesen ganzen Doppelnamen, Frau Achtermann-Hilsberg, Frau Bachmann-Meinicke, Frau Hambach-Stolte, Frau Dahlenburg-Steinfeld, Frau Kackdie-Wandan. Das hat doch System. Ich bin schon ganz wuschig. Früher oder später bekomme ich einen Knoten in der Zunge und alle durcheinander. Und dann heißt es: „Sehen Sie, der Kindesvater ist nicht in der Lage, Verfahrensbeteiligte mit dem richtigen Namen anzusprechen. Wie soll dieser Vater Kinder erziehen können, in Zeiten, in der viele Frauen, die was zu sagen haben, Doppelnachnamen tragen?"

„Ich würde einen Umgang mit Kindesvater und Tochter im Moment ausschließen. Wenn sich herausstellen sollte, dass Ida unter einer posttraumatischen Belastungsstörung leidet", – jetzt guckt sie mich schon wieder vorwurfsvoll an –, „werden Sie Ihre Tochter die nächsten Jahre nicht sehen. Diese Vorgehensweise ist lege artis."

Boom, wieder voll ins Gesicht. Gott sei Dank sitze ich. Das ist ja fast noch heftiger als der Opener von den Kollegen Stiller und Wagner im Februar und die Klatsche in der ersten Verhandlung vor fünf Monaten. Ich dachte, das wird irgendwann mal besser, aber nein, viel Scheiße fängt mit „ich dachte" an. Ich habe doch verdammt nochmal nichts gemacht. Ich mache dieses ganze Theater doch nur mit, weil meine beknackte Frau mir die Hauptrolle bei diesem Scheiß gegeben hat. Allerdings ohne mich vorher zu fragen. Ich soll meine Tochter die nächsten Jahre nicht sehen, wenn sie eine posttraumatische Belastungsstörung hat. Eine posttraumatische Belastungsstörung? Hat Levke vielleicht ohne mein Wissen die kleine Ida

in den Kundus geschickt? Um die Freiheit Deutschlands am Hindukusch zu verteidigen? Zuzutrauen wäre ihr das. Hinterher schieben die mir das dann wieder in die Schuhe. War Ida vielleicht in Kampfhandlungen mit den aufständischen Taliban verwickelt und ich darf das jetzt ausbaden? Nee, dafür ist sie doch noch zu klein. So oder so, ich würde keines meiner Kinder in den Krieg schicken. Levke hat das bereits erledigt. In einen Scheidungskrieg.
Ida war bis zum 21.02.2013 ein ganz normales, gesundes, glückliches Kind. Jetzt soll sie eine versehrte, traumatisierte Kriegsheimkehrerin sein? Wie ist denn die Hambach-Stolte drauf? Wer ist dieser lege artis? Die Hambach-Stolte will mich hier bestimmt mit ihren Fremdwörtern verunsichern. Die weiß sicher von Levke, wie schlecht ich in der Schule war, dass ich Französisch und nicht Latein hatte.
Lege artis, werde ich zu Hause googeln, wenn ich mir das so lange merken kann. Wenn lege artis dafür sorgt, dass ich meine Ida – wie war das? Die nächsten Jahre nicht sehe, lade ich ihn nicht zu meinem Geburtstag ein. Hat die Hambach-Stolte das eben wirklich gesagt, die nächsten Jahre nicht sehen? Wer entscheidet das? Die Hambach-Stolte? Je länger die Scheiße hier am Kochen ist, desto schlechter sieht es für mich aus. Kann die das wirklich einfach so entscheiden? Die geht doch tatsächlich davon aus, dass ich meine Tochter missbraucht habe. Vielleicht sollte ich beantragen, dass die ganze Frauenschaft mit Doppelnamen ausgetauscht wird.
Levke guckt mich verächtlich an. Nee, die grinst – das kann doch wohl nicht wahr sein. Levke findet das wohl auch noch gut, dass Ida eine versehrte Kriegsveteranin ist. Kacke-Kleinfeld flutscht bestimmt vor Freude eine Hämorrhoide ausm Arsch. Scheißkerl, Wichser, Abschaum, Opfer. Hambach-Stolte legt nach. Ja, ist richtig, genauso, genauso mäßig. Wenn jemand am Boden liegt, nicht aufhören, nochmal aufn Kopf springen und in die Nieren kicken. Ich soll ja schließlich unten bleiben und nie wieder aufstehen.

„Auch mir gegenüber haben die Kinder zum Ausdruck gebracht, dass sie ihren Vater sehen wollen. Abschließend muss allerdings beurteilt werden, ob der Kontakt zum Kindesvater den Kindern wirklich guttut."

Ja danke! Mach nur weiter so. Vielleicht sollten Sie mal abschließend beurteilen, ob den Kindern das neue Faschistinnen-Umfeld mit Oberlippenbärten und Wildschweinleggins guttut. Das denke ich nämlich nicht. Umgang formt den Menschen. Noch ein paar Monate in dieser Kommune Ungewaschener und Jonny kann wahrscheinlich nicht mal mehr ein Loch in den Schnee pinkeln. Gott sei Dank ist Sommer, da fällt das nicht so auf. Ich bin bedient. Nein, bedient ist zu wenig. Ich wurde gefickt, richtig gefickt, trocken in den Arsch gefickt. Dann fängt die Hambach-Stolte erneut mit den Briefen an. Wie oft denn noch? Ich habe den Kindern lediglich Briefe geschrieben und nicht Gute-Nacht-Geschichten aus „Mein Kampf" vorgelesen, noch habe ich ihnen „HSV" auf den Unterarm oder eine Knastträne tätowiert.

Ich sage gar nichts mehr. Bin mal wieder gebrochen, fertig, am Arsch. Ich lasse den Rest der Verhandlung einfach über mich ergehen. Es ist mir völlig egal, dass die elterliche Sorge nicht auf Levke übertragen wird. Es ist mir egal, dass ich jetzt auch noch Trennungsunterhalt zahlen muss und ich nur noch 1.000 Euro für mich, bei 700 Euro Miete habe. Ich kann ja wieder ins Drogengeschäft einsteigen. Ist mir auch egal, dass Frau Bachmann-Meinicke im Rennen bleibt. Ich sehe meine Kinder eh nie wieder. Ich hab keinen Bock mehr, mich zu wehren, zu kämpfen. Alle gegen einen. In einer Schlägerei würde ich mich jetzt einrollen. Kopf und Eier schützen und auf mich eintreten lassen. Irgendwann müssen die ja wieder von mir ablassen. Heute Nacht gehe ich in den WAAGENBAU und schieß mich ab. Endlich mal wieder tanzen, Ecstasy nehmen und Pep vernichten.

FICKT EUCH ALLE.

JAMES BROWN IS DEAD

Heute Abend ist Disco-Zeit. Endlich wieder Disco-Zeit. Wie lange war ich nicht mehr in einer Disco? Fünf, sechs Jahre, wenn nicht noch länger. Früher war die Disco mein Zuhause. Also erst die Disco, dann der Club. Das erste Tanzen war in der Evangelischen Jugend Neuengamme. Einmal im Monat Beat Club am Freitagabend von 19.00 bis 22.00 Uhr, Pogo in Togo in den Räumen, in denen ich schon meine Kindergartenzeit verbracht hatte. Mit sechzehn Jahren sind wir dann mit unseren Mopeds MTX 80R, Malagutis, MB8, DT80 in die Großraumdisco geknattert. Zeppelin und MicMac hießen die Schuppen in Industrievierteln vor den Toren der Stadt. Das Merkwürdigste an diesen Großraumdiscos war für mich immer die Fressmeile. Das konnte ich schon damals nicht verstehen.

Warum muss man in der Disco etwas essen? Ich bin da immer nur zum Tanzen hin. Ich tanze für mein Leben gerne. Anfang der 90er endlich der Sprung von der Disco in den Club. Techno. Ich war damals noch skinheadmäßig unterwegs. Wir sind jedes Wochenende zum Feiern in die GROSSE FREIHEIT 36, in den KAISERKELLER gefahren. Ich war eigentlich der Einzige aus der Gang, der noch aussah wie ein Skinhead. Glatze, weißes T-Shirt, Hosenträger, 18-Loch-Rangers, Bomberjacke, Jeans hochgekrempelt. Die anderen sahen eher aus wie Hooligans. Wir waren damals alle immer voll auf Speed und die anderen Jungs und Mädels schütteten noch fässerweise Bier in sich rein. Da ich aber der Fahrer war, habe ich auf das Bier nahezu verzichtet. Wir hatten trotz unseres doch sehr gefährlichen, eigenwilligen Aussehens nie Ärger oder gar eine Schlägerei.

Wir waren meist die Ersten und immer die Letzten. Die Jungs zechten die ganze Zeit und ich hab eigentlich durchgehend getanzt. Zu was für ner Musik. Sunday Bloody Sunday, We didn`t start the fire, Come on Eileen, Blondie, Hosen, Ärzte, alles Querbeet. Schlagzeug,

Bass, Gitarre, Gesang. Das Highlight war immer „I just can't get enough". Depeche Mode, „Speaks and Spell" – für mich, das beste Album aller Zeiten. Das ging über viele Jahre so. Musikalischer Stillstand. Die Menschen, die damals mit mir feierten, sind jetzt alle über 40 und ich bin mir ganz sicher, dass sie noch genau diese Musik hören. Diese Musik wird wohl immer noch auf den Ü-40-, wenn nicht sogar auf den Ü-30-Partys aufgelegt. Musikalischer Stillstand geht meist einheim mit geistigem Stillstand. Ich glaube aber, dass das für die Betroffenen nicht weiter schlimm ist, die finden das wahrscheinlich sogar noch gut. Selig sind die geistig Armen. Ich würde jetzt wohl auch schon dick und glücklich in meinem Reihenhäuschen, mit Gästeklo und Carport und meiner Jugendliebe Christiane, mittlerweile wohl auch etwas speckig, ableben. Wir hätten zwei Kinder und am Wochenende würden wir mit ein paar „Kumpels" Bier und Schnaps trinken, auf dem Fliesentisch Skat spielen, die „Best of Nineties" Doppel-CD und die alten Onkelz-Scheiben hören. Mein Leben wäre gelebt und ich müsste es jetzt nur noch sicher, abgeklärt und beraubt aller Träume, über die Ziellinie bringen.

Aber nein, aber nein. Ich musste ja eines Abends die Tanzfläche im Kaiserkeller verlassen und in die Talstraße gehen. Ich hatte in der Zeitung gelesen, dass dort ein Club ist, in dem nur Techno gespielt wird. Techno war neu und war reine Tanzmusik. Ich hatte zwar vorher schon einmal House und Acid gehört, war sogar mal im FRONT, aber das war irgendwie nicht meins. Diesen Techno wollte ich mir mal anhören. Es darf nicht vergessen werden, dass Musik damals nicht frei verfügbar war. Es gab schließlich noch kein Internet. Musik kam nur aus dem Radio und von Schallplatten, CDs und Kassetten. Da war es schwer, was Neues zu entdecken. Raus aus dem Kaiserkeller, hin zur Talstraße. Das UNIT lag am Anfang der Talstraße, gleich links. Heute ist ein Sexshop in meinem ersten Club. Die Fassade sieht noch genauso aus wie vor fünfundzwanzig

Jahren. Man müsste nur wieder die Buchstaben U N I T an die Betonfassade schrauben, Strobos anmachen, Bassboxen aufstellen, ein Edelstahlgitter um die Tanzfläche basteln, Licht aus, Nebel rein, Mayday, Mayday, Mayday und wiedergeboren wäre mein erster Techno-Club.

Schon die Einlasssituation war besonders. Die Leute standen in einer sehr langen Reihe zu zweit nebeneinander, tippelten auf dem Fleck und schienen schon dort zu tanzen. Alle waren fürchterlich gut drauf. Also am Ende der Schlange anstellen. Es dauerte eine Ewigkeit, bis ich vorne an der Tür war. Wenn so viele Menschen so geduldig warten, dann muss das ja einen guten Grund haben. Ich bekam mit, dass ein paar Leute von den Vorderen, nach kurzer Diskussion mit den zwei hünenhaften Türstehern, nicht reingelassen wurden. Tja, so ist das Leben, umsonst eine halbe Stunde in der Schlange gestanden. Ich dachte mir, dass mein Outfit – Boots, T-Shirt, Hosenträger, Bomberjacke, Glatze – eventuell nicht ganz passend sein könnte. Aber weit gefehlt, ich durfte rein. Was war denn das?

Das Einzige, was ich hörte, war ein stampfender Bass. Also halt nur Trommel, keine Gitarre, kein Gesang, keine Melodie. BummBummBumm und dazu tststststst und BrummmBrummm, clackclackclackclackclackclack, BummBummBummBummBumm, tstststststsststs, nur Gestampfe, irgendwie geil. Utzutzutzutz, Pumpumpumpumpumpumpump, alle schrien, pfiffen wie irre auf den Fingern und dann wieder BummBummBummBumm, nur noch lauter als zuvor. Alles in Bewegung. Die tanzten überall oder war die Tanzfläche überall? Ich lehnte mich erst mal gegen eine Wand. Sowas hatte ich noch nie gesehen, noch nie gehört. Die Musik, der Lärm, alles ging einfach immer weiter. Keine Lied, waren das überhaupt Lieder, hatte einen Anfang oder ein Ende. Immer wieder neue Geräusche. Es war unglaublich, derbe laut und dazu auch noch dunkel. Im Kaiserkeller war es zwar auch nicht taghell, aber hier gab es irgendwie gar kein Licht. Nur Strobogeblitze, jede Menge Nebel und dann diese Geräusche: Bums, Bämm, Dröhn, Schepperschepper. Nicht nur, dass meine Ohren vollkommen überfordert waren, ich konnte auch fast nichts sehen. Ich drückte mich gegen die Wand, um nicht das Gleichgewicht zu verlieren. Heiß war das hier. Ich fing an zu schwitzen, obwohl ich mich gar nicht bewegte. Die liefen mit nacktem Oberkörper durch die Gegend. Was war das denn? Wo war ich denn hier gelandet?

Vor mir steht plötzlich ein Typ mit nacktem Oberkörper und fuchtelt mit seinen Armen herum, lacht mich breit grinsend an, küsst mich auf den Mund und zuckt von dannen. Hoppalla, sowas ist mir auch noch nie passiert. Tanzende Menschen schieben sich schweißüberströmt an mir vorbei. Der ganze Laden scheint zu fließen. Wohin alle fließen, scheint egal zu sein. Ich drücke mich noch fester an die Wand. Meine Augen gewöhnen sich allmählich an die Dunkelheit, meine Ohren an das unglaubliche Geballer. Meine Fresse, ist die Musik laut. Mein Kopf fängt an zu nicken, ich mag das, super. Bar links, Tanzfläche rechts. Um die Tanzfläche sind Gitterstäbe, wie in einem Zoo und die Zoobewohner tanzen anders als ich und als die, die ich sonst so tanzen gesehen habe. Zackiger, mit dem ganzen Körper und jeder lacht hier jeden an. Reden kann man hier auch nicht. Verständigt wird sich hier scheinbar wie auf Schiffen, mit Fahnen, halt ohne Fahnen, sondern nur mit den Armen und Händen. Hier bleibe ich, das schaue ich mal genauer an. Auf zum Tresen. Obwohl das hier knackevoll ist, steht sich keiner im Weg, alles fließt. Ich fließe also zum Tresen. Meine Fresse, was für Frauen. Eine hübscher als die andere. Ich komme mir vor wie ein kleiner Junge im Spielzeugladen.
Na, und alle sehr leicht bekleidet. Die waren bestimmt auch schon öfter hier. Manche von den Frauen haben nur schwarze Bikinioberteile an oder sind das Spitzen-BHs? Das hätte mir auch mal jemand früher sagen können. Meine Fresse, diese Barfrauen – Megamodels,

lachende Megamodels. Ich schreie: „Zwei Jägermeister!!" Ein halbes Schwein kann ja auch nicht stehen. Tick, tick, tick an meine Schulter: „Krieg ich auch einen?"
Kurzes, welliges Haar, auch Model, ein kleines Model, Feinripp-Tank-Top, mit dem Bundeswehradler drauf. Lacht natürlich auch. Lachen gehört hier auf jeden Fall zum guten Ton und große schwarze Augen hat sie. Jahrelang hab ich mich im Kaiserkeller zum Affen gemacht, nahm auch das Fallobst oder eierte allein nach Haus – was für eine verschwendete Zeit. Hier steh ich einfach nur rum und werde von meiner Traumfrau angesprochen. Ich wusste gar nicht, dass es solche Mädels in der freien Wildbahn gibt. Ich dachte, die gibt es nur in Comics, Zeitschriften und in Pornos. Sofort schiebe ich ihr den Jägermeister rüber. Zack, weg damit. „Ich heiß Jana", sagt sie und hält mir ihre Hand hin. Was sagt der Bauer, wenn er zur Tür reinkommt? „Guten Tag", sagt der Bauer. Man gibt sich hier also die Hand zur Begrüßung, warum auch nicht, ist ja eigentlich eine gute alte Tradition. Ich schüttele ihre Hand. Vor lauter Aufregung hab ich fast vergessen, wie ich heiße.
„Hagen."
„Hagen, schöner Name. Hagen, brauchst du was?"
Was, brauch ich was, was will sie?
„Was?"
„Willste Teile kaufen?"
Wenn ich etwas beim zweiten Mal nicht verstanden habe, habe ich mir angewöhnt, zu lächeln und zu nicken. Irgendwann bekommt man das schon noch raus. Dreimal nachfragen ist unhöflich, sonst denkt das Gegenüber noch, man hätte sich die Ohren nicht gewaschen. Sie nimmt meine Hand und tanzt an der Tanzfläche vorbei vor mir her. Einfach mitfließen, kann ja eigentlich nichts passieren.
Wir fließen zu den Toiletten. Auf der Toilette wird auch getanzt. Unglaublich, aber hier ist es etwas leiser. Mit der Trennung zwi-

schen Mädchen und Jungs scheinen die das hier nicht so ganz genau zu nehmen. Jana zieht mich in eine Toilette.
Mein Gott, sieht die gut aus. Wenn sie lacht, hat sie Grübchen. Marry me! Sie holt aus ihrer Jeans ein Plastikbeutelchen. Aber da ist kein Pulver drin. Pillen. Das ist Ecstasy.
Davon hab ich auch schon gelesen.
„Wie viel?", frage ich.
„Vierzig. Drei für nen Hunderter."
„Nehm ich drei." Hundert Mark für drei Tabletten? Ich hätte auch einhundert Mark für eine bezahlt, wenn mich Jana nochmal an die Hand genommen hätte. Hunderter raus, drei Pillen in die Hand. Kuss. Sie hat mich wirklich geküsst, auf den Mund. Schon der zweite Kuss auf meinen Mund innerhalb einer halben Stunde. Läuft.
„Viel Spaß." Tür auf und weg ist sie. Ich stehe da, mit meinen ersten drei eigenen Ecstasy-Tabletten. Zwei in die Plastikfolie der Zigarettenpackung eingewickelt und eine rein in den Mund. Wird schon nichts passieren. Wenn etwas so teuer ist, muss es ja gut sein. Puh, ist die bitter und bleibt mir natürlich im Hals stecken. Schnell zum Wasserhahn. Vor dem Waschbecken stehen drei Jungs an und einer trinkt. Scheinbar so eine Art Tränke. Die Jungs haben wohl auch Tabletten im Hals kleben. Ich bin dran. So, weg das Ding, und jetzt? Na, da bin ja mal gespannt. Wieder rein in die Schwitzhütte. Bier bestellen. Hier trinkt man Becks aus der Flasche und kein Holsten vom Fass, ist ja auch ein Club und keine Dorfdisco. Ich fließe durch den Laden und merke, wie ich mich langsam entspanne. Die Musik, der Lärm sind einfach nur geil. Ich schwitze jetzt richtig heftig. Das macht aber nichts, die schwitzen hier alle und es tropft tatsächlich von der Decke. Die Eingesperrten auf der Tanzfläche geben alles und tanzen mit allem, was sie haben: Hände, Füße, Beine, Arme, Kopf, Hüfte. Es ist eine unglaubliche Bewegung auf der Tanzfläche. Nicht hippiemäßig, dafür ist das alles viel zu zackig. Jeder tanzt allein, aber irgendwie tanzt auch jeder mit jedem, ohne sich zu be-

rühren. Regelmäßig steuert die Musik auf Höhepunkte zu und die Tänzer wissen das. Dann fangen alle an, auf den Fingern zu pfeifen. Zu dem ohnehin schon derben Nebel kommt noch mehr Nebel. Man kann gerade mal zwanzig Zentimeter weit gucken. Plötzlich explodiert der Laden, alles schreit und pfeift. Wenn der Nebel sich lichtet, geht es weiter, noch mehr Druck, noch schneller, noch lauter. Keine Atempause, Geschichte wird gemacht, es geht voran. Von Level zu Level. Auf einmal bin ich mittendrin und tanze, wie ich noch nie in meinem Leben getanzt habe. Wieso kann ich so tanzen und warum tanze ich so? Ich lache, ich grinse, ich schaue in lachende Gesichter. Jeder, den ich anschaue, lacht mich an. Jungs, Mädels, alle lachen und ich tanze, tanze, tanze. Die Musik, der Lärm sind überall. Wo kommt der Lärm her? Es ist, als seien Bassboxen in meinem Kopf. Ich höre nichts anderes mehr als dieses Donnern, aber ich höre immer mehr. Geräusche, die ich zuvor noch nie hörte. Ich kann mir aussuchen, auf was ich tanze. Auf dem Bumbumbummbumm, dem tsstsstssstsss oder dem clackclackclackclack. Ich kann sogar die Beine zum Bass (Bum) bewegen und gleichzeitig die Arme zu den Hochtönen (Clack). Spüre, wie ständig zum nächsten Level eingecheckt wird. Ich pfeife, sehe in vom Spaß verzerrte Gesichter. Ständig höre ich „James Brown is dead". Höre ich das wirklich oder bilde ich mir das ein? Ich spüre keinen, nicht den kleinsten Widerstand in meinem Körper. Ich werde nie wieder aufhören zu tanzen. Ich bin eine Tanzmaschine. Mein ganzer Körper ist ein einziges Glücksgefühl. Jetzt weiß ich auch, warum hier alle so grinsen. Ich platze fast vor Glück. Ich würde platzen vor Glück, wenn ich nicht wie ein Frettchen auf Koks tanzen würde. Einzig das Tanzen bewahrt mich vor einem tödlichen Glücksinfarkt. Ich stopfe mir mein T-Shirt hinten in die Hose, lasse die Hosenträger runterhängen, tanze wie die anderen Jungs mit nacktem Oberkörper weiter. Die Tanzfläche erscheint mir immer größer, obwohl es immer voller wird. „James Brown is dead". Der Nebel ist überall und manchmal stehe

ich gefühlt allein im Nebel und im Lärm. Werde ständig berührt oder berühre, aber das schränkt meine Bewegung keinesfalls ein. Ich verstehe die Musik jetzt, weil sie in mir ist und ich eins mit ihr bin. Kann sie lesen, sie sehen, muss sie tanzen. Alles fließt. Was allerdings nicht mehr fließt, ist das, was ich sehe. Die lachenden, tanzenden Jungs und wunderschönen Mädels sehe ich nur noch in einzelnen Bildern. Wie ein langsames Daumenkino. Jana, da, Jana weg, da, weg, da, weg. Sie legt die Hand auf meine Schulter und ruft mir was ins Ohr. Ich höre mit den Füßen auf zu tanzen, aber der Rest, Arme, Hände, Kopf tanzen weiter. Ich verstehe nix. Lache sie nur an. „James Brown is dead". Immer wieder. Sie nimmt meine Hand. Ich ziehe mein T-Shirt wieder an. Ich fließe tanzend hinter ihr her. Oh, es geht wieder aufs Klo. Muss ich jetzt wieder Discotabletten kaufen? Ach ja, die Pille – hatte ich ganz vergessen. Jetzt ist der Nebel auch auf der Toilette. Ich sehe immer nur noch in einzelnen Bildern. Durch Blinzeln wird das auch nicht besser, eher schlimmer. Die Musik ist weiter weg, dröhnt und rauscht nur noch. Jana lacht mich an. Meine Fresse, was für ein Mädchen. Das Schönste, was ich je sah. Was für süße Grübchen. Ich versuche sie scharf zu sehen, geht aber nicht. Einzelne Bilder und überall Nebel, Schlieren. Vielleicht habe ich irgendetwas in den Augen? Ich merke, wie ich immer noch tanze, eigentlich habe ich gar nicht aufgehört zu tanzen. „Du musst was trinken, Hase!" Hat sie mich Hase genannt? „Guck dich mal an!" Wie mich angucken? Ich guck an mir runter.
„Neee, im Spiegel!" Ach so. Ich drehe mich um. Hoppalla, wer ist denn das? Ich grinse bis zu den Ohren, der Schweiß strömt mir durchs Gesicht und meine Augen sind riesengroß und schwarz, wie Ufos. Deswegen kann ich also so schlecht sehen. „Du musst was trinken, Hase!" Ich nicke, grinse und trinke. Kaltes, klares Wasser, wie geil. „Wie viele hast du denn genommen?"
Was genommen? Wie viele was? Ahhh – Ecstasy. „Eine", sage ich und tanze aufm Fleck und lache. „Und jetzt noch eine!" Ecstasy,

Ecstasy, ich nehm jetzt nur noch Ecstasy, morgens, mittags, abends und vor allem nachts. Ich fummel die Plastiktüte aus meiner nassen Hose. Wenn ich doch nur vernünftig sehen könnte. Ach, egal, vernünftiges Sehen wird komplett überbewertet.

„Du bist das allerallerschönste Mädchen, was ich je gesehen habe, willst du mit mir gehen?"
Das habe ich nicht jetzt wirklich gesagt. Jana grinst: „Ja klar will ich mit dir gehen, aber vorher kannst du ja noch ein bisschen tanzen gehen, mein kleiner Skinhead." Woher weiß sie, dass ich ein Skinhead bin? Ach ja, das fällt schon noch ins Auge. Ich hatte das voll lauter Glück und Getanze ganz vergessen. Doch weiter geht die wilde Fahrt, heute werden keine Gefangenen gemacht. Rauf auf die Tanzfläche. Hoch die Arme, pfeifen, tanzen, Einzelbilder, Abfahrt, totale Eskalation. Alles flirrt, alles tanzt, alles voller Irrer und ich bin ihr Anführer. Alle mir nach. „James Brown is dead". Ich muss tanzen, tanzen, tanzen, will mich nur noch drehn. Jana, da ist sie ja wieder. Wieder an die Hand, wieder „Dackelfließtanz" hinterher. Ich gehe mit dir, wohin du willst. Wieder Richtung Klo, wohin auch sonst. Ist denn schon wieder Tablettenausgabe, Schwester Jana? „Wir wollen jetzt weiter, hier ist gleich Schluss. Kommste mit?" Wie, was Schluss? Das können die doch nicht machen. Ich muss doch noch weiter tanzen, sonst bekomme ich doch den gefürchteten Glücksinfarkt.
„Wie spät ist denn, Jana?" Du wunder-, wunderschönes Mädchen. „Gleich acht, wir gehen in den TEMPELHOF." Acht? Acht Uhr morgens? Bitte? Was? – Dann habe ich ja fünf, sechs Stunden getanzt. Zeitsprung oder Amnesie, Tanzanesie, Ecstasyanesie, was es alles gibt.
„Ja klar komme ich mit, wo ist denn der TEMPELHOF?" Wir gehen raus. Tür auf. Blendgranate, verdammte Elle, jetzt sehe ich gar nichts mehr. Draußen ist auch Nebel. Ich lege meinen Arm um Jana,

man ist die Frau schlank, fühlt die sich gut an. Wir reden und lachen und lachen und reden, es sprudelt nur so aus mir raus. Die Augen gewöhnen sich langsam an das gleißende Tageslicht. Jana sieht immer noch wunderschön aus. Diese großen schwarzen Augen, diese Grübchen, diese schlanke Taille und die schönste Stimme der Welt. Toller Laden, da geh ich jetzt öfter hin. Jedes Wochenende, vielleicht haben die auch unter der Woche auf. Fischmund, Pappmund, meine Zunge klebt am Gaumen. Hoffentlich will Jana jetzt nicht knutschen. Meine Gedanken fliegen nur so hin und her und ich sabbel und sabbel und Jana lacht und sabbelt und ich tanze immer noch. Ich höre auch immer noch diese Musik, scheinbar flappt mein Trommelfell noch nach. Schnell eine Dose Cola gekauft. Lecker, die beste Cola, die ich je getrunken habe. Jana kriegt auch eine. Alles, was ich denke, sage ich auch. Alles; das Beste, beste Nacht, beste Musik, beste Droge, bestes Mädchen, beste Cola. Und wie die Zigaretten erst schmecken, beste Zigaretten. Bestens, bestens, alles bestens. So kann das bleiben, für den Rest meines Lebens. TEMPELHOF. Wusste gar nicht, dass das ein Club ist. Frühclub. Davon hatte ich auch schon gelesen und mich gefragt, warum man morgens um 8:00 in die Disco gehen sollte. Ja, warum wohl? Wo soll man denn sonst hingehen, wenn man so druff ist? Nach Hause bestimmt nicht. Im TEMPELHOF empfängt uns der gleiche Sound wie im UNIT. Ein bisschen ruhiger, aber sehr bassig und die gleichen Leute wie im UNIT, nur weniger Nebel. Ich tanze wieder, aber so langsam ist die Luft raus. Pause. Ich lass mich auf ein Sofa fallen. Den Sonntag verbringen Jana und ich dann Liebe machend.

Ich hätte sie auch am Montag geheiratet, aber wir waren nur ein paar Tage ein Paar. Jana ist heute, Jahrzehnte später, meine allerbeste Freundin. Das wird sie immer bleiben, da bin ich mir ganz sicher, wegen dieser Nacht und wegen dieser Grübchen, wenn sie lacht.

Diese Nacht war für mich der Einstieg in Techno, in ein anderes, neues, besseres Leben. Ich hatte in dieser Nacht alles gefunden, was

ich nie gesucht, mir nie gewünscht hatte. Jeden Tag Geburtstag, geilo! Ich habe die Boots an den Nagel gehängt und gegen Turnschuhe eingetauscht. Der Zeitpunkt war perfekt. Nach den Ausschreitungen in Lichtenhagen wollte ich nicht mit dieser braunen Scheiße in einen Topf geworfen werden. Wehrlose, friedliche Kinder, Frauen, Menschen verbrennen. Abschaum. Deutschland im Herbst. Ab sofort galt jedes Wochenende Techno, Titten und Trompeten, die Zeit der Keilerei war vorbei. Ich tauchte ein in die elektronische Musik, Techno, Trance, Goa, Schranz, Detroit, Acid, Gabba, Hard House, Drum'n Bass, ich tanzte sie alle und verliebte mich in diese Art der Musik, die mich für den Rest meines Lebens begleiten wird. Innerhalb von ein paar Wochen war ich fester Bestandteil der UNIT-Community. Ich bin dann immer freitagabends schon ordentlich druff und zappelig in die BALUGA BAR zu meinem Dealer. Das sah dann folgendermaßen aus:
Shake Hands, Umarmung, großes Hallo und Ahoi.
„Was brauchste?"
„Wie ist der Kurs?"
„50 für 10."
„Passt."
„Brauchst du noch Pep? – 10 das Gramm."
„10 Tüten."
„OK, 600 – noch Bock auf 'n Nasenkaffee?"
„Jep."

Dann hinter den Tresen ins Backoffice vom BALUGA. Tom lümmelt sich hinter einem Schreibtisch, ich davor. Bass, Bass, Bass aus der Bar und der kleine Hagen sitzt mit einem Dealer im Separee. Na, ob ich mich wohl wie eine ganz große Nummer gefühlt habe? Yeah! Hagen, der König von Sankt Pauli. Nachdem ich die Skinheadszene von Bergedorf über Jahre mit Drogen aller Art versorgt hatte, halte ich jetzt die Technojünger im UNIT unter Druck. Locker die sechs

Hunderter auf den Tisch gelegt, eine Tüte mit 50 Pillen und 10 Packs Speed rübergeworfen bekommen. Oh Mann, was für eine Show. Ist das so, weil es so im Kino gezeigt wird oder wird es im Kino so gezeigt, weil es so ist? Während ich die Pillen fünferweise in Tüten verpacke, hackt Tom einen Berg Koks klein.

Koks finde ich eigentlich nicht so geil, aber Koks ist ein Turbo. Bäääm, sofort da, Sabbelpulver. Mit Koks kommt man auf jeden Fall hervorragend aus den Startblöcken. Turbodroge, Echtzeitdroge, voll aufn Helm. Tom zieht und gibt den Spiegel rüber. Krasssss, ich bin eine Drogenvernichtungsmaschine. Ziehen, die Hälfte von dem Pulver rieselt wieder aus meiner Nase, also ausklopfen, zusammenkehren und nochmal ziehen. Dann noch ein bisschen Gesabbel und ständiges Hochgeziehe. Herzliche Umarmung, klopf klopf klopf, auf die Schulter und rüber zum UNIT. Das Koks schlägt voll ein. Remmidemmi, yippie yippie yeah, Abfahrt. An der Schlange vom UNIT vorbei, Shake Hands mit den Türstehern. Der Bass drückt schon, großes Hallihallo. Die erste Stunde verbringe ich mehr oder weniger auf der Toilette, Spaß verticken. Die Meute steht Schlange. Stammkunden, Neukunden, Premiumkunden. Geld, Tütchen mit Pillen und Pulver wechseln den Besitzer. Weder, dass ich die Scheine nachzähle, noch, dass jemand fragt, ob die Teile gut sind. Gegen zwei Uhr sind die Geschäfte abgewickelt; ich habe noch fünf Pillen, ein Pack Speed, über 1.000 Mark in der Tasche. Über 500 Mark Gewinn, netto in einer Stunde, guter Schnitt. Ich fühle mich wie ein ganz Großer. Das Beste kommt dann ein, zwei Stunden später.

Ich drehe auf der Tanzfläche total durch, im Tiefflug durchs UNIT. Ständig kommen meine Kunden vorbei, umarmen, küssen mich, bedanken sich und checken das nächste Wochenende aus. Auf Hagen ist Verlass, Party fucking hard. Jedes Wochenende fünf- oder sechshundert Mark durch Spaßverkauf. Ich verdiene mit der Dealerei mehr als mit meiner Arbeit und das tanzend, nebenbei. Die nächsten zehn Jahre feiere ich durch. Immer mit Gewinn. Erst

UNIT, dann TUNNEL, dann PHONDROME. Im TUNNEL lerne ich Eva aus Berlin kennen. Mit Eva bin ich über zwei Jahre zusammen und sie nimmt mich mit nach Berlin. TRESOR. Das ist nochmal eine ganz andere Hausnummer, dagegen ist Hamburg Kindergarten. Aber das ist eine andere Geschichte.

Ecstasy, Pep und Koks kann ich heute nicht mehr nehmen oder besser: sollte ich nicht mehr nehmen. Wenn ich sowas heute nehmen würde, hätte ich mindestens eine Woche schwerste Depressionen. Damals ging das, verletzungsfrei. Geile Zeiten. Genau deswegen gehe ich heute doch nicht in den WAAGENBAU, sondern sitze wieder traurig, frustriert, weinend und allein in meiner Küche und zerfließe in Tränen und Selbstmitleid. Ich muss hier raus. Kopfhörer und ein paar Weizen in die Tasche und rauf aufs Rad. Ein unsichtbarer Faden zieht mich zum Altonaer Balkon. Eine Bank direkt am Hang ist frei. Glück muss man haben. Hier haben Levke und ich geheiratet, der beste Tag meines Lebens fing hier an. Die Sonne steht noch hoch über der Elbe. In fünf Kilometern Luftlinie ist mein verlorenes Zuhause, sind meine Kinder, ist Levke, mein Hund, ist alles, was ich geliebt und verloren habe. Ich war ein paar Mal auf der anderen Seite, um mit Idas Kindergärtnern zu sprechen und mit Jonnys Lehrerin. Wenn ich durch den Elbtunnel bin, hatte ich immer das Gefühl zu ersticken, auf der Fähre wurde mir immer schlecht. Es ist nicht mehr meine geliebte Elbe, die da fließt. Die Elbe ist jetzt ein unüberwindbarer Graben, der mich von meinem alten Leben trennt. Sie ist kein Fluss mehr, sie ist eine Mauer. Sie macht mir Angst. Ich muss an den „Rodunt" denken. Als Kinder wurden wir immer vor dem „Rodunt" gewarnt, der in den Gräben auf dem Land lebte und Kinder in die Gräben ziehen wollte. Das wurde uns erzählt, damit wir beim Spielen auf den Feldern nicht zu nah an die Gräben gingen. Wenn ich jetzt zu nah an die Elbe gehen würde, würde mich der „Rodunt" wohl unter Wasser ziehen. Die Elbe ist nicht mehr der Fluss, der mich zurückruft, die Elbe ist jetzt der hässliche, schmerzhafte Riss in meinem Leben. Diese Gedanken fühlen sich ganz schrecklich an. Ich muss auf andere Gedanken kommen und krame meine Kopfhörer aus meiner Tasche. Welcher Song? Pete Sheppibone, „Yes we can". Schon bei den ersten Takten ändert sich mein Gefühl. Oh du wunderbare Macht der Musik. Trauer wird zu Kraft, Frust zu Trotz. Der Kampf, den ich jetzt kämpfen muss, ist die größte Herausforderung in meinem Leben. Nicht mein Abi, nicht meine Prüfung in der Ausbildung, nicht die vielen Prügeleien. Dieser Kampf, diese Herausforderung, wird mein restliches Leben bestimmen. Ich muss diesen Kampf gewinnen, sonst kann ich den Rest meines Lebens in die Tonne treten. Ich werde diesen Kampf gewinnen, yes I can. Ich höre eine Techno-Hymne nach der anderen, schütte die Weizen in mich rein. Ich fühle mich gut, stark und habe keine Angst mehr vor dem „Rodunt", ich habe gar keine Angst mehr. Guter Ausklang für einen Scheißtag. Auf dem Rückweg verwechsele ich die Vorder- mit der Hinterradbremse und mache einen Salto über den Lenker. Die zersplitterte Weizenflasche schneidet sich tief in meine Hand und ich donnere volle Elle mit dem Kopf auf den Asphalt. Platzwunde, rote Gardine. Gott sei Dank bleiben meine Zähne im Mund. Tja, gute Zeiten hinterlassen ihre Spuren.

01.09.2013
- Jonnys Geburtstag ohne mich, nicht mal ein Telefonanruf, hoffentlich gibt ihm Levke wenigstens mein Geburtstagspaket

04.09.2013
- Termin bei Hambach-Stolte, vielleicht habe ich die doch auf meiner Seite
- Hambach-Stolte sagt, vielleicht lügt Levke
- Ich darf weiter Briefe schreiben

- Hambach-Stolte wusste nichts von Jonnys schwerer Geburt und dass Levke nach acht Wochen wieder arbeiten gegangen ist

PAPA MAMA OPA OMA SOHN

Nach der ersten Sitzung – der sogenannten Exploration – zur Erstellung des Gutachtens bei der Hambach-Stolte, muss ich an meine Eltern denken. Die Hambach-Stolte wollte viel über meine Kindheit wissen. Ich hatte eine wirklich schöne, lange, sehr lange Kindheit. Ich bin irgendwie froh, dass meine Eltern diese Scheiße nicht mitbekommen müssen. Meine Mutter wäre sicher zerbrochen, das alles hätte sie nicht verstanden. Mein Papa hätte sich Levkes Familie vorgeknöpft und sie mit Nachdruck aufgefordert, die durchgeknallte Levke wieder in die Spur zu bringen.
Meine Mutter kam auf der Insel Norderney zur Welt, war eine von drei Töchtern und hatte den tollen Namen Mariechen Inseline Tross. Inseline stand wirklich in ihrem Ausweis, Mariechen Inseline, wie schön. Deswegen gaben wir unserer Tochter Ida auch den Namen Ida Marie. Ihr Mann, Johann Tross, daher Jonny Hagen, war im Krieg geblieben, also nicht ganz. Er war Spätheimkehrer. Ich glaube, er ist erst 1954 aus dem Gulag nach Hause gekommen. Einer der wenigen Überlebenden der 6. Armee. Oma war, wie Millionen Mütter nach dem Krieg, alleinerziehend. Das war bestimmt richtig hart damals. Keine Woche würden das die heutigen sogenannten Alleinerziehenden, vom Unterhalt gestopften und vom Staat verhätschelten Mütter, aushalten. Meine Mama und ihre Familie sind in Armut aufgewachsen. Oft hat Mama erzählt, dass sie nicht mal einen Ranzen, nicht einmal eine Tasche für ihre Schulsachen hatte. Dass sie eigentlich alle immer Hunger hatten. Ich weiß nicht einmal, wie das ist, Hunger zu haben. Als Opa aus der Gefangenschaft zurückgekehrt war, hat sich die Familie irgendwie wieder zusammengefunden. Seine Frau hatte ja auf ihn gewartet, über fünf Jahre lang. Opa hat mir nie viel über den Krieg erzählt, aber meinem Vater und der hat mir dann davon erzählt. Opa war bei der Wehrmacht. Opa ist mit schwarzen Haaren in den Krieg gezogen und hat dann in einer Nacht

weiße Haare bekommen. In dieser Nacht wurden alle aus seiner Einheit getötet und er hat sich selbst in den Arm geschossen, um nach Hause zu kommen. Leider haben sie ihn dann wieder zusammengeflickt und mit der 6. Armee zurück an die Ostfront geschickt.
Für meine Schwester und mich waren es immer Oma und Opa Ney, wegen Norderney. Opa Ney hatte Frettchen, weiße Frettchen mit roten Augen, die in Ställen im Garten lebten. Wenn er mich fragte, ob wir beiden mal wieder auf Karnickeljagd gehen wollen, war es das Größte für mich. Opa nahm dann zwei, drei Frettchen aus dem Stahl und steckte sie in einen Jutesack. Am Stall hingen ein Netz und ein Holzknüppel, die durfte ich tragen und war so stolz. Dann ging es ans Meer, in die Dünen. Dort gab es überall Karnickellöcher. Wir setzten uns vor eines dieser Karnickellöcher, Opa holte ein Frettchen aus dem Sack, steckte es in den Bau und legte das Netz über das Loch. Kurze Zeit später schoss dann ein Karnickel aus dem Loch in das Netz. Ein Griff, ein Schlag mit dem Knüppel und die erste Portion Abendessen war erlegt. Das Frettchen kam dann irgendwann auch wieder raus und musste zurück in den Sack. Auf zum nächsten Loch. Dann saßen wir auf der Düne und schauten einfach so. Opa stopfte sich seine Pfeife und fing an zu paffen.
„Opa, kann ich ein Frettchen streicheln?"
Opa holte wortlos ein Frettchen aus dem Sack und gab es mir. Das Frettchen war ganz weich und mochte es, gestreichelt zu werden. Opa streichelte mich am Kopf und ich streichelte das Frettchen.
„Opa, warum weinst du?"
„So, wie wir jetzt hier sitzen, habe ich im Krieg mit meinen Kameraden hinter großen Maschinengewehren gehockt. Dann sind die Russen gekommen. Hunderte, nein, tausende Russen, zu Fuß und auf Pferden. Wir haben sie alle getötet. Den ganzen Tag haben wir tausende Menschen, tausende Pferde getötet. Irgendwann war da ein richtiger Berg aus toten Menschen und Pferden und über diesen Berg sind wieder Menschen und Pferde gestolpert und die haben wir

dann auch getötet. Später standen wir bis zu den Knien im Blut. Das war so schrecklich. Krieg ist so schrecklich."
„Opa, ich will auch Soldat werden."
„Ach, kleiner Hagen, das überlege dir nochmal. Es gibt so viele schöne andere Berufe für dich."
Später sind wir Hand in Hand nach Hause geschlendert, um den Kaninchen das Fell über die Ohren zu ziehen. Das erinnere ich noch. Ich glaube, Opa Ney hat diesen Moment bestimmt auch für immer erinnert. Ich erinnere mich an einen alten, netten Opa, der im Sessel saß und Pfeife raucht. Als er starb, waren auf seinem Sparbuch über 100.000 Mark und keiner wusste, woher die kamen.
Das Geld benötigte später meine Oma, um in ein schönes Heim für Demente zu kommen. Die Eltern meiner Mutter erinnere ich als gute, liebe Menschen. Ich weiß noch genau, wie es in der Wohnung im Luisenweg gerochen hat. Wie die Pfeife von Opa Ney roch. Ich mochte das. Ich mochte Oma und Opa Ney sehr. Die Mutter und den Vater meines Vaters mochte ich nicht. Die erinnere ich meckerig und schlecht gelaunt.
Meine Mutter musste mit fünfzehn Jahren in Stellung gehen. So hieß das damals. Norderney war früher die Insel der Reichen, wie Sylt jetzt. Meine Oma hat in einem Hotel geputzt und ein Reeder aus Hamburg hat sie gefragt, ob sie eine Tochter hätte, die in Hamburg Kindermädchen werden möchte.
Meine Oma hat dann ihre Mariechen Inseline nach Hamburg gegeben. Mit fünfzehn Jahren musste meine Mutter dann einen Villenhaushalt mit fünf Kindern schmeißen.
Meine Eltern lernten sich in einer Tanzschule kennen. Meine Mama war ein hübsches Mädchen, eine schöne Frau. Es gibt Bilder aus den Sechzigerjahren, als sie meinen Vater kennenlernte, da sah sie aus wie ein Filmstar. Unfassbar schön, wie die Audrey Hepburn. Weil mein Vater als Einziger Cowboyhemd und Jeans trug, wollte Mama

nur ihn als Tanzpartner haben und die beiden blieben für immer zusammen.

Mein Vater wollte, oder besser gesagt sollte, eigentlich Boxprofi werden. Als Jugendlicher boxte er extrem gut und sein damaliger Trainer wollte aus ihm einen Boxprofi machen. Seine Eltern verboten ihm das. Er sollte ja schließlich die Familien-Mosterei übernehmen. Er fügte sich, begann mit fünfzehn Jahren eine Ausbildung zum Süßmoster in Süddeutschland. Später bekam er das Angebot, die Großmosterei „Valensina" in Hamburg aufzubauen. Aber auch dies haben seine Eltern ihm verboten und er hat sich wieder gefügt. Mein Vater hat die Fehler seiner Eltern nicht wiederholt und das ohne Beratung oder Internet – was für ein toller Kerl.

Meine Eltern, insbesondere mein Papa, haben mir nie etwas verboten oder mir etwas vorgeschrieben. Ich kann mich an keine Strafe, keine Schläge, keinen Stubenarrest erinnern. Auch meine Schwester sagt, dass es in unserer Kindheit nie Strafen für irgendetwas gab, obwohl ich das oft mehr als verdient hätte. Meine Schwester sagt immer, ich sei ein Problemkind gewesen, davon weiß ich allerdings nichts mehr. Allerdings weiß ich, dass meine Mutter während meiner Skinheadzeit oft weinte und mich fragte, warum ich nicht wie meine Schwester sein könnte. Einmal, ein einziges Mal, schlugen meine Eltern mich. Ich war damals achtzehn und gerade überraschenderweise in der 10. Klasse sitzen geblieben. Ich wollte dann kein Abitur mehr machen und meldete mich bei der Bundeswehr, um Soldat zu werden. Von meiner Kindheit an hatte ich nur einen Berufswunsch – Soldat. Als ich meinen Eltern beichtete, dass ich sitzen geblieben war und kein Abitur machen werde, mich stattdessen als Zeitsoldat bei der Bundeswehr melden würde, habe ich links und rechts welche an die Ohren bekommen, aber so richtig. Das kannte ich ja so gar nicht. Meine Mutter schrie mich an: „Du machst dein Abitur, du wirst der Erste aus der Familie sein, der Abitur macht. Du gehst da so lange hin, bis du es hast, danach kannst du

Soldat oder sogar Offizier werden." Ja, so kam es denn auch. Ich schrieb das schlechteste Abitur des Jahrganges mit einem Schnitt von 3,7, um anschließend die Offiziersprüfung zu bestehen. Dummerweise brach ich mir kurze Zeit später im Brausebrand mit den Skinheads auf einer Butterfahrt das Knie und wurde ausgemustert. So ein Pech aber auch. Was ich wohl als Soldat erlebt hätte? So ein Feierie wäre ich bestimmt nicht geworden. Vielleicht, nein, bestimmt besser. Habe ich dann halt eine Lehre als Außenhandelskaufmann gemacht, Schwerpunkt Export von Großküchen und Cateringanlagen nach Nah- und Mittelfernost.

Wenn ich an meine Kindheit denke, muss ich auch immer an Arbeit denken. Meine Eltern haben immer viel, von morgens bis abends, in der Mosterei gearbeitet. Auch am Wochenende wurde gearbeitet und am Sonntag hat mein Vater die Bücher gemacht. In der Apfelsaison bis Dezember wurde täglich gemostet. Äpfel geschreddert und entsaftet und der Saft in Flaschen, Demillions (das sind 20 Liter Glasflaschen) und Tanks abgefüllt. Ich musste immer – von klein auf – helfen. Schon als kleines Kind Äpfel stochern, Flaschen sortieren, Flaschen spülen, etikettieren, Apfelsäcke aus Autos heben, den LKW beladen. Diese Arbeiten haben mir immer Spaß gemacht und wenn ich das nicht gewollt hätte, hätte ich das bestimmt auch nicht machen müssen. Obwohl mein Vater so viel arbeitete, war er irgendwann pleite, hat sich in sein Auto gesetzt, ist weggefahren und ist nie wieder gekommen. Nach zwei Wochen dann der Anruf von der Polizei. Mein Vater hatte sich in einer Pension auf Rügen an einer Heizung erhängt. Sehr rücksichtsvoll, also seiner Familie gegenüber. Der Pensionswirt fand das bestimmt nicht so klasse. Gruselige Vorstellung. Wenn das die Runde macht. Das Zimmer kann man doch nicht mehr mit gutem Gewissen vermieten, es sei denn, an diese Dark-Wave-Typen, die stehen doch auf sowas. Da kann man denen sagen: „Und wissen Sie, was das Beste an diesem Zimmer ist? An dieser Heizung hat sich vor Kurzem ein Mann aufgehängt!"

Ja, da strahlt der Dark-Waver. Zimmer buchen, Sisters of Mercie als Hintergrundmusik, den Blick auf die Heizung, Grabkerze an, Gemütlichkeit. Auf seiner Beerdigung saß ich in der ersten Reihe und musste auf seinen Sarg schauen. Ich wollte ihm doch noch so viel sagen. Doch er ist einfach abgehauen, ohne Tschüss zu sagen und hat sich erhängt. Ich habe nie mehr geheult als an jenem, diesem Tag. Noch heute muss ich immer weinen, wenn ich an ihn denke. Er war ein so wundervoller Mensch. Niemand hat je so hinter mir gestanden wie er. Egal, was ich gemacht habe, was ich wollte, er hat mich unterstützt. Mein Vater stand immer hinter mir, hat mich nie verraten. Wenn ich mit einer eingeschlagenen Fresse nach Hause kam, höre ich ihn noch heute fragen: „Und, wie sieht der andere aus?", er sagte dann aber auch oft: „Hagen, pass auf, der Baum, gegen den du einmal laufen wirst, ist schon lange gepflanzt." Ich wollte später immer so ein Vater für meine Kinder sein, wie mein Papa es für mich war. Der Fels in der Brandung und verdammte Scheiße, dann ist er einfach abgehauen und nicht wieder gekommen. Ich konnte ihm nie sagen, wie sehr ich ihn geliebt habe. Damals habe ich das nicht gewusst und dann war es zu spät.

Meine Kindheit war unglaublich schön, sorgenfrei, lustig, derbe lang und hat eigentlich nur draußen stattgefunden. Die Kindheit meiner Kinder hat Levke vor sechs Monaten beendet. Levke wollte wohl, dass unsere Kinder die gleiche Kindheit erleben wie sie. Die gleiche beschissene wie sie. Bis zu meinem fünfzehnten Lebensjahr habe ich jeden Tag nur gespielt. Wirklich nur gespielt. Ich hatte fünf Freunde. Marten, Sven, Carsten, Nils und Peter. Nach Hausaufgaben und den täglichen Pflichten trafen wir uns und haben gespielt. Jeden Tag. Jeden Tag haben wir was zusammen gemacht. Sind in alte, leer stehende Häuser eingebrochen; haben geheime Lager eingerichtet; Streiche gemacht; lange Ausflüge über die Felder mit Luftgewehren unternommen; Bäume gefällt; Baumhäuser gebaut; Erdhöhlen gebuddelt. Wir machten immer und überall Feuer, hatten ständig einen

roten Benzinkanister dabei. Unsere Klamotten stanken immer nach Rauch und Feuer. Wir bauten jeden Sommer Flöße aus Kanistern und Brettern und sind damit auf der Dove-Elbe geschippert; haben Floßkämpfe gemacht und in der Elbe gebadet. Den ganzen Winter wurde Eishockey auf der Elbe gespielt. Abends stellte mein Vater sein Auto so an die Elbe, dass wir Flutlicht hatten. Wir sind Tag und Nacht durchs Dorf gestromert und haben auf Bauernhöfen rumgelungert. Es gibt den Film „Stand by Me" – genauso war es damals.
Diese Kindheit war dann von einem Tag auf den anderen vorbei. Zur Konfirmation wurde nämlich mit Konfirmationskarten durchs Dorf gezogen und diese bei den Konfirmanden abgegeben. Dann gab es Süßes oder Schnaps. Ich war damals fünfzehn Jahre alt und mit den Karten unterwegs. Es gab in den umliegenden Dörfern viele andere „Cliquen", mit Jugendlichen in meinem Alter. Man kannte sich, war freundlich zueinander, hatte keinen Ärger untereinander. Wir waren Curslacker. Das nächste Dorf war Neuengamme. Die Neuengammer hatte ich schon immer bewundert, weil dort auch Mädchen dabei waren und einige von den Jungs bereits Mofas fuhren. Ich wollte mir von meinem Konfirmationsgeld auch ein Mofa kaufen. Mein Vater gab mir allerdings den guten Tipp, lieber noch ein Jahr zu warten und dann eine 80er zu fahren. Vor dem Haus eines Konfirmanden standen schon die Fahrräder und die Mofas der Neuengammer. Herkules, Puch, Zündapp und eine Malagutti, mein Traum. Ich wusste sogar, wem die Malagutti gehörte, Oliver Eggers, reiches Gärtnerkind. Ich habe dieses Bild noch genau vor Augen. Wieder so ein unglaublich wichtiger Moment in meinem Leben, den man, wie so oft, erst später als diesen einordnet. Ich klingelte also, wollte die Karte abgeben und ein Raider oder Mars abstauben. Die Mutter macht auf und meinte gleich:
„Oh, ein Nachzügler, die anderen sind schon unten im Partykeller."
Sie zeigte auf die Treppe in den Keller. Woher ich den Mut nahm, da runterzugehen, weiß ich nicht mehr. Auf einmal saß ich neben

Oliver Eggers und hatte ein Bier und einen Genever in der Hand. Bis dahin kannte ich nur Bierschaum, hatte mal Wein probiert, mochte aber beides nicht. Jetzt gab es Genever, Apfelkorn, Samba und Bier. Das muss man sich heute mal vorstellen.

Da kommen an einem Sonntagnachmittag zehn, fünfzehn vierzehn- und fünfzehnjährige Kinder zu Besuch und die Eltern stellen Schnaps, Bier und den Partykeller zur Verfügung. Als ich in der Vorbereitung meines ersten Rausches bin, setzt sich ein Mädchen neben mich, Karin Timmermann. Karin Timmermann hat mich dann geküsst, mit Zunge, mein erster echter Kuss. Den ersten Kuss vergisst man nie. Das erste Petting (Angelika Maraun), das erste Mal Liebe machen, okay, das erste Mal unbeholfener Beischlaf (Tanja Meier), das erste Moped (MTX 80 R), das erste Mal Kiffen (auf Fehmarn), das erste Auto (VW Käfer), das erste Motorrad (XL 600 R), das erste Konzert (Karel Gott), der erste Kinofilm (Abba – der Film), die erste eigene Wohnung (38 m², ein Zimmer mit Dani), die erste Ecstasy (UNIT) und so weiter und so fort. Das erste Mal vergisst man nie. Auf jeden Fall hat mich Karin geküsst, aus meiner Kindheit geküsst. Von diesem Tag an war ich Neuengammer. Sven, Marten, Carsten, Nils und Peter waren Vergangenheit. Ich musste mich dann natürlich noch fürchterlich (das erste Mal) übergeben. Meine Mama hat mich dann total betrunken ins Bett gelegt. An den Bettrand legte sie ein Frotteehandtuch, vor das Bett stellte sie einen Eimer mit Wasser. Ich war sicher, beschützt und konnte mich entspannt auskotzen. Das hat meine Mama dann die nächsten Jahre öfter machen müssen. Niemals gab es Schimpfe, Vorwürfe oder Strafen.

Ich frage mich heute, wie meine Eltern das mit mir aushielten, warum sie nicht vor Sorge umgekommen sind. Haben sie mir einfach vertraut? Oder haben sie ihre Augen vor dem Problemkind verschlossen? Sie haben mich einfach immer laufen lassen. Heute weiß ich, dass sie mir vertrauten und sie mich fürchterlich geliebt haben.

Gesagt haben sie mir das nie, dass sie mich lieben, vielleicht habe das aber auch vergessen oder überhört.

Viel später hat mich Mama nur noch selten erkannt oder nur so getan, als wenn sie mich erkennt. Erkannt hat sie mich wohl. Vermutlich hat sie sich erinnert, dass sie einen Sohn namens Hagen hatte, aber sie war nicht mehr in der Lage, diese Erinnerungen mit mir in Verbindung zu bringen, wenn ich vor ihr saß. Meine Mutter ist, wie ihre Mutter, an einer aggressiven, frühen Form der Demenz gestorben. Ich habe damals mit meiner Schwester die Sterbebegleitung in ihrem Heim von einer kirchlichen Stiftung gemacht. Dort ging es ihr irgendwann körperlich zusehends schlechter und wir wurden vor die Wahl gestellt, dass Mama in ein Krankenhaus müsse oder wir müssten zustimmen, dass alle Medikamente bis auf das Morphium abgesetzt werden. Außerdem könnte keine Ernährung über Schläuche stattfinden, sodass sie in ein paar Tagen sterben würde.

Wenn wir zustimmen würden, dass sie in der Einrichtung bleibt, müssten wir sie beim Sterben begleiten, weil das Heim diese Arbeit nicht leisten könne. Meine Schwester und ich wollten sie gehen lassen und wir wollten dabei sein, wenn sie stirbt, damit sie nicht wie unser Papa allein sterben musste. Zwei Tage haben wir sie beim Sterben begleitet. Der Tod ist meist nicht schön, weich und ruhig. Sterben kann harte Arbeit sein. Mama hatte ihr ganzes Leben lang hart gearbeitet. Jetzt musste sie auch das allerletzte Mal hart arbeiten, um sterben zu dürfen. Sie hat sich irgendwie innerlich aufgelöst und das Innere erbrochen. Ich musste sie dann wieder sauber machen, das war ihr so unangenehm, aber Gott sei Dank war ich ja da, durfte ich da sein. Meine Schwester konnte das nicht, das erbrochene Innere von ihr abwischen. Ganz kurz bevor sie starb, war sie auf einmal ganz klar, schaute mich an, irgendwie ganz glücklich und weich und hauchte:

„Hagen, ich habe dich immer so geliebt!" Das war das erste und einzige Mal, dass sie das zu mir sagte.

Das war gleichzeitig auch das Letzte, was sie gesagt hat. Dann kam eine Schwester ins Zimmer und machte das Fenster ganz weit auf, nahm mich in den Arm und sagte: „Du musst nun das Zimmer verlassen, deine Mama braucht jetzt einen Augenblick für sich, damit sie gehen kann. Sie ist jetzt so weit."

Meine Mama hatte mich unter schlimmsten Schmerzen geboren, gekämpft, damit ich leben darf. Jetzt kämpfte sie, um zu sterben und ich war wieder dabei, der Kreis schloss sich. Ein Geschenk. Ich bin raus aus dem Zimmer und habe mit meiner Schwester geweint, geschluchzt und geflennt. Als wir wieder ins Zimmer sind, war Mama gestorben, tot. Da lag sie, ganz weich, ganz faltenfrei und irgendwie sah sie glücklich aus. Irgendwie war alles gut. Jetzt hatte ich keine Eltern mehr, die auf mich aufpassten.

06.09.2013
- Der dunkle Herbst kommt bald, aber ich bekomme meine eigene Wohnung

07.09.2013
- Freude auf Umzug zum 1.10.
- Denke nur an die Kinder, habe sie zwei Jahreszeiten nicht gesehen

08.09.2013
- Nachricht vom Gericht – ich darf Jonny 3 x 1,5h am 04.10. & 07.11. & 29.11 sehen
- Ida darf ich nicht sehen
- Ich kann nicht mehr, Durchhalte-Parolen an mich selbst

10.09.2013
- Kinder bekommen Briefe – Ida dreht durch
- Einschränkungen bei den Briefen, keine Erwähnung meiner Wohnung, nur ein Bild von mir, keine Bilder von Freunden und Freude, totale Zensur
- Kleinfeld will Briefe verbieten, die Briefe sind super – beste Waffe

13.09.2013
- Kleinfeld und Levke beantragen Wohnungszuweisung wegen Kindeswohl – Arsch offen, beide

15.09.2013
- Sieben Monate meine Kinder nicht gesehen
- Rauche zu viel – Lunge rasselt

17.09.2013
- Angst, die Kinder nie wieder zu sehen
- Warum dürfen „die" das – mir die Kinder wegnehmen?
- Die Lügen haften doch auch den Kindern an

01.10.2013
- Check beim ASD – Das Zimmer, in dem ich Jonny sehen soll, ist 8 m² groß – Frechheit
- Muss ständig weinen – die Nerven
- Habe Wohnung Lindenallee, Eimsbüttel, Wohnküche, 4 Zimmer, Altbau, 65m² – ein Traum

WIEDERSEHEN

Heute, Freitag, am 4. Oktober 2013, sehe ich Jonny endlich wieder. Ich höre seit Tagen „Tage wie diese" von den Toten Hosen. Nach fast acht Monaten treffe ich heute das erste Mal meinen Sohn. Jonny hat mich seit seiner Geburt jeden Tag gesehen und ich ihn. Dann war ich auf einmal weg. Ich darf nicht darüber nachdenken, wie sehr er gelitten haben muss, wie oft er geweint und niemand ihn getröstet hat; wie allein er in den letzten acht Monaten war. Diese ganzen Menschen, die anstatt mir in sein Leben traten, mit denen er reden musste. Dabei wollte er bestimmt nur mit seinem Papa reden, sich von mir in den Arm nehmen lassen. Die Kinderpsychologen, der Verfahrensbeistand, die Traumaambulanz und was weiß ich Gott sei Dank nicht, wen Levke da noch alles auf ihn losgelassen hat. Ich denke, er versteht das Ganze nicht. Ich verstehe das Ganze ja noch nicht einmal. Ich habe gelesen, dass eine Scheidung für Kinder schlimmer sein soll als der Tod eines Familienmitgliedes und das ist sogar wissenschaftlich belegt. Wenn der Körper Stress hat, richtigen Stress, schüttet er Stresshormone aus. Bekannt als Adrenalin, Noradrenalin und Cortisol. Diese Stresshormone setzen die Energiereserven des Körpers frei, als Vorbereitung auf eine bevorstehende Flucht oder einen Kampf. Diese Stresshormone sind in der Überwindung von physischen Gefahren das Mittel der Sekunde oder Stunde. Auch bei zerreißender, tiefer Trauer, so wie bei Todesfällen geliebter Menschen, wirken sie heilend und lindernd. Wie Schnaps. Das Problem bei einer Scheidung ist aber die endlose Zeit, die eine Scheidung dauert. Der Stresshormonpegel während einer schlimmen, langen Scheidung wie unserer ist ständig hoch bei den betroffenen Kindern und das macht die Kinder krank, sehr krank. Den Tod kann man gemeinsam betrauern, sich Halt geben, über das, was nicht mehr ist, zusammen weinen. Vielleicht sich irgendwann gemeinsam darüber freuen, dass es den Menschen gegeben hat, den es jetzt nicht mehr gibt. Später, viel später, heilt die Zeit dann die Wunden. Jonny und Ida haben niemanden, mit dem sie über die Geschehnisse sprechen können, wie sehr sie leiden, wie sehr sie mich vermissen. Für Kinder ist eine „normale" Scheidung schlimmer als der Tod eines Familienmitgliedes. Unsere Scheidung ist aber keine normale Scheidung. Unsere Scheidung ist eine Hochkonfliktscheidung. Meine Kinder dürfen ihren Vater nicht sehen, wahrscheinlich dürfen sie nicht mal über mich reden. Ich darf mir nicht vorstellen, wie es den Kindern geht.

Wenn ich mich so anschaue, würde ich nett ausgedrückt sagen, ich bin ein Wrack. Unsere Scheidung ist ein Krieg, ein Abnutzungskrieg. Ich beginne den Tag mit zwei Ibus und Zigaretten, von denen ich mittlerweile über fünfzig Stück am Tag drehe und rauche, meine Lunge rasselt schon. Dann schleppe ich mich durch den Tag, denke immer den gleichen Scheiß. Eine Melange aus Wut, Hass, Selbstmitleid, Ohnmacht, Trauer, Sorge, Angst, immer und immer wieder. Wahrscheinlich bin ich schon schwerst depressiv. Wie sagte mein Freund Rudi so schön zum Thema Depressionen? „Depressionen? – Dafür habe ich gar keine Zeit." Ich auch nicht, noch nicht. Sobald ich zu Hause bin, Bier. Das Erste auf Ex. Dann weiter Bier und Joints. Danach Kartoffelsalat und Nacken, gepflegt weiter Bier und Joints. Vorm Schlafengehen endlich Seroquel und wieder Ibu. Ohne Seroquel wäre ich schon längst kapeister gegangen. Es ist ein so schönes Gefühl, wenn ich betäubt im Bett liege und merke, wie ich die einfachsten Gedanken, die ich schon den Tag über hunderte Male gedacht habe, nicht mehr zu Ende denken kann. Endlich hält das Gehirnkarussell an, die Gedanken lösen sich auf. Ich darf einschlafen. Das ist immer die beste Zeit des Tages. Wenn ich nicht jede Nacht zwei, drei Liter Schweiß – oder ist das Traurigkeit? – ausschwitzen würde und sich mein Bett in ein Wasserbett verwandelt, wäre die Nacht auch auszuhalten. Ich schwitze jede Nacht am ganzen Körper. Wenn ich nicht so viel Bier trinken würde, würde ich

wahrscheinlich morgens aussehen wie Dörrobst oder ein Trockenfisch. Größere körperliche oder geistige Ausfälle bleiben allerdings bisher aus. Ich glaube, ich bin ein ganz schön zäher Hund. Die Frage ist nur, wie lange noch? Wie lange dauert der Scheiß noch? Jetzt steht der Winter mit dem passenden Wetter für meine dunklen Gedanken vor der Tür. Ich muss den Winter durchstehen. Ab März, April scheint dann wieder die Sonne über meinem Elend. Das hat meine Mutter immer gesagt, wenn in den 70ern Reportagen über die Hungersnöte in Ländern von Afrika im Fernsehen liefen. „Na, Gott sei Dank scheint die Sonne über dem Elend."
Ich glaube aber, dass meine Kinder noch keine Wracks sind. Kinder sind viel zäher, robuster als Erwachsene. Levke hat alles versucht, damit mich die Kinder vergessen, aber heute wird Jonny mich wiedersehen. Dann muss Levke wieder von vorne anfangen, mich aus Jonnys Gedanken zu löschen. Es ist die eine Sache, die mich tröstet. Kinder vergessen ihre Kindheit, vergessen zu großen Teilen, wie das war, als sie drei, vier, fünf, sechs, sieben Jahre alt waren. Aus dieser Zeit habe auch ich nur ganz wenige Erinnerungen. Ich denke, die meisten dieser Erinnerungen sind Fotos aus dieser Zeit geschuldet. Die eigentlichen Erinnerungen, aber auch nur ganz wenige, gehen mit der Schule los. Vielleicht ist der ganze Spuk ja auch schon im Frühjahr vorbei und ich sehe die Kinder alle 14 Tage und die Hälfte von den Ferien. Wir könnten Liam in England besuchen, in die Berge fahren und zusammen Abenteuer-Urlaub auf dem Birkenhof machen. Dieses schlimme Jahr ist dann nur noch eine Erinnerung, die langsam verblasst. Bei meinen Kindern bestimmt schneller als bei mir. Ja, das ist mein Trost. Meine beiden Kinder, ganz besonders Ida, werden von der Zeit der Scheidung irgendwann nichts mehr erinnern. Wie auch die gute Zeit vor diesem Spuk leider aus ihren Gedanken verschwinden wird. Die Kinder werden die guten Zeiten bestimmt ganz vergessen. Dann werde ich ihnen halt davon erzählen, wie alles war, bevor es anders wurde.

Bis zur Scheidung waren sie auf jeden Fall glückliche Kinder. Ich denke, jetzt sind sie unglückliche Kinder. Ich werde dafür sorgen, dass sie wieder fröhliche, glückliche Kinder werden, alles in meiner Macht Stehende werde ich dafür tun. Wenn es sein muss, werde ich Berge versetzen. Heute habe ich dafür, unter Aufsicht einer Gutachterin, neunzig Minuten Zeit in einem bekackten acht Quadratmeterraum im Jugendamt. Ich weiß gar nicht, wie wir da zu dritt reinpassen sollen.

Wie geht Ida wohl damit um, dass sie bei dem Treffen, dem Begleiteten Umgang, was für ein Kackwort, nicht dabei sein darf? Eigentlich wollte ich entweder beide sehen oder keines der Kinder. Aber Achim sagte, dass beide Kinder eigenständige Personen sind und beide das Recht haben, mich zu sehen. Sollte einem Kind, also Ida, dieses Recht vorenthalten werden, dann darf ich dieses Recht Jonny nicht nehmen. Außerdem wird der Druck auf die Schrottmutter durch diesen Termin erhöht. Das Leben wird ihr schwerer, hoffentlich noch viel schwerer gemacht. Die Kinder vergessen diese ganze Scheiße irgendwann, bestenfalls. Ich werde diese Zeit niemals vergessen, Levke niemals vergeben.

Was hat die Hambach-Stolte im Gericht gesagt? Vor mir liegt noch viel Arbeit und wenn es zu Begleiteten Umgängen kommen sollte, müssen diese extrem gut vorbereitet werden. Da hätte ich mal fragen sollen, wer denn mit wem, wann, was gut vorbereitet. Mit mir hat niemand, nicht das Jugendamt, nicht der Verfahrensbeistand, keine Psychologen und schon gar nicht Frau „Ich habe die Weisheit mit Löffeln gegessen, lege artis"-Hambach-Stolte gesprochen, wie so ein BU laufen sollte. Gott sei Dank habe ich mit Achim darüber gesprochen. Ein BU, vor allem der erste und vor allem, wenn er in Zusammenhang mit einer Begutachtung steht, sollte bestens vorbereitet sein. Der Ablauf der neunzig Minuten muss relativ genau vorher durchgespielt werden. Achim empfahl mir, dass ich mir ganz genau überlegen sollte, was ich in den neunzig Minuten in einem

Spielzimmer unter der Aufsicht einer Gutachterin mit meinem Sohn, den ich das letzte Mal vor acht Monaten, vor drei Jahreszeiten gesehen habe, machen will. Deshalb habe ich schlauerweise noch einmal im Jugendamt vorbeigeschaut, um mir das sogenannte Spielzimmer anzuschauen. Gute Idee. Das Spielzimmer sah nämlich aus wie die Kinderecke in einem Wartezimmer bei einem Arzt. Abgegriffene Kinderhefte und abgegriffene Kinderbücher, drei Armlehnstühle für Erwachsene, die die komplette rechte Wand verstellen. Ein paar Kisten abgegriffenes Holzspielzeug, ein Spielteppich 2 × 1 Meter als einzige Freifläche. Sehr witzig. Gut, wenn man sowas vorher weiß, dann fällt man nicht hintenüber, wenn es so weit ist. Es gibt ja noch den Flur und ein Besprechungszimmer, da kann man genauso gut spielen. Das Ganze gilt ja sowieso nicht der Belustigung, sondern in erster Linie meiner Begutachtung, der Bewertung der Interaktion von Jonny und mir. Ich hatte die neunzig Minuten genau durchgespielt. Was ich wie lange machen will, Spiele und Spielsachen ausgesucht, Fragen für Gespräche vorbereitet. Wie läuft es in der Schule, mit wem spielst du, was macht Ida, was liest du, was schaust du im Fernsehen, was hast du Neues gelernt und so weiter und so fort. Ich habe ein selbst gemachtes Bilderrätsel, ein paar Quartette, ein Taschenlampenleuchte-Spiel, Laugenstangen und Bananen dabei. Keine Süßigkeiten, aber etwas zu trinken. Kann also losgehen. Ich bin viertel vor sechs da und habe richtig Bammel, Muffensausen. Ich habe doch Jonny so lange nicht gesehen, nicht gesprochen, nicht berührt. Acht Monate durfte ich ihn nicht sehen, acht Monate durfte er mich nicht sehen. Jetzt haben wir neunzig Minuten unter Aufsicht miteinander. Ich bin super nervös. Ich stehe verloren im Flur, im grellen Neonlicht. Schaue auf die Wanduhr. Kurz vor 18:00 Uhr klingelt es. Herr Kallert öffnet die Tür. Da steht er, mein Jonny, mein Sohn, mit langen, blonden Haaren. Auf der Straße hätte ich ihn bestimmt im ersten Moment nicht erkannt. Er sieht aus wie ein Mädchen, nein, wie eine Elfe. Wir schauen uns an. Zwei, drei Sekunden, dann rennt er auf mich zu, ich gehe auf die Knie und wir umarmen uns. Wir umarmen uns und lassen einander nicht wieder los. Ich habe ihn noch nie so lange umarmt und beende die Umarmung nicht. Die schönste Umarmung meines Lebens. Meinetwegen können wir uns jetzt neunzig Minuten lang umarmen. Irgendwann, nach dreißig, vierzig Sekunden, lösen wir die Umarmung. Ich schaue ihn an.

„Jonny, mein Jonny."

„Papa, mein Papa, mein Hagen."

Er ist so schön und noch so klein, ein so kleiner Junge. Gott sei Dank fange ich nicht an zu heulen, was mich doch sehr wundert. Ich habe meinen Sohn wieder. Ich bin so, so glücklich. Irgendwie fühlt sich das alles ganz normal an, als wäre ich nur kurz weg, zur Arbeit gewesen. Scheinbar haben diese acht Monate nichts, aber auch gar nichts zerstört. Mich nicht, Jonny nicht und unsere Vater-Sohn-Freundschaft schon gar nicht. Dabei hat sich Levke doch so viel Mühe gegeben, das alles zu zerstören. Wir spielen, rangeln, toben, knuffen und lachen. Wir reden die ganze Zeit und manchmal sitzen wir ruhig zusammen. Ich merke, wie Jonny immer mehr auftaut und ganz bewusst meine körperliche Nähe sucht. Er hängt förmlich an mir. Die ganze Zeit ist die Hambach-Stolte in der Nähe und macht sich Notizen. Echt schräg. Aber sie stört uns gar nicht, sie ist irgendwie unsichtbar für uns. Nebenbei erfahre ich, dass Jonny einen Leistenbruch hatte und operiert wurde. Darüber wurde ich natürlich nicht informiert, warum auch? Ich bin ja nur der Vater. Ich wäre vermutlich auch nicht informiert worden, wenn er einen schweren Unfall gehabt hätte oder verstorben wäre. „Ach, ihr Sohn ist vor zwei Monaten verstorben, hat Ihnen das niemand gesagt?" Na ja, drauf geschissen, er ist nicht verstorben oder sonst wie schwer verunfallt. Es sind schöne, ganz normale neunzig Minuten. Aber nach neunzig Minuten ist dann Schluss mit der Vorstellung. Das war's dann. Wir verabschieden uns mit einer langen Umarmung und versichern uns, dass wir uns ja schon in vier Wochen wieder sehen. Für neunzig Minuten, unter Aufsicht.

„Tschühüsssss Jonny!!!"

„Tschühüsssss Papaaaa!!!"

Dann geht er weg, mit der Hambach-Stolte. Ich bleibe in der Tür stehen und denke, wenn er sich noch einmal umdreht und winkt, dann wird alles gut. Kurz vorm Tor dreht er sich um und winkt.

„Tschühüsssss Papaaaa!"

„Tschühüssss Jonny und grüß Ida von mir, halt die Ohren steif!"

„Mach ich, Tschühüssss Papa!"

„Tschühüsssss Jonny!"

Dann verschwinden die beiden in die Ferne der Straße. Im grellen Neonlicht des Flurs bricht die Dunkelheit über mich herein. Alle Dämme brechen und ich heule los, aber es sind nicht die Tränen der Freude, die ich eben nicht geweint habe. Es sind Tränen der Wut, der Ohnmacht, Tränen des Schmerzens. Herr Kallert kommt zu mir.

„Alles okay, Herr Twente? Soweit ich das mitbekommen habe, haben Sie das alles sehr gut gemacht, ist doch super gelaufen."

„Schon in Ordnung, Herr Kallert, ich habe gerade nur realisiert, dass ich meinen Sohn das erste Mal nach acht Monaten gesehen habe und das nur, damit eine Gutachterin sich anschauen kann, wie das Vater-Sohn-Verhältnis ist. Das ist alles so traurig."

„Sie haben das gut gemacht, Sie haben gezeigt, dass Sie ein guter Vater sind."

„Danke."

Gar nichts ist in Ordnung. Das alles ist eine unglaubliche Frechheit. Die Freude, die ich eben noch gespürt habe, hat sich in Luft aufgelöst, aber die kommt bestimmt wieder. Ich habe jede Menge Bilder gemacht und freue mich auf den ersten Kinderbrief mit Bildern von Jonny und mir. Die ersten Papa-Sohn-Bilder seit acht Monaten. Aber jetzt ist da nur noch Wut und Hass gegenüber der Schrottmutter, gegen dieses ganze verschissene System. Was wäre eigentlich passiert, wenn ich vor acht Monaten, verunsichert, heulend bei der Kripo aufgeschlagen wäre und erzählt hätte, dass meine Tochter mir anvertraut hat, dass ihre Mama ihr den Finger in die Scheide steckt? Das Ganze noch ein wenig mit ein paar Lügen ausgeschmückt hätte? Wäre Levke auch mit vorgehaltener Waffe durch die Kripo aus der Wohnung und dem Leben der Kinder entfernt worden? Also bis auf Weiteres, mindestens für ein Jahr und dann schauen, wie es weitergeht? Wäre die Muttervernichtungsmaschinerie angesprungen? Nein, mir hätten sie nicht geglaubt, aber einer Mutter glauben sie. Was sind das für Mütter, für Monster, die sowas machen? Männer, die so was machen, sind krank und böse. Mütter, die sich so etwas ausdenken, sind nicht weniger böse und wahrscheinlich noch nicht mal krank, sondern einfach nur scheiße. Stinkende, glitschige, alte, eklige, kalte Scheiße.

Wann darf ich eigentlich meine Tochter Ida wieder sehen? Jonny sehe ich ja in vier Wochen wieder. Der zweite Umgang mit Jonny ist genauso schön und kurz wie der erste. Am 29. November 2013 ist es dann so weit. Frau Hambach-Stolte erlaubt kraft ihres Amtes, dass mich auch endlich Ida nach ziemlich genau neun Monaten wiedersehen darf. Es ist aber kein normales Wiedersehen, genau wie die beiden Umgänge mit meinem Sohn zuvor kein normales Wiedersehen waren. Bei diesen Treffen ging es nicht darum, dass die Kinder ihren Vater wiedersehen, sondern es soll die Interaktion des Vaters mit seinen Kindern durch die Hambach-Stolte begutachtet und bewertet werden. Ohne dieses Gutachten wäre der Umgang, auch der Begleitete Umgang, wohl immer noch ausgeschlossen. Wie lange eigentlich noch?

Natürlich hat es wieder nicht ein vorbereitendes Gespräch mit mir gegeben, wie die Hambach-Stolte es vor ein paar Monaten großkotzig im Gericht angekündigt hat. Tja, was interessiert sie ihr Geschwätz von gestern. Ich bin, wie die ersten beiden Male, bestens vorbereitet. Ein selbstgemachtes Würfelspiel, Nikolausschoki, Lau-

genstangen, Bananen, was zu trinken, Spiele, Malsachen, eine Endoskopkamera von der Arbeit und Quartette. Eigentlich wollte ich auch das kleine selbst geschriebene Märchen „Prinzessin Ida rettet das Einhorn" vorlesen wollen, aber das hat die Hambach-Stolte verboten. Egal, habe ich ja nur zwei Monate dran gesessen. Mir wird bestimmt vorgeworfen, dass ich die Umgänge überfrachtet habe. Hätte ich weniger dabei, würde man mir vorwerfen, dass ich schlecht vorbereitet wäre. Ich bin nur fünfzehn Minuten vor der Zeit am Start. Mein Herz pocht ordentlich, meine Hände zittern und die Füße schwitzen. Eigentlich schwitze ich am ganzen Körper, Stressschweiß. Wenn ich Ida früher einen Kuss gegeben habe, hat sie oft gelacht und gesagt: „Hagen pieks!", wegen der Bartstoppeln. Diesmal ist es halt: „Hagen stinkt!" Wie lustig. Ich stehe wieder im grellen Neonlicht mittig im Flur. Es klingelt. Herr Kallert macht die Tür auf. Ida steht mit dem Rücken zu mir, dahinter Jonny, dahinter die Hambach-Stolte. Weint Ida? Alles, nur das nicht. Sie dreht sich um, strahlt, lacht übers ganze Gesicht. Oh mein Gott, ist die süß!
„Papaaaaaaaaaaaaaa!"
Sie hat Papaaaaaaa geschrien, nicht Haaaaaagen. Dann rennt sie auf mich zu, in meine Arme. Oh Gott, wie leicht sie ist, das hatte ich ganz vergessen. Erst mal ordentlich hochwerfen, zwanzig, dreißig Mal. Dann Jonny drücken und in den Arm nehmen. Da sind sie wieder, meine beiden Kinder. Ida hat sich überhaupt nicht verändert, ist nur ein bisschen größer geworden.
Am liebsten würde ich beide nur neunzig Minuten anschauen und streicheln, aber es ist Spielen, Rangeln und Toben angesagt. Die Hambach-Stolte sehe ich gar nicht mehr. Die Endoskopkamera ist der Bringer. Das Würfelspiel kommt auch gut an. Ida klammert sich regelrecht an mich und ich muss aufpassen, dass auch noch Platz für Jonny ist. Ida sitzt auf meinem Schoß.
„Hagen, ich habe dich viel, viel lieber als Levke, ich finde Levke voll doof."

Ha, ist denn heute schon Weihnachten? Das hat die Hambach-Stolte auf jeden Fall gehört.

„Na, Ida, wenn ich jeden Tag zu Hause wäre und dir immer ordentlich die Hammelbeine lang ziehen würde, sehe das bestimmt anders aus." Dann kitzele ich sie ordentlich durch und werfe sie ein paar Mal hoch. Sie schreit dabei vor Freude.

Zum Schluss macht Ida Bilder von Jonny und mir und Jonny macht Bilder von Ida und mir und die Hambach-Stolte Bilder von Ida, Jonny und mir. Ich freue mich jetzt schon auf den nächsten Kinderbrief. Nach neunzig Minuten ist aber wieder Schluss mit der Freude, Schluss mit Papa, Sohn und Tochter. Das war es für dieses Jahr. Viereinhalb Stunden ein Papa für Jonny und anderthalb Stunden ein Papa für Ida, das muss für zehn Monate reichen. Das nächste Treffen ist im Januar. Ich bringe die drei zur Tür. Sie gehen den Weg zur Straße runter, gleich werden sie in der Dunkelheit verschwinden. Ich denke an Forrest Gump. Da gab es diese eine Szene, in der Forrests Liebe weggeht und Forrest denkt: „Wenn sie sich jetzt nochmal umdreht, dann liebt sie mich." Bitte, bitte dreht euch noch einmal um. Beide drehen sich um.

„Tschüüüüüssss Haaagen!"

Ida rennt zurück, gibt mir einen Kuss und rennt wieder zu den anderen. Alles wird gut werden. Acht, genauer gesagt neun Monate haben mich meine Kinder nicht gesehen. Neun Monate bei der irren Mutter. Neun Monate Gehirnwäsche. Neun Monate Psychologinnen, Gutachterinnen, Verfahrensbeistand. Neun Monate war ich einfach weg. Die Mutter und ihre Schergen haben es dennoch nicht geschafft, die Liebe der Kinder zu ihrem Vater auch nur im Geringsten zu beschädigen. Nicht einmal dafür reicht es bei diesen Kaputtniks. Ich bin mir ganz sicher, ich werde hier als Sieger rausgehen, Jonny und Ida werden wieder einen Vater haben. Ich werde niemals aufhören, dafür zu kämpfen. Darauf verlassen sich meine Kinder und ich werde sie nicht enttäuschen. Wenn meine Kinder das bis jetzt so großartig überstanden haben, werde ich das zehnmal überstehen.

05.10.2013
- Kinderbrief mit Jonny und mir

15.10.2013
- Ich muss rückwirkend Trennungsunterhalt über 300 Euro zahlen, bin pleite
- 19.000 Euro an Frau Mandal, bis jetzt

16.10.2013
- Der Brief, in dem ich den Bau eines riesigen Tipis, mit offener Feuerstelle und fünf Schlafplätzen, beschreibe, wird komplett verboten, knallharte Zensur – zu viel Spaß wird transportiert – meine Kinder sollen sich ja schließlich an die Traurigkeit und den Wahnsinn der Mutter gewöhnen

23.10.2013
- Klage auf Wohnungszuweisung
- Kinderbrief zu Halloween. Halloween war immer ein so schöner Tag. Wir sind immer verkleidet von Haus zu Haus gezogen und in den darauffolgenden Tagen haben sich die Kinder ausschließlich von Süßigkeiten ernährt. Ich möchte so gerne wissen, als was sich die Kinder verkleidet haben

28.10.2013
- Mir wird das alles zu viel, ich trinke zu viel oder zu wenig
- Mein Papa aufgehängt, meine Mutter tot, Kinder weg, pleite und scheiß Wetter

03.11.213
- Freude auf meine erste Selbsthilfegruppe, Leidensgenossen kennenlernen
- Bestätigungen von Schule, Hort, Logopädin, Kita, Ärzte, Zahnarzt – vorbildlicher Vater

08.11.2013
- Erste SHG toll

SHG I

Selbsthilfegruppe, ich gehe zu einer Selbsthilfegruppe. Selbsthilfegruppen kenne ich nur von den Anonymen Alkoholikern und aus dem Film Fight Club. Die Selbsthilfegruppen in Fight Club waren so, wie ich mir das vorstelle. Dort gab es eine Hodenkrebsselbsthilfegruppe, eine Alkiselbsthilfegruppe, eine Methselbsthilfegruppe, eine Krebsselbsthilfegruppe und eine Nymphomaninnenselbsthilfegruppe – ob es sowas wohl wirklich gibt? Ich finde Selbsthilfegruppen irgendwie Oldschool. Heutzutage trifft man sich doch eher in Internetforen. Levke hat bestimmt auch eine Selbsthilfegruppe. Eine Arschlochmütterselbsthilfegruppe. Ich habe im Internet den Verein *„Väter ohne Kinder"* gefunden. Warum habe ich so lange gebraucht, um auf die Idee einer Selbsthilfegruppe zu kommen? Jetzt helfe ich mir jedenfalls selbst und das Beste ist, dass die Selbsthilfegruppe nur drei Minuten fußläufig von meinem neuen Exilzuhause tagt. Ich liebe niedrigschwellige Angebote und kurze Wege.

Was da wohl für Väter am Start sind? Bestimmt so eine Ansammlung von Heulsusen und weichgespülten Warmduschern. Vielleicht gibt es sogar ein Aufnahmeritual, Ringelpiez mit Anfassen oder so. Hoffentlich ist das keine Gurkentruppe.

Ach, und wenn schon. Ich kann ja wieder gehen, wenn das nichts für mich ist. Der Treff der Väter ist im gleichen Gebäude wie meine Bücherhalle. Ist immer gut, wenn man das Set schon kennt, das gibt mir ein wenig Sicherheit. Also rein in die gute Stube beziehungsweise in das Stadtteilzentrum Eimsbüttel. Im Foyer sitzen ca. zehn Männer. Die sitzen im Foyer, also im Eingang, im Flur. Das ist doch hoffentlich nicht die Truppe vom *„Väter ohne Kinder"*? Da kann man sich ja auch gleich in einen Schlafsack vor Karstadt legen. Das fängt ja gut an.

„Moin, sind das die ‚*Väter ohne Kinder*'?"

Ich hätte wohl besser fragen sollen: „Sind das *etwa* die *‚Väter ohne Kinder'*?" Was ein Wort ausmacht, klasse. Väterabbruch, Väterrückbau passt eher zu dieser Selbsthilfegruppe, die sich in einem Flur trifft. Das ist ja so, als hätte ein Architekt sein Büro aufm Campingplatz. Nicht sehr erfolgversprechend. Aber ich ziehe das jetzt mal durch. Kann mich ja keiner zwingen, wiederzukommen. Die haben nicht mal einen geschlossenen Raum mit einer Tür. Also einen sicheren Raum bräuchte ich schon, um mich öffnen zu können. Alternativ ein paar Jägermeister. Beides ist aber hier und jetzt nicht am Start. Die sehen aber alle sehr nett aus, keine Spaggen. Ein älterer Mann sitzt mit einem iMac am Tisch. Das ist bestimmt der Häuptling vom Stamm der Lost Indios. Auf dem Tisch stehen Aldi-Apfelschorle und Aldi-Kekse. Hier werden wenigstens keine Mitgliedsbeiträge verschleudert und ein Flur ist bestimmt billiger als ein Raum mit Tür.
„Ja, wir sind die *‚Väter ohne Kinder'*, herzlich willkommen, setz dich." Ich setze mich.
„Bei uns haben alle Neuen das erste Wort, du musst nichts sagen, kannst auch erst mal nur zuhören, bitte …"
Also wenn ich schon mal hier bin, sollte ich ja auch was sagen. Ich geh ja auch nicht ins Schwimmbad und hüpf dann nicht ins Becken. Vielleicht sollte ich mal wieder schwimmen gehen?
„Mein Name ist Hagen und ich habe zwei Kinder, eine Tochter, fünf Jahre und einen Sohn, neun Jahre alt. Am 21. Februar hat mich die Polizei der Wohnung verwiesen, weil ich angeblich meine Tochter sexuell missbraucht haben soll. Meine Frau Levke hat mich angezeigt. Ich habe meine Kinder zehn Monate gar nicht gesehen und darf sie jetzt einmal im Monat für 90 Minuten unter Aufsicht im Zuge eines Gutachtens sehen."
Dann schießen mal wieder die Tränen in die Augen. Oh Gott, oh Gott, auch das noch, wie peinlich.
„Willkommen im Club", sagt einer der Fucked Fathers.

„Willkommen", stimmen ein paar andere der Lost Indios mit ein und heben die Hand.

Der Häuptling: „Wir teilen uns hier in zwei Gruppen auf. Die eine Gruppe hat den Vorwurf des sexuellen Missbrauchs hinter sich, die andere hat ihn noch vor sich. Ich habe in den letzten Jahren Hunderte von Fällen des sexuellen Missbrauchs betreut und nicht einer hat sich bestätigt. Das Gute an deiner Situation ist, dass du diesen Vorwurf hinter dir hast. Wenn du möchtest, erzähl doch mal, was dir vorgeworfen wird."

Es ist immer wieder peinlich, meine Geschichte zu erzählen, mache ich aber. Der Häuptling, Reinhold heißt er, sagt dazu: „Das sind ja auch immer die gleichen Geschichten. Wie du sagst, ist das Verfahren ja eingestellt worden, also müssen wir uns daran nicht mehr abarbeiten. Mutti wird allerdings daran festhalten und es wird dir immer und immer wieder aufs Brot geschmiert werden. Aber der Vorwurf ist nicht das Problem, das Problem ist die Mutter, die will, dass deine Kinder ohne Vater, ohne dich aufwachsen."

„Das Problem ist mit Sicherheit die Mutter, klar, aber die Mutter hat jetzt einen neuen Anwalt und seit sie den hat, wird alles noch schlimmer, also noch schlimmer als es eh schon ist, dabei habe ich gedacht, es geht nicht mehr schlimmer, aber schlimmer geht immer."

„Lass mich raten, der Anwalt heißt Kleinfeld!"

Wow, Respekt, woher weiß er das, ist Reinhold allwissend? Das wäre ja schön.

DIE RATTE KLEINFELD

Der Häuptling legt los: „Kleinfeld, die Ratte. Kleinfeld ist das Widerlichste, das Allerwiderlichste, was sich in Hamburg am Familiengericht rumtreibt. Die Ratte Kleinfeld. Leider ist er brandgefährlich, und dabei ist er noch so jung! Hier sitzen ein paar Väter, die schon mit Kleinfeld zu tun hatten."
Drei Väter heben die Hand und zeigen dabei einen Fuckfinger.
„Kleinfeld eskaliert. Die Ratte ist kein bisschen am Kindeswohl interessiert. Der will Väter zerstören und damit viel Geld verdienen. Wenn du ihn das nächste Mal siehst, grüße ihn bitte von Herrn Voss und richte ihm aus, dass er eine Ratte ist. Ich freue mich schon auf ein diesbezügliches Gerichtsverfahren, in dem ich belegen kann, dass die Aussage, er sei eine Ratte, seine Richtigkeit hat.
Die Anlaufstellen im Helfersystem, die die Mütter bei dem Vorwurf des sexuellen Missbrauchs unterstützen, müssen die Visitenkarten von Kleinfeld nur so raushauen. Dafür spendet dann Kleinfeld wieder für jede neue Klientin was zurück. Anders kann Kleinfeld nicht an so viele Fälle kommen. Im Gegensatz zu den Vätern, gegen die Kleinfeld kämpft, muss Kleinfelds Vater wirklich ganz, ganz schreckliche Dinge mit dem jungen Kleinfeld gemacht haben und genau deswegen ist er so gefährlich, der will Rache für das, was sein Vater ihm Schreckliches angetan hat. Natürlich arbeitet er nicht nur für Prozesskostenhilfe, da muss Mutti noch ordentlich was drauflegen. Kein Anwalt tritt in Hamburg in so vielen Umgangsverfahren mit Missbrauchsvorwurf an wie Kleinfeld."
Da hat mich mein gesunder Menschenverstand endlich mal nicht im Stich gelassen. Gott sei Dank habe ich der Ratte damals, vor der zweiten Gerichtsverhandlung, nicht die Hand gegeben. Seitdem Kleinfeld Levkes Wingman ist, ist alles noch viel heftiger geworden. Dass Reinhold ihn so vehement als Ratte bezeichnet, freut mich natürlich. Vor ein paar Wochen habe ich eine tote Ratte in einer

Wohnanlage gefunden. Die war ganz frisch gestorben, also die war noch ganz weich, hat noch nicht gestunken und es waren noch keine Maden dran. Die Ratte habe ich dann in eine Hundekacktüte eingepackt und mit nach Hause genommen. Eigentlich ein schönes Tier. Levke hatte auch eine Ratte, als ich sie damals kennenlernte. Eine weiße, so eine Punkerratte, die hatte sie immer irgendwie in ihrer Jacke dabei. Ich fand's cool. Meine Skinheadfreundin Dani hatte auch eine Ratte. Warum haben eigentlich meine großen Lieben meistens Ratten? Gute Frage. Weshalb hat man überhaupt eine Ratte To Go? Die verendete Wanderratte habe ich dann hübsch in einen kleinen gelben Postkarton verpackt und als Päckchen an Kleinfelds Kanzlei geschickt. Na, da wird's bestimmt ordentlich Gekreische an der Rezeption gegeben haben. Schade, dass ich nicht dabei war. Ein Streich wird ja erst schön, wenn man dabei ist, wenn er funktioniert. Man kann leider nicht alles haben. Ich hatte auf jeden Fall das Gefühl, das Richtige getan zu haben. Die Schreiben von Kleinfeld sind immer derbe lang. 20, 30 Seiten und mehr. Seine Schreiben, seine Lügen, haben mich immer hart getroffen. Ich musste lesen, dass die Unschuldsvermutung ein Rechtsgrundsatz des Strafrechts ist und nicht auf das familiengerichtliche Verfahren übertragbar sei. Ich daher keinen Umgang mit meinen Kindern haben soll, da dies nicht dem Kindeswohl entspricht. Ich musste lesen, dass ich andere Personen für meine Belange instrumentalisiere und ich immer wieder grenzüberschreitend gegenüber Levke und den Kindern war, sodass die Kinder und Levke in ständiger Angst vor mir lebten. Dass ich erhebliche Summen von Konto abgehoben hätte und somit der Lebensunterhalt der Kinder nicht mehr gesichert war. Dass Ida mich nicht lieben würde, sondern es sich lediglich um eine Täter-Opfer-Beziehung handelte, was mit dem Stockholmsyndrom erklärt wurde. Ich musste lesen, dass ich Tatsachen verdrehe und lüge, dass ich übergriffig und unkontrolliert bin und schwerwiegendes Fehlverhalten zeige. Sogar meine Körpergröße vom 1,80 Meter wirft der

Zwerg mir vor, da ich damit in der Vergangenheit immer wieder die Familie eingeschüchtert hätte. Dabei ist Levke doch genauso groß. Ich musste lesen, dass ich die Situation zu meinem Vorteil verzerre und die Kindesmutter ausschließlich negativ darstelle. In seinem ersten Geschreibsel forderte er, dass ich eine Urkunde über die Verpflichtung zu Unterhaltszahlungen unterschreiben soll, obwohl ich immer pünktlich zahle. Die sogenannte „Unterwerfungsurkunde". Da steht wörtlich *„wegen der Erfüllung dieser Verbindlichkeiten unterwerfe ich mich der sofortigen Zwangsvollstreckung aus dieser Urkunde."* Der letzte Knaller war dann das Verfahren beziehungsweise der Antrag auf Wohnungszuweisung. Also Levke sollte bis zum Sankt-Nimmerleins-Tag unser Bauernhaus in der Deichstraße zugewiesen bekommen. Die Ratte begründet das wie folgt:
„Wenn der Ehepartner über einen Zeitraum von sechs Monaten nach seinem Auszug keine ernsthaften Absichten zur Rückkehr bekundet, kann davon ausgegangen werden, dass er dem in der Ehewohnung verbleibenden Ehegatten das Recht zur alleinigen Nutzung gewährt, gemäß § 1361b Abs. 4 BGB (siehe Hentschel-Heiegg/Klein, Handbuch des Fachanwalts Familienrecht, 2011. 8. Kapitel; Rn.)" – somit folgert er dann*: „Seit dem Verlassen der gemeinsamen Ehewohnung am 21.02.2013, also vor 7,5 Monaten, hat der Antragsgegner keinerlei Absichten zur Rückkehr geäußert. In Übereinstimmung mit § 1361b Abs. 4 BGB besteht daher die unwiderlegbare Vermutung, dass er nicht mehr beabsichtigt, zurückzukehren. Diese Bestimmung gewährt der verbleibenden Ehegattin nach Ablauf dieser Frist das unangefochtene alleinige Nutzungsrecht für die Wohnung."*

Na, so ganz freiwillig bin ich ja nicht ausgezogen. Da gab es doch die Knarre von Frau Wagner und das Angebot, mich gleich in den Knast zu stecken. Der hat doch ein Ei am Wandern. Wahrscheinlich hat er gar keine Eier mehr, vom eigenen Vater abgebissen.

Das Allerallerschlimmste war, als er das alleinige Sorgerecht für Levke gefordert hat. Da musste ich lesen: *"Seit der Geburt beider Kinder lag überwiegend die Verantwortung für Erziehung und Betreuung bei der Kindesmutter. Sie fungierte als die Hauptbezugsperson für beide Kinder. Der Kindesvater hatte in Bezug auf Betreuung und Erziehung der Kinder eine eher untergeordnete Rolle eingenommen."* Was für Frechheiten, was für Lügen und das alles in Abstimmung mit der Schrottmutter. Levke weiß doch gar nicht, wie sich eine liebevolle Betreuung durch Eltern anfühlt. Von der Mutter verlassen, musste sich um ihre Geschwister kümmern, da der Vater 24/7 arbeiten musste und dann in den Tod sprang. Meine Eltern waren immer 24/7 für mich da. Genauso war ich für Jonny und Ida bis zum 21. Februar 2013 da. Ein Konstrukt aus Lügen aufgebaut, um Lügen zu begründen. Levke geht es nur um die Zerstörung, der Auslöschung meiner Person und Kleinfeld ist jetzt des Teufels Admiral. Beide arbeiten ihre beschissene Kindheit an mir ab. Levke hat jetzt eine weitere Waffe gegen mich. Nach dem Vorwurf des sexuellen Missbrauchs kommt jetzt die Ratte Kleinfeld dazu. Widerliches, verbittertes, bösartiges, gefährliches, verhärmtes, armseliges Dreckspaar. Ich prügele ja grundsätzlich keine Frauen und Kleinere, aber bei diesen beiden werde ich eine Ausnahme machen. Man muss schon ziemlich widerstandsfähig sein, um diese sich ständig wiederholenden Lügen auszuhalten. Bis zum 21. Februar 2013 war ich ein moderner, vorbildlicher Vater. Ein Garant der guten Laune, die Zuverlässigkeit in Person. Mein Leben war irgendwie ein einziges Geben, Geben und nochmals Geben. Ich gebe gerne. Ich schenke lieber, als beschenkt zu werden. Dann, von einem Tag auf den anderen, bin ich *ein schlechter Vater, ein Kinderficker, eine böse, gewalttätige Bedrohung für meine Familie, hässlich, brutal und gewalttätig*. Das bekommt man nicht nur gesagt, das muss man auch noch ständig lesen. Aber geteiltes Leid ist halbes Leid. Nicht nur ich werde seit Monaten mit Scheiße beworfen, sondern auch Frau

Bachmann-Meinicke und Herr Kallert bekommen von der Ratte ordentlich eingeschenkt. Nur an die Hambach-Stolte traut sich der kleine Wichser nicht ran. Mich bekommst du nicht klein. Ganz bestimmt nicht, du kleine Ratte, ich weiß nämlich jetzt, wer du bist, du durch den eigenen Vater zerstörtes Stück Scheiße.

SHG II

Im Laufe des Abends erfahre ich die unglaublichsten Geschichten der anderen Väter. Da ist Marcel, der mit seiner Geschichte auch schon im Fernsehen war. Verheiratet mit einer Australierin. Nach jahrelangen Umgangsverweigerungen hat sie das alleinige Sorgerecht zugesprochen bekommen und saß ein paar Tage später mit den Kindern im Flieger nach Australien. Da war natürlich nichts mehr mit Wochenendpapa. Eriks Kinder sind irgendwo in Südafrika verschollen. Jan hat seine Kinder seit über zehn Jahren nicht mehr gesehen. Viele kennen ihre Kinder nur über Nachforschungen im Internet. Chris, der ohne Anwalt seit einem Jahr vor Gericht kämpft. David, der vor ein paar Wochen Besuch vom SEK hatte, inklusive Tür einrammen. Seine Frau hat bei den Bullen gesagt, er würde scharfe Waffen haben. Die er natürlich nicht hatte. Na ja, man kann sich ja mal irren. Rüdiger wird vorgeworfen, er würde seinem Sohn bei den Umgängen Hundefutter geben. Das ist alles so unglaublich, zehn Väter, zehn unglaubliche Geschichten. Da fällt meine gar mehr nicht auf. Aber alle, wirklich alle sind nette Menschen, keiner ist irgendwie komisch. Es wird viel gelacht und beraten. Der Häuptling, Reinhold, hat scheinbar alle Fäden in der Hand. Er weiß auf alles eine Antwort, kennt jeden Richter, jeden Anwalt, hat ein schier unerschöpfliches Repertoire an Geschichten. Trotz dieser ganzen durchgängigen Niederlagen ist irgendwie keiner der Väter verzweifelt, verbittert oder hassig. Ich werde gefragt, ob ich nicht Begleiteten Umgang beantragt hätte. Ja, habe ich, hat mich über 5.000 Euro gekostet und wurde abgelehnt. Reinhold sagt dazu, dass genau das normal ist. Wenn der Vater Umgang will und vor Gericht zieht, kassiert er meistens erst einmal eine krachende, teure Niederlage, in der Hoffnung, dass dann Ruhe im Karton ist und er nicht auf die Idee kommt, weiterzumachen. Ach, so ist das. Fast alle sind finanziell am Ende. Unterhalt, Gerichtskosten, Anwaltskosten, alle pleite.

Hier fühle ich mich wohl und gut aufgehoben. Reinhold betreut wohl auch einige der Fälle. Für Chris, der nächste Woche wieder Gericht hat, macht Reinhold ein Rollenspiel. Er spielt die Richterin und bereitet Chris auf die Fragen und Antworten vor. Da wird Gerichtssaal im Flur vom Stadtteilkulturzentrum gespielt, unfassbar. Ich fühle mich das erste Mal nicht mehr allein. Das, was ich gerade durchmache, ist ganz normal. Ich erfahre auch, dass es jährlich zehntausende Umgangsverfahren in Deutschland gibt. Davon 80 Prozent eingeleitet von Vätern, die wollen, dass ihre Kinder einen Vater haben dürfen. Die anderen 20 Prozent von Müttern, die genau das Gegenteil wollen. Über 1,3 Millionen Kinder wachsen zurzeit in Deutschland ohne Vater auf, weil die Mütter das so wollen, die sogenannten Sozialwaisen. Ich erfahre etwas über das Helfersystem der Mütter. Die Beratungsstellen, Jugendämter, Umgangspfleger, die den Müttern helfen, den Vater zu entsorgen, ihn physisch, psychisch und finanziell zu ruinieren. Ich höre von Kindern, die immer so glücklich sind, wenn Mutti (Reinhold nennt die Mütter immer Mutti) es mal erlaubt, dass die Kinder ihren Vater sehen dürfen. Dieses Helfersystem gibt es für Väter nicht. Die Väter organisieren sich in der Regel nicht, kämpfen allein. Das macht es so schwer für sie, so leicht für Mutti. Als der Abend vorbei ist, bin ich nicht mehr allein, ich habe jetzt eine Bande, eine Gang. Ich bin nur einer von vielen. Reinhold drückt mir noch seine Karte in die Hand, ich soll mal anrufen und vorbeischauen.

12.11.2013
- Ida tut mir so leid, wer ist für sie da? Sie war doch ein Papa-Kind

16.11.2013
- Schnee und Birkenhof im Kinderbrief

21.11.2013
- Gericht beschäftigen sich mit den Briefen – gute Waffe
- Jetzt soll Hambach-Stolte bei der Übergabe der Briefe dabei sein, Antrag von Levke und Kleinfeld – wasn Kokolores, Hambach-Stolte lehnt das auch ab

26.11.2013
- Bewilligung Verfahrenskostenhilfe für mich durch das Gericht

29.11.2013
- Endlich BU mit Ida und Jonny – so schön

01.12.2013
- Rücknahme Antrag auf begleitete Übergabe der Briefe von Kleinfeld

04.12.2013
- Aufforderung von Frau Mandal an Kleinfeld, dass Levke unser Haus in der Deichstraße verkaufen/verlassen soll

11.12.2013
- Weihnachtspostkarten an alle raus

12.12.2013
- Wieder Gericht
- Wohnungszuweisung abgeschmettert hat mich wieder 2.000 Euro gekostet

- Levke muss nach der Scheidung raus, die Kinder auch – mitgefangen, mitgehangen

Weihnachten

Manchmal mache ich ein Gedankenexperiment. Ich stelle mir vor, dass ich für eine Minute in die Zukunft in zwei, drei Jahren blicken kann. Im Geiste kann ich mir dann in dieser Zukunft eine Minute zuschauen. Natürlich ist es ein besonderer Moment, also nicht gerade beim Schlafen oder auf der Autobahn. Wenn ich zwei Jahre, bevor ich Levke kennenlernte, diese Minute gehabt hätte und mich bei meiner Hochzeit mit dieser mir bis dahin unbekannten, wunderschönen, großen Frau im weißen Brautkleid gesehen hätte, wäre mein Herz gesprungen. Ich werde ein großes, schwarzhaariges Model heiraten, nee, noch besser, ich werde einen Filmstar heiraten, wie geil ist das denn!? Ich bin aber auch ein Teufelskerl, Hagen im Glück. Na, da muss die nächsten zwei Jahre ja allerhand Schönes, Wunderbares passieren. Wonderful times will come.
Es ist Weihnachten 2012, mit einem märchenhaften Weihnachtsbaum mit echten Kerzen. Ida ist drei Jahre alt, Jonny sieben. Dieses wunderschöne Weihnachtsgefühl, diese Feierlichkeit, dieses Glück, es so weit, so gut gebracht zu haben, liegt in der Luft, man kann es fast anfassen. Wir kommen gerade aus der Kirche in Finkenwerder, ausverkaufte Hütte. Die Kirche in Finkenwerder ist anders als andere Kirchen, sie ist innen ganz weiß, ganz freundlich, voller Hoffnung und nicht so erdrückend, depri, dunkel, wie Kirchen oft sind. Bei unserem Kirchgang haben wir viele Eltern und Kinder aus Finkenwerder getroffen. Auch wenn ich ja eher nichts mit diesem Kirchengedöns anfangen kann und Levke erst recht nicht, ist Weihnachten in der Kirche immer schön. Bei „Stille Nacht, heilige Nacht" musste ich wie immer weinen.
Wieder zu Hause, es klingelt.
Der Weihnachtsmann kommt oder besser der Weihnachtsjan, im perfekten Weihnachtsmannoutfit steht er vor der Tür. Der alte Schauspieler, mit einem riesigen, wirklich riesigen Geschenkesack,

den er in das Haus hinter sich herzieht. Unsere Kinder sind ganz klein mit Hut, aber ihre Augen leuchten. Ja, Kinderaugen können wirklich leuchten. Meine Mama hat immer gesagt, ich sei der Junge mit den leuchtenden Augen. Die Kinder sind ganz unsicher. Es gibt ihn also wirklich, den Weihnachtsmann.

Ich halte Levke im Arm, bin voller Glück, sehe mich als Kind zu Weihnachten. Weihnachten war bei uns immer ein so schönes Fest. Meine Eltern haben immer alles gegeben, damit wir Kinder ein wunderbares Weihnachtsfest erleben durften. Es gab jedes Jahr einen riesigen Tannenbaum, der einen Tag vor Weihnachten geschmückt wurde. Damals hing immer noch viel Lametta am Baum und es gab Karpfen, Karpfen blau. Es gab nur einmal im Jahr Karpfen, Weihnachten.

Ich weiß noch genau, wie es in der Küche roch, wenn Mama den Karpfen in einem riesigen, blauen Emaille-Topf kochte. Dieser Topf wurde nur zum Karpfenkochen an Weihnachten aus dem Keller geholt. Nachmittags durfte ich mit einer Meerrettichreibe frischen, scharfen Meerrettich raspeln. Nun ist Karpfen, gerade wenn man Kinder hat, schon ein recht ungewöhnliches Essen, aber ich habe diesen Weihnachtskarpfen geliebt.

Am besten schmeckt die Backe und im vorderen Stück sind weniger Gräten als im Schwanzteil. Nachdem meine Mutter verstorben war, habe ich nie wieder Karpfen gegessen. Irgendwann werde ich mal wieder Karpfen blau essen und dann bestimmt weinen, weil ich an meine Eltern und an die schönen Weihnachtsfeste als Kind denken werde. Hoffentlich bleibt mir dabei keine Gräte im Hals stecken.

Meine Oma wohnte damals unten im Haus und Heiligabend haben meine Schwester und ich sie immer ganz feierlich hochgeholt. Sie hat den ganzen Abend glücklich auf dem Sofa gesessen und immer wieder gesagt: „Ach is dat scheun, dat wi dat noch all tusammen beleben döfft." Das hat sie immer und immer wieder gesagt. Später,

als ich schon 19, 20 Jahre alt war, hat mein Freund Daniel, der seine Eltern schon früh verlor, immer mit uns Weihnachten gefeiert. Nach dem Essen gab es immer ordentlich Tequila. Später zogen Daniel und ich dann Speed im Bad. Zu vorgerückter Stunde sind wir, mit Unterstützung meiner Eltern, total betrunken, mit dem Auto in die Markthalle gefahren. Das muss man sich heute mal vorstellen. Unglaublich, wie meine Eltern drauf waren. In der Markthalle war jedes Jahr „Reggae Christmas" mit Jamaica Papa Curvin. Volle Hütte, alle im Weihnachtsmodus und alle am Kiffen. „We wish you a Reggae Christmas and a Reggae New Year."
Jonny und Ida müssen dann dem Weihnachtsmann ihre Gedichte aufsagen. In der Luft liegt der Duft des Baumes und der Kerzen, und die Kinder stehen stocksteif vorm Weihnachtsmann und geben ihr Bestes. Danach gibt es die Geschenke, eines besser als das andere, unsere Kinder platzen fast vor Glück. Den ganzen Abend wird gespielt, gelacht, gefeiert und getrunken (immer ordentlich trinken, alte Twente-Tradition).
Es gibt wie immer Rouladen mit Kartoffeln und Rotkohl, und wieder ist da die Erinnerung an meine glückliche Kindheit. Alles ist so perfekt, so schön, alle sind so glücklich und reich beschenkt. Irgendwann sind die Kinder dann müde gespielt und bettwärts. Ich sitze mit Levke im Arm auf dem Sofa. Am Weihnachtsbaum brennen die Kerzen runter und alles ist ganz ruhig, in warmes Licht getaucht. Wie haben wir das gut hinbekommen, das alles, unser Leben. Ich empfinde tiefes Glück und Dankbarkeit.
Da geht die Zukunft für eine Minute auf und ich sehe mich. Es ist Weihnachten 2013, ich sitze allein, ohne Levke, ohne Jonny, ohne Ida in einer unbekannten Küche. Es gibt keine Weihnachtsdeko, es liegt nicht der Weihnachtszauber der letzten 45 Jahre in der Luft. Der Herd ist kalt und das Licht hart. Ich sehe mich, wie ich hier sitze, verheult, mit Weizenbier und Zigarette. WAS IST DAS? Da muss etwas furchtbar schiefgelaufen sein. Irgendwo muss ich falsch

abgebogen sein. Irgendwas ist, muss fucking schiefgelaufen sein. Das Fenster schließt sich und ich schaue Levke an. Sehe, wie schön sie ist. Die Kerzen schimmern in ihrem schwarzen Haar.

„Levke, ich will, dass das niemals endet, dieses Gefühl, dass alles gut ist, dass wir eine glückliche Familie sind, versprichst du mir das?"

„Ja, natürlich Hagen, versprochen, wie kommst du darauf, dass das enden könnte?"

Weil ich es weiß, denke ich und küsse sie.

Ich habe meine Kinder das letzte Mal vor 18 Tagen für 90 Minuten unter Aufsicht gesehen und unser nächstes Treffen findet am 07. Januar statt. Den heutigen 24. habe ich irgendwie rumbekommen, aber jetzt kommt der Abend. Heiligabend, in meinem Falle Heuligabend. Man kann sich aufstellen, wie man will, aber Weihnachten findet einen. Ich will heute traurig sein, so richtig traurig. Wenn man etwas nicht verhindern kann, kann man es auch gleich begrüßen. Bier, Zigaretten, Gras und zur Feier des Tages: Jägermeister. Na, das wird bestimmt ein schönes Fest.

Zehn Monate sind vergangen. Einfach so vergangen. Vor zehn Monaten wurde ich meiner Kinder beraubt und ich weiß nicht, ob ich sie je zurückbekommen werde. Ich darf meine Kinder weder sehen noch sprechen, obwohl Weihnachten ist. Ich darf meine Kinder nicht trösten, obwohl sie allein, ohne ihren Papa, Weihnachten feiern müssen. Ich darf ihnen keine Hoffnungen auf die Zukunft machen. Ich weiß nicht mal, wie es ihnen geht. Man hat mich einfach ausgeknipst wie eine Deckenleuchte.

Ich verbiete mir daran zu denken, wie es den beiden geht, wie sie das erste Weihnachten ohne ihren Papa erleben, von dem sie nicht mal wissen, wo er wohnt. Mein Selbstmitleid ist heute für tiefste Traurigkeit ausreichend. Zehn Monate. Das kann doch nicht mit rechten Dingen zugehen. In der Selbsthilfegruppe habe ich erfahren, dass ich kein Einzelfall bin, kein Kollateralschaden. Tausende, hunderttausende Kinder feiern heute Weihnachten ohne ihren Papa, weil Mama das so will. Nicht einmal zu Weihnachten gibt es da eine Sonderregelung. Von wegen gnadenbringende Weihnachtszeit, Totalverarsche. Zehn Monate ohne meine Kinder, ohne mein altes Leben. „Du musst ein neues Leben anfangen, musst erkennen, dass dein altes Leben vorbei ist." Wie oft habe ich diesen Satz gehört, von meiner Schwester, von Freunden, von Arbeitskollegen. Einen Scheißdreck muss ich. Wie leicht sich so ein Satz sagen lässt. Wisst ihr eigentlich, dass man das nicht so einfach machen kann? Ein neues Leben anfangen. Ich bin mein altes Leben. Ich kann mich nicht einfach neu anfangen. Nicht mit 46 Jahren. Ich will kein neues Leben, ich will meine Kinder zurück. Nichts will ich mehr. Jeden verdammten Tag denke ich von morgens bis abends nichts anderes. Ich träume zwar nicht mehr so oft von meinen Kindern und von Levke und wenn, dann sind es nicht mehr die schlimmen Träume der ersten Zeit. Träume, aus denen ich erwachte, weil ich geweint habe. Ich bin aufgewacht, weil ich im Traum so schrecklich geweint habe. Ich habe aber nicht nur im Traum geweint, sondern ich habe wirklich geweint. Als ich aufwachte, habe ich weiter geweint, wach geweint. Immer und immer wieder. Fast jede Nacht bin ich, dank Seroquel, eingeschlafen und heulend aufgewacht. Das kostet so viel Kraft. Jetzt, nach zehn Monaten, sitze ich hier und habe mich kaum verändert. Nur, dass ich jetzt Haare aufm Kopf habe. Wenigstens sind meine Haare nicht weiß geworden oder kreisrund ausgefallen, was eigentlich an ein Wunder grenzt. Aber ich bin nicht mehr der Alte. Ich lebe ein neues, so leeres, sinnloses Leben. Seit zehn Monaten habe ich eine Grundtraurigkeit in mir, die einfach nicht verschwindet. Ich denke, diese Traurigkeit wird mich noch lange, schlimmstenfalls für den Rest meines Lebens, begleiten. Auch dieses Gefühl in der Magengegend geht einfach nicht weg und ständig dieser Druck hinter meinen Augen. Immer und immer wieder diese Weinkrämpfe. Ständig diese Sehnsucht nach meinen Kindern, diese

Sehnsucht nach meinem alten Leben. Ich möchte kein neues Leben. Ich will mein altes Leben zurück. Die Traurigkeit ist schlimm, die Ohnmacht noch schlimmer. Ich kann nichts machen. Der Gegner stellt sich mir nicht. Ich kann mit meiner Wut nirgends hin. Ich darf nicht kämpfen. Ich muss mit den Händen auf den Rücken gebunden rein in den Ring. Ich weiß zwar vom Kopf her, dass es nicht zurückkommen wird, aber mein Herz will so sehr mein altes Leben zurück. Ich will zurück in mein Viertel, zurück in mein Zuhause, will zurück zu meinen Kindern, will zurück zu Levke. Ich sage so oft zu meinen Freunden: „Ach, vielleicht klingelt Levke ja an der Tür und sagt, verzeih mir bitte, ich habe Scheiße gebaut." Dann würde ich ihr verzeihen und ich könnte wieder in mein altes Leben zurück. Dabei lache ich, damit alle denken, ich mache nur einen Witz, aber das ist kein Witz. Nichts wünsche ich mir mehr als wieder jeden Tag bei meinen Kindern zu sein. Ich möchte sie jeden Morgen aus dem Bett kitzeln und ihnen abends vorlesen. Möchte jeden Tag mit ihnen am Abendbrottisch sitzen, in ihre wunderschönen Gesichter schauen. Ihnen zuhören, wenn sie erzählen, was sie erlebt haben. Ich möchte jeden Tag mit ihnen spielen, toben, lachen, sie trösten, wenn sie Trost brauchen. Einfach nur bei ihnen sein. Ich möchte heute mit ihnen Weihnachten feiern. Mein jetziges Leben ist ein Arschloch. Mein jetziges Leben ist scheiße, große Scheiße. Das ist gar nichts. Es besteht aus Schlafen, Nacken mit Kartoffelsalat essen, arbeiten, das sind die guten Sachen. Es besteht aus Einsamkeit, Traurigkeit, Sehnsucht und Verzweiflung, aus Ohnmacht und immer wieder enttäuschter Hoffnung. Das sind die Dinge, die mein jetziges Leben bestimmen. Es besteht aus Kampf und ständigen Niederlagen. Ich kämpfe und ertrage jeden Tag. Jeden verdammten Tag kämpfe ich gegen Einsamkeit, Traurigkeit, Sehnsucht, Verzweiflung und Ohnmacht an. Aber es ist kein Kampf, es ist einfach nur aushalten. Ich stehe mittlerweile in meinem Schützengraben bis zu den Knien in Scheiße und Schlamm. Seit zehn Monaten werde ich mit Artillerie

eingedeckt und wenn ich mal den Kopf aus dem Graben hebe, fliegen mir die Kugeln um die Ohren. Willkommen in Ihrem ganz persönlichen Verdun, Gefreiter Twente. Nach zehn Monaten darf ich aber auch stolz auf mich sein. Stolz, dass ich immer noch nicht aufgegeben habe. Dankbar sein, dass ich noch lebe. Aber ich mache das nicht für mich. Ich mache das nur für meine Kinder. Ich mache das für meine Freunde, für meine Schwester und ihre Töchter. Ich kann doch meine Kinder nicht im Stich lassen und ich will meine Freunde nicht enttäuschen. Für mich wäre es das Einfachste, aufzugeben. Tot, Ende aus, Micky Maus. Geht aber nicht. Also weitermachen.
Bis zum 21.02.2013 war ich ein angesehenes Mitglied der Gesellschaft. Ich gehörte der gehobenen Mittelschicht an. War stolzer Besitzer eines Bauernhauses in Finkenwerder, hatte eine wunderschöne Frau, zwei glückliche Kinder. Ich hatte einen lustigen Hund, war selbst bekannt und beliebt wie ein bunter Hund. Ich hatte Träume und Pläne. Ich hatte so oft das Gefühl, das wirklich sichere Gefühl, mein Leben im Griff, alles unter Kontrolle zu haben. Ich musste das nur noch über die Ziellinie bringen. Dieses tiefe Gefühl von Sicherheit ist weg, stattdessen ist da jetzt diese tiefe Traurigkeit. Toller Tausch. Damals war es keine Frage, ob es gut enden würde, es war nur die Frage, welches Gut am Ende stehen würde. Ich wollte immer, dass auf meinem Grabstein steht: „Toll war's." Jetzt ist mir scheißegal, was auf meinem Grabstein steht. Meinetwegen muss da gar nichts draufstehen. Was habe ich jetzt? Wer bin ich jetzt? Was ist übrig geblieben? Kurz gesagt: Ein alter, trauriger, einsamer Mann auf Hartz4-Niveau. Es geht mir ja nicht um ein neues Leben. Ein neues Leben habe ich ja schon, ich will zumindest ein akzeptables Leben, kein Scheißdrecksleben. Mich würde echt interessieren, wie eine Anzeige wegen sexuellen Missbrauchs in der Regel für den Angezeigten ausgeht. Natürlich nur im Unschuldsfalle. Grundsätzlich ist das ja ein Schicksalsschlag. Zu vergleichen mit Schlaganfall, Querschnittslähmung oder den immer wieder gern gelieferten, wenn

auch nie bestellten Krebs. All diese Attacken auf das bisher gelebte Leben treffen das Opfer meist relativ unvorbereitet. Wenn das Schicksal hart zuschlägt, ist die Überraschung meist groß. „Oha, Lungenkrebs, wieso denn ich? Den habe ich doch gar nicht bestellt?" „Tja, den haben Sie vielleicht nicht bestellt, aber (für *„Aber-Sätze"* gilt in der Regel, dass man sich das, was vor dem „aber" kommt, getrost schenken kann, weil erst das, was danach kommt, das eigentlich Interessante, Relevante ist) jetzt haben Sie Lungenkrebs." Dann geht das große Einschätzen los. Wenn der Tumor soundso groß ist, man diesen operiert, nichts übersieht und der Halunke nicht gestreut hat, hinterher die Chemo gut anschlägt, dann kann man sich schon einmal auf ein relativ anstrengendes Jahr einstellen. Danach hat man eine fünfzigprozentige Überlebenschance auf die nächsten fünf Jahre. Das wissen alle Ärzte, das sind Erfahrungswerte. Bei meinem Schicksalsschlag ist das nicht ganz so einfach. Es gibt ja keine direkte Anlaufstelle für Väter, denen sowas wie mir passiert ist. Aber es gibt ein paar Fakten, die die Beratungsstellen genau kennen. Wenn die Mutter den Vater wegen sexuellen Missbrauchs anzeigt, sieht der Vater seine Kinder mindestens ein halbes Jahr oder länger nicht. Wenn er sie dann wieder sieht: erstmal nur für ein paar Minuten unter Aufsicht. Der Vater verliert natürlich auch seine Wohnung; soll er doch sehen, wo er bleibt. Außerdem kann davon ausgegangen werden, dass wenn der Arbeitgeber von diesen Anschuldigungen erfährt, er auch seinen Job verliert. Bei so einer Anzeige verliert der Vater von jetzt auf gleich alles, was sein Leben bis zur Anzeige ausmachte. Die Wahrscheinlichkeit, dass ein Vater das unbeschadet überlebt, ist relativ gering. Das hat Levke genau gewusst und gewollt. Jetzt kommt wieder die Aber-Regel. Aber, ich habe das erste Jahr überlebt und dann stehen die Chancen relativ gut, dass ich auch die nächsten Jahre überlebe.

Die Frage ist, wer überlebt so etwas und wer nicht? Ich denke, derjenige überlebt, der ein hohes Niveau an Grundglücklichkeit hat.

Grundglücklichkeit beschreibt das Glück, welches einem innewohnt. Das ist keine Glücklichkeit, die man sich erarbeitet hat. Das ist die genetische Glücklichkeit, die einem von den Eltern mitgegeben wurde, genauer gesagt das Glück, das einem die Eltern in den ersten Lebensjahren geschenkt haben. Man kann es drehen und wenden, wie man will: Eltern haben einen großen Anteil daran, ob ihre Kinder später Schicksalsschläge aushalten und überleben. Das Niveau der Grundglücklichkeit begleitet einen das ganze Leben.
Durch Erfolge oder Niederlagen wird das Niveau der Grundglücklichkeit häufig verändert. Wenn man zum Beispiel durch ein blödes Missgeschick ein Bein verliert. So etwas ist einem alten Skinheadfreund passiert: Der Trottel ist nach einer Party mit 3,3 Promille auf den Bahngleisen nach Hause gelaufen, also er wollte nach Hause laufen, ist aber leider während des Heimwegs eingeschlafen und, tututut die Eisenbahn, zack, ab das Bein. Da war er natürlich erst einmal recht traurig, dass er nur noch ein Bein hatte. Aber schon kurze, wirklich kurze Zeit später, nur ein paar Wochen nach der ungeplanten Amputation, war er schon wieder der Alte. Nach ein paar Monaten war er der einzige einbeinige Skinhead in Lohbrügge. In einer Straßenschlacht mit Team Green, wir wollten damals ein linkes Jugendzentrum stürmen, hat ein Bulle ihm das Prothesenbein abgerissen. Da hat der Bulle ziemlich blöd geschaut. Superlacher. Obwohl er ein Bein verlor, hatte er seine Grundglücklichkeit nicht verloren. Das Niveau der Grundglücklichkeit pendelt sich nämlich immer wieder auf das alte Niveau ein. Da kann man machen, was man will, das ist einfach so, auch wenn mal ein Bein abhandenkommt. Natürlich kann man dieses Niveau auch durch Fleiß, Einsatz oder Drogen erhöhen, aber nur temporär. Es gibt Menschen mit einem niedrigen Niveau an Grundglücklichkeit. Solche Menschen nennt man Melancholiker, Pessimisten, Depressive, Spaßbremsen, traurige Gesellen, Langweiler oder Levke. Diese Menschen können natürlich auch glücklich sein, aber nur temporär. Glück erfahren sie

nur dadurch, dass sie Karriere machen, viel Geld verdienen oder sie sich mit Menschen umgeben, die ein hohes Niveau an Grundglücklichkeit besitzen, um davon eine Scheibe abzubekommen. Es ist ihnen sogar möglich, dieses Niveau über einen längeren Zeitraum hochzuhalten. Im besten Falle durch mehr Geld, mehr Arbeit, schönere Kleider, schnellere Autos, im schlechtesten Falle durch Koks und Nutten, alternativ durch Psychopharmaka oder Alkohol. Aber, da beißt die Maus keinen Faden ab, früher oder später, wenn man nicht am Ball bleibt oder kurz aufhört zu rudern, fällt die Grundglücklichkeit wieder auf das gottgegebene (beziehungsweise durch die Eltern verzapfte) Niveau zurück. So einfach ist das, das weiß sogar ich und ich habe das nicht einmal studiert.
Kinder haben grundsätzlich von Geburt an eine sehr hohe Grundglücklichkeit, weil sie ja noch nicht wissen, wie hart und gemein das Leben zuschlagen kann. Kinder sind zwar auch mal wütend oder traurig, aber jeder weiß, dass die Kleinen oft schon wieder lachen, obwohl ihre Tränen noch nicht einmal getrocknet sind. Die Feder der Grundglücklichkeit schnellt immer wieder in die Ausgangsstellung zurück. In den ersten Lebensjahren, die sich bis zur Pubertät ziehen, obliegt es den Eltern, diese Feder nicht auszuleiern. Aus glücklichen Kindern werden glückliche Erwachsene. Ich habe das bis jetzt überlebt, weil ich eine sehr hohe Grundglücklichkeit habe. Klar, gerade das letzte Jahr scheint mir nicht ständig die Sonne aus dem Arsch, aber ich spüre, dass unter all der Traurigkeit und Einsamkeit immer noch irgendwo die Sonne scheint. Irgendwann wird die Sonne auch wieder für mich strahlen.
Jetzt ist Weihnachten, Scheißdrecksweihnachten.
Ich hasse dieses Weihnachten, ich hasse es so sehr, wie ich es vorher geliebt habe.

27.12.2013
- Wieder Zusammenbruch, Jonny in den letzten zehn Monaten 4,5 Stunden, Ida 1,5 Stunden gesehen, unter Aufsicht
- 3 Tage nichts gegessen, nur getrunken
- Selbstmordplanung als Alternative

30.12.2013
- Muss irgendwie an Geld kommen, vor einem Jahr war ich noch wohlhabend

31.12.2013
- Silvester alleine

04.01.2014
- Einreichung Bestätigungen Hort, Schule, Arzt, Logopäde, Kita: vorbildlicher Vater

05.01.2014
- Freude auf letzten BU am 07.01., danach ist keiner mehr organisiert

07.01.2014
- BU fast ausgefallen, weil keiner Bescheid wusste, Ida hat mich die ganze Zeit geküsst, Radfahren, tolles Spiel, alles unter Aufsicht von Hambach-Stolte
- BU OK – aber kein Bock mehr auf BU wie ein Zirkusäffchen auf den Knien rumrutschen unter Aufsicht, was für eine Demütigung, Erniedrigung

- Jonny war wieder im Krankenhaus und keine Info an mich
- Schöne Bilder von mir und den Kindern von Hambach-Stolte gemacht

13.01.2014
- Gutachten soll nächsten Monat fertig sein
- Einjähriges steht vor der Tür

14.01.2014
- Buch als nicht realisierbar gesehen, wie soll ich das schaffen? Keine Chance, keine Kraft! Total fertig, nur normaler Umgang und eine Freundin könnten mich retten

07.02.2014
- Das Gutachten ist da; noch 6 Monate Begleiteter Umgang
- Auf der Arbeit geweint

DAS GUTACHTEN

Das Gutachten ist da, besser gesagt: die Gutachten. Ein Kurzes, das die Erziehungsfähigkeit der Kindeseltern klären soll. Ob die elterliche Sorge oder Teile davon auf die Kindesmutter oder den Kindesvater oder auf Dritte übertragen werden soll, oder ob die Beibehaltung der gemeinsamen elterlichen Sorge dem Kindeswohl am besten entspricht. Nach nur sieben Seiten Text kommt die Hambach-Stolte zu dem Schluss, dass die Beibehaltung der gemeinsamen elterlichen Sorge dem Kindeswohl langfristig am besten entspricht. Danke, damit kann ich leben, Levke findet das bestimmt nicht gut.
Allerdings regt mich ein Satz richtig auf: *„Die Geschwister benötigen weiterhin eine Vertiefung der Normalität, die sich in den letzten Monaten bereits allmählich eingestellt hat."* Das muss man sich mal auf der Zunge zergehen lassen. Mehr Normalität, die sich in den letzten Monaten bereits allmählich eingestellt hat. Was ist denn das für eine Normalität? Meine Kinder haben mich im letzten Jahr dreimal für 90 Minuten gesehen, Ida nur ein Mal. Das soll Normalität sein, die sich vertiefen soll? Wenn das normal ist, bräuchten wir ja auch kein „Brot für die Welt" und keine Entwicklungshilfe mehr. Menschen, die hungern oder sonst welchen Katastrophen ausgesetzt sind, brauchen halt nur etwas mehr Zeit, um sich an Hunger und Elend zu gewöhnen – an ihre neue Normalität. Vielleicht reicht meinen Kindern ja irgendwann ihre neue Normalität, die dann nur noch aus ein paar Erinnerungen an ihren Vater besteht. Den Hungernden in manchen Teilen der Welt könnte man sagen, dass ihr Hunger nur im Kopf entsteht und eine Schüssel Reis alle 14 Tage da doch wohl reichen sollte. Immerhin hatten die Hungernden doch die letzten Monate Zeit, sich an den Hunger allmählich zu gewöhnen. Noch ein paar Monate mehr und der Hunger wird für sie normal sein. Irgendwann haben sie das Gefühl, satt zu sein, bestimmt ganz vergessen. Vorausgesetzt, es ist der Wille ihrer Mütter. Mütter müssen ja mit-

genommen, also mit ins Boot geholt werden. Wie oft ich diesen Satz die letzten Monate gehört habe. Wieso muss die Mutter überhaupt mit ins Boot geholt werden? Was hat denn die Mutter mit der Beziehung der Kinder zu ihrem Vater zu tun? Warum kann ein Gericht nicht einfach sagen: Mutti, so geht das nicht, die Kinder brauchen und wollen ihren Vater. Die Strafanzeige wegen sexuellen Missbrauchs wurde doch vor über einem halben Jahr eingestellt. Ach ja, ich vergaß, das Strafgericht hat ja nichts mit dem Familiengericht zu tun. Im Strafgericht gilt die Unschuldsvermutung. Beim Familiengericht gilt es, nach der Pfeife der Mutter zu tanzen. Da wird gemacht, was die Mutter will. Ach, das ist alles so eine Frechheit. Das Hauptgutachten hat sportliche 44 Seiten. Die Hambach-Stolte hat sich wirklich Mühe gegeben. Wer da alles interviewt wurde, Frau Berger, die Klassenlehrerin von Jonny, die Mitarbeiter von Idas Hort, die gesamte Familie von Levke, meine komischerweise nicht, diverse Psychologen und natürlich Levke und ich. Die Explorationen von Levke und mir sind schon interessant. Eigentlich eine Psychoanamnese von der Kindheit bis zum heutigen Tag. Levkes Exploration kommt schon echt scheiße rüber. Scheidungskind, vernachlässigt, einsam, unglücklich. Der Tod ihres Vaters, der sich wie mein Vater das Leben nahm. Von der Mutter verlassen, verantwortlich für ihre drei Geschwister, die sie mehr oder weniger allein, zusammen mit ihrer Oma aufziehen musste. Keine Zeit für sich, für Freunde, für Freude. Beruf als Friseurin aufgrund von Allergien eingestellt, Ausbildung zur Erzieherin vor der Abschlussprüfung abgebrochen und zur Krönung des ganzen Schlamassels: die schreckliche Ehe mit mir. Ein einziges Elend, ist ja kein Wunder, dass da nichts Gutes bei rauskommt. Diese Exploration hätte ich mal vor unserer Hochzeit in der Hand haben sollen. Ach was, ich hätte sie trotzdem geheiratet, ich habe sie ja schließlich geliebt und wollte ihr zeigen, wie schön das Leben sein kann. Meine Exploration liest sich da schon besser. Natürlich wird auf meiner Depression rumgeritten und auch der

Suizid von meinem Vater ausgekäst. Unterm Strich werde ich als fröhlich und tatkräftig beschrieben. Ich verfüge über ein erhebliches Talent, das Leben und den Moment in vollen Zügen zu genießen. Ich lebe im Hier und Jetzt, bin emotional überschießend und lebensfroh. Das kann ich so unterschreiben, obwohl die Umstände der letzten Monate meine Lebensfreude doch etwas getrübt haben. Das Lesen dieses Gutachtens fühlt sich aber so ähnlich an wie das Lesen der Strafakte. Wieder lese ich über meine Kinder, über das, was sie die letzten Monate erlebten. Ich lese wieder von Idas Tränen in der Kita, Jonnys Tränen in der Schule, seinen Tränen im Hort, die Tränen der Kinder bei ihren Psychologen. Wieder lese ich, wie sehr mich meine Kinder vermissen, ganz besonders Jonny. Aber wenn es nach der Hambach-Stolte geht, braucht es für uns drei nur noch etwas Zeit, um sich mit der neuen Normalität anzufreunden. Irgendwann werden alle Tränen geweint sein und das Geheule und das Vermissen hat dann ein Ende. Wenn die Seelen unserer Kinder durch das ständige Weinen ausgetrocknet sind und ich endlich aufgegeben habe, kann ihre Mutter unter dem Schutz des Familiengerichts ihr Scheißleben mit den Handpuppen, die mal unbeschwerte Kinder waren, ungestört weiterleben. Ja, das hättet ihr wohl gerne, ihr Pisser. Wird aber nicht so kommen. Ich werde diese Normalität nämlich nicht akzeptieren. Ich wollte meine Kinder immer vor allem Bösen beschützen, wollte für sie da sein, wenn sie traurig sind, sie trösten und sie stärken, ihnen zeigen, wie toll das Leben ist. Jeder, der meinen Kindern so viel Leid wie Levke zufügt hätte, würde kurze Zeit später erkennen, dass das ein großer Fehler war. Ich würde jedem, der solch Leid über meine Kinder bringen würde, erst zerschmettern und dann zur Rede stellen. Ich verspräche ihm, dass ich als Nächstes seine Familie und dann sein ganzes Leben zerstören würde. Niemand, der meine Kinder beschädigt, hätte eine Chance, ungestraft davonzukommen. Noch hat Levke, als Schwert gegen mich, meine Kinder in der Hand und hält die Kinder als Schild vor sich hoch, weil sie genau weiß, dass ich nicht auf dieses Schild einschlagen werde, aber irgendwann wird sie dieses Schild aus der Hand legen müssen. Dann Gnade ihr Gott.

Die Fragestellung bei dem Gutachten war:

„Es wird geprüft, ob es im Interesse der minderjährigen Kinder Jonny Hagen Twente, geb. 01.09.2004, und Ida Marie Twente, geb. 21.05.2008, notwendig ist, das Umgangsrecht des Kindsvaters auszuschließen oder einzuschränken. Falls die Sachverständigen feststellen, dass der Umgang zwischen dem Kindsvater und den Kindern dem Kindeswohl nicht entgegensteht, soll untersucht werden, wie dieser Umgang gestaltet werden kann."

Auf der letzten Seite, das Wichtigste steht immer auf der letzten Seite, steht dann folgende Empfehlung:

„Es wird als angemessen erachtet, die Umgänge für einen Zeitraum von einem halben Jahr weiterhin wie bisher stattfinden zu lassen, jedoch in einem 14-tägigen Rhythmus für je 90 Minuten und unter Begleitung. Diese Begleitung soll nicht als Überwachung, sondern als Unterstützung und Beratung des Kindsvaters dienen, insbesondere hinsichtlich der Wortwahl in den Briefen. Dieser Zeitraum wird als angemessen betrachtet, um sicherzustellen, dass Jonny und Ida sich therapeutisch weiter stabilisieren können. Nach Ablauf dieses Zeitraums wird eine schrittweise Ausweitung der Umgänge empfohlen, bis hin zu klassischen 14-tägigen Wochenend- und Ferienregelungen. Es wird dem Kindsvater geraten, zu seinem eigenen Schutz nach dem Wegfall der professionellen Begleitung die Kontakte anfangs nicht ohne einen weiteren Erwachsenen durchzuführen. Dies dient auch seinem Interesse, damit ihm nicht vorschnell misstraut wird, und im Falle von Auffälligkeiten der Kinder nicht sofort Skepsis entgegengebracht wird."

Herzlichen Glückwunsch lieber Herr Twente, liebe Kinder, das hätte auch das vergammelte Gemüse beim Discounter hinbekommen. Klartext, die Eltern sind erziehungsfähig, der Vater hat das Recht, die Kinder regelmäßig zu sehen, das nächste halbe Jahr insgesamt 18 Stunden – also nicht mal einen ganzen Tag in 182 Tagen. Allerdings nur, wenn die Mutter die Kinder zum Umgang bringt und man jemanden findet, der Zeit hat, den Vater bei der Wortwahl in seinen Briefen zu beraten und zu unterstützen. Die Hambach-Stolte hat doch einen Pfeil im Kopf. Ja und dann? Dann schauen wir mal, was wir für ein Verfahren anschieben müssen, welche Gutachterin was Schlaues schreiben muss, um die allmähliche Ausweitung der Umgänge stattfinden zu lassen. Was heißt überhaupt allmähliche Ausweitung? Ich habe ja gelernt, dass sofortiger Begleiteter Umgang mal locker zehn Monate dauert. Allmählich heißt dann wohl so zwei, drei Jahre. Sicher ist allerdings, dass sich Jonny und Ida, auch ohne therapeutische Hilfe, daran gewöhnen werden, dass sie keinen Vater mehr haben. Wollt ihr mich eigentlich verarschen? Was hat die Hambach-Stolte eigentlich aus ihrer über 40-Seiten-Explorationen gemacht? Außer viel Geschreibsel und Geschwurbel zu produzieren, um dann zu sagen, das ist jetzt zwar kacke, aber wir lassen das mal so und schauen uns das nochmal ein halbes Jahr an. Genau das haben wir ja schon ein ganzes Jahr gemacht und jetzt schauen wir mal, wie das allmählich weitergeht. Die Hambach-Stolte hat also vier Monate an diesem Gutachten geschrieben und nichts als Buchstabensalat und heiße Luft produziert und ist jetzt mal raus. Das ganze Gutachten ist eine einzige kalte, trübe Wortsuppe. Ich bin gar nicht wütend, ich kann darüber nur den Kopf schütteln. Dafür hat die doch bestimmt 10.000 Euro bekommen, also ich bezahle das nicht, nicht mal die Hälfte.

Beispiel: Bei einem meiner Häuser fliegt das Dach weg und mein Chef sagt, fahr da mal hin, schau dir das mal an und dann mach einen Vorschlag, wie wir das wieder heile bekommen. Nach drei Monaten fragt er mich, was denn jetzt eigentlich mit dem Haus ohne Dach geworden ist. Ich sage: „Ja, das Dach ist weg, das ist richtig. Ich denke, wir schauen uns das jetzt nochmal sechs Monate an. Die

Bewohner werden sich in dieser Zeit an die neue Normalität gewöhnt haben. Ich würde vorschlagen, dass wir den Bewohnern einen Gutschein für einen Besuch des Heideparks geben sollten, dann haben sie auch mal ein bisschen Ablenkung. In einem halben Jahr sollten wir allmählich mal einen Dachdecker anfragen, ob er vielleicht irgendwann Zeit hat, das Dach neu einzudecken." Das fände mein Chef bestimmt nicht witzig, die Bewohner des Hauses auch nicht. Ich finde das auf jeden Fall gar nicht witzig und meine Kinder erst recht nicht, aber wir sind ja noch in der Gewöhnungsphase. Ich fand ja Psychologie immer recht interessant, gibt ja wirklich nichts, was es nicht gibt. Psychologen fand ich auch immer ganz drollig, Psychologinnen irgendwie sexy, aber mittlerweile verachte ich dieses arbeitsscheue Laberpack nur noch.

Psychologenwitz: Stehen zwei Psychologen am Meer und schauen einem Mann beim Ertrinken zu. Der Mann geht unter, Blasen steigen auf, der Mann rudert wieder zurück an die Wasseroberfläche, schlägt mit den Armen um sich, gurgelt und geht wieder unter. Die Psychologen schauen sich an. Der Mann kommt wieder hoch, rudert wild mit den Armen, geht aber dann wieder unter. Die Psychologen schauen sich wieder wortlos an. Das Ertrinken wiederholt sich noch ein paar Mal. Dann taucht der Mann wieder kurz auf und schreit: „Hilfe, Hilfe, ich ertrinke!" Die Psychologen schauen sich an, sagt der eine zum anderen: „Siehste, jetzt hat er sein Problem erkannt."

Genauso mäßig sind die unterwegs. Ich habe zwei Therapien gemacht und bin jetzt reif für die Dritte. Meine alte Skinheadfreundin Dani hat bestimmt schon zehn Therapien gemacht. Bulimie, Magersucht, Drogensucht, Alkohol, Depression. Meine Technofreundin Eva hat mehrere wegen Angstzuständen absolviert. Nicht eine Therapie hat denen irgendwas gebracht, nichts, gar nichts. Lediglich Tavor, Citalopran, Mitrazapin, Amitriptylin und andere Pillen machten es erträglicher. Den Rest hat die Zeit geheilt, bleiben zwar immer Narben, aber die Zeit heilt. Mir und meinen Kindern aber kann nämlich kein Gelaber helfen. Bis dahin glaube ich weiter: Set und Setting muss geändert werden und das geht nur über Taten, nicht über Worte. Te U En – TUN, es gibt nichts Gutes, es sei denn, man tut es. Bei den Bullen haben wir immer geschrien „Ich kann nichts, ich bin nichts – gebt mir eine Uniform" – das war wohl etwas unfair. „Ich bin nichts, ich kann nichts, gebt mir einen Psychologen-Titel" – das passt besser. Es ist doch ganz einfach: Entweder ich habe Ida missbraucht, dann habe ich das Recht auf meine Kinder verloren, oder ich habe das nicht gemacht und Levke lügt. Ganz einfach. Da muss die Frau Psychologin halt mal Eier haben, sonst kann das Gericht ja gleich ein Orakel oder die Glaskugel befragen. Da kommt auch nicht mehr bei raus. Die Hambach-Stolte hat also mal kurz ihr Honorar abgegriffen und ist raus. Wer macht denn jetzt die zukünftigen Begleiteten Umgänge? Wer richtet denn so eine Umgangspflegschaft ein, die mich betreut und berät und wie lange dauert das jetzt wieder? Die blöde Kuh Hambach-Stolte hat aber im Gutachten immer und immer wieder auf meinen Briefen, meinen Kinderbüchern und meiner Weihnachtskarte rumgeritten. Ey Aller, hier steht sexueller Missbrauch im Raum und die blöde Kuh arbeitet sich an der Wortwahl in meinen Briefen ab. Mit meinen Briefen nerve ich sie alle richtig. Das werde ich die nächsten Jahre auf jeden Fall weitermachen.

Da das 44-seitige Psycholabergutachten von der feinen Diplom-Psychologin Frau Hambach-Stolte ja richtungsweisend sein wird (im Gegensatz zur Einstellung des Verfahrens durch die Staatsanwaltschaft gegen mich, begründet mit einer 150-seitigen Strafakte), sieht es ziemlich scheiße für mich aus. Der alte Scheiß zieht sich also noch bis zum Ende des Sommers und wie es dann weitergeht, steht in den Sternen oder sonst wo, wo niemals die Sonne scheint. Das muss doch irgendwie abzukürzen sein, das ist doch alles Wischiwaschi, Larifari, Firlefanz, nichts Konkretes. Da muss doch mal jemand ein Machtwort, im Namen des Volkes oder so sprechen.

Da wachsen gerade zwei Kinder ohne Vater auf, weil die Mutter nicht mehr alle Tassen im Schrank hat und keiner macht was. Wie bei der Strafakte und der Einstellung des Verfahrens. Da habe ich auch gedacht, jetzt wird alles gut. Eigentlich die gleiche Scheiße wie vor ein paar Monaten, nur nicht mehr so schlimm für mich. Der Mensch hasst Veränderungen, doch er gewöhnt sich sehr schnell daran. Mindestens noch ein halbes Jahr, eher ein ganzes, wie soll ich das nur aushalten? Ich warte seit einem Jahr auf Godot. Wie sollen das die Kinder aushalten? Die ganze Scheiße dreht sich doch nur um die Mutter. Komisches Rechtssystem, dabei habe ich darauf doch mal vertraut. Gott sei Dank habe ich genug zu kiffen und genug Weizenbier und Seroquel. Nächste Woche suche ich mir einen Psychologen und lass mir mal wieder feine Scheißegalpillen verschreiben. Ein Hoch auf die Schulmedizin in diesen gottlosen Zeiten. So genug aufgeregt, ich muss jetzt den Bewohnern im Haus ohne Dach sagen, dass sie falsch lüften und heizen, im Haus verschimmelt ja schon alles.

16.02.2014
- Ich muss das Gutachten akzeptieren, mehr war nicht drin – kotz
- Mir wird bewusst, was ich für tolle Freunde habe, die mich immer wieder auffangen, Levke hat die nicht
- Das Buch, das ich schreiben will und den Frühling als Hoffnung. Will endlich mal wieder eine Freundin
- Jobverlust droht, weil meine Firma abgewickelt wird

21.02.2014
- Briefe wieder voll in der Kritik, zu laut, zu lang, zu RTL2-Niveau, zu scheiße
- Einjähriges

- Muss einsehen, dass ich nach einem Jahr nichts gewonnen hab
- Selbstmordgedanken, es zu machen wie mein Vater
- Probetraining Boxen auf Frankas Empfehlung
- Ich werde bestenfalls Wochenendpapa, ich brauche Geld, eine Freundin
- Totale Aufgabe

28.03.2014
- Zensierter Kinderbrief vom Fußballspiel – da ich Bilder von der Pyrochoreo in den Brief gepackt habe, habe ich Straftaten verherrlicht. So ein Dünnschiss

DIE KARTOFFELFRAU

17.04.2014

Post von der Ratte. Da bin ich ja gespannt, was sich die Arschlöcher diesmal wieder ausgedacht haben. Bla bla bla, die üblichen Lügen, Dummheiten und Beleidigungen. Guter Wille der Mutter, Kindeswohl, mein Fehlverhalten, noch fünfmal Kindeswohl und noch dreimal Belastung. Gelaber und Geschwurbel. Denen fällt auch nichts Neues mehr ein. Ich könnte Galle kotzen. Die einzige Belastung ist die Schrottmutter und ihre Schergen. Die Schergen schlagen vor, damit es nach dem Ausstieg von der Hambach-Stolte weiterhin zu Umgängen kommen kann, jetzt eine neutrale Person namens Frau Hartmann-Dembele von der Stadtteileinrichtung „Die Spatzen" für die Begleiteten Umgänge einzusetzen. Erst die „Finken Frauen", jetzt „Die Spatzen", was kommt als Nächstes angeflogen, „die Möwe Jonathan"? Frau Hartman-Dembele ist von Beruf offiziell Familienbegleiterin. Familienbegleiterin, was ist denn das schon wieder für eine beschissene Berufsbezeichnung? Das ist bestimmt kein Lehrberuf. Das wird frau, wenn es zur Umgangsbegleiterin nicht reicht. Wie der Anstreicher, der nicht das Zeug zum Maler hat, wie der Jurist, der nicht das Zeug zum Anwalt hat. Alles Lappen, faule Säcke, Möchtegerns, was weiß denn ich. Familienbegleiter*innen, Spargelstecher*innen, Alltpapiersammler*innen, Hausierer*innen, Apfelsinenschäler*innen, Schattenparker*innen, alles keine Lehrberufe, alles Bezeichnungen für Aushifsjobber*innen. Na, Prost Mahlzeit. Ich würde Frau Hartmann-Dembele bestimmt nicht erlauben, mich oder meine Kinder zu begleiten. Alle kleinen Pisser und Pissflitschen, Umgangsbegleiter*innen, Familienbegleiter*innen, Kinderfürsorger*innen, Arschlecker*innen, die sich seit Monaten in mein Leben mischen, mein Leben und das meiner Kinder versuchen zu zerstören, machen diesen Job bestenfalls wegen des Geldes und weil sie zu blöd sind, um Aufschnitt zu schneiden und den an der

Fleischtheke beim Edeka zu verkaufen. Ich weiß genau, wie Frau Hartmann-Dembele aussieht. Ich bin nämlich ein Seher, ein Hellseher – auch kein Lehrberuf. Wenn nichts mehr geht, könnte ich ja immer noch Tarot-Karten legen, wenn ich die Übersicht über diese albernen Tarot-Karten hätte. Außerdem kann ich mich auf meine Vorurteile verlassen. Frau Hartmann-Dembele ist nämlich eine Kartoffelfrau. Der Begriff kommt ausnahmsweise mal nicht von mir. Sondern von Jones. Mit Jones habe ich ein paar Jahre in der Markthalle zusammengearbeitet. Ich habe damals in der Markthalle, einer 1000er-Konzertlocation am Hauptbahnhof, an der Tür gestanden. Nicht nur Türsteher, sondern auch Auf- und Abbau der Bühne und Bühnensecurity. Die Bands, die in der Markthalle auftraten, fand ich meist kacke. Rock, Hardcore, Hip-Hop – alles nicht meins. Aber ich musste nicht shouten oder rappen, sondern Tickets abreißen und den Laden sauber halten. Tagsüber im Büro arbeiten und nachts die Tür machen, das war natürlich nicht ohne. Aber da kommt Jones ins Spiel. Jones war Afrikaner wie aus dem Bilderbuch, 1,80 und 100 Kilo. Ich mochte ihn sofort, jeder mochte Jones. Jones hat immer gegrinst oder gelacht. Dann konnte man seine strahlend weißen Zähne sehen. Jones war ein beeindruckendes Muskelpaket. Wenn ich ihn zur Begrüßung umarmt habe, habe ich immer gedacht, ich umarme Mike Tyson. Das ist auch wieder so eine Sache. Viele Afrikaner müssen nur eine Hantel angucken und zack, sehen die aus wie Arnold Schwarzenegger. Ich Toastbrot quäle mich über Monate in der Muckibude, damit eigentlich gar nichts passiert – Neid! Jones hat immer den Notausgang bewacht. Dort konnte man Jones meist gar nicht sehen, außer seine weißen Zähnen. Da er aber immer gegrinst hat, konnte man sich an den Zähnen orientieren, wenn man Koks kaufen wollte. Jones stand also bei jedem Konzert immer am Notausgang und hat Koks verkauft. Gutes Koks, sehr gutes Koks. Man musste sich somit nie Sorgen machen, wo man kurz vor Arbeitsbeginn denn nun Koks herbekommt. Jones, die 24h Koks-

Tanke. Ich weiß gar nicht, ob Jones auch Koks genommen hat, ich glaube aber nicht. Sonst haben alle Koks genommen, also alle, die zu meiner Hood gehörten. War damals immer das gleiche Prozedere. Einchecken, Funken verteilen, wer steht an der Tür, wer macht den Graben, wer die Bühnensecurity. Dann ab zu Jones, Koks kaufen und ziehen. Zack, Bums, let it rock and let it roll. Es gab eigentlich nie Ärger an der Tür und wenn doch: Funkifunk, Jones, Ben, oder Wolle gerufen. Ben war noch breiter als Jones, auch 1,80, aber 110 Kilo, alles Muskeln. Wolle war allerdings der Mount Everest unter den Muskelbergen. Wolle hatte keine 1,80, aber bestimmt 130 Kilo. Da war natürlich auch ein büschen Fett dabei, aber Wolles Oberarme waren doppelt so dick wie meine Oberschenkel, nein, dreimal so dick, mindestens. Wolle war sogar schon im Fernsehen. Wolle hat bei diesen „Strongest Man in the World Challenges" mitgemacht und konnte einen 40-Tonner mit den Zähnen ziehen. Ben und Wolle waren immer am Essen, gesunden Krams, irgendwelche Müsli und Nudelgeschichten aus Tupperdosen. Jones habe ich nie was essen sehen. So war das damals. Die einen haben die ganze Zeit gegessen und die anderen waren auf Koks. Außer Jones, der hat einfach immer nur gegrinst. Klasse, geile Zeit. Ich wäre auch gern so breit wie Jones, aber ich möchte auch gerne Klavier oder Gitarre spielen können. Das dauert aber alles zu lange, bis es cool aussieht oder sich cool anhört. Lieber noch eine Line Koks, da fühlt man sich doch um einiges schneller cool, als jahrelang in die Muckibude oder zum Gitarrenunterunterricht zu gehen. Schließlich musste Jones auch von irgendwas leben. Ich schweife mal wieder ab. Das Thema war Kartoffelfrauen. Jones hatte eine Freundin, die ich aber nie kennengelernt habe. Ich glaube, die beiden hatten sogar ein Kind. Für Jones waren alle deutschen Frauen, die mit Afrikanern zusammen und etwas fülliger waren, Kartoffelfrauen. Wenn es Reggae-Konzerte gab, war das Motto an der Tür immer „Heute geht keine allein nach Haus." Das Publikum bei Reggae-Konzerten bestand immer zu glei-

chen Teilen aus coolen Afrikanern, Möchtegern coolen Weißbroten, politisch Korrekten und Kartoffelfrauen. Es gab auch immer hübsche, politisch korrekte Weißbrotfrauen. Die Kartoffelfrau lässt sich ziemlich genau und einfach beschreiben. Sie ist zwischen Ende dreißig, bestenfalls, und Ende vierzig, fünfzig meistens. Immer übergewichtig und hat meistens, komischerweise, schlechte Haut und der Schwerkraft und dem Altern geschuldet, Hängetitten. Das Haar grau gesträhnt und ohne jeglichen Schnitt, Wallawalla-Gewänder oder ganz schlimm, Shirts mit Reggaeaufdruck. Dazu gern noch einen Oberlippenbart. Birgitt lässt grüßen. Zusammengewachsene Augenbrauen, adipöse Wurstfinger, Barfußschuhe und süßlichen Körpergeruch, eine Melange aus Schweiß und Moschus. Kartoffelfrauen sind das Abtörnenste, was ich kenne. Aber auf jeden Topf passt ein Deckel. Wenn man nicht das Geld hat, um mit dem Bumsbomber nach Afrika oder Jamaika zu fliegen und sich einen gut gebauten, jungen Schwarzen an Land zu ziehen, dann geht man halt auf ein Reggae-Konzert. Was Afrikaner wohl wirklich von diesen Kartoffelfrauen halten? Vielleicht mögen sie die ja sogar ganz gern, aber vögeln wollen sie bestimmt lieber mit Beyoncé. Würde ich auch gern mal. Nur so nebenbei bemerkt.
Nun also Frau Hartmann-Dembele, die aufpassen soll, *dass ich meine Kinder nicht im 90-Minuten-Umgang missbrauche*. Besten Dank. Was für eine Scheiße. Nicht nur, *dass ich ein Kinderficker bin*, der sich seit Monaten mit Doppelnameninterlektuellen rumschlagen muss, jetzt auch noch eine Kartoffelfrau. Was kommt denn als Nächstes? Hannelore Kohl als Wiedergängerin fehlt noch in diesem Portfolio der Freaks und des Schreckens. Ach, eine Kartoffelfrau wuppe ich auch noch. Ich kann mich ja vorm ersten Treffen noch auf die Sonnenbank legen. Egal, in der Not frisst der Teufel Fliegen. Jetzt stehe ich vorm „Die Spatzen"-Stadtteilzentrum und bin mir ganz sicher, dass da kein Spatz oder Kolibri auf mich wartet. Eine Nacktmulle, bestenfalls angezogen, wird es sein. Mit von der Partie

ist auch ein Herr Katschubinsky. Herr Katschubinsky ist bestimmt so ein halbes Hühnchen, bei dem zum Rasieren ein Toastbraot und eine windige Ecke reicht. Für das Beisein von Herrn Katschubinsky wird von mir Verständnis erwartet, denn die Kartoffelfrau müsse sich vor eventuellen Übergriffen durch mich schützen. *Dabei missbrauche ich doch Kinder* und keine Kartoffelfrauen.

Tür auf und Bingo. Alle Vorurteile bedient. Natürlich sitzt da nicht Beyoncé, sondern eine Kartoffelfrau wie aus dem Bilderbuch. Wo ist die versteckte Kamera? Frau Hambach-Stolte war ja eine echte Respektperson, erste Liga. Das hier ist Kreisklasse, nein, Kneipenliga. Das ist auch kein Büro, das ist eine Musselbude. Meine Mutter würde sagen: „Wie sieht das denn hier aus? Wie bei Hempels unterm Sofa." Mir schlägt ein heißer, trockener Wüstenwind entgegen. Saharafeeling im Spatzennest. Viele Dicke haben es gern warm, habe ich gehört. Hier sind mindestens 28 Grad. Die Rumpelbude ist total überhitzt. Da kann doch kein normaler Mensch arbeiten. Ich würde hier nach zehn Minuten einschlafen. Dieses Buchenholzimitat-Büro mit verstaubten Kackpflanzen und Kinder- und Afrikabildern sieht aus wie eine schlechte RTL2-Kulisse aus dem Nachmittagsprogramm. Oh Gott, oh Gott, was erblicken meine bereits beleidigten Augen? Ein Poster der Kartoffelfrau mit ihrem mindestens hundert Jahre jüngeren Stecher, Herrn Dembele. Das wird nur noch durch ein Bild mit Trauerflor von Hugo Chávez getoppt. Osho bei Frau Bachmann-Meinicke und jetzt Hugo Chávez. Die haben doch alle einen Sockenschuss. Das kommt davon, wenn man zu lange mit dem Familiengericht zusammenarbeitet. Frau Hartmann-Dembele sieht hinter ihrem vermüllten Schreibtisch aus wie Jabba the Hutt. Kurze Begrüßung auf Afrikaans. Die Hartmann-Dembele erzählt mir, dass sie Levke und die Kinder schon seit einem Jahr betreut. Ach, daher weht der Wüstenwind, soviel zum Thema neutrale Person. Das kann ja heiter werden. Ich stelle mir vor, wie die Hartmann-Dembele Levke, Ida und Jonny betreut. Levke passt mindes-

tens zehnmal in Jabba the Hutt. Nicht nur, dass die beiden Kinder ihren starken, lustigen Papa verloren haben, jetzt sind sie auch noch ekligen, adipösen Grabbelwurstfingern von „Out of Space" (Prodigy) ausgeliefert. Das halbe Hähnchen, Herr Katschubinsky, der Westwall der Kartoffelfrau, stellt sich kurz vor, Peter Katschubinsky heißt er. Schön für ihn. Ansonsten steht er stumm und dumm in der Ecke rum, wie bestellt und nicht abgeholt. Alles scheißegal. Augen zu und durch. Ich verzichte auf das übliche Prozedere, behalte meine Vaterrolle und versuche gar nicht erst, irgendwas zu erklären oder gar mit Jabba the Hutt ins Gespräch zu kommen. Hier ist sowieso Hopfen und Malz verloren. Scheiß verdammte sechs Wochen habe ich meine Kinder nicht gesehen. Ich will nur Zeit und Ort für den nächsten, durch die Kartoffelfrau Begleiteten Umgang. Nachdem kein Gespräch zustande gekommen ist, verabschieden wir uns fünf Minuten später. Die Kartoffelfrau soll die Umgänge auch nur übergangsweise begleiten, bis das Gericht einen offziellen Umgangsbegleiter gefunden hat.
„Ja, dann sehen wir uns nächsten Mittwoch, 17:00 Uhr im Spatzennest – Danke und bis Baldrian." Ihr Opfer. Shake Hands und Good Bye. Nichts wie raus aus dem Brutkasten von Jabba the Hutt und Schnabelpeter. Was für eine Farce. Alles aufschreiben und später verfilmen lassen. Auf so eine Scheiße kommt doch kein Mensch. In was für einer Welt leben die beiden, die alle eigentlich? Die meinen das doch nicht ernst? Oder ist das alles ein Test? Ich meine, die glauben doch, dass ich ein Kinderschänder bin, der seine Tochter missbraucht hat. Levke hat ihnen doch bestimmt erzählt, dass ich obendrein noch ein Hooligan bin und zu Gewaltausbrüchen neige. Zum Schutz der Kartoffelfrau wird deshalb Schnabelpeter ins Zimmer gestellt. Wie soll der denn Jabba the Hutt vor Hagen Twente beschützen? Schnabelpeter hat bestimmt keine Dienstwaffe, wie die Wagner von der Kripo. Der raucht bestimmt nicht mal, weil er Angst hat, Krebs zu bekommen. Secret-Service-Schnabelpeter und

Kartoffelfrau-Hausmann-Dembele beschützen und begleiten also meine Kinder. Prost Mahlzeit und gute Nacht. Das ist doch alles nicht wahr. Was kommt denn als Nächstes? Begleiteter Umgang mit Dieter Bohlen und Til Schweiger, live auf RTL2 in der Sendung „Pädospecial"? Was soll's, nächste Woche sehe ich Jonny und Ida wieder, nur das zählt und ich freue mich schon jetzt wie Bolle drauf. Ist doch gut gelaufen, alles im grünen Bereich, der Adler ist gelandet, der Fuchs im Bau, der Braten in der Röhre, die Katze im Sack. Rein in den Kiosk, Weizi, Fluppe an, tief inhalieren, Prost. Worüber freue ich mich eigentlich? Toll, mit wie wenig man zufrieden ist, wenn man nichts mehr hat. Keine Zähne im Mund, aber La Paloma pfeifen.

05.05.2014
- Malte aus der Kita sagt, Ida ist wieder komplett die Alte
- Achtermann-Hilsberg hat mir verboten, einen Freiumschlag beizupacken, die Kinder sollen mir nicht schreiben – Frechheit
- Nur am Weinen – ich kann nicht mehr
- Meine Freunde verabschieden sich, haben wohl kein Bock mehr auf mein Gesabbel – ich auch nicht

LUKKE UND LYKKA AUF DER SUCHE NACH DER SONNE

Seit der ersten Verhandlung aufgrund des sofortigen Begleiteten Umgangs habe ich über 70 Briefe an meine Kinder geschrieben. Mindestens einen die Woche. Das Kinderbriefschreiben ist zu einer meiner schönsten Routinen geworden. Jeden Sonntag sitze ich am Küchentisch und bastele den Kinderbrief. Sonntag ist Brieftag. Meine Briefe sind mindestens drei Seiten lang, plus Ausmalbilder und Rätsel. Sie haben DIN-A4-Format. Auch der Umschlag ist immer reich mit Bildern und Fotos verziert. Rücklings kommt immer, mit Edding, ein großes, rotes Herz drauf. Ab Montag bin ich bereits auf der Suche nach neuen Themen. Mache ständig Fotos, die ich gedanklich im nächsten Brief sehe. Diese Fotos ergänze ich dann mit vielen Bildern aus dem Internet. Jeder Brief hat ein eigenes, anderes Thema. Die Inhalte sind immer positiv, lustig, um die Kinder vielleicht sogar zum Lachen zu bringen. Natürlich schreibe ich, dass ich sie vermisse, natürlich erwähne ich die Mutter und die Verfahren nie. Seit den Begleiteten Umgängen ist der Brief danach immer ein Rückblick des Treffens. Der Brief ist dann immer voll mit Bildern von uns, lachend und glücklich. Diese Briefe, dieses Schreiben am Sonntag ist für mich meine ganz bewusste Zeit mit meinen Kindern. Da muss ich nicht traurig an sie denken. Das Schreiben macht mich glücklich und ich bin immer so stolz, wenn der Brief fertig ist. Montags drucke ich dann alles auf der Arbeit aus und abends beklebe ich den Umschlag, packe die Süßigkeiten rein, Briefmarke rauf, fertig. Ein heiliger Moment. Dann wird der Brief ganz feierlich, mit einem Kuss, in den Briefkasten geworfen. Jeden Dienstag sehe ich Levke, in Gedanken, zitternd den Briefkasten aufmachen. Jeden Dienstag einen Nadelstich, jeden Dienstag versaue ich ihr den Tag, jeden Dienstag erinnere ich sie an ihre Schlechtigkeit, jeden Dienstag sieht sie, dass ich nicht aufgebe. Klar weiß ich, dass die Kinder die meisten Briefe nicht bekommen, weil die Mutter sie unterschlägt, den

Kindern diese kleine Freude nimmt. Wahrscheinlich frisst sie sogar selbst die Süßigkeiten, die nicht für sie bestimmt sind. Vielleicht sollte ich die nächsten Süßigkeiten mit LSD beträufeln. Ich muss an Sven denken. Wie witzig, Levke bleibt auf LSD hängen, aber das würde mir wohl heftig auf die Füße fallen. Sollten die Kinder wider erwartend doch die Süßigkeiten bekommen, würde das dem Kindeswohl bestimmt nicht dienen. Meine Fresse, was gab es schon Ärger wegen der Kinderbriefe. Der Inhalt dieser Briefe war niemals, nicht im Geringsten, böse. In keinem Brief habe ich Levke erwähnt. Jeder Brief war einfach nur schön, lustig und bunt. Wenn wir noch eine Familie wären und ich auf Montage, in der Ferne, arbeiten müsste, wären die Kinder jeden Dienstag nach Kita oder Schule voller Freude auf den Brief gewesen. Vielleicht hätte sie eine Routine gehabt, wer den Brief aus dem Briefkasten holen darf, wer ihn öffnen darf. Den Brief vom Papa.

Die Hambach-Stolte ist im Gericht auf mich losgegangen, weil sie fand, dass die Briefe unverantwortlich seien und meine Kinder belasten würden und sie somit in Konflikte bringen könnten. Nein, du blöde Kuh, meine Kinder freuen sich über jeden Brief und die Süßigkeiten. Nur ihre Mutter belasten die Briefe und Mutti gilt es ja zu schonen. Was in Gottes Namen spricht dagegen, dass Ida und Jonny erfahren, dass ich an sie denke, dass ich sie liebe und vermisse; dass meine Kinder erfahren, was ich auf der Arbeit, im Stadion und auf dem Birkenhof erlebe? Nichts, gar nichts, spricht gegen diese Briefe. Über Monate musste ich die Briefe von der Achtermann-Hilsberg querlesen lassen, nett gesagt. In Wahrheit war es eine knallharte Zensur. Schlimmer als in der DDR. Mir wurde verboten, Freunde in Briefen zu erwähnen, dann wurde mir sogar verboten, meine Familie zu erwähnen. Ein Brief über einen Stadionbesuch wurde komplett einkassiert, da dort Bilder von der Pyroshow zu sehen waren und ich somit Straftaten verherrlichen würde. Ein anderer Brief wurde verboten, weil auf einem Bild ein Bier auf dem Tisch stand und meine

Freunde zu sehen waren. Einer vom Birkenhof, der den Bau unseres Tipis zeigte, wurde einkassiert, da die Kinder traurig werden könnten, weil sie nicht dabei sein durften. Mir wurde vorgeworfen, dass die Briefe RTL2-Niveau hätten. Ja was denn, Ida ist fünf, Jonny ist neun Jahre alt. Wird eine politische Abhandlung über den Nahost-Konflikt erwartet? Die gute Frau Bachmann-Meinicke wurde vor versammelter Mannschaft im Gericht rund gemacht, weil sie den Kindern die Briefe zeigte. Natürlich haben meine Kinder vor Freude und Sehnsucht geweint, als sie das erste Mal nach Monaten ein Lebenszeichen von mir, ihrem Papa, bekamen. Aber die feinen Psychologendamen hätten es wohl gerne, dass die Kinder ihren Vater einfach vergessen. Levke und die Ratte Kleinfeld wollten tatsächlich per Gericht verbieten, dass ich diese Kinderbriefe schreibe. Doch der Antrag wurde abgelehnt. Hätte ich mich sowieso nicht dran gehalten, ihr Pisser. Frau Bachmann-Meinicke und Herr Kallert hatten seinerzeit empfohlen, kurzfristige Umgänge zu ermöglichen und dann besaßen sie noch die Frechheit, mich positiv darzustellen und Levke als das eigentliche Problem zu benennen. Daraufhin wurden beide massiv von Levke, der Ratte Kleinfeld und der Gutachterin Hambach-Stolte angegriffen. Frau Bachmann-Meinicke und Kallert haben nach diesen Angriffen zu mir gesagt, wenn sich alle so aufregen und so auf sie losgehen würden, dann sind sie sich ganz sicher, dass sie alles richtig gemacht haben. Genau so geht es mir auch. Jedes Verbot, jede Zensur meiner Briefe zeigt mir, dass ich auf dem richtigen Weg bin. Niemals werde ich aufhören zu schreiben. Genau das ist das, was mich stark macht, was mich immer weiter machen lässt. Je mehr Druck gegen mich, desto stärker werde ich. Ich habe durch die Selbsthilfegruppe gelernt, dass ein Umgangsverfahren lange, sehr lange dauert. Ein, zwei Jahre sind normal, drei Jahre nichts Besonders. Die Zeit ist leider auf der Seite der Mütter und des Helfersystems, die wollen, dass Kinder ohne ihren Vater aufwachsen. Väter können dieses Verfahren nicht kurz- oder mittelfristig im

Sinne der Kinder beenden. Die Mütter und das Helfersystem arbeiten damit, dass Väter irgendwann nicht mehr können, nicht mehr wollen, pleite sind und aufgeben. Aber ich werde nicht aufgeben. Ich werde das Kinderbriefschreiben nicht einstellen und ich werde auch den Kampf für meine Kinder nicht einstellen.

Ich bin wie der schwarze Ritter, in Ritter der Kokosnuss, der sich Artus entgegenstellt. Der seine abgehakten Arme und Beine nur als kleine Fleischwunden sieht. Ich werde mich aber nicht auf ein Unentschieden einlassen. Ich werde gewinnen, für Jonny und Ida werde ich gewinnen. Warum ich gewinnen werde? Weil ich nicht aufgeben werde. Die Schrottmutter, samt Ratte Kleinfeld, den sogenannten Kinderpsychologinnen (besser Mütterspychologinnen) und das Helfersystem können nicht siegen. Nur wenn ich sterben würde, könnten sie siegen, ihre Ruhe haben. Ich werde nicht aufhören, zu kämpfen und zu nerven. Im Kampf gilt, dass man nicht aufhören soll, wenn der andere am Boden liegt, sondern erst, wenn er nicht mehr aufsteht. Beim Boxen zählt man deshalb bis zehn. Wäre mein Umgangsverfahren ein Boxkampf, wäre ich in den ersten elf Runden schon elfmal zu Boden gegangen, aber jedes Mal nur angezählt worden.

Der Ringrichter würde sagen: „Gib endlich auf, schmeiß das Handtuch." Aber ich würde wieder und wieder aufstehen, blutüberströmt, grinsen und sagen: „Nö, ich kann noch, läuft doch bestens." Irgendwann wird die letzte Runde kommen. Das letzte Mal werden dann die Cuts über meinen Augen mit Adrenalin verschlossen, das Blut aus meinem Gesicht gewischt. Dann stürme ich in die Ringmitte, fühle mich ganz leicht und stark, dann schlage ich zu. Meine Rechte trifft den Gegner immer und immer wieder voll ins Gesicht. Mit der Linken schlage ich die Luft aus seinem Körper. Wenn der Gegner taumelt und stürzt, schlage ich in seinem Fall weiter mit voller Wucht in sein Gesicht. Der letzte Schlag ist der Ringboden, der seinen Hinterkopf erschüttert. Der Ringrichter muss nicht bis zehn zählen, der Gegner bleibt liegen, wie ein nasser Sack. Ich tänzle dann durch den Ring, schreie, recke meine Fäuste zur Decke, trommle mir auf die Brust. So wird es kommen. Ich bin zu zäh für euch. Ich werde gewinnen, weil ich niemals aufgebe. Das schwöre ich.

Die Ratte Kleinfeld hat am 29.09.2013 beantragt, dass meine Briefe nur noch im Beisein einer psychologischen Betreuung übergeben werden sollen. Dieser Antrag wurde abgelehnt. Als Anlage für dieses Gesuch hat er seitenlanges Geschreibsel und Geschwurbel von Levke über die „Übergabesituation" des ersten (!) Briefes am 07.09.2013 (das war dann ungefähr der zwanzigste Brief, den ich geschrieben hatte) eingereicht. Auszugsweise schreibt Levke:

Ein Brief von Hagen ist eingetroffen, den ich den Kindern übergebe. Nach einem kurzen Streit darüber, wer den Brief halten und öffnen darf, und wer ihn vorliest, übernimmt Jonny die erste Seite. Ein Lächeln breitet sich auf seinem Gesicht aus, und er zeigt sich erfreut. Er bittet mich, die zweite Seite vorzulesen, während er sich an mich kuschelt. Ida steht derweil vor dem Sofa und schaut über den Brief hinweg.
Ida: „Da Hagen, vier Fotos von Hagen. Da und da. Guck mal ... da und da, vier Fotos." Jonny ist den Tränen nahe. Er nimmt den Brief und löst sofort eines der Rätsel. Er fragt sofort, ob er auch alle anderen Rätsel lösen darf.
Jonny: „Wow, der erste Brief von Papa!! Schreibt er ab jetzt immer?"
Ida holt Papier und drückt den Wunsch aus, einen Brief an Hagen zu schreiben. Ich unterstütze sie dabei und verfasse: „Tante Lisi hat uns versprochen, dass sie uns Süßigkeiten schicken wird, es werden ganz viele. Deine Ida." Ida nimmt den Brief und schaut immer wieder die Fotos von Hagen an.

Ida: „Papa ..., ich will Papa kuscheln und küssen."
Dann nimmt sie die Fotos und fängt an, diese zu küssen.
Jonny ruft daraufhin: „Ich will Papa auch küssen! Ida, gib mir die Fotos!" Ida kreischt laut auf und nimmt den Briefumschlag. Sie hält ihn wütend in der Hand, festgekrallt und läuft rot an. Sie nimmt einen Stift und krickelt auf den Umschlag.
Ida fängt an zu schreien und rennt weg. Sie lässt nicht zu, dass Jonny den Brief bekommt. Jonny fängt an zu weinen. Ida ist jetzt völlig durch den Wind, ruft nur noch: „Ich will zu meinem Papa. Wo ist mein Papa? Kann ich zu seiner Arbeit? Ich will Papa!"
Sie kommt zu mir gelaufen, drückt sich in meine Arme und hält den Brief fest umklammert, immer noch murmelnd: „Ich will zu Papa, ich will zu Papas Arbeit hin." Als der Brief ihr kurz runterfällt, muss sie wieder anfangen zu weinen. Dann ruft sie nur noch: „Papa, Papa, Papa ..."
Jonny ist überfordert, setzt sich auf das Sofa und weint. Er fragt mich: „Darf ich auch zu Papas Arbeit gehen?" Ida spricht nun in ihrer Babysprache: „Hallo Papa. Hallo Papa, mein Schatz. Oh mein Schatz. Ich mag meinen Papa so lieb, oh mein Schatz, mein Schatz ..." Immer wieder in Schleife. Wieder fängt sie an, den Brief zu küssen. Sie hört nicht auf, „Papa" zu rufen. Es wird immer lauter. Jonny ist es jetzt zu laut, er geht in die Küche und sagt: „Ich kann es bis hier hören!"
Ida brüllt nur noch weiter, lässt mich nicht los, kuschelt ganz doll mit mir, während sie nur von ihrem Papa spricht.
Sie presst den Brief an ihren Bauch, nuckelt dabei und beruhigt sich langsam. Nach einer Weile schlage ich vor, den Brief jetzt beiseitezulegen. Ida schreit: „NEIN."
Sie erzeugt Kussgeräusche in der Luft, küsst den Umschlag mehrmals und verziert ihn mit Herzchen. Außerdem fügt sie ein Kärtchen hinzu, auf dem sie drei selbst gemalte Herzchen platziert. Während

sie malt, begleitet sie den Prozess mit regelmäßigen Kussgeräuschen und betont dabei immer wieder: "Ich liiiiiiiebe Papa."
Abends fängt Ida wieder an: "Ich will auf Papas Arbeit. Ich will endlich wieder meinen Papa sehen."
Ich frage, warum. Ida wird richtig böse: "Du sollst gehen! Lass mich in Ruhe! Sonst hole ich meine Schere und bring dich um."
Sie ist dabei ernst und wirkt entschlossen. Ich frage sie nochmal, sage ihr, dass es mir wichtig ist zu wissen, warum sie dorthin will. Doch sie sagt wieder nur: "Ich habe gesagt, du sollst gehen oder soll ich dich töten?"
Sie dreht sich um, fängt wieder an zu weinen und ich gehe.

Kein Wunder, dass die Mutter und ihre Mischpoke, die sie unterstützt, diese Briefe unterschlagen und verhindern wollen. Zu sehr halten die Briefe ihnen einen Spiegel vor ihre teuflischen Fratzen. Aber Levke interessiert das Leid, welches sie unseren Kindern zufügt, nicht, wie auch schon bei der gerichtsmedizinischen Untersuchung. Natürlich könnte alles sofort beendet werden, aber dafür müsste Levke ihren Plan aufgeben, mich zu vernichten, um unsere Kinder nur für sich allein zu haben. Die Briefe müssen weg, jeder Kontakt zum Vater verhindert werden. Irgendwann gewöhnen sich unsere Kinder daran, wie sich auch Levke daran gewöhnte, dass ihre Mutter sie verließ, dass ihr Vater nie Zeit für sie hatte und sich dann umbrachte. Was die Reaktion der Kinder auf die Briefe aber auch zeigt, ist, dass unsere Kinder in keinster Weise ihre Mutter für den Verlust ihres Vaters verantwortlich machen. Dass sie sogar denken, dass ihre Mutter den Vater zurückbringen oder sie zumindest zum Vater (seiner Arbeit) bringen könnte. DAS ist das Stockholm-Syndrom, das mir die Ratte Kleinfeld vorgeworfen hat. Was für eine elendige, niederträchtige, bösartige Melange aus Scheiße, Dummheit und Lügen. Was für ein Dreckshaufen, was für ein Abschaum, den

Levke da um sich geschart hat. Hinter dem sie sich versteckt. Aber Scheiße schwimmt bekanntlich immer oben.

Die Briefe sind mir aber nicht genug. Ich will größer, will „die" noch mehr provozieren, will den Kindern noch mehr zeigen, wie sehr ich sie liebe. Ich schreibe seit ein paar Wochen an einem Kinderbuch für die beiden. „Lukke und Lykka auf der Suche nach der Sonne." Eigentlich wollte ich ein Kinderbuch für Ida und Jonny kaufen, aber es gab nichts auch nur ansatzweise Passendes. Ein Buch über zwei Kinder, bunt, spannend und lustig, die stark, glücklich und frech sind, die an sich glauben. Die sich furchtlos dem Leben stellen, die stärker und mutiger sind als die Erwachsenen. Die auf ihr Herz hören und nicht auf das, was andere sagen. Ein Bilderbuch über Kinder, die einen Vater haben, dem sie vertrauen, der auch ihnen vertraut und ihnen Flügel verleiht. Eine Mutter kommt in diesem Buch nicht vor, warum auch? Der Inhalt war klar, ich musste mir nur noch eine Story ausdenken. Ich sehe glückliche Kinder, die in einem glücklichen Stamm aufwachsen. Ich sehe das heimelige Dorf, in dem sie leben, ihre Kindheit genießen und alles gut ist. Bis das Unheil über sie hereinbricht und die Sonne plötzlich nicht mehr aufgeht. Das Dorf und die einst glücklichen Bewohner versinken in Traurigkeit und Schlamm. Die Dorfschamanin befragt die Götter, was zu tun ist. Sie erfährt, dass nur ein Krieger, unversehrt, furchtlos und reinen Herzens, die Sonne zurückbringen kann. Doch keiner der Dorfbewohner kommt dafür infrage. Deshalb überträgt der Häuptling des Dorfes, Rehan diese gefährliche Aufgabe an seine zwei Kinder, Lukke und Lykka. Die beiden machen sich dann auf den Weg ins Abenteuer, schließen neue Freundschaften, überwinden einen großen, gefährlich aussehenden Drachen. Sie fliegen auf den Schwingen eines Adlers zur Sonne, um einen Sonnenstrahl von ihr zu bekommen und diesen ins Dorf zurückzubringen. Das Buch hat 40 Seiten und hunderte Bilder, die ich aus dem Internet kopiert habe. Schon beim Schreiben musste ich ständig weinen, weil ich Jonny und Ida sehe, weil ich so stolz auf die beiden bin. Schon jetzt freue ich mich auf die Angriffe der Mutter und ihrem Helfersystem auf dieses Buch. Freue mich darauf, wie sie mich, ob meines Buches, wieder mit Scheiße bewerfen werden. Dann weiß ich wieder, dass ich alles richtig gemacht habe. Ihr unterschätzt mich komplett. Ich werde brennendes Benzin sein.

06.05.2014
- BU im Spatzennest, Levke getroffen mit Finger in den Ohren, komplett irre
- Boxen war wieder super – endlich mal den Kopf frei

10.05.2014
- Kein Licht am Ende Tunnels
- Freude auf das Buch Lukke und Lykka
- Bin pleite

21.05.2014
- Ida hat Geburtstag, 6 Jahre, wieder ohne mich

22.05.2013
- Kleinfeld beantragt alleiniges Sorgerecht, wegen Weihnachtskarte, einem Märchen und einem Brief, dem fällt auch nichts mehr ein
- BU kurzfristig abgesagt – keine Räume, dabei wollte ich doch Idas Geburtstag nachfeiern

23.05.2014
- Boxen ist super, die einzige Ablenkung 3 x die Woche

26.05.2014

- Boxen, boxen, boxen
- Selbsthilfegruppe: Thorsten aus der SHG hat jetzt auch Missbrauch mit Kleinfeld an der Backe – unglaublich

30.05.2014
- Bin pleite

06.06.2014
- Endlich Sommer

11.06.2014
- Post vom Gericht. Herr Dankert wird offiziell als Umgangspfleger eingesetzt. Dankert ist von Beruf her Umgangspfleger. Endlich mal ein Profi und die Sicherheit, dass die Umgänge jetzt regelmäßig sicher stattfinden. Das Beste ist, dass seine Umgangswerkstatt nur ein paar 100 Meter von meinem neuen Zuhause stattfinden

20.06.2014
- Erster Sparring, brutal, Rippe kaputt, Schmerzen, aber leider geil
- Kinder ferner denn je

BOXEN

Wie nach jedem Training fragt Rolf: „Na, wer will in den Sparring?" Today is my day. Das Training lief super, ich habe noch Puste und heute will ich es wissen. Ein paar Hände gehen hoch und auch ich hebe das erste Mal meinen Arm. „Oh, Hagen, bist du so weit? Na dann, gegen Adam, macht euch fertig." Mein Herz schlägt bis zum Hals. Seit drei Monaten gehe ich zweimal die Woche zum Boxtraining beim FC Sankt Pauli. Schon nach dem ersten Training wusste ich, dass ich in den Ring wollte, in den Sparring.
Im Februar spazierte ich mit Franka um die Alster. Franka meinte, dass sie sich große Sorgen um mich macht und fragte mich, wie lange ich das Ganze wohl noch durchhalten werde. Na, das frage ich mich eigentlich seit über einem Jahr.
„Hagen, du musst dich mal ablenken, was machen, was dir Spaß macht, ein Hobby oder so."
„Sehr witzig, erstens lenke ich mich ab, mit Bier und Joints, zweitens macht mir nichts mehr Spaß und drittens habe ich kein Hobby, nie gehabt."
Ja, das ist leider wahr und traurig. Ich hatte noch nie ein Hobby, also so ein Hobby, so wie andere eines haben. Fußball, Handball, Schwimmen, Bücher lesen, ich schaue nicht mal gerne Fernsehen. Was haben sich meine Eltern Mühe gegeben. In meiner Kindheit war ich im Fußballverein, linker Verteidiger, grottenschlecht und ständig diese Hautabschürfungen von dem harten, roten, Grandplatz. Ich kann bis heute keinen Ball zehn Meter gerade schießen. In der Schule wurde ich, wenn überhaupt, immer mit als Letzter gewählt. Meistens habe ich in den Pausen den Anderen beim Kicken nur zugeschaut. Tennis habe ich auch probiert, war für 'n Arsch. In meiner Jugend war ich im Schützenverein, bin dort aber über das Luftgewehrschießen nicht hinausgekommen. Ich habe Rugby beim Polizeisportverein Hamburg gespielt, das war schon okay, aber einfach zu

viele Verletzungen. Ja, so traurig das ist, ich kann eigentlich nichts. Ich kann keinen Ballsport und auch keine andere Sportart. Ich kann nicht handwerkern und auch nicht an Autos oder Mopeds schrauben. Ich habe früher die Revell-Bausätze geliebt, aber keines vernünftig zusammenbekommen, geschweige denn so zu bemalen, wie sie auf der Packung aussahen. Ich bekomme keinen Nagel in die Wand, ich habe zwei linke Hände, mit zehn Daumen dran. Ich habe keine Ahnung von Musik und kann keine Platten auflegen. Ich kann nicht singen, nicht mal mitsingen, da ich mir die einfachsten Texte nicht merken kann. Ich kann nur langsam Brustschwimmen, kann weder hoch noch weit springen und schnell rennen kann ich auch nicht. Ich kann kein Autoradio einbauen oder irgendetwas Mechanisches reparieren. Ich kenne mich nicht, so gar nicht, mit Computern aus und hatte niemals Interesse an irgendwelchen Videospielen, obwohl ich stolzer Besitzer einer Atari-Konsole war.
Ich kann kein Holz bearbeiten oder damit irgendetwas bauen. Ich kann weder gut Motorrad noch gut Auto fahren und schnell fahren mag ich auch nicht. Ich kann weder nähen, basteln noch zeichnen. Aber ich kenne, egal, was es ist, immer jemanden, den ich fragen kann, ob er mir helfen kann. Weltmeister im Outsourcen. Ich kann aber Menschen zum Lachen bringen, Geschichten erzählen und blöde Bemerkungen machen. Ich kann viel Weizenbier trinken und ich denke, ich bin gut im Bett. Diese Skills helfen mir im Moment aber nicht weiter. Ich habe seit über einem Jahr keinen Sex gehabt und vermisse das noch nicht mal. Es ist ein einziges Trauerspiel.
„Hagen, es muss doch irgendwas geben, was du vielleicht mal ausprobieren wolltest, denk doch mal nach."
„Einen Dreier, aber selbst danach ist mir im Moment auch nicht so richtig ... Boxen!"
Ich bin groß geworden mit Rocky Balboa, ich bin groß geworden mit Muhammed Ali, alias Casius Clay. Boxen, live aus Amerika. Meine Eltern haben mich und meine Schwester regelmäßig sonn-

tagmorgens um vier Uhr zum Boxen geweckt. Dann haben Mama, Papa, Kerstin und ich in der Stube auf unserem Schwarz-Weiß-Fernseher Boxen live aus Amerika geguckt. Meine Mutter und mein Vater haben in ihren großen Sessel gesessen und meine Schwester und ich haben vorm Fernseher, mit Kissen auf dem Boden gelegen. Es war eine so tolle Zeit, nachts vor dem Fernseher. Auch ich habe meine Kinder nachts geweckt, wenn Boxen live aus Amerika kam. Auch sie liebten es. Man lebt, was man erlebt hat. Danke Mama, danke Papa, für diese schöne Erinnerung. Weiß auch nicht jeder, dass Mohammed Ali, bevor er zum Islam übergetreten war, Casius Clay hieß. Wir haben auf jeden Fall immer Mohammed Ali gegen Casius Clay gespielt. Dass das ein und dieselbe Person war, war uns scheinbar damals nicht klar. Na, da muss man ja auch erst mal draufkommen, als Zehnjähriger. Es gab ja noch kein Internet und es gab auch nur drei Programme plus DDR.

Außerdem habe ich in meiner Kindheit kaum fern geschaut, da wir ja die ganze Zeit draußen spielten. Boxen. Beim Boxen gibt es schmerzhafte Treffer. Dann sagt dann der Kommentator: „Oh, das sind schmerzhafte Treffer." Aber das macht den Boxern nichts. Das merkt der Boxer nämlich nicht im Gefecht. Ein Gefecht, so nennt der Kommentator einen guten Boxkampf. Neben den harten, schmerzhaften Treffern gibt es auch die Wirkungstreffer. Kommentator: „Oh, das war ein Wirkungstreffer, Hill torkelt, Klitschko schlägt nach, Hill geht zu Boden – Wirkungstreffer!" Ja, genau dafür stehe ich um vier Uhr morgens auf. Das ist eine Kindheitserinnerung, eine meiner schönsten Kindheitserinnerungen. Ich wünsche mir so sehr, dass auch Ida und Jonny schöne Kindheitserinnerungen haben werden. Bestimmt haben die beiden diese Erinnerungen schon, nur weiß ich nicht, welche es sind. Wie meine Mama und Papa es sicherlich nicht wussten, dass das nächtliche Wecken, um Boxen zu schauen, eine schöne Kindheitserinnerung für mich sein wird. Ich habe das ja damals auch nicht gewusst.

Also, auf zum Probetraining in die Boxhalle vom FC Sankt Pauli. Die Halle ist schön oldschool und abgeranzt. Das letzte Mal war ich in meiner Schulzeit in so einer Halle. Hier ist die Zeit stehengeblieben. Das grüne Linoleum, mit den Spielfeldern für Handball und Basketball drauf, die Basketballkörbe, die Holzbänke an der Seite, die Seile von der Decke; es sieht alles genauso aus wie vor dreißig Jahren. In der Umkleidekabine das gleiche Gedränge, der gleiche Geruch wie vor dreißig Jahren, die gleichen Holzbänke, die gleichen Haken für die Klamotten. Alles nette Leute, alle jünger als ich, egal, ich fühle mich hier sofort wohl. Natürlich bin ich nervös, ich weiß ja nicht, was auf mich zukommt. Ich bin immer ganz klein mit Hut, wenn ich irgendwo neu bin, die große Klappe und die blöden Sprüche kommen immer erst später. So um die dreißig Jungs und Mädels sind in der Halle. Es wird Basketball gespielt, jeder gegen jeden, einfach so zum Spaß. Ich fühle mich gar nicht fremd, toll, ein schönes Gefühl. Ich habe sofort das Gefühl, hier richtig zu sein und merke, dass ich ganz hier bin und nicht in Gedanken bei meiner Scheiße. Der Trainer Rolf, recht schmal, Glatze, sieht so gar nicht aus wie ein Boxer. Rolf pfeift einmal auf seiner Trillerpfeife und das Basketballspiel wird eingestellt. Alle stellen sich in einer Reihe auf. Oha, hier herrscht aber Disziplin, das mag ich. Kommando „Durchzählen" von Rolf. Wir zählen uns durch. „Alle gesund?" Alle nicken oder antworten mit „Ja". „Wer ist heute das erste Mal hier?" Ich und zwei andere heben die Hand. „Ihr kommt nach dem Training nochmal zu mir. Für euch, wir fangen hier pünktlich an. Pünktlich heißt, um 18:00 umgezogen in der Halle, für jede Minute später – zehn Liegestütze. Wer später als fünf Minuten kommt, muss sich nicht mehr umziehen und kann gleich wieder nach Hause gehen. Karsten, du warst wieder mal drei Minuten zu spät, runter auf den Boden und damit alle was davon haben, dreißig Liegestütze für alle." Krass, das ist ja wie bei Full Metal Jacket. Keiner meckert und Rolf zählt die Liegestütze, für alle. „Karsten, du machst das Aufwärmen." Das

Aufwärmen dauert fast 30 Minuten. Dabei läuft man die ganze Zeit im Kreis und der Körper wird vom Fuß aufwärts aufgewärmt. Füße, Knie, Hüfte, Oberkörper, Arme, die Hand und die Finger und dann durch Massage die Ohren, das Gesicht inklusive Nase und Kiefer. Zwischendurch immer wieder ein paar Sprints. Ich fühle mich wie Rocky, mein Kopf ist ganz frei. Ich habe das Gefühl, dass mein Kopf das erste Mal seit über einem Jahr frei ist. Beim Aufwärmen läuft Hip-Hop und tatsächlich „The Rocky Theme". Danach bauen wir gemeinsam den Boxring und drei Gestelle für die großen Boxsäcke auf. Alle sind schon ordentlich am Schwitzen, ich bin schon klatschnass. Das alles fühlt sich so gut an. Irgendwie bin ich seit langer Zeit mal wieder glücklich, nüchtern und glücklich. Nachdem wir alles aufgebaut haben, kommen wir wieder zusammen und Rolf erzählt uns, was heute im Training gemacht wird. Ich gehe seit diesem Montag jeden Montag und Freitag zum Training, mittwochs ist noch Laufgruppe. Aber das Beste ist, dass meine Scheiße schon beim Packen der Boxsachen aus meinem Kopf verschwindet. Ich lege mir schnell meine eigenen Boxsachen, Kampfhandschuhe, Trainingshandschuhe, Boxerstiefel, Zahnschutz und Bandagen zu. Nach dem Training bin ich immer so fertig, dass ich kaum noch gehen kann. Während des Trainings bin ich immer richtig glücklich. Ich lerne viel übers Boxen, über die Boxtheorie, die Boxphilosophie, ich lerne meine Hände zu bandagieren und ich lerne zu boxen, nicht zu prügeln, sondern zu boxen. Ich lerne, mit dem Oberkörper zu tendeln. Ich lerne, dass eine Faust immer das Kinn schützen muss, wer das nicht macht, runter, zehn Liegestütze. Ich lerne, dass man nur auf den Ballen stehen darf, wenn jemand während des Trainings auf der Ferse steht, runter, zehn Liegestütze. Es wird nicht viel geredet beim Training, wer redet, strengt sich nicht an. Das Schönste sind die Paarübungen mit Boxhandschuh und Zahnschutz. Den Zahnschutz trägt man übrigens nicht, damit einem die Zähne nicht rausgeschlagen werden, sondern damit sich die Zähne bei Kopftreffern nicht gegenseitig zersplittern – wusste ich auch noch nicht. Bei den Paarübungen wird nur getupft, also der Partner nur leicht berührt. Boxen ist der einzige olympische Sport mit Vollkontakt. Wir schlagen voll zu und wir schlagen ins Gesicht. Das ist für viele ein Problem, nicht für mich. Das Tolle beim Boxen ist die Einfachheit, was aber nicht bedeutet, dass es einfach ist. Bei all den anderen Kampfsportarten wie Karate, Ju-Jutsu, Ringen und sowas, gibt es immer Hunderte von Schlägen, Griffen und Bewegungen, meist noch mit asiatischen Bezeichnungen. Gruselig. Ich bin ja schon froh, wenn ich mir meine eigene Telefonnummer merken kann. Beim Boxen gibt es nur vier Schläge, die Gerade, als Cross oder Jap, den (Seitwärts)-Haken und den guten alten Uppercut, besser bekannt als Kinnhaken. Das war es auch schon. Das Ganze an den Kopf oder in den Körper. Das Einzige, was ich beim Boxen hasse, ist das Seilspringen. Ich habe das Seilspringen in drei Monaten kein bisschen gelernt und liefere dabei immer das Bild eines Bewegungslegasthenikers ab. Dabei sieht das bei den anderen so einfach und elegant aus. Bei mir sieht das aus wie der Kampf Mann-gegen-Seil, aber ausgelacht wurde ich nie. Am Ende des Trainings, wenn alle schon aus dem letzten Loch pfeifen, kommt das Highlight. Vier Boxer dürfen in den Sparring. Nicht nur tupfen, sondern voll zuschlagen, nicht abwechselnd mit Rücksicht, wie bei den Paarübungen, nein, im Sparring kann man zeigen, was man gelernt hat, dass man einstecken und austeilen kann. Ich könnte noch Seiten übers Boxen schreiben und wie gut es mir tut, aber ich fasse mich kurz, machen und einfach mal ausprobieren.

Ich mache mich fertig für meinen ersten Sparring. Ich fühle mich gut. Ich habe mich heute beim Training extra zurückgehalten, um noch Kraft und Kondition für meinen ersten Kampf zu haben. Mein Gegner Adam ist einen halben Kopf größer als ich, dafür bin ich breiter. Der Kämpfer mit der größeren Reichweite ist immer im Vorteil, da muss man halt erst mal rankommen. Ich bandagiere meine Hände fest und sorgfältig, die Boxhandschuhe schnüre ich fester als im Training. Dann kommt noch ein Lederhelm über den Kopf. Das ist zwar ungewohnt und schränkt das Sichtfeld ein, gibt aber auch Sicherheit. Wir sollen drei mal zwei Minuten boxen, hört sich wenig an, ist aber die Hölle. Einfach mal zwei Minuten auf einen Sandsack einschlagen, dann weiß man, wovon ich spreche, nur dass dieser Sandsack auch zwei Minuten auf dich einschlägt. Auf ins Gefecht. Adam und ich stehen in unseren Ecken und alle anderen um den Ring herum. Ich fühle mich wie Rocky, habe keinen blöden Spruch mehr im Kopf. Ich bin total ernst, super angespannt, nehme das Drumherum gar nicht mehr wahr. Tunnelblick. Rolf ruft uns in die Ringmitte. „Konzentriert euch, denkt daran, was ihr gelernt habt, wenn ich sage, Box, wird geboxt, wenn ich sage, Stopp, ist Pause, verstanden?" Wir nicken und klopfen uns mit den Boxhandschuhen ab. Krass, wie im Film. Wir gehen wieder in unsere Ecken. „Box!" Adam stürmt auf mich zu. Oh, der ist aber groß, so groß war der aber eben noch nicht. Ja, und dann werde ich verprügelt. Adam schlägt die ganze Zeit zu, gegen meinen Kopf und auf meinen Körper. Ich halte meine Deckung tapfer hoch und zusammen, aber immer wieder trifft er mich voll ins Gesicht. Schepper, Knall, Bums. Allerdings spüre ich weder Schmerzen noch Wirkung, und ich gewöhne mich an seine Schläge. Ich versuche, irgendwie diesem Trommelfeuer zu entkommen und auch mal zuzuschlagen, aber beides klappt nicht. Ich komme einfach nicht an Adam ran. Ich klammere. „Stopp." Rolf zieht uns auseinander. Adams Shirt ist blutverschmiert, woher kommt das denn? Das ist wohl meins. „Box" und Adam bearbeitet den Sandsack Twente weiter. „Break." Ich gehe in meine Ecke. Rolf kommt zu mir. „Schnupf aus." Er drückt mir ein Handtuch auf die Nase. Ach, daher kommt das Blut, jetzt schmecke ich es auch im Hals. Oh Gott, oh Gott, da waren die Augen wohl größer als der Mund. Das haben meine Eltern immer gesagt, wenn ich meinen Teller nicht aufessen konnte. „Hagen, willst du weitermachen?" „Ja klar, ich bin in Höchstform." Wir müssen beide lachen. „Okay, dann musst du aber auch mal anfangen zu boxen, beweg dich, Beinarbeit, tendel, beweg deinen Oberkörper, du kannst das doch." „Klar, mach ich!" Rolf geht zur Ringmitte. „Box." Adam stürmt wieder auf mich los, aber diesmal bewege ich mich. Mein Oberkörper schwingt und Adam trifft nicht mehr so oft, aber er trifft nach wie vor und ich ihn nicht. Ich klammere wieder oder ehrlich gesagt, ich halte mich an ihm fest, damit er mich wenigstens nicht so dolle hauen kann. „Stopp." Rolf rupft uns auseinander. „Box." Adam hat beide Fäuste unten und schnappt nach Luft. Ich schlage den perfekten Cross mit meiner Schlaghand, mein ganzer Körper hat sich in den Schlag gedreht. 80 Kilogramm kinetische Energie in den rechten Boxhandhandschuh geleitet. Kurz bevor mein Arm komplett gestreckt ist, schlägt meine Faust ungebremst in Adams Gesicht ein. Boom, voll ins Gesicht. Adam stolpert nach hinten und hält sich an den Ringseilen fest und schaut ganz verdattert. Ja, da siehst du mal, wie sich das anfühlt. Ich schlage die Linke mit voller Wucht in seinen Bauch und dann wieder zwei, drei Haken ins Gesicht. „Stopp." Ich lasse von ihm ab, die Menge johlt. Blut tropft aus meiner Nase, Adam, der wieder geradesteht, hat eine rote Gardine vor dem rechten Auge. „Wir brechen das jetzt hier ab, Hagen, Adam, das war Domboxen, das hat mit Boxen nichts zu tun. Ihr wischt jetzt den Ring sauber und dann ab unter die Dusche und tropft hier nicht alles voll." Blutverschmiert umarmen wir uns und kommen aus dem Grinsen nicht mehr raus. Was für ein Spaß. Endlich mal zurückgeschlagen, endlich mal gewonnen. Endlich mal keine Niederlage. Geht doch.

22.06.2014

- Die unglaubliche Sehnsucht nach meinen Kindern frisst mich auf

01.07.2014
- Frau Berger rückt von Levke ab
- Traurigster Geburtstag ever – 47 Jahre

07.07.2014
- In drei Wochen sehe ich meine Kinder wieder
- Mein Herz ist zerbrochen und ich gleich mit

23.07.2014
- Erster BU draußen aufm Spielplatz, seit 1,5 Jahren, Idas Geburtstag nachgefeiert

26.07.2014
- Verkauf Deichstraße über einen Makler innerhalb von 6 Monaten

06.08.2014
- Alles Scheiße, bin pleite
- Exposé Deichstraße – Tschüss Deichstraße – der schöne Garten verwildert, nicht bespielt

19.08.2014
- Psychotherapie – ich bekomme jetzt Paroxetin gegen die Angst und die Depression

20.08.2014
- Neues Märchen – Jonny sticht in See

- Aussicht auf 100.000 Euro, wenn die Deichstraße verkauft wird

01.09.2014
- Kaufvertrag 485.000 Euro Deichstraße
- Jonnys zehnter Geburtstag, wieder ohne mich

09.09.2014
- Eine Woche nicht gekifft und kein Bier getrunken

11.09.2014
- BU Jonnys Geburtstag nachgefeiert, war gut, Geschenke super angekommen
- Ida fragt, ob ich verliebt bin – schön wärs
- Angst, dass Levke mit den Kindern wegzieht
- Weitermachen, unterwerfen, aushalten, durchhalten

22.09.2014
- Paroxetin funktioniert – ich kann so viel kiffen, wie ich will

25.09.2014
- Endlich wieder BU – die Kinder haben meine Briefe nicht bekommen
- Jonny hat mir gesagt, dass sie aufs Land ziehen
- Totaler Zusammenbruch
- Info Umgang Dankert: 14-tägig, immer donnerstags je 120 Minuten, 16.10./30.10./13.11./27.11.

01.10.2014
- Deichstraße wird zum 01.12.2014 übergeben

04.10.2014
- Begeistert von Paroxetin – warum nicht viel früher
- 4 x die Woche Sport

09.10.2014
- Scheißwetter
- Warum? Ich habe doch nichts gemacht; immer und immer wieder, keine Hoffnung

13.10.2014
- Die Kinder ziehen in die Nähe von Bergen, Levkes alte Heimat in Niedersachsen, totaler Zusammenbruch, nur Wochenendpapa, bestenfalls
- Gegenwart und Zukunft dunkel
- Kein Papa mehr sein – Kinder sind jetzt physisch weg
- Davon erhole ich mich nicht
- Wieder konkrete Selbstmordgedanken – ich bringe mich mit Trockeneis um

16.10.2014
- Zustimmung Umzug
- BU in einem dunklen 8 m² Zimmer
- Vielleicht wird es schön für die Kinder auf dem Land
- Isolierung der Kinder – jetzt haben sie nur noch die Mutter, keine Freunde mehr

ISOLATION

Schlimmer geht immer. Auf die ganze Scheiße wird noch ein richtig großer Haufen draufgesetzt. Die Kinder ziehen aus Hamburg weg. Ich habe das ja schon immer irgendwie befürchtet, aber ich habe es einfach verdrängt. Wenn ich nicht dran denke, dann passiert das vielleicht auch nicht, war die Strategie. Was ungefähr so eine gute Idee ist, wie in einem schlechten Versteck beim Verstecken spielen die Augen fest zu verschließen, um nicht gefunden zu werden. Die Kinder ziehen in Levkes alte Heimat, nach Bergen in Niedersachsen. Na, wenigstens nicht ganz so weit weg. Natürlich habe ich Jayanna gefragt, ob ich das verhindern kann. Nein, kann ich nicht. Ein weiteres Verfahren würde nur Geld kosten und es gibt keine Aussicht auf Erfolg. Ich werde also, wenn überhaupt, Wochenendpapa sein. Nicht nur, dass ich Wochenendpapa sein werde, nein, da es keine Chance auf ein Wechselmodell geben wird, werde ich bis zu meinem Lebensende Unterhalt zahlen müssen. Mindestens die nächsten fünfzehn Jahre wird ein Drittel meines Einkommens an Levke fließen und das Kindergeld bekommt sie on top dazu. Dann hat Levke die nächsten fünfzehn Jahre jeden Monat mindestens 1.200 Euro extra, macht über 200.000 Euro in fünfzehn Jahren. Für Levke hat sich die Scheidung auf jeden Fall gerechnet und das Kinderkriegen erst recht. Als Frau muss man gar nicht einen reichen Mann heiraten, um sich die eigene Zukunft zu sichern. Eine Frau muss nur einen ganz normalen, durchschnittlichen Angestellten oder Arbeiter heiraten. Zwei, drei Kinder bekommen und sich dann scheiden lassen. Schon verdient eine Frau mehr als eine Friseurin, die in Vollzeit arbeitet und das, ohne das Haus zu verlassen. Gut für die Mutter, eher bitter für den Ex-Mann. Also nicht nur Augen auf bei der Berufswahl, sondern auch Augen auf bei der Partnerwahl. Drum prüfet, wer sich ewig bindet. Die Zahlungsverpflichtungen überdauern nämlich in der Regel die Partnerschaft um Jahrzehnte. Das finanzielle Problem

ist, durch den Verkauf unserer Bauernkate, bei mir allerdings sekundär. Durch das Verscherbeln meiner Heimat habe ich wohl demnächst 100.000 Euro auf dem Konto. Aber zu welchem Preis? Das Bauernhaus in der Deichstraße, in Finkenwerder, war mehr als ein Haus. Das war ein Traum, der in Erfüllung gegangen war. Ich habe oft mit Jonny auf unserer Terrasse gesessen und wir haben in den Garten geschaut. Ich zeigte dann auf den Zaun am Ende des Grundstücks und sagte: „Jonny, siehst du den Zaun da hinten? Alles bis zu diesem Zaun wird irgendwann mal dir gehören." Tja, da habe ich wohl etwas zu viel versprochen. Unser Zuhause wird zum 01.12.2014 an die neuen Eigentümer übergeben. Wir haben das Haus, mit 800 m² Grundstück, vor ziemlich genau zehn Jahren für 200.000 Euro gekauft. Wir konnten damals unser Glück kaum fassen, warum verkauft jemand so etwas Schönes, für so wenig Geld, warum verkauft man etwas so Schönes überhaupt? Wir haben immer gedacht: „Wo ist der Haken, was haben wir übersehen?"
Aber es gab keinen Haken. Wir hatten einfach nur Glück. Ständig hatten wir Glück. Glück, dass wir uns fanden, Glück mit unseren Kindern und dann Glück mit diesem Haus.
Der Teufel scheißt immer auf den gleichen Haufen, der Matthäus-Effekt. Dann haben wir noch einmal 50.000 Euro in die Kate reingesteckt und aus dem alten Haus ein kleines Designerstück gemacht. Wir bekommen jetzt für die Kate 485.000 Euro. Diese Kate hat also fast 300.000 Euro in zehn Jahren verdient. Das ist fast so viel, wie ich in zehn Jahren durch meine Arbeit verdient habe. Unglaublich. Neun von zehn Millionären haben ihre ersten Millionen durch Immobilien verdient. 300.000 Euro, nur durch ein paar Unterschriften auf Darlehns- und Notarverträgen. Ich kann nur jedem empfehlen, sich rechtzeitig Eigentum zuzulegen. Bei der Auswahl einer Immobilie gibt es nur drei Kriterien: die Lage, die Lage und die Lage. Ist also ganz einfach. Viele, gerade die Deutschen, schrecken vor dem Erwerb einer Immobilie zurück. Das ist aber total unbegründet. Ob

ich nun jeden Monat 1.000 Euro an einen Vermieter zahle oder an eine Bank, macht keinen Unterschied. Der einzige Unterschied zwischen Miete und Kauf ist, dass man nach 20, 30 Jahren Miete zahlen nichts hat. Beim Zahlen an die Bank hat man dann aber eine Immobilie und was das heißt, siehe oben. Viele sagen: „Ja, aber was ist, wenn ich den Kredit nicht mehr bezahlen kann?" Ja, dann verkauft man die Hütte halt wieder. Wenn man die Miete nicht mehr bezahlen kann, fliegt man ja auch aus der Wohnung. Das Risiko ist also eher klein. Wenn man 5.000 Euro Schulden bei der Bank hat, hat man ein Problem, wenn man 500.000 Euro Schulden bei der Bank hat, hat die Bank ein Problem, so einfach ist das. In der dreimonatigen Umbauphase war Jonny ein Jahr alt. Was haben wir an Blut, Schweiß, Zeit und Geld in dieses Haus gesteckt. Als wir im Winter einzogen, hatten wir keine Heizung, ein Standklo, keine Dusche, nur ein Waschbecken in der Küche. Aber wir waren so glücklich. Damals waren Levke und ich immer so glücklich. Ich habe meine Heimat das letzte Mal gesehen, als ich meine sechs Umzugskartons aus der Wohnung geholt habe, drei Tage, nachdem mich die Polizei aus dem Haus geleitet hat und Levke mit den Kindern im Urlaub war. Ich will das Haus auch nicht mehr sehen. Ich will es so in Erinnerung behalten, wie es war, wie es war, als noch alles gut war. Scheiß auf das Haus, scheiß auf die Heimat, wird alles überbewertet und das Schmerzensgeld ist ja ganz anständig. Ich habe die letzten Monate so viel Scheiße gefressen, dass es darauf auch nicht mehr ankommt. Jayanna hat gesagt, dass der Wegzug wohl was mit der Verhinderung des Wechselmodells in der Zukunft zu tun hat, aber das glaube ich nicht. Levkes Intention ist die Isolierung der Kinder. Die Kinder verlieren durch den Umzug ihr soziales Umfeld, alle ihre Freunde, ihre Schule, ihre Kita, ihre Nachbarn, ihre Heimat. Da die Kinder schon ihren Vater verloren haben, haben sie dann nichts, gar nichts mehr, was ihnen Halt und Freude geben kann. Dann haben sie nur noch ihre kranke Mutter. Dann sind sie Levke auf Gedeih und

Verderb ausgeliefert. Kein Trost mehr durch die Freunde in der Kita und in der Schule. Stattdessen müssen sie auf irgendeine unbekannte Dorfschule gehen und sich mit Kindern von Bauern und anderen Feldarbeitern rumschlagen. Das piefige Dorfleben leben. Das kann ganz schön sein, wenn man da aufwächst und nichts anderes kennt, aber wenn man aus der Stadt kommt, Zugezogener ist, dann ist dieses Dorfleben schon eine ganz andere, beschissene Geschichte. Ich weiß, wovon ich rede. Ich war fünfzehn Jahre alt, Dorfpunk und ich war anders als der Rest der Dorfjugend. Rasiertes Karomuster in den Haaren, Streifenjeans und Springerstiefel. Der Diakon der Kirche, Hans, hatte mich mal beiseitegenommen und gesagt: „Hagen, du musst irgendwann sehen, dass du hier wegkommst, du musst besser früher als später in die Stadt ziehen, dieses Dorfleben ist nichts für dich, hier verkümmerst du." Recht hat er gehabt. Meine Kinder sollen jetzt also mit der Schrottmutter auf dem Dorf verkümmern. Als wenn die letzten, vielen Monate nicht schon schlimm genug für die beiden waren. Allerdings heißt der Umzug auch, neues Spiel, neues Glück. Mittelfristig muss ich mich dann wohl mit einem Gericht in Niedersachsen rumschlagen. Neuer Richter, neuer Verfahrensbeistand, neues Jugendamt. So eine Scheiße. Die Kinder müssen in Zukunft aus Niedersachsen zum Umgang rangekarrt werden. Vier Stunden Fahrt, um ihren Vater für zwei Stunden zu sehen. Das wird doch nie was. Das wird alles noch schlimmer, als es jetzt schon schlimm ist. Gott sei Dank ist mein Paroxetin-Fallschirm schon aufgegangen. Seit August nehme ich Paroxetin, weil ich neben meiner Depression auch noch Angst bekommen habe. Das Paroxetin hat seine Wirkung nach ein paar Wochen entfaltet, die Angst ist wieder verschwunden und das Leben ist erträgbarer geworden. Seit ein paar Monaten kommt die ganze Scheiße nicht mehr so nah an mich ran. Das Schlimme ist zwar immer noch da, aber das sind nur Gedanken, weniger Gefühle. Ich kann so viel kiffen, wie ich will, werde high, aber nicht breit. Allerdings muss ich beim Trinken mehr aufpassen.

Schon nach ein paar Weizis reißt der Film bei mir. Auch nicht weiter schlimm. So aufgestellt, also mit Paroxetin, werde ich diese neue beschissene Herausforderung auch abarbeiten. Hätte ich das Paroxetin nicht, würde ich jetzt vielleicht aufgeben. Die Kinder werden den Umzug irgendwie verkraften und vielleicht gefällt ihnen das Landleben sogar. Wenn Kinder klein sind, ist es auf dem Dorf eigentlich schöner als in der Stadt. Ich muss mir die Sache schönreden, ich kann den beiden ja eh nicht helfen. Wie hält Levke das alles bloß aus? Ob die auch Paroxetin oder eventuell noch etwas Stärkeres nimmt? Nein, Levke würde niemals Psychopharmaka nehmen, maximal Bachblüten, die will ja krank sein. Levke trägt ihr Zerstörungswahn, ganz bestimmt sogar.

03.11.2014
- Freude über Paroxetin

06.11.2014
- Treffen mit Malte Kita / Mappe mit Bildern von Ida, auf allen Bildern ist sie traurig, ich bin es auch

10.11.2014
- Immer betrunken; ohne Paroxetin hätte ich mich umgebracht – nüchtern halte ich das nicht aus
- Erster Mailkontakt mit Marlain, viel Boxen und Sport

13.11.2014
- BU nur mit Ida, Jonny hatte keine Lust

27.11.2014
- BU mit Besuch in meiner Wohnung, mit Tanzen und Spaß zu SIDO und CRO
- Unterhalt auf 718 Euro ausgerechnet, mir bleiben 325 Euro zum Leben und ich sehe meine Kinder vier Stunden im Monat
- 1,5 Monate kein Gehalt wegen falscher Steuerklasse

04.12.2014
- Habe das Gefühl, mein Leben entgleitet mir komplett
- 1. Date mit Marlain – schnell verliebt
- Erste Weihnachtsgeschenke für die Kinder
- Weihnachts-BU 26.12. 120 Minuten lang
- Absetzen von Paroxetin
- 119.000 Euro Gewinn vom Verkauf der Deichstraße in Aussicht
- Termine BU von Dankert 11.12./26.12./8.01./22.01. je 120 Minuten 15–17 Uhr

11.12.2014
- BU mit Feuerwerk
- Gespräch mit Frau Lehmbach, die neue Lehrerin von Jonny – Jonny muss wohl 4. Klasse wiederholen, Empfehlung Hauptschule
- Weihnachtskarte Boxen Uppercut Ida und Knock Out Jonny

20.12.2014
- Demo „Flora bleibt", erster Kuss, ich schwebe, zwei Jahre Scheiße gefressen, wird jetzt alles gut?

25.12.2014
- Der alte Scheiß ist nur noch zu zehn Prozent in meinem Leben, der Rest ist Marlain

26.12.2014
- BU – Jonny will nicht mehr nach Hamburg, weil das zu anstrengend ist und Levke das auch nicht will – das ist aber vom Gericht beschlossen

01.01.2015
- Silvester im Juice bis 10:00

08.01.2015
- BU nur mit Ida, draußen kalt und tanzen in meiner Wohnung „Lieder"
- Jonny verweigert wieder den Umgang, Entfremdung klappt

16.01.2015
- Scheidungstermin, verkatert, Levke soll meinen Namen ablegen
- Finkenwerder, die Elbe ist verbrannte Erde, meine Heimat verloren, Kinder verloren
- Gott sei Dank Marlain gefunden

22.01.2015
- BU im Möbelhaus Kraft

12.02.2015
- Alles dreht sich um Marlain

- Kurzfristige spontane BU's, Jonny will nicht in meine Wohnung, weil Levke das nicht will, es geht also einfach so weiter

21.02.2015
- Schreiben von Jayanna – alle Verfahren abgeschlossen – sie schließt die Akten
- Zweijähriges

02.03.2015
- Bin schwer depressiv, wieder mal, Therapeut sagt, dass ist die innere Uhr – ja recht hat er, Zweijähriges und ich stehe mit praktisch Nichts da

05.03.2015
- Gespräch mit Frau Blumstad, Jonnys Therapeutin in Celle, Jonny ist seit zwei Jahren aus dem Gleichgewicht. Wenn Levke sagt, dass ich böse bin, ist das für ihn, als wenn sie zu ihm sagt, er sei böse, er ist ich, er hat keinen Papa mehr, auf den er stolz sein kann. Jonny verweigert den Umgang, die Schule. Ida hat ständig Bauchweh – Levke hat die Kinder kaputt gemacht, erst Ida, dann Jonny

17.03.2015
- BU beide Kinder, Seifenblasen, Spielplatz
- Levke scheißt auf alle und alles, Gutachten, Richter, Dankert, Bachmann-Meinicke, Kallert, weil keiner ihr ihre Grenze aufzeigt – Selbsthilfegruppe sagt, eine kleine Strafe würde reichen

18.03.2015
- Zustimmung Umzug war ein Fehler, aber ich hatte ja keine Wahl
- 6 Wochen habe ich gebraucht, um Idas Kita rauszufinden
- Die Kinder sind isoliert und allein mit der Paranoiapsychomutter

02.04.2015
- Jonny hat mal wieder BU verweigert

11.04.2014
- Aus mit Marlain

CHEMICAL ROMANCES

Im September letzten Jahres keimte in mir das Verlangen auf, wieder eine Freundin haben zu wollen. Ich habe immer gerne eine Freundin gehabt, ich bin nämlich ein Beziehungsmensch. Ich mag das, zu zweit zu sein. Leider ist es nun schon sehr lange her, dass ich richtig glücklich zu zweit war. In den letzten Jahren mit Levke war ich ja nicht mehr so richtig glücklich zu zweit, außer zu Weihnachten, da habe ich es doch so gefühlt, wie früher. Aber die Kinder waren da, das schöne Zuhause, ein guter Job und ich war ja zufrieden mit Levke, zwar nicht immer glücklich, aber zufrieden. Wir waren ein gutes Team, man kann nicht alles haben. Ich hatte auch die Hoffnung, dass es mit Levke irgendwann mal wieder so schön wird, wie es einmal war. Die Realität hat mich allerdings eines Schlechteren belehrt. Wenn ich ehrlich bin, war ich seit vier, fünf Jahren nicht mehr so richtig glücklich mit Levke. Irgendwann gab es zwischen Levke und mir keine Nähe, keine Zärtlichkeiten und fast keinen Sex mehr, wir waren irgendwie nur noch Arbeitskollegen im Familienunternehmen Twente. Kinder, wie die Zeit vergeht.

Ich hatte oft lange Beziehungen. Mit meiner ersten Jugendliebe Christiane war ich über zwei Jahre zusammen. Das Besondere war, dass wir in dieser Zeit nicht einmal miteinander geschlafen haben. Das ist zwar kaum vorstellbar, aber das war so. Ich bin halt ein Gentleman und ich kann warten. Damals wusste ich natürlich auch nicht, was ich verpasse und knutschen und fummeln war für mich scheinbar ausreichend. Christiane ist nach unserer Trennung dann mit Carsten zusammengekommen und der hat gleich damit geprahlt, dass er mit ihr geschlafen hat. Da war ich natürlich schon sehr enttäuscht. Der eine sät, der andere erntet. Erst mit zwanzig Jahren habe ich das erste Mal mit einem Mädchen geschlafen, Spätzünder halt. Danach war ich zwei Jahre mit Nina zusammen. Bis dahin war das alles irgendwie drollig, Blümchensex, schön, aber im Nachhinein betrachtet eher langweilig. Ich glaube, die meisten Menschen haben eine langweilige Beziehung und langweiligen Sex. Irgendwann hat man dann nur noch eine langweilige Beziehung und gar keinen Sex mehr. Komischerweise läuft das immer so. Ich kenne keinen Mann, der zwei, drei Jahre mit der gleichen Frau zusammen ist und immer noch vom Sex mit dieser Frau schwärmt. Keinen einzigen. Egal, ob verheiratet, mit oder ohne Kinder, keiner hat nach zwei, drei Jahren noch schönen, heißen Sex. Ob Frauen das auch so sehen? Warum ist das so? Dabei ist Sex doch sowas Tolles, Sex macht Spaß und kostet nichts, warum wollen Frauen diesen Spaß nach ein paar Jahren nicht mehr haben? Klar, dass nach ein paar Jahren der Reiz des Neuen weg ist, ist ja normal. Wenn man einen neuen Wagen hat und der Wagen auch irgendwie ein Traumwagen ist, wie die Partnerin mal die Traumfrau war, dann sitzt man zu Anfang auch in diesem Wagen und dieser Wagen macht einen richtig glücklich.

Irgendwann ist dieser Wagen aber dann nur noch ein Fortbewegungsmittel und Kostenfaktor und der Glanz der ersten Zeit ist verschwunden. Es ist immer wieder das gleiche Spiel. Am Anfang fällt man regelmäßig übereinander her, später nur noch mäßig und dann gar nicht mehr. Zu diesem Zeitpunkt tritt dann das Phänomen ein, dass Frauen nur noch Liebe machen wollen, wenn ein sehr langes Vorspiel stattgefunden hat. Mit Vorspiel meine ich allerdings nicht fummeln und knutschen, sondern zunächst eine längere harmonische Zeit, so ein, zwei Wochen. Die Wohnung muss aufgeräumt sein, ein kleines, überraschendes Geschenk und wenn es nur Blumen sind. Frauen und Blumen, das verstehe ich auch nicht. Wie sehr sich Frauen über Blumen freuen. Ich habe Levke eigentlich jede Woche Blumen geschenkt, hat bei Levke aber so gar nicht den erhofften Erfolg gebracht. Wie geht der Spruch der Blumenbranche? Sag es mit Blumen, schenke ihr Nelken, ihre Liebe wird nie welken, schenke ihr Rosen und sie geht dir an die Hosen – na, dann nehme ich einen Strauß Wicken. Ich glaube, die Freude an Blumen, also den mitgebrachten Blumen, hat ihren Ursprung in der Steinzeit. Damals, als die Frauen Kinder und Feuer hüten mussten und die Männer nach tage- oder wochenlanger Jagd wieder ins Lager zurückgekommen sind und Fleisch dabeihatten, hatten die Männer unterwegs bestimmt auch Obst, essbare Wurzeln oder sonstiges Grünzeug, vielleicht sogar Blumen gefunden und mitgebracht. Natürlich war die Freude bei der Wiederkehr immer groß. Dadurch, dass der Mann überhaupt lebend und mit Beute zurückgekehrt ist, war schließlich das Überleben aller wieder für einige Zeit gesichert. Diese Freude des gesicherten Überlebens bestimmte über 200.000 Jahre das Leben der Frauen. Da bleibt natürlich etwas hängen, das ist sozusagen eine Urfreude, die sich im Gedächtnis eingebrannt hat. Durch die rasante Entwicklung der Menschheit in den letzten zwei, dreitausend Jahren und vor allem in den letzten ein, zweihundert Jahren und die Einführung von Supermärkten und Blumenläden war diese Freude jederzeit verfügbar und somit obsolet.

Vielleicht sollte ich, um das Steinzeitgedächtnis zu triggern, statt Blumen mal einen erlegten Feldhasen mit zu einem Date bringen. Zurück zum Vorspiel, also Harmonie, erledigte Frontdienste, wie zum Beispiel Behördengänge erledigt, Urlaub gebucht, die Garage aufgeräumt und die seit Jahren aufgeschobenen Kleinreparaturen ausgeführt. Dann eine Einladung zum Essen, zurück in die warme, aufgeräumte Wohnung, mit frisch bezogenem Bett, das Konto im Plus, der obligatorische Strauß Blumen und dann darf auch mal wieder gevögelt werden, nachdem vorher ein Handtuch untergelegt wurde. Der Mann würde das aber eigentlich lieber genau andersrum machen. Erst ordentlich vögeln, ohne Handtuch drunter und dann geht das oben genannte Vorspiel ohne Druck und strategischer Aufstellung leicht von der Hand. So findet man aber leider nicht zueinander. Schade eigentlich, könnte doch so einfach sein, ist es aber nicht. Aber genau so läuft es eigentlich immer. Es sei denn, man verlässt die ausgetretenen Sex- und Beziehungspfade und verändert Set und Setting komplett. Ich denke, um wirklich regelmäßig guten Sex, eventuell langfristig guten Sex zu haben, gibt es vier Möglichkeiten. Mann verzichtet auf lange Beziehungen, also kein Marathon mehr, nur noch Sprints, Affären. Langfristig gesehen bringt einen das aber nicht weiter. Irgendwie bleibt man dann doch allein, steht auf der Stelle und sowas wie ein schönes WIR, Kinder, ein gemeinsames gelingendes Leben, wird es nicht geben. Ich glaube, das ist die Sache nicht wert. Zweite Möglichkeit wäre eine offene Beziehung, aber das ist ja auch nicht jedermanns Sache, meine zumindest nicht. Ich habe die dritte Möglichkeit gewählt. Partydrogen und später Partydrogen in Verbindung mit Techno. Alle meine Beziehungen, nach den Blümchenbeziehungen, die kurzen wie die langen, waren „Chemical Romances". Nach dem Rausch von Koks, Speed oder Ecstasy kommt im Nachgang, in der After Hour, der Sexrausch. Wer das noch nicht erlebt hat, kann sich das auch nicht so richtig vorstellen; wer dabei war, weiß, was ich meine.

Allerdings ist die „Chemical Romance" auch keine langfristige Lösung. Auch mit Levke war es anfangs eine „Chemical Romance", die mir bekanntermaßen seit Längerem um die Ohren fliegt und mein Leben zerstört. Grundsätzlich taugen also auch „Chemical Romances" nicht als Fundament einer glücklichen Beziehung. Wie auch Drogen bestimmt nicht der Garant für ein gelingendes Leben sind. Aber wenn man jung ist, sieht man das halt nicht so. Ich bereue es auf jeden Fall nicht. Wahrscheinlich wird Sex sowieso überbewertet. Mein alter Freund Rudi hat immer gesagt, dass das mit dem Sex irgendwann, so ab 50, 60 Jahren, nicht mehr so wichtig ist. In diesem Alter sinkt der Testosteronspiegel und die Sexdemenz setzt ein. Na, keine zehn Jahre mehr und ich habe eine Sorge weniger. Eine letzte Möglichkeit für zuverlässigen, guten, heißen Sex ist es, eine Frau kennenzulernen, die auch immer Lust auf Sex hat, also eigentlich einen Mann. Es geht ja aber jetzt nicht primär um Sex, sondern um Liebe, bestenfalls. Das lange verloren gegangene Gefühl des Verliebtseins würde auch erstmal reichen. Die letzten eineinhalb Jahre hatte ich für die Liebe den Kopf nicht frei. Für Sex, wenn auch nur allein, hat es aber irgendwie noch gereicht. Es sei denn, ich musste mit Tablettenunterstützung meine Depression und jetzt neuerdings auch noch meine Angst im Zaum halten. Seit August 2013 nehme ich Paroxetin. Denn neben meinen allgemeinen Gefühlen der Verzweiflung, Ohnmacht, Traurigkeit und Verbitterung, die ja nun fast zwei Jahre meine steten und zuverlässigen Begleiter sind, gesellte sich im Sommer „Angst" dazu. Was für ein unangenehmes Gefühl. Angst, nicht vor einer Schlägerei, Schimpfe oder davor, erwischt zu werden. Nicht das Gefühl der Verzweiflung, der Ohnmacht, der Traurigkeit, der Kraftlosigkeit, nein, Angst, pure, grundlose Angst ohne Projektion. Meine Freundin Eva aus Berlin, die zweijährige Beziehung vor Levke, hatte neben vielen anderen Macken auch Angstzustände. Ich habe Eva damals 1999 im TUNNEL kennengelernt. Ich war wieder mal total breit am Durchdrehen im TUNNEL, als sie plötzlich vor mir stand. Abrasur, kräftig, wunderschön. Ich war sofort schockverliebt. „Chemical Romance", mal wieder. Wir haben dann bis in den Morgen getanzt und gefeiert. Den nächsten Tag durchgevögelt und dann hat sie mich am darauffolgenden Tag mit nach Berlin genommen. Berlin. Der kleine Hagen aus dem verschlafenen Hamburg bildet einen Brückenkopf in Berlin. Eva war politisch links, sehr links. Eva hat mich politisch gedreht. Danke dafür. Eigentlich hat eine Schocktherapie mit einem Besuch von Auschwitz im Winter dafür gereicht. Gedenkstätten sollte man immer im Winter besuchen, am besten im T-Shirt, ohne Schuhe. Was haben wir damals bloß getan, welch eine Schuld auf uns geladen. Ich weiß noch, wie wir in der Kreutziger Straße ankamen. Die Kreutziger Straße in Berlin ist das, was die Hafenstraße in Hamburg ist. Natürlich hat Eva in einem besetzten Haus gewohnt. Eine Wohnung mit 140 Quadratmetern und einem Kohleofen in jedem Zimmer, sowas hatte ich auch nie gesehen. Wir also in der Kreutziger geparkt und ausgestiegen.

In riesengroßen Buchstaben stand quer übers Haus: „Wolfgang Grams, das war Mord". Ich habe Eva gefragt: „Wer ist denn Wolfgang Grams?" „Ach, mein kleiner Hagen, du musst und wirst noch so viel lernen." Wie recht sie hatte. Dann haben wir gefeiert, aber wie! Hamburg, TUNNEL, CLICK, UNIT, PHONODROME das war ja schon heftig. Dann aber der TRESOR, das war nochmal eine ganz andere Nummer. Wie das kleine Einmaleins und das große Einmaleins. Der TRESOR war damals der Technoclub Nummer eins, weltweit die Nummer eins. Wir mussten nicht einmal Eintritt zahlen oder uns anstellen. Das kannte ich ja schon aus Hamburg. Eva hatte also Angstzustände und war sogar während unserer Beziehung in stationärer Therapie. Ich habe das damals nie verstanden. Wie kann man Angst haben, ohne zu wissen, wovor? Das ist ja wie Durst zu haben, obwohl genug zu trinken da ist. Jetzt weiß ich, wie sie sich damals gefühlt hat. Schrecklich. Angst zu haben ist noch schlimmer als Depressionen zu haben. Ich weiß, wovon ich rede. Die Depression kommt ja meist noch on top dazu. In meinem Fall kam die Angst on top zur Depression. Das Einfachste, um eine große Sorge loszuwerden, ist eine noch größere Sorge. Die Angst hat sich irgendwann im letzten Sommer in mein Leben geschlichen. Zunächst nur ein neues, unangemessenes Gefühl, nicht definierbar, aber unangenehm. Noch heftigere Gedankenkreise, also nicht nur die alten, sich ständig wiederholenden, nicht enden wollenden Gedanken, die zu nichts führen. Natürlich am schlimmsten vorm Einschlafen. Diese Gedanken konnte ich ja mit Seroquel beenden, nicht aber dieses unangenehme Gefühl, das ich zunächst gar nicht einordnen konnte. Bald hatte das Kind aber einen Namen. Angst. Meine Hände haben ständig gezittert. Tremor. Ich habe ständig mein Herz drückend, pochend gespürt. Hatte immer das Gefühl, dass ein Zementsack auf meiner Brust liegt. Ständig habe ich gedacht, dass ich irgendwas verloren hätte. Den ganzen Tag habe ich Schlüssel, Handy, Portemonnaie gesucht, obwohl immer alles da war. Diesen Tick habe ich allerdings immer noch. Ich hatte ständig das Gefühl, beobachtet oder erwischt zu werden, Fehler zu machen. Dieses Gefühl wurde von Woche zu Woche schlimmer, genau wie das Zittern meiner Hände. Ich habe mir dann einen Psychologen gesucht, einen Mann mit einem Rezeptblock und ihm die allgemeinen und neuen bedrohlichen Umstände geschildert. Daraufhin hat er dann in seinem großen roten Buch geblättert. Es gebe zwei Pillen, die mir helfen könnten. Sehr kurzfristig TAVOR – Tavor besiegt die Angst oder PAROXETIN, soll auch die Angst besiegen, braucht dafür aber etwas länger. Da ich ihm leider von meiner hohen Affinität zu Drogen erzählte, wurde es Paroxetin. Ich hätte natürlich lieber Tavor gehabt, aber in der Not frisst der Teufel auch Paroxetin.

Nachdem ich vier Wochen Paroxetin genommen hatte, hatte sich die Angst so gar nicht zurückgezogen und das Zittern war eher noch schlimmer geworden. Ich brauchte damals nicht mal mehr eine elektrische Zahnbürste. Ich brauchte nur eine normale Zahnbürste in meinen Mund zu halten und konnte dann meine Zähne sauber zittern, wenn die Zahnpasta nicht schon vorher von der Zahnbürste gezittert wurde. Hinzu kam noch ein fieser, juckender Hautausschlag zwischen meinen Fingern und ständiges, fieses Schwitzen. Als wenn das nicht alles schon schlimm genug wäre, fing ich auch noch an zu stottern. Nicht richtig schlimm, aber auffällig. Was für ein Haufen Elend. Eines Morgens bin ich dann aufgewacht und alles war weg. Alles Unangenehme, das Zittern, das Jucken, das Stottern und vor allem die Angst, alles weg. Wie weggeblitzt. Unglaublich. Abends noch zitternd, schwitzend, stotternd und mit einem Sack Zement auf der Brust, ängstlich ins Bett geschlichen und am nächsten Morgen aufgewacht und die Ruhe selbst. Was für ein Geschenk,

ein dreifaches Hoch auf die Pharmaindustrie. Ich weiß noch, wie ich total ungläubig auf meine Hände schaute. Gerade ausgestreckt, schwebten diese ganz ruhig vor mir. Toll. Meine Lunge konnte wieder Luft einziehen, ohne von dem Zementsack auf meiner Brust zusammengedrückt zu werden. Aber vor allem war die Angst weg. Ich war wieder der Alte. Auch meine Depression freute sich darüber. Endlich hatte auch sie wieder ihren angestammten Platz, was aber halb so schlimm war, damit konnte ich leben, denn die Depression war nicht mehr so mächtig. Aber kein Vorteil ohne Nachteil. Ich musste schon einen sehr hohen Preis zahlen. Totaler Verlust der sogenannten Libido. Mein Fortpflanzungsorgan hatte sich bereits nach wenigen Tagen Paroxetin abgemeldet. Noch nicht einmal eine Morgenlatte war mehr am Start. Genau wie ich vor Kurzem noch meine Hände nicht vom Zittern abhalten konnte, konnte ich jetzt meinen Schwanz nicht mehr dazu bewegen, sich geradezumachen.
Aber nicht nur das, auch in meinem Kopf gab es kein Verlangen, keine Gedanken mehr an Sex und das mir, unglaublich. Am Anfang, also die ersten vier Wochen, bis vor diesem Morgen, empfand ich das als sehr schlechten Deal. Die Situation hatte sich definitiv verschlimmbessert. Ich hatte nach wie vor Angst und Zittern, aber nicht mehr die Möglichkeit, zumindest für eine kurze Zeit, mal an was Schönes zu denken, was Schönes zu fühlen. Da aber die Angst auf einmal weg war, war ich mit dem Verlust meiner Libido d'accord. Paroxetin war wie ein Fallschirm. Ich bin wochenlang gefallen, immer schneller, immer tiefer, voller Angst und auf einmal „Flup" – Fallschirm auf, entspanntes Gleiten, alles wieder gut. Ich nehme jetzt also Paroxetin gegen die Angst, Seroquel zum Einschlafen, dazu Weizenbier und Gras und IBU gegen die ständigen Kopfschmerzen und BERQUIL Augentropfen gegen die Heul- und Kiferaugen. Ich bin eine laufende Apotheke. Wenn ich vor Jahren Paroxetin genommen hätte, hätte ich auf jeden Fall in einer glücklichen Beziehung mit Levke gelebt, denn es hätte mir an nichts gefehlt.

Den Rest des Sommers und des Herbstes habe ich dann angst- und sexfrei genossen. Ich hatte ja kein Verlangen mehr nach Sex und mich schnell mit diesem erotikfreien Leben angefreundet. Aber nach fast vier Jahren in Askese, wollte ich endlich mal wieder in den Arm genommen werden. Nicht mehr allein sein. Händchen halten, streicheln, gestreichelt werden, mich bestenfalls verlieben und das ohne sexuelle Hintergedanken, wie damals bei Christiane. Alles, aber auch wirklich alles verändert sich zum Positiven, wenn man sich verliebt. Verliebt sein ist wie Ecstasy-Light, die Wolke Sieben. Ich verliebe mich schnell, sehr schnell. Auch wenn es in der Vergangenheit oft nur Chemical Romances waren, war ich doch oft auch tief und schwer verliebt. Dieses Gefühl, dieser Wunsch, mich zu verlieben, ist die letzten beiden Jahre komplett verschütt gegangen. Aber da jetzt die Angst nicht mehr das beherrschende Gefühl in meinem Kopf war, konnte sich wohl der Wunsch des Verliebtseins aus den Trümmerhaufen in meinem Kopf den Weg ans Licht freischaufeln.

Eine Freundin also, aber woher nehmen, wenn nicht stehlen? Eine Frau in der freien Wildbahn kennenzulernen, musste ich abhaken. Erfolgsaussichten gleich null, vergebene Liebesmüh, verschwendete Zeit. Eine Ü-30-Party kam auf gar keinen Fall infrage. Ich wollte es nicht riskieren, dass zu meinem Libidoverlust noch ein Verlust meiner Hörkraft oder gar ein Hörsturz, aufgrund der unterirdischen Musik auf diesen Partys, hinzukommt. Technoclubs gingen auch nicht mehr, dort feiert jetzt eher der Nachwuchs, keine Senioren. Also auf ins Internet, die Partnerbörse. Heißt das wirklich Partnerbörse? Wie die Wertpapierbörse? Eher Partnermarkt, wie Fischmarkt. Egal, aufgrund fehlender Alternativen musste ich dieses Medium wohl oder übel nutzen. Die freie Wildbahn kam aufgrund meines Libidoverlustes auch nicht infrage. Selbst wenn ich dort eine Frau kennengelernt hätte, bestand ja auch die Gefahr, dass es nach dem Kennenlernen gleich zur Sache gehen könnte. Aus bekannten Gründen hätte ich dann nicht „liefern" können. Mir war klar, dass ich früher oder später meinen Paroxetin-Fallschirm ablegen musste. Kein schöner Gedanke, sehr risikobehaftet. Ein gewisser Vorlauf war auf jeden Fall notwendig. Ich hatte die Idee, den Plan, eine Frau kennenzulernen, mich zu verlieben und den Schwung des Verliebtseins zu nutzen, um das Paroxetin abzusetzen. Genauso ist es dann gekommen. Ich meldete mich also bei FINYA an. Der Slogan „Finya ist der ideale Ort für die moderne Partnersuche" passte. Ich war schon ziemlich geflasht, als ich das erste Mal die Partnerbörse betrat. Was für eine Auswahl. 50.000 Mitglieder, davon die Hälfte Frauen. Auf den ersten Blick eine Goldgrube, aber nicht alles, was glänzt, ist auch Gold. Bei genauerem Hinsehen war das eher Bauer sucht Frau. Aufgrund der Filtereinstellungen s*chlank, bis 1,70 m, Alter 35–45, Hamburg, kurze Haare,* waren von den 25.000 Suchenden nicht mehr viele übrig. Es waren schon noch viele übrig, aber das waren doch eher die, die sich auf den Ü-30-Partys tummelten. Es sah so aus, als müsste ich mein Beuteschema komplett ändern, um hier fündig zu werden. Spießigkeit, wohin man auch klickte. Wenn ich dann mal was Nettes gefunden hatte und unbeholfen einen Text abschickte, gab es meist keine Antwort oder bestenfalls eine nette Abfuhr. Andersrum hatte ich wirklich viele Anfragen, die ich aber immer nett ablehnte. Ich habe mich oft gefragt, ob die Frauen, die mich angeschrieben haben, so gar keine Selbstwahrnehmung hatten. Die müssen doch auch sehen, dass das auf gar keinen Fall passen konnte. Haben die Frauen, die ich angeschrieben hatte, bestimmt auch von mir gedacht. Vielleicht schießen die aber auch mit Schrot, vertrauend darauf, dass auch ein blindes Huhn mal ein Korn findet. Nach dem Motto „Lieber die Blinde im Bett, als die Taube auf dem Dach" wollte ich auf gar keinen Fall agieren. Ich wollte mich schon irgendwie schockverlieben und das ging nur, wenn ich eine Frau schon auf den ersten Blick toll fand. Leider gab es von diesen tollen Frauen nicht so viele, eher gar keine. Vielleicht waren auch meine Ansprüche zu hoch. Aber dann, Bingo. Marlain. Marlain war genauso alt wie ich, sah aber auf den Bildern zehn Jahre jünger aus. Check. Schlank. Check. 1,70. Check. Kurze Haare. Check, stand auf Elektro. Check. Hatte einen Hund. Check. Hund ist immer toll. Ich liebe Hunde. Wir haben ziemlich lang hin- und hergeschrieben und dann auch irgendwann telefoniert. Mann, war ich vor dem ersten Telefonat nervös. Es gibt einen großen Unterschied zwischen dem Kennenlernen in der freien Wildbahn und dem Kennenlernen in diesen Internetsinglegedönsdingern. Wenn ich eine Frau im Club toll finde, suche ich den Augenkontakt, lache sie an, tanze sie an. Wenn dann ein positives Feedback kommt, ich meine angeborene Schüchternheit überwinden kann und noch einigermaßen Herr meiner Sinne bin, der deutschen Sprache noch mächtig, wird angesprochen. Es wird geredet, zusammen getrunken, zusammen getanzt und gelacht. Danach wird noch mehr geredet und noch mehr getrunken und noch mehr gelacht. Das zusammen Lachen ist, glaube ich, der Dreh- und Angelpunkt. Wenn man jemanden zum Lachen bringen kann, hat man schon fast gewonnen. Menschen zum Lachen bringen, das kann ich, selbst wenn ich depressiv bin. Wenn's dann gut läuft, wird vielleicht schon geknutscht und dann werden Nummern ausgetauscht.

Man telefoniert, lernt sich näher kennen und die Liebe nimmt ihren Lauf, bestenfalls. Beim Kennenlernen im Internet läuft es genau andersherum. Man kennt die Frau schon vor der ersten realen Kontaktaufnahme, ihre Hobbys, weiß, wie sie aussieht, ihre Familienaufstellung, wo sie Urlaub macht und so weiter und so fort. Dann telefoniert man das erste Mal. Was vorher nur Buchstaben und Pixel waren, bekommt jetzt das erste Mal ein Geräusch, wird real.

Man weiß aber immer noch nicht, wie sie riecht, wie sie sich bewegt, wie sie tanzt, wie sie lacht, wie sie sich anfühlt, wie sie einen anschaut. Man zäumt das Pferd also genau von der anderen Seite auf. Man hat dann schon viel Zeit investiert und auch die Hoffnungen wachsen, wohl oft auch aufgrund der mangelnden realen Informationslage. Das erste Mal telefonieren. Das erste Mal seit Jahren mit einer Frau sprechen, um sie kennenzulernen, um mich zu verlieben. So gesehen, das erste Date seit über zehn Jahren, das erste Date mit einer Frau aus dem Internet. Kinder, wie die Zeit vergeht, wie sich die Welt verändert. Das Telefonat und die vielen Telefonate später, die Hunderten von WhatsApps, alles super. Im Gegensatz zu vielen anderen technologischen Fortschritten, die mir doch oft große Probleme bereiten, bin ich doch recht gut in die moderne Partnersuche gestartet. In wenigen Tagen vom Analog-Hagen zum Digital-Hagen. Irgendwann dann das erste Date, seit über zehn Jahren. Wir haben uns nachmittags an den Landungsbrücken zum Spaziergehen mit Hund getroffen. Bääm, schockverliebt, also zumindest ich. Unser erstes Date dauerte zehn Stunden und endete in meiner Wohnung. Wir haben zehn Stunden geredet und gelacht. Meine größte Sorge war, wie soll ich meine katastrophale Situation erklären? Welche Frau will sich schon auf eine Beziehung, erstens mit einem Vater, der zweitens, einen sexuellen Missbrauch an seiner Tochter an der Backe hat, drittens, geschieden und pleite ist und viertens, seine Kinder nur einmal im Monat unter Aufsicht für ein paar Minuten sehen darf, einlassen?

Ich, an Marlains Stelle, hätte auf jeden Fall dankend abgelehnt. In den Telefongesprächen habe ich das Thema Kinder immer außen vor gelassen. Ich sagte, dass es nicht ganz einfach ist mit meinen Kindern und ich darüber noch nicht sprechen möchte. Beim ersten Date habe ich dann einfach alles rausgehauen. Allerdings haben wir auch eine Menge nebenbei getrunken. Sie ist dann aber trotzdem nicht schreiend weggelaufen, sondern mit der letzten Bahn nach Hause gefahren. Geküsst haben wir uns allerdings nicht.

Aber ich war verliebt. Schockverliebt, verknallt über beide Ohren. Ich habe sofort angefangen, das Paroxetin langsam abzusetzen und es durch das Verliebtsein substituiert. Alles war auf einmal anders, komplett anders. 21 Monate tobte in meinem Kopf der unkontrollierbare Wahnsinn, die Hölle, Ohnmacht und Verzweiflung. Ich habe mich so oft in den letzten 21 Monaten gefragt: Woran habe ich eigentlich früher so den lieben, langen Tag gedacht? An was soll ich eigentlich denken, falls dieser Wahnsinn irgendwann mal ein Ende haben sollte? Seit 21 Monaten die gleiche Scheiße, wenn auch in ständiger Änderung der Konsistenz, Farbe und Geruch, aber immer Scheiße. Auf einmal war das alles weg. Oh, du wunderbare Macht der Liebe. Alles in meinem Kopf drehte sich auf einmal nur noch um Marlain. Morgens das Erste, abends das Letzte. Kalkutta liegt am Ganges, Paris liegt an der Seine und dass ich so verliebt bin, ja, das liegt an Marlain. Ich konnte sogar das Seroquel absetzen, da ich ja auf einmal vorm Einschlafen ein Grinsen und keine Tränen mehr im Gesicht hatte. Wir haben in einer Tour gewhatsappt, telefoniert und uns regelmäßig getroffen. Wir sind zusammen laufen gegangen, waren zusammen am Millerntor, im Kino, im Theater und haben eine Nacht im Pudel-Club durchgetanzt. Mein Leben war wieder schön. Wir haben aber nie geknutscht, dabei wollte ich das doch so gerne. Nach der Pudel-Nacht habe ich sie gefragt, ob sie mit mir gehen will, irgendwie muss man ja mal weiter kommen. Ihre Antwort war, dass ich sie das in zwei Wochen nochmal fragen soll. Kein Problem, Warten war ja mittlerweile meine Kernkompetenz.

Leider war es wieder eine Chemical Romance. Marlain hat gerne Speed gezogen und im Zustand des Verliebtseins macht man schon mal Dummheiten und ich bin ja kein Neinsager. Mir war das aber egal, das Risiko war überschaubar. Endlich, endlich war mein Kopf wieder frei. Ich habe immer fein meine Kinderbriefe geschrieben, die Umgänge absolviert, aber eigentlich drehte sich in meinem Kopf alles nur noch um Marlain. Was für ein Geschenk. Endlich mal eine Pause von dem Wahnsinn. Kurz vor Weihnachten waren wir auf der „Flora Bleibt"-Demo. Wasserwerfer, Team Green in voller Kampfmontur, Pyros, brennende Barrikaden, Schanzendemo in Reinkultur.

Zunächst waren wir nur Zaungäste, aber aufgrund der hohen Dynamik dieser Demo waren wir auf einmal mittendrin. Schlagstock frei, Wasserwerfer, Steine, Rauch, Schepper, Knall, Splitter, Remmi Demmi, ganz Hamburg hasst die Polizei, hier gewinnt nur einer, Sankt Pauli und sonst keiner, unsere Antwort: „Widerstand!" Dann haben wir uns das erste Mal geküsst. Um uns herum war Straßenkampf, echter Straßenkampf und wir haben uns wild geküsst. Absolut filmreif das Ganze, mehr ging nicht. Dann ab zu mir nach Hause, Liebe machen. Gott sei Dank hatte ich ja mit meinen Therapeuten die Problematik mit der Libido besprochen, dass ich eventuell bald eine Freundin haben könnte und meinen Mann stehen müsste. Der Mann mit dem Rezeptblock hatte natürlich einen Rat. Viagra. Das wollte ich schon immer einmal ausprobieren. Also aus der Not eine Tugend gemacht und heimlich eine halbe blaue Pille eingeworfen. Das erste Mal seit so vielen Jahren Liebe machen, Hipp Hipp Hurra. Viagra, was für ein Teufelszeug, was für ein Hexenwerk. Wie Ecstasy fürs Tanzen, halt fürs Vögeln. Schon beim Knutschen in der Küche habe ich gespürt, wie mir das Blut derbe in die Lenden schoss. Nach Jahren der Dürre, Wasser auf die Rose von Jericho. Ich hatte keinen Schwanz mehr, ich hatte einen Kleiderbügel. Man hätte eine Lederjacke an meinen Ständer hängen können. Ich hätte mit meinem Schwanz einen gefrorenen Acker pflügen können. Nach Jahren als reines Ausscheidungsorgan war mein Schwanz wieder eine scharfe Waffe, die Panzerhaubitze 2000 der Liebe. Unglaublich. Sollte jeder Mann mal ausprobieren. Fragen Sie Ihren Arzt des Vertrauens und Nasenspray nicht vergessen. Die Nase schwillt nämlich genauso an wie die Nudel. Marlain das erste Mal nackt auf mir, unter mir, neben mir, ich in ihr. Laut, schwitzend, lachend. Wir waren beide total ausgehungert und sind übereinander hergefallen, als sei dies, genau jetzt, die letzte Chance Liebe zu machen, bevor wir sterben würden. Alles an Marlain war das Schönste, was ich seit Jahren gefühlt, berührt, geschmeckt hatte. Ich war nicht mehr allein. Ich war jetzt endlich wieder zu zweit, ich hatte wieder eine Freundin. Auf einmal war wieder alles gut, zumindest besser als vorher. Wir waren sowas von verknallt, aber nach ein paar Monaten war der Rausch auf einmal wieder vorbei. Wir haben uns immer öfter wegen Belanglosigkeiten gestritten und auch mein alter Scheiß hatte wieder die Oberhand gewonnen. Meine Sorgen waren wieder zurück. Scheiße schwimmt halt immer oben. Marlain war nicht mehr die Nummer eins in meinem Leben und ich musste wieder in die Schlacht für meine Kinder ziehen. Leider wieder mal nur eine Chemical Romance. Schade, schade Marmelade.

13.04.2015
- Voss kommt ins Boot

SPRENGKOMMANDO VOSS

Der dritte Frühling ist da, der dritte Sommer steht vor der Tür. Ich habe den zweiten Winter überlebt. Ich denke, ich habe den zweiten Winter nur durch Paroxetin überlebt und natürlich durch Marlain. Die Sache mit Marlain ist allerdings mittlerweile leider durch, Schnee von gestern. Die Liebe, die Liebe, die Liebe, so ein Kokolores, so ein Klimbim. Auf die Schulmedizin im Allgemeinen und die Tablettenindustrie im Speziellen ist auf jeden Fall mehr Verlass als auf die Liebe. Vielleicht entwickelt Bayer, Pfitzner oder sonst wer schon Paroxetin plus. Das kann ich dann ja nächsten Winter nehmen. Ich glaube, noch einen Winter schaffe ich nicht.
Über zwei Jahre köchelt die Scheiße jetzt vor sich hin. Im ersten Jahr habe ich meine Kinder dreimal unter Aufsicht für neunzig Minuten gesehen. Im zweiten Jahr habe ich meine Kinder nach ein paar Monaten Pause alle zwei Wochen für 120 Minuten gesehen. Insgesamt, exakt neunundvierzig Stunden in über zwei Jahren, inklusive der Umgangsverweigerungen und krankheitsbedingten Ausfälle. Neunundvierzig Stunden, so lange habe ich die beiden vor dem 21.02.2013 an einem Wochenende gesehen. Neunundvierzig Stunden in Büroräumen des Jugendamtes, im Möbelhaus Kraft, bestenfalls auf immer dem gleichen Spielplatz, bei Regen in einem acht Quadratmeter Zimmer. Zweimal in meiner Wohnung, für je eine Stunde, man muss sich ja an die zeitliche Vorgabe halten. Der schönste Umgang war der Umgang auf dem Hamburger Dom. Ich hatte darum gebettelt, eine halbe Stunde mehr Umgang zu bekommen, damit der Dombummel nicht stressig wird und man auch ein paar Fahrgeschäfte besuchen kann, ohne ständig auf die Uhr schauen zu müssen. Bitte, bitte, nur dreißig Minuten mehr, dreißig Minuten mehr Spaß und Ablenkung für die Kinder. Aber Levke hat dem nicht zugestimmt und wenn die Mutter nicht will, kann man ja nichts machen. Jede von den neunundvierzig Stunden musste ich

teuer erkaufen und hart erkämpfen, aber dreißig Minuten extra waren nicht möglich ohne die Zustimmung der Mutter. Levke hat den Kindern nicht dreißig Minuten mehr Spaß gegönnt. Wir waren früher dreimal im Jahr auf dem Dom, Frühling-, Sommer- und Winterdom. Meine Kinder, ich denke alle Kinder, lieben Jahrmärkte, Zuckerwatte, kandierte Früchte, Entenangeln, Karussells. Levke war die letzten zwei Jahre bestimmt nicht einmal mit den Kindern auf dem Dom. Levke hasst jegliche Art von Spaß und ihre Kinder sollen gefälligst auch keinen Spaß mehr haben, vor allem nicht mit ihrem Vater. Das Traurige ist, dass ich mich mittlerweile daran gewöhnt habe. Ich lebe im Zwei-Wochen-Takt für diese 120 Minuten. Ich habe mich diesem Diktatfrieden unterworfen. In der Zeit zwischen den Umgängen lenke ich mich mit Arbeit, Boxen, Bier und Gras ab. Dank Seroquel, Paroxetin, Ibu400 halte ich das irgendwie aus. Ich habe letzte Woche den zwölfseitigen *„Bericht über meine Betreuungstätigkeit für Jonny und Ida Twente im Zeitraum vom 25.06.2014 bis 26.05.2015"* vom Umgangspfleger Dankert erhalten. Wirklich ausführlich, das muss man schon sagen. Alle Gespräche mit mir, mit der Schrottmutter, alle Umgänge genau, gut und wahrheitsgetreu wiedergegeben. Wer schreibt, der bleibt. Die Schrotmutter kommt dabei sehr schlecht weg. Aber was steht zum Schluss, am Ende? Das Wichtigste, egal ob eine Rechnung, ein Angebot, eine Stellungnahme, ein Gutachten oder bei diesem Bericht, steht am Schluss. Dankert empfiehlt eine Fortsetzung der Pflegschaft um ein Jahr und die Ausweitung der Umgänge auf 240 Minuten, natürlich schrittweise, um die Mutter nicht zu überlasten, denn ohne die Mutter geht es ja nicht. Es geht augenscheinlich nicht um die Kinder, sondern um das Wohlbefinden, die Vorstellungen der Mutter. Umgangspfleger, Richterinnen, Kinderpsychologinnen, Anwälte, Alltagsbegleiterinnen; alle in einen Sack und dann ordentlich mit dem Knüppel draufhauen, trifft immer den Richtigen.

Die Kinder sollen also weiterhin, alle zwei Wochen, für ein paar lächerliche Stunden nach Hamburg gekarrt werden. Was für eine unglaubliche Frechheit. Mit Hunden würde man sowas nicht machen. Ich habe die letzten zwei Jahre ungefähr 30.000 Euro für Anwälte und Gerichte ausgeben. Dafür habe ich neunundvierzig Stunden meine Kinder sehen dürfen. Eine Stunde mit meinen Kindern hat mich also ungefähr 600 Euro gekostet. Na ja, was hilft das Geld, wenn man's behält.

Aber jetzt werden andere Seiten aufgezogen, bestenfalls. Die Zusammenarbeit mit Jayanna wurde freundschaftlich eingestellt. Von meinem Geld kann sich Jayanna jetzt für ihre vielen Akten einen Hackenporsche von GUCCI kaufen. Irgendwie mochte ich Jayanna sehr, manchmal hatte ich mir sogar vorgestellt, dass wir ein Paar werden könnten. Ich denke, sie hat ihren Job gut gemacht, mehr war nicht drin und nach der schrecklichen ersten Verhandlung hat sie mich nicht fallen gelassen. Vielleicht besuche ich sie irgendwann mal, wenn das alles vorbei ist, und dann trinken wir einen feinen Chai-Tee und essen ein Chicken Jalfreezy. Das Sprengkommando Voss übernimmt ab sofort meinen Fall. Ich würde sagen, dass Reinhold und ich wirklich Freunde geworden sind. Irgendwie ist Reinhold mein Papa geworden. Reinhold ist der einzige Mensch, dem ich noch wirklich vertraue. Ich glaube, Reinhold mag mich auch sehr. Aber das ist es nicht nur. Reinhold hat einmal gesagt, dass er irgendwann ein Buch schreiben wird, und Levke bekommt ein eigenes Kapitel. Levke sei schon die garstigste Mutti, die ihm in fünfzehn Jahren untergekommen sei. Genau wie Jayanna einmal sagte, dass sie vor Gericht auch immer die Mutter beziehungsweise den Vater sehe, nicht so bei Levke, da sehe sie nur noch einen Gegner. Reinhold sucht sich gerne starke Gegner, je aussichtsloser ein Fall ist, desto interessanter ist er für Reinhold.

Reinhold macht *„Väter ohne Kinder"* seit fünfzehn Jahren und betreut eine Handvoll Fälle sowie die Selbsthilfegruppe und das Väter-

Notruftelefon. Ich weiß gar nicht, wovon der lebt. Ich denke, es gibt nur ganz wenige Menschen in Deutschland mit Reinholds Erfahrungen im Hinblick auf Umgangsverfahren. Reinhold hat immer recht, auch wenn man das manchmal nicht hören will. Das sagt er auch immer so in der Selbsthilfegruppe, wenn ein Vater etwas anders sieht, anders machen will, meint, es besser zu wissen als Reinhold.
„Ja, Christian, das verstehe ich, ich verstehe dich sehr gut. Du kannst das auch so machen, aber (da ist es wieder das „*aber*") ich habe recht und das wirst du in ein paar Monaten auch zugeben müssen. Natürlich hast du das Recht, Fehler zu machen und manche Fehler sind so gut, dass man sie öfter machen muss, aber ich habe recht. Außerdem muss man doch nicht die Fehler der Anderen nochmal machen, die Auswahl an Fehlern ist schließlich unendlich groß." Väter, die schon länger in der Selbsthilfegruppe sind, also seit Jahren, stehen dann auch immer Reinhold bei. „Das, was Reinhold sagt, stimmt, das ist jetzt schwer zu ertragen oder gar zu verstehen, aber Reinhold hat immer recht in dem, was er sagt oder empfiehlt."
Reinhold kann selbst nicht vor Gericht auftreten, er ist kein Anwalt. Er hat aber in Hamburg eine junge Anwältin, Frau Stemmer, die in seinem Sinne vor Gericht auftritt. Frau Stemmer ist sozusagen die sprechende Handpuppe von Reinhold. Frau Stemmer ist sehr nett, wirkt aber etwas unsicher, aber Reinhold steht ja hinter ihr. Reinhold macht die Schriftsätze, Frau Stemmer reicht diese ein. Reinhold gibt die Richtung vor und Frau Stemmer setzt diese vor Gericht um. Ich bezahle Frau Stemmer ganz offiziell und stecke Reinhold manchmal ein paar Scheine zu. Eigentlich ganz einfach.
Ich habe in den letzten Monaten bei Reinhold und in den Treffen der Selbsthilfegruppe eine Menge gelernt. Die Gespräche in der Selbsthilfegruppe wiederholen sich und auch Reinhold wiederholt sich oft, aber der Scheiß vor dem Familiengericht, wenn Mütter den Kindern den Vater wegnehmen wollen, wiederholt sich ja auch ständig. Ein Arzt behandelt gleiche Krankheiten ja auch immer mit den gleichen

Medikamenten. Reinhold kennt die Akteure am Familiengericht ganz genau. In Hamburg kennt er jeden Anwalt, jede Richterin und jeden Richter, die sich um diese Fälle kümmern. Er kennt fast alle Frauen von den Jugendämtern, er kennt die Gutachter und die Gutachterinnen und die Verfahrensbeistände. Er kennt die Mütter und er kennt die Väter. Da er sich seit fünfzehn Jahren mit diesen Akteuren am Familiengericht beschäftigt, weiß er genau, wie „die" ticken. Wie man mit ihnen umzugehen hat, um zu bekommen, was man will – dass die Kinder nicht ohne Vater aufwachsen. Er weiß genau, wie man sich strategisch, also wirklich strategisch aufstellen muss. Familiengericht ist Krieg. Man muss seinen Gegner kennen, seine Schwächen ausnutzen, seine Stärke umgehen, man muss täuschen und überraschen, man braucht Verbündete, eine Strategie. Die meisten Väter müssen das erst lernen, und wo lernt man sowas? Zum Beispiel in einer Selbsthilfegruppe, am besten bei Reinhold.
Was habe ich in den letzten Monaten bei Reinhold gelernt?
<u>Anwälte</u>: Anwälte sind im Familiengericht eigentlich überflüssig, das hat Herr Kallert vom ASD ja auch gesagt. Vor dem Familiengericht besteht keine Anwaltspflicht. Man kann das also Free Solo durchziehen. Den besten Anwalt sieht man jeden Morgen im Spiegel. Keiner weiß so gut über die Sache, über die Kinder, über die Mutter, Bescheid wie man selbst. Anwälte wollen nur Geld verdienen. Anwälte, die für Prozesskostenhilfe arbeiten, sind nicht so gut wie die, die teuer sind. Obwohl die, die teuer sind, auch nicht besser sein müssen. Im Gegensatz zu den Vätern müssen die Anwälte auch noch die nächsten Jahre an den Gerichten arbeiten. Da kann es schlecht sein, es sich mit den Richtern dort wegen eines Falles zu sehr zu verscherzen. Je länger ein Verfahren dauert, desto mehr Geld verdient der Anwalt. Da wird dann auch schon mal hoffnungsloser Scheiß beantragt. Der Anwalt schuldet ja schließlich keinen Erfolg, sondern nur seine Arbeit. Natürlich ist nicht jeder Vater in der Lage, vor Gericht gegen die Richterin, gegen die Anwälte der

Mutter, gegen die Gutachterin und gegen das Jugendamt zu bestehen. Der emotionale Tischlermeister, mit kleiner Tischlerei, zwei Gesellen und Hauptschulabschluss, sollte es sich ganz genau überlegen, ob er sich diese Schlangengrube zutraut. Der ruhige, pragmatische Informatiker hat allerdings gute Voraussetzungen, das zu wuppen. Man braucht dazu eine gehörige Portion Selbstbewusstsein, Mut und Fachwissen. Ich könnte das nicht. Also, eigentlich kann man auf Anwälte scheißen, aber leider führt an diesen meist kein Weg vorbei.
Jugendamt: Das Jugendamt ist immer eine komplett überbewertete Institution. Es wird immer so getan, als wenn das Jugendamt superwichtig wäre und das Jugendamt nimmt sich auch gerne superwichtig. Ich hatte mit Herrn Kallert Glück, sehr viel Glück. In 95 Prozent der Fälle haben aber Väter nicht so viel Glück wie ich. Das Jugendamt, das sind zu über 90 Prozent Frauen, die sich an der Front des Scheidungskrieges mit den Eltern rumärgern müssen. Der Leiter vom Jugendamt ist allerdings meist ein Mann, warum auch immer. Jetzt kommt das Besondere beim Jugendamt. Über den Leiter des Jugendamtes kommt erst mal nichts, dann der Himmel und dann der liebe Gott. Es gibt nämlich keine Kontrollinstanz für das Jugendamt. Bei der Polizei hat jeder Bulle einen Vorgesetzten und der einen Revierchef und der muss sich vor dem Innenminister der Stadt verantworten und der vor seiner Partei und die vor ihren Mitgliedern. Da wird Scheiße durchgereicht und schwimmt immer wieder oben. Das Gleiche gilt für die Bundeswehr und alle anderen Einrichtungen des Staates. Nicht so für das Jugendamt. Der Leitergockel muss seinen Hühnerhaufen zusammen und bei Laune halten. Der Chorgeist muss stimmen. Reinhold sagt, die Damen beim Jugendamt sitzen dort nur aus einem Grund. Macht. Macht, die sie mit ihrer Ausbildung sonst nirgendwo bekommen würden. Das Problem ist, dass diese Damen nicht unbefangen sind. Sie sind eigentlich immer auf der Seite der Mütter und das können die Väter auch nicht än-

dern. Selbst vom Mann verlassen, alleinerziehend, der Vater hat sich nie gekümmert, da ist jede hilfesuchende Mutter eine Leidensgenossin, eine Freundin. Wenn man in den alten Handys „Vater" eingegeben hat, hat das Wortprogramm immer „Täter" geschrieben. Wahrscheinlich haben die Damen vom Jugendamt noch immer die alten Tastenhandys. Das Jugendamt ist für uns Väter nur lästiges Beiwerk. Wenn man etwas nicht ändern kann, kann man es auch gleich begrüßen. Es gibt eine einfache Regel für die Gespräche beim Jugendamt: Wenn wir uns verabschieden, muss die Frau vom Jugendamt uns heiraten wollen. Wir reden nicht schlecht über die Mutter, wir beschweren uns, trotz ungerechter Behandlung, nicht beim Vorgesetzten. Wir machen immer wieder klar, dass wir das nicht für uns, nicht gegen die Mutter, sondern nur für unsere Kinder machen, machen müssen. Wir stochern nicht in der Vergangenheit rum und lassen uns darauf auch nicht ein. Wir können die Vergangenheit nicht ändern und wollen die Zukunft unserer Kinder gemeinsam mit der Mutter gestalten. Wir wollen nur, dass unsere Kinder unbeschwert und glücklich mit ihrem Vater zusammen sein dürfen. Eigentlich recht einfach. Ganz wichtig: immer freundlich bleiben.

<u>Gutachter</u>: Die Gutachter sind da schon ein anderes Kaliber als das Jugendamt. Das sind nicht die Kartoffelfrauen vom Jugendamt, die haben was auf dem Kasten. Denen kann man nicht so einfach ein X für ein U vormachen oder einen Bären aufbinden. Die haben vernünftig zu Ende studiert, haben eine eigene Praxis oder leiten eine Institution, die Kindern in Not hilft. Warum wird ein Gutachter vom Richter eingeschaltet? Weil er die Verantwortung abgeben will, beziehungsweise sich selbst limitiert in der Entscheidungsfindung sieht. Man kann sich dafür einen Prozess bezüglich eines Baumangels an einer Brücke ansehen. Der Richter hat keine Ahnung von Brücken. Er ist weder Architekt noch Ingenieur, noch Statiker, muss aber sagen, wer die Schuld am Einsturz der Brücke hat. Also setzt er einen bei Gericht zugelassenen Gutachter ein. Dieser Gutachter im

Resort Brücken ist wahrscheinlich Ingenieur oder Statiker oder er kennt Menschen, die sich mit Brücken sehr gut auskennen. Dieser Gutachter schreibt dann seine Sicht der Angelegenheit. In der Regel hält sich der Richter in seinem Beschluss an die Empfehlung im Gutachten. Falls die Entscheidungsfindung des Richters gegen die Empfehlung im Gutachten und gegen unsere Vorstellung sein sollte, kann man den Beschluss einfach kassieren lassen, kommt allerdings fast nie vor. Der Richter hält sich also in der Regel an das Gutachten, warum sollte er sonst auch einen Gutachter einsetzen. Etwas komplizierter ist die Betrachtung der Symbiose zwischen Richter und Gutachter. Der Richter kennt die Gutachter oder er kennt jemanden, der die Gutachter kennt. Ein Gutachter kann bestenfalls einen neutralen Ruf, einen pro Vater oder pro Mutter haben, mutig oder ängstlich sein – sind ja auch nur Menschen. Mit der Erfahrung von Reinhold weiß man schon bei der Einsetzung des Gutachters, wohin die Reise geht. Man darf auch nicht vergessen, und das ist wichtig, dass der Gutachter nicht nur unseren einen Fall hat. Der Gutachter arbeitet über Jahre am Gericht, meist nicht hauptberuflich, aber ein Gutachten ist eine gute Nebeneinkunft und die will man ja nicht aufs Spiel setzen. Kurz: Das, was der Gutachter schreibt, hat vor Gericht wesentlich mehr Gewicht als das Geschreibsel vom Jugendamt. Also immer fein bei der Wahrheit bleiben, die Mutter nicht schlechtmachen. Es geht nicht um uns, es geht um die Kinder, die Kinder, die Kinder.

Mütter: Die Mütter sind natürlich unser Hauptproblem, aber definitiv nicht Teil der Lösung, noch weniger als das Jugendamt. Es wird immer und immer wieder gesagt, ohne die Mütter geht es nicht, die Mutter muss mit ins Boot geholt werden, aber das ist falsch. Die Mutter hat eigentlich gar nichts Kriegsentscheidendes beizutragen. Sie ist zwar die Wurzel allen Übels, aber das war es dann auch schon. In der Selbsthilfegruppe wird häufig die Frage gestellt, warum die Mütter so sind, wie sie sind. Reinhold sagt dann immer, das können wir nicht verstehen und auch nicht ändern. Wir können ja auch nicht die Taten eines Honkas oder Dahmers nachvollziehen, weil selbige krank sind. Dann erzählt er immer eine Geschichte von einer Studie in Lateinamerika. Wissenschaftler wollten wissen, wie Resilienz entsteht. Warum schaffen es manche Kinder in einer Umgebung mit wirklich schlimmen Grundvoraussetzungen, wie Armut, Hunger, mangelnde Bildung, Kriminalität, Drogen zu bestehen? Warum gehen sie nicht unter? Warum schaffen sie es, dieser Umgebung zu entkommen, zu lernen, zu studieren, gute Arbeit zu finden, ein besseres, glücklicheres Leben zu leben als ihre Eltern? Dafür hat man eine große Gruppe Kinder aus den genannten Verhältnissen über sehr viele Jahre begleitet und sehr genau beobachtet. Viele Kinder sind als Erwachsene untergegangen, kriminell geworden, haben keine Bildung erreicht; kurz, sind am Leben gescheitert, haben das Leben ihrer Eltern fortgeführt. Manche aber nicht. Einige Kinder führten nicht das Leben ihrer Eltern weiter. Sie führten ein besseres Leben, haben die Herausforderungen bestanden, die Niederschläge gemeistert. Sie führten vielleicht kein reiches Leben, aber ein glückliches, ein gelungenes Leben. Warum haben diese Kinder die Krisen überstanden, sind gesund gewachsen und haben ihr Leben, trotz beschissener Umstände, zu ihren Gunsten gestalten können? Warum sind diese Kinder resilient geworden? Alle diese resilienten Kinder hatten eines gemeinsam. Es gab für diese Kinder in ihrer Kindheit immer mindestens einen Menschen, auf den sie sich verlassen konnten. Einen Menschen, der immer für sie da war, der immer hinter ihnen stand, der auf sie aufgepasst hat, der sie beschützt hat, der immer ehrlich zu ihnen war. Einen Menschen, bei dem sie Geborgenheit und Sicherheit gefühlt haben, der sie bedingungslos und das ist wichtig, bedingungslos geliebt hat. Diese bedingungslose Liebe haben die Kinder über viele Jahre erfahren und gespürt. Dabei spielte es keine Rolle, ob es die Mutter, der Vater, der Bruder, Oma oder Opa oder der Nachbar war. Es musste nur absolut verlässlich irgendwer sein. Genau diesen Menschen haben die Mütter, die ihren Kindern unter falschen Behauptungen den Vater nehmen wollen, nicht gehabt. Sie haben nicht erfahren, wie es ist, wenn jemand einen bedingungslos liebt und vertraut, sie haben nicht die Sicherheit gehabt, nie allein zu sein. Deswegen ist es auch so einfach für diese Mütter, den Kindern den Vater, die Oma, die Freunde zu nehmen. Das ist traurig für alle Beteiligten, hilft uns aber grundsätzlich nicht weiter. Wir sollten die Probleme der Mütter nicht zu unseren machen. Soll uns aber darauf hinweisen, dass wir uns an diesen Müttern nicht abarbeiten müssen, da ist Hopfen und Malz verloren, vergebene Liebesmüh. Also genau wie das Jugendamt behandeln: Nicken, Lächeln, Arschloch denken.

Kommen wir zum wichtigsten Beteiligten, dem Richter. Wir erinnern uns kurz an unsere Schulzeit. Legislative, Exekutive, Judikative. Gewaltenteilung. Die Legislative (Bundestag, Bundesrat) geben die Gesetze vor. Die Exekutive (Polizei, Zoll) führen aus. Richter stehen für die Judikative. Der Richter spricht kraft seines Amtes Recht, im Namen des Volkes. Der Richter ist der Einzige, der bestimmen kann, ob, wann und wie oft wir unsere Kinder in Zukunft sehen werden. Das macht er durch einen Beschluss. Darum geht es, wir wollen einen richterlichen Beschluss. Die Mutter, das Jugendamt, der Umgangspfleger, der Gutachter und die Psychologinnen können nur Ratschläge, Empfehlungen geben, Wünsche äußern, nichts von Relevanz, nichts, was irgendwann für die Zukunft unserer Kinder eine Relevanz hat. Nur ein Beschluss kann unseren Kindern den Vater wiedergeben. Wenn ein Beschluss nicht unseren Vorstellungen entspricht, gehen wir halt zum nächsten Gericht. Wir sind ja schließlich nicht beim Jugendamt. Die meisten Richter, die am Familiengericht sind, sind nicht dort, weil sie sich gerne mit hysterischen Müttern und frustrierten Vätern rumärgern wollen, sondern weil sie dort sein müssen. Das Familiengericht ist für Richter wie für die meisten Schüler Mathe. Ein Pflichtfach, da führt kein Weg dran vorbei. Ein Klempner muss ja auch ein verstopftes Klo reparieren können, lieber installiert er jedoch eine Therme oder eine Fußbodenheizung. Das Familiengericht ist für den Richter ein notwendiges Übel, wenn er irgendwann Wirtschaftsverbrechen, Gewaltverbrechen, die organisierte Kriminalität bearbeiten will oder vom Amtsgericht an das OLG und dann nach Karlsruhe möchte. Das Familiengericht ist die verstopfte Toilette der Gerichte. Der Richter hat für ein halbes Jahr Ruhe, wenn er eine Mediation für die Streithähne anordnet, ein Gutachten in Auftrag gibt und sonst wie die Pausetaste drückt. Der Richter hat nicht nur unseren Fall, sondern Dutzende von unseren Fällen, die sich aufgrund der Thematik meist über Jahre hinziehen. Unser Fall ist nur einer von vielen und das dürfen wir nicht vergessen. Unser Fall ist der Dreh- und Angelpunkt in unseren Leben, für den Richter ist es nur einer von vielen. Wenn der Laptop auf einmal schwarz bleibt, das Auto nicht mehr anspringt, das Herz aussetzt, verfallen wir in Panik und suchen Hilfe. Hilfe, beim Schrauber, beim Computer-Fachmann oder beim Arzt. In der Regel fragen wir panisch, wie teuer das wird, ob das wieder heile geht, wie lange das dauert und so weiter. Der Schrauber ist dann immer tiefenentspannt, stell mal hin, ich schau mir das mal an. Business as usual, nichts Besonderes. Für den Richter ist unser Fall auch nichts Besonderes, nichts, was ihn irgendwie emotional tangiert. Das ist auch gut so, denn wenn die Menschen, die wir um Hilfe bitten, genauso neben der Spur wären wie wir, könnten sie uns nicht helfen. Wir müssen sie machen lassen und nicht nerven. Jonny hatte mal zwei derbe eingewachsene Zehennägel und Levke hat diese Nägel ein Jahr alternativ mit Globuli, Salben und ohne Scheiß, mit Schneckenschleim behandeln lassen, natürlich ohne Erfolg. Ich habe dann, ohne Zustimmung von Levke, die Zehen von einem Chirurgen anschauen lassen. Chirurg: „Da machen wir zwei tiefe Keilschnitte, dann sind die Zehennägel zwar ein bisschen schlanker, aber in zwei Wochen ist alles wieder gut." Jonny hat dann fürchterlich angefangen zu weinen. Der Chirurg sagte dann zu ihm: „Ja, wir Chirurgen sind emotionslose Arschlöcher, aber nur so können wir heilen." Levke ist dann irgendwann eingeknickt und hat der Operation zugestimmt. Schnippschnapp und zwei Wochen später war alles wieder okay und ein Jahr Quälerei und Scham ob der hässlichen Zehen waren vergessen. Was ich sagen will: Wir müssen den Fachleuten oft einfach glauben und sie in Ruhe arbeiten lassen und vor allem nicht nerven. Richter nervt man zum Beispiel durch seitenlange Stellungnahmen. Der Richter hat keinen Bock, zwanzig Seiten zu lesen. Reinhold sagt immer, dass man am besten nur zwei Seiten an den Richter schreibt. Der Rekord der Ratte Kleinfeld waren 37 Seiten. Reinhold bringt immer das Zitat eines deutschen Schriftstellers, dessen Namen ich vergessen habe. Wenn dieser Schriftsteller einen langen Brief schrieb, hat er sich immer schon am Anfang des Briefes mit den Worten: „Entschuldige bitte, mein Lieber, dass ich so viel schreibe, aber ich hatte keine Zeit", entschuldigt. Mein englischer Freund Liam pflegte immer zu sagen, wenn ich eine Geschichte sehr ausführlich und lang erzählte: „Sorry, Hagen, maybe you know shorter boring storys?" Also, immer schön kurzfassen. Reinhold sagt auch, dass der Richter sein Urteil eigentlich schon immer vor der Verhandlung gefällt hat. Er lässt sich dieses in der Verhandlung oder durch den von ihm gewählten Gutachter nur noch einmal bestätigen. Wenn der Richter auf unserer Seite sein sollte, was leider selten vorkommt, lassen wir ihn in Ruhe machen und sagen ihm auf keinen Fall irgendetwas, was ihn in seiner Meinung bestärkt. Was wir aber niemals vergessen dürfen, ist, dass wir einen Beschluss wollen. Keinen Wischiwaschi-Beschluss, keinen weichen Vergleich, sondern einen knallharten, wasserdichten Beschluss, in unseren, im Sinne unserer Kinder. Natürlich gibt es auch Richter, meistens Richterinnen (frustriert, alleinerziehend, verwelkt), die offen auf Muttis Seite sind und gerne am Familiengericht arbeiten. Die müssen wir als durchlaufenden Posten sehen. Wir bitten um einen Beschluss und dann geht die Reise weiter in die nächste Instanz. Reinhold erzählt von unzähligen Verhandlungen bei diesen Richterinnen. Wenn wir bei diesen Richterinnen auf einen Beschluss bestehen und nicht den Umgang für ein halbes Jahr aussetzen wollen, damit sich die Situation oder besser Mutti beruhigen kann, dann bekommen wir zu hören: „Herr Twente, wenn Sie jetzt auf einen Beschluss bestehen, dann wird in diesen Beschluss stehen, dass Sie Ihre Kinder auf unbestimmte Zeit nicht mehr sehen werden." Na, da schlottern natürlich dem Vater die Knie. Da geht dann dem Vater, der ja eh nur noch eine schlechte Kopie seiner selbst ist, der Arsch auf Grundeis. Genau dann heißt es: Zähne zusammenbeißen und sagen, dass man den Beschluss will, dann hat man was, womit man arbeiten kann. Man hat ja eh nichts mehr und dann droht die Richterin mit gar nichts. Merkste selber, es gibt keine Steigerung von nichts. Nebelkerze. Mutti wird sich in der Zeit, in dem der Umgang ausgesetzt wird, sowieso nicht beruhigen, sondern die Zeit lediglich dafür nutzen, um die Kinder weiter vom Vater, von uns zu entfremden und zu entwöhnen.

Zu guter Letzt: die <u>Väter</u>. Die Väter im Umgangsverfahren. Als bei mir damals die Bombe einschlug, war das natürlich ein schwerer Schock. Katastrophe, die größte Katastrophe in meinem Leben, aber ich dachte, okay, dann ist das jetzt so, ich habe ja nichts gemacht. Der Vorwurf des sexuellen Missbrauchs war eher peinlich als schrecklich. Aus Erfahrung weiß man ja, dass sich selbst die größte peinliche Aktion irgendwann, eher rasch, abschleift und bestenfalls zu einer lustigen Anekdote aus der Vergangenheit wird. Ich habe dem System, also dem Rechtssystem, vertraut. Als Jayanna zu mir sagte, dass ich meine Kinder wohl ein Jahr nicht mehr sehen werde, hat mir diese Ansage natürlich den Boden unter den Füßen weggerissen, aber geglaubt habe ich das damals nicht wirklich. Ich wurde eines Besseren oder besser gesagt, eines Schlechteren belehrt. Der Scheiß geht jetzt ins dritte Jahr und nichts ist besser geworden. Ich sitze in der Selbsthilfegruppe mit Vätern, die seit vielen, vielen Jahren darum kämpfen, dass ihre Kinder wieder einen Vater haben dürfen. Manche Väter seit über zehn Jahren. Den Rekord hält Norman inne, der seine Kinder im Kleinkindalter verloren hat und jetzt, nach über zwanzig Jahren, in denen er seine Kinder nie sehen durfte, endlich die Unterhaltszahlungen einstellen darf. Wenn einem so viel Gutes widerfährt, ist das einen Asbach uralt wert, den hat er dann auch mit zur Selbsthilfegruppe gebracht. Humor ist, wenn man trotzdem lacht. Das Lachen vergeht einem aber fast jeden Tag, jeden Abend, wenn man an seine verlorenen Kinder denkt. Gut, wenn man Hass und Wut als emotionale Brücke aufrecht halten kann und nicht in Depressionen versinkt. Einige Väter in der Selbsthilfegruppe sagen, dass sie jetzt aufhören wollen zu prozessieren, aufhören wollen, zu kämpfen. Die können nicht mehr, die sind pleite, die sind fertig, wohnen in kleinen bezahlbaren Wohnungen, wo eh kein Platz für die Kinder ist. Manche müssen mit vierzig Jahren wieder in Wohngemeinschaften ziehen oder ein Zimmer in der Wohnung untervermieten, um über die Runden zu kommen. Die geben den Kampf auf und hoffen, dass sich die Kinder wieder von allein melden werden. Die allermeisten Väter sind allerdings nicht in Selbsthilfegruppen, die geben allein, still und leise auf. Die warten aber trotzdem auch darauf, dass sich ihre Kinder irgendwann wieder bei ihnen melden. Während die Kinder darauf warten, dass der Papa sich bei ihnen meldet, sie wieder ihren Vater haben dürfen. Ich denke, meistens warten beide vergeblich. Es gibt auch Väter, die sich umbringen. Dafür hat Reinhold allerdings kein Verständnis. Väter haben für ihre Kinder zu kämpfen, wie schwer dieser Kampf auch sein mag. Ein neues Leben anfangen? Ich glaube, das geht in der Regel nicht, weil man das alte Leben nicht vergessen, weil man seine Kinder nicht vergessen kann. Man verliert im Umgangsverfahren, als Vater, fast immer. Das sagt auch Reinhold, wir verlieren sowieso, aber das ist auch eine Stärke. Wir können was riskieren, was Neues ausprobieren. Wir müssen uns nicht so verhalten, wie die Mischpoke des Helfersystems es von erwartet, das kann unsere Stärke sein. Dafür muss man allerdings alte Verhaltensweisen über Bord werfen. Im Umgangsverfahren kann ein Vater nicht bestehen, wenn er versucht, das Problem mit den Werkzeugen zu lösen, mit denen er bisher Probleme gelöst hat. Geld, Geschick und gute Worte helfen hier nicht weiter. Der Vater muss ganz andere, neue und unbekannte Wege gehen. Ein ständiger Satz, den man von Neuankömmlingen in der Selbsthilfegruppe hört, ist: „Ich habe auch meinen Stolz." Reinhold sagt dann immer: „Siehst du den Mülleimer dort? Da schmeißt du jetzt deinen Stolz rein. Du redest ab sofort kein schlechtes Wort mehr über Mutti. Du arbeitest dich nicht mehr an Mutti, dem Jugendamt und dem Helfersystem ab. Du verinnerlichst, dass du diesen Kampf nicht für dich, nicht gegen die Mutter führst. Du machst es nur für deine Kinder, einzig und allein für deine Kinder." Genau das kommunizieren wir auch immer und überall. Wir nehmen die Kritik an uns, durch die Mutter und durch das Helfersystem zur Kenntnis. Wir sagen immer und immer wieder: Es geht hier nicht um Vergangenes, es geht nicht um uns, nicht um die Mutter. Es geht darum, dass die Kinder nicht ohne ihren Vater aufwachsen sollen. Nur dafür kämpfen wir. Wir sagen ganz klar und deutlich, mit Nachdruck und immer wieder, wir müssen diesen Kampf für unsere Kinder führen, das ist unsere Pflicht als Vater. Wenn wir diesen Kampf nicht führen, dann wird niemand für unsere Kinder kämpfen. Wir haben gar keine Wahl, dieser Kampf ist unsere Pflicht als Vater und wir werden nicht aufhören, für unsere Kinder zu kämpfen. Wie kann das aussehen? Wir könnten die nächste Verhandlung mit einer Entschuldigung beginnen. Wir entschuldigen uns bei der Mutter und beim Jugendamt für unser Auftreten in den letzten Monaten. Wir sagen, dass es alles zu viel für uns war und wir nicht mehr so weitermachen wollen. Wir sagen, dass wir vergessen haben, was für eine gute Mutter Mutti war und auch noch immer ist. Wie wichtig Mutti für die

Kinder ist. Wir sagen, dass wir eingesehen haben, dass es nur um die Kinder geht, und genau da wollen wir jetzt weitermachen. Wir wollen ab sofort nur nach vorne blicken; was können wir tun, damit unsere Kinder bald wieder ihren Vater haben dürfen? Wir haben eingesehen, dass wir die Vergangenheit nicht verändern können, aber wir wollen jetzt die Zukunft, zusammen mit der Mutter, für unsere Kinder gestalten. Wer diese Entschuldigung über die Lippen bringt, wird den Gegner verwirren. Das kann man dann mit einem nächsten, absolut überraschenden Schritt untermauern. Es geht ja so oft um das Sorgerecht. Was bedeutet eigentlich das Sorgerecht, das man immer gerne gemeinsam ausüben will? Das Sorgerecht umfasst als wichtigsten Punkt das Aufenthaltsbestimmungsrecht. Da die Kinder ja eh schon bei der Mutter wohnen, hat sich das erledigt. Wenn Mutti umziehen will, kommt sie damit auch fast immer durch. Es geht schließlich nicht darum, ob die Kinder ihre Freunde, ihre Schule, ihre Heimat behalten dürfen, sondern nur darum, dass es Mutti gut geht und uns schlecht. Das Sorgerecht umfasst weiter die Entscheidungen über die Ausbildung, die Erziehung, die Gesundheit, die Freizeitgestaltung und die Vermögensgeschichten der Kinder. Natürlich würden wir gerne, dass die Kinder ganz bei uns sind, wünschen uns das Wechselmodell, oder dass Mutti sich einfach in Luft auflöst. Aber das sind nur Wünsche. Ich wünsche mir auch ein weißes Meerschweinchen mit braunen Flecken, das für mich zur Arbeit geht, aber das wird es leider nie geben. Ein geregelter Umgang ist unser einziges Ziel. Mindestens jedes zweite Wochenende, von Freitag bis Sonntag. Es ist so wichtig, dass die Kinder bei uns einschlafen und auch bei uns aufwachen. Außerdem sollen die Kinder die Hälfte von den Ferien mit uns verbringen. Diesen Beschluss wollen wir, nicht mehr und vor allem nicht weniger. Darauf können wir aufbauen und was in ein paar Jahren sein wird, wenn die Kinder mitentscheiden dürfen, sehen wir dann. Es gibt Väter aus der Selbsthilfegruppe, die haben in der Verhandlung gesagt, dass sie auf das

Sorgerecht verzichten, denn sie sind sich sicher, dass die tolle Mutti auch nur das Beste für die Kinder will. Mutti kann also entscheiden, zu welchem Arzt die Kinder gehen, auf welche Schule, welche Sportart und welches Instrument sie lernen und ob sie ein Kinderkonto bei der Sparkasse bekommen. Wir vertrauen der Mutter. Mutti ist die Beste. Mutti kann gerne das alleinige Sorgerecht mit der alleinigen Verantwortung bekommen. Na, da wird ein Raunen durch den Gerichtssaal gehen. Damit haben „die" nicht gerechnet. Wir genießen dann die allgemeine Verwirrung und ergänzen: „Da das mit dem Sorgerecht ja geklärt ist, wollen wir jetzt das Umgangsrecht geklärt haben, denn darauf verzichten wir nicht, nur darum geht es uns. Wir wollen die Kinder alle vierzehn Tage von Freitag bis Sonntag bei uns haben, wenn möglich, montags zur Schule bringen und die Hälfte von den Ferien. Wie bekommen wir das hier und heute hin?" Natürlich wollen wir auch hier und heute den entsprechenden Beschluss mit Ordnungsgeld.

Eine andere Waffe im Kampf für unsere Kinder sind die Kinderbriefe. Wir schicken jede Woche einen kindgerechten Brief oder ein Paket an die Kinder. Jede Woche. Jedes Wochenende bastele ich diesen Kinderbrief, mit Rätseln, mit Süßigkeiten, mit Bildern, mit netten kleinen Geschichten von der Arbeit, von Dingen, die mir passiert sind, übers Wetter, über das, was wir früher zusammen erlebt haben. Lauter nette, unverfängliche Dinge, kein Wort über das Verfahren, über die Mutter, nur Schönes, Lustiges, nur Gutes. Die Mutter muss jeden Dienstag zitternd zum Briefkasten gehen. Zum Geburtstag, Weihnachten, Ostern und aus dem Urlaub gibt es noch einen extra Brief. Meine Briefe wurden von Psychologinnen zensiert, waren immer wieder Bestandteil von Verfahren. Levke und ihr Drecksanwalt wollten mehrmals die Briefe verbieten. Ich habe mittlerweile über hundert Briefkopien. Auch wenn die Kinder die meisten Briefe nicht bekommen haben, mit diesen Briefen habe ich Levke zermürbt. Die Mutter darf nicht eine Sekunde denken, dass der Vater Ruhe gibt. Der Druck auf die Mutter muss immer, auch zwischen den Verhandlungen, hochgehalten werden. Die Mutter muss wissen, dass wir den Kampf für unsere Kinder nie, niemals aufgeben werden. Ich kann das nur jedem Vater im Umgangsverfahren empfehlen. Druck, Druck, Druck.

Ein Umgangsverfahren dauert lange, sehr lange, meist Jahre. Das sollte einem bewusst sein. Ich weiß allerdings nicht, ob ich dieses Umgangsverfahren geführt hätte, wenn ich gewusst hätte, wie lange sich so ein Verfahren, ohne Aussicht auf Erfolg, zieht. Ein Umgangsverfahren ist kein Sprint, kein Marathon, das ist der Ironman unter den Verfahren. Das weiß das Helfersystem und Mutti, damit arbeiten die. Die wollen diesen Abnutzungskrieg führen, die wollen nicht verhandeln, die opfern ihre Kinder für unsere Vernichtung. Gesundbleiben ist dabei wichtig. Hilfe suchen, Medikamente nehmen, Sport machen, auf der Arbeit gut sein. Banden bilden. Die viele Freizeit, die man jetzt hat, da man sich nicht um die Kinder kümmern darf, sollte man für sich selbst sinnvoll nutzen. Physisch stark bleiben oder werden, obwohl man psychisch schon ein Wrack ist.

Eine Sache noch. Als Vater hat man so unglaubliche Angst, dass die Kinder einen vergessen, entfremdet werden könnten. Die hatte ich auch. Natürlich besteht diese Gefahr und wenn man sich mit dem PAS, Parental Alienation Syndrom, der Eltern-Kind-Entfremdung, EKE, auseinandersetzt und das macht ein Vater früher oder später, wird einem angst und bange. Ich kann aber aus eigener Erfahrung und der Erfahrung vieler Väter aus der Selbsthilfegruppe sprechen. Wenn man vor dem Umgangsboykott durch die Mutter und dem Helfersystem ein guter, zugewandter Vater war, dann braucht man keine Angst davor zu haben. Ich habe meine Kinder neun Monate nicht gesehen und dann war es von der ersten Sekunde an so, als wäre ich nur kurz zum Einkaufen gegangen.

Eine Geschichte, die Reinhold immer gerne erzählt, ist die eines Jungen, der seines Vaters als Kleinkind beraubt wurde. Dieser Vater konnte den Kampf, den wir, ich, gerade führe, nicht mehr kämpfen und hat sich still zurückgezogen, aufgegeben. Dieses Kind ist mit seinem Beutevater aufgewachsen, den er als seinen richtigen Vater gesehen hat. Es war ein guter Vater für ihn. Als der Junge volljährig war, haben seine Eltern ihm die Wahrheit gesagt. Dieser Junge ist dann zu seinem wahren und einzigen Vater gefahren. Dann stand er vor seiner Tür und hat geklingelt. Ein alter Mann, den er nicht kannte, öffnete. Sie haben sich angeschaut und unter Tränen wortlos umarmt. Das Kind hat dann später in Gesprächen gesagt, dass diese Umarmung, das Gefühl dieser Umarmung, ein ganz anderes, viel tieferes Gefühl war, als die tausenden Umarmungen seines Beutevaters. Er sagte, dass sich in der Vergangenheit die Nähe seines Beutevaters irgendwie komisch, nicht richtig angefühlt hatte. Jetzt wusste er, was es war.

15.04.2015
- Schönster BU auf DOM, schönster BU von allen, nur zwei Stunden, keine Minute extra, weil Levke den Kindern nichts gönnt, was schön ist
- Beim Boxen im Multi Stage Test alle geschlagen, mit 46 Jahren als Ältester, meine Fresse, bin ich stark
- 16 Seiten Dankert-Bericht an Amtsgericht Hamburg – Weiter Begleitete Umgänge, KOTZ
- Dankert beschreibt Levke als verbittert und depressiv, so was hat er noch nicht erlebt, er beißt auf Granit, empfiehlt neues Verfahren

29.04.2015
- Vor den Kindern beim BU geweint

21.05.2015
- Ida hat ihren siebten Geburtstag – wieder ohne mich, ich bin so traurig

03.06.2015
- BU ausgefallen

09.06.2015
- Umgangsverfahren 12.06.
- Reinhold sagt, es gibt nur ein Ziel: alle 14 Tage mit Übernachtung und die Hälfte der Ferien

AUSWÄRTSSPIEL

Kapitän Voss hat jetzt das Ruder übernommen und den Kurs geändert. Er will das Rumgedümpel beenden. Reinhold ist der Meinung, dass wir den ganzen Scheiß hier in Hamburg loswerden müssen. Levke hat mit dem Umzug nach Niedersachsen eine Steilvorlage geliefert, jetzt müssen wir das Ding nur noch reinmachen, versenken. Hamburg ist zu einer Sackgasse geworden, hier kommen wir nicht weiter. Der Bericht von Dankert ist tödlich. Dankert empfiehlt eine Fortsetzung der Pflegschaft, also der Begleiteten Umgänge, für ein Jahr. Alle vierzehn Tage für ein paar Stunden, die Kinder wären dann bald volljährig und könnten mit dem eigenen Auto anreisen. Reinhold bringt es auf den Punkt. Wir sind seit über zweieinhalb Jahren bei Gericht. Das Jugendamt und der Verfahrensbeistand haben schon vor zwei Jahren normale Umgänge gefordert. Das Verfahren wegen sexuellen Missbrauchs ist auch schon vor zwei Jahren eingestellt worden. Gemäß dem Gutachten von der Hambach-Stolte müssten jetzt die normalen, unbegleiteten Umgänge losgehen. Dankert aber empfiehlt, dass die Kinder noch ein Jahr auf ihren Vater warten sollen und er weiter fein Rechnungen schreiben kann, der Pisser. Um gegen Dankerts Empfehlung anstänkern zu können, müssten wir jetzt wieder ein neues Verfahren in Hamburg anschieben. In drei, vier Monaten hätten wir dann einen Termin und Dankert wird wieder geladen werden und empfehlen, den Begleiteten Umgang um ein weiteres Jahr zu verlängern. Der Richter wird es sich einfach machen und der Empfehlung folgen. Es wird wieder keinen Beschluss geben, den wir durchsetzen oder anfechten können. In ziemlich genau einem Jahr, im Sommer 2016, sitzen wir dann wieder im Gericht. So lange können die Kinder nicht mehr warten. Ich auch nicht. Nicht, dass ich ungeduldig bin oder nicht mehr warten kann. Ich kann überhaupt nicht mehr, ich bin fertig, ich bin ein Wrack. Das ist wie beim Scrabble. Irgendwann muss man einsehen, dass man mit den Buchstaben (alles Vokale), die da in der grünen Halterung vor einem liegen, keinen Blumentopf mehr gewinnen, kein Wort mehr legen kann. Da muss man die Buchstaben einmal komplett durchtauschen, dann bekommt man auch ein paar Konsonanten und weiter geht das Spiel. Reinhold sagt, dass das Gericht in Hamburg nicht mehr zuständig ist und somit auch nicht Dankert. Zuständig ist jetzt das Amtsgericht in Celle. Dort haben wir vor ein paar Wochen einen Antrag auf Regelung des Umganges gestellt. Natürlich wissen wir nicht, an welchen Richter wir in Celle geraten. Wir fangen da mehr oder weniger wieder bei Null an; aber schlimmer kann es ja nicht mehr werden. Für Reinhold ist das auch deswegen interessant, weil er noch nie am Amtsgericht in Celle war. Das erste positiv Auffallende ist, dass das Amtsgericht in Celle ziemlich fix ist. An den Hamburger Gerichten dauert es immer Monate, bis ein Richter sich bequemt, sich um die Kinder zu kümmern. In Celle ist bereits drei Wochen nach Antragseingang die Verhandlung terminiert. Cool. Das liegt wahrscheinlich daran, dass die Richter auf dem flachen Land, Niedersachsen kann man ja schon als Bauernland bezeichnen, einfach weniger zu tun haben. Ich denke, dass die meisten Streitigkeiten dort intern, zum Beispiel im guten, alten Faustkampf auf Dorffesten ausgetragen werden. Wenn es größere Streitigkeiten gibt, dann werden die im Thing, vom Dorfältesten jeden ersten Freitag im Monat, vor dem alten Feuerwehrhaus geregelt, bei Regen natürlich drinnen. Hinterher wird sich dann immer gemeinsam ordentlich einer hinter die Binde gekippt, sich vertragen und verbrüdert. Es gibt dort auch kaum Wirtschaftskriminalität, da es ja kaum Wirtschaft gibt, nur Landwirtschaft, außer VW. Die Streitereien um Wasser, Holz und Erde werden ja jeden ersten Freitag im Monat, im Thing vorm Feuerwehrhaus, schlank geklärt. In der Regel mischt sich der Staat bei Straftaten aus der Abteilung Hauen und Stechen nicht ein, denn das klären die Bauern ja untereinander. Auch Verkehrsdelikte gibt es dort kaum, da ja genug Platz ist und jeder einen Carport hat. Kurzum, das Gericht in Celle hat bestimmt auf die zwei Streithammel aus Hamburg gewartet und freut sich, uns zu zeigen, wie im Arbeiter- und Bauernstaat Recht gesprochen wird. Reinhold hat unsere Aufstellung vor Gericht mit Frau Stemmer durchgesprochen. Ich habe eigentlich gar nichts mehr zu sagen, das stört mich aber nicht. Erstens bin ich das ja mittlerweile gewohnt, zweitens vertraue ich Reinhold. Der hat schließlich auch einen guten Ruf zu verlieren, der macht das schon.

12.06.2015: Das Amtsgericht in Celle ist wirklich schön. Baujahr 1852, roter Ziegelsteinbau mit bunten Blumenkästen vor den hohen Rundbogenfenstern, zweigeschossig, sehr gepflegt, könnte auch ein Museum oder eine alte Schule sein. Wenn man das mit den beeindruckenden Prunkbauten in Hamburg vergleicht, ist das richtig muckelig. Da, wo jetzt dieses Gericht steht, stand wahrscheinlich noch vor zweihundert Jahren der Thing von Celle. Im Gegensatz zu den abgeranzten Gerichtssälen in Hamburg sieht es hier aus wie in einem Raum der Volkshochschule. Hier in Celle ist es wirklich nett, jetzt muss der Richter nur noch dafür sorgen, dass ich demnächst meine Kinder mit nach Hause nehmen darf. Dass wir einen Richter haben, ist schon mal gut, wenn der auch Kinder hat, wäre es noch besser. Auf jeden Fall macht er einen netten Eindruck. Wie immer kurze Vorstellungsrunde und Erklärung, um was es bei dieser Veranstaltung geht – die Klärung des zukünftigen Umganges. Levke ist mit ihrer neuen Anwältin, Frau Krumm da. Nach der Ratte Kleinfeld kann es ja nicht schlimmer werden.
Ich bin mit Frau Stemmer im Ring. Reinhold muss draußen vor der Tür warten. Verhandlungen am Familiengericht, bei denen Kinder beteiligt sind, finden immer unter Ausschluss der Öffentlichkeit statt. Na, da bin ich ja mal gespannt.
Richter Allersburg hat das Wort: „Ich habe die zugesandten Unterlagen aus Hamburg bereits durchgesehen, aufgrund des Umfanges

konnte ich natürlich noch nicht alles lesen. Da haben Sie eine Menge Papier, Zeit und Ressourcen verbraucht. Der Stand scheint aber ziemlich der Gleiche zu sein, wie vor über zwei Jahren, das finde ich persönlich schon sehr beeindruckend."

Messerscharf analysiert, da keimt Hoffnung auf, jedes Wort ein Treffer.

„Es dreht sich scheinbar alles um die Anzeige des sexuellen Missbrauchs, zulasten von Ida Twente durch ihren Vater. Das Strafverfahren wurde schon nach ein paar Monaten eingestellt, da weder Tat noch Täter nachgewiesen werden konnten. Scheinbar scheint das Verhältnis zwischen Vater und Tochter die letzten Jahre nicht gelitten zu haben. Ich sage Ihnen jetzt ganz deutlich, dass wir uns hier an meinem Gericht an die Rechtsstaatlichkeit halten. Wenn ein Verfahren eingestellt und der Angeklagte freigesprochen wurde und somit unschuldig ist, dann hat diese Anklage hier an meinem Gericht keine Relevanz mehr."

Die Anwältin von Levke plappert ungefragt dazwischen: „Aber die Verfahren im Strafgericht sind doch losgelöst von dem Verfahren am Familiengericht zu sehen."

Das hat ihr doch die Ratte Kleinfeld gesteckt, zieht der etwa im Hintergrund immer noch die Fäden? Nee, sicher nicht, das kann sich Levke definitiv nicht leisten und selbst wenn, wäre sie zu geizig dafür. Die denkt bestimmt, sie kommt auch hier für kleines Geld mit ihrer Scheiße durch. Ich denke, dass sie sich da aber bestimmt geschnitten hat. Mit Richter Allersburg scheint nämlich nicht gut Kirschen essen zu sein.

„Frau Anwältin, erstens rede ich gerade und wenn ich möchte, dass Sie was sagen, dann erteile ich Ihnen das Wort. Zweitens sind wir hier in Celle und nicht mehr in Hamburg. Die Zuständigkeit wird Hamburg abgeben; eine diesbezügliche Bitte ist bereits auf dem Weg nach Hamburg. Ich sage Ihnen jetzt ganz deutlich, dass ich keine Lust mehr auf diese Missbrauchsgeschichten im Zuge von

Scheidungen habe. Herr Twente, ich frage Sie jetzt ganz einfach, klar und deutlich: Haben Sie Ihre Tochter Ida in irgendeiner Weise sexuell missbraucht?"

„Nein, habe ich nicht."

Krass, ich glaube, das hat mich die letzten Jahre noch nie jemand gefragt. Die Richterin Frau Dahlenburg-Steinfeld hat mich im ersten BU-Verfahren eher genötigt, ich solle den Missbrauch einfach zugeben, um meinen Kindern weiteres Leid zu ersparen. Tja, andere Länder, andere Titten.

„Dann ist das jetzt ja geklärt und ich möchte auch nicht wieder auf diesen Aspekt eingehen. Ich werde Ihnen jetzt sagen, wie das hier laufen wird. Kurz- oder mittelfristig sehe ich normale Umgänge und werde einen diesbezüglichen Beschluss erlassen. Ich gehe davon aus, dass Sie, Frau Twente dann zum nächsten Gericht gehen werden. Ich kenne das zur Genüge. Wissen Sie, ich habe auch Kinder, ich würde niemals, niemals einen Fremden, und das bin ich ja für Sie, über das Schicksal meiner Kinder entscheiden lassen. Ich hoffe, wir finden hier heute einen guten Vergleich. Wir könnten dann anfangen."

Frau Stemmer meldet sich zu Wort. Was will die denn jetzt? Läuft doch supi.

„Herr Richter, können wir kurz unterbrechen? Ich möchte mich mit meinem Mandanten besprechen."

„Ja, wir sehen uns in hier in zehn Minuten wieder."

Ich gehe mit Frau Stemmer zu Reinhold raus. Frau Stemmer erzählt kurz, was der Richter eben gesagt hat. Reinhold strahlt übers ganze Gesicht. Frau Stemmer will wissen, wie sie sich aufstellen soll.

„Was für ein weiser Richter, was für ein Glück für uns und für deine Kinder, Hagen. Alles, was wir vorbereitet haben, schmeißen wir über Bord. Kein Wort über Gutachten, Empfehlungen oder Sonstiges, keine Forderungen, keine Beschwerden, keine Hinweise. Wir reden nur, wenn uns der Richter etwas fragt, und dann beantworten wir seine Fragen kurz und knapp. Der Richter hat uns ganz klar gesagt, wie der Hase laufen wird. Wir brauchen ihm keine Tipps geben, wir dürfen ihm kein bisschen sagen, was er zu tun hat. Jede Äußerung schwächt ihn in seiner bereits verkündeten Sicht der Sache. Der arbeitet für uns, lassen wir ihn in Ruhe arbeiten. Vor Gericht und auf hoher See ist man in Gottes Hand. Gott meint es dieses Mal gut mit uns, Amen."

Also wieder rein in die gute Stube. Jetzt bloß keinen Fehler machen, nicht überheblich werden. Aber ich kann mir ein Grinsen nicht verkneifen. Na, Levke, siehst du deine Felle davon schwimmen? War wohl doch keine so gute Idee, aufs Land zu ziehen. Hier weht ein anderer Wind, hart Nord, Nordost, dir voll in die Fresse.

Der Richter hat das Wort. „Wir brauchen jetzt einen Verfahrensbeistand für die Kinder, der auch die zukünftigen Umgänge begleitet. Ich schaue mal, ob unsere Frau Bartsch Zeit für uns hat."

Er holt sein Handy aus der Tasche und wählt eine Nummer. Na, da bin ich mal gespannt, was jetzt kommt.

„Hallo Frau Bartsch, Richter Allersburg hier, wir brauchen Sie hier mal wieder als Verfahrensbeistand und um ein paar Umgänge eines Vaters mit seinen Kindern zu begleiten. Ja, wir sitzen hier gerade zusammen. Ach, das ist schön, dann sehen wir uns in zehn Minuten. Vielen Dank, bis gleich."

Hallihallohallöle, so geht das hier. Unglaublich. Da bin ich aber echt positiv überrascht. In Hamburg hätte das Monate gedauert. Hier ist das ein Anruf. So langsam kann ich dem Landleben und vor allem der Rechtsprechung hier etwas abgewinnen. Vielleicht sollte ich mal ein Austauschprogramm mit den Richtern des Amtsgerichts Hamburg anschieben. Die Anwältin von Levke und wohl auch Levke finden das, im Gegensatz zu mir, gar nicht gut. Die blöde Kuh weist den Richter darauf hin, dass es doch bereits eine Umgangsbegleitung durch Herrn Dankert geben würde und dass die Kinder sich nicht schon wieder auf jemanden Neuen einstellen sollten. Dies sei

doch eine zusätzliche Belastung für die Kinder. Na, da hat sie sich aber bei dem Richtigen beschwert.
Der Richter reagiert barsch: „Wissen Sie, was die Mutter ihren Kindern die letzten Jahre zugemutet hat, ist, glaube ich, nicht zu mehr zu toppen. Ich meine das alles. Vor allem aber, die Kinder alle zwei Wochen für neunzig Minuten Umgang, zwei Stunden nach Hamburg und zurückzukarren, ist doch schon ökologisch nicht zu verantworten."
Ha, jetzt wird er auch noch richtig witzig.
„Wir sind hier jetzt in Niedersachsen, hier habe ich das Sagen. Dass Sie jetzt in Niedersachsen sind, das habe nicht ich, sondern die Mutter entschieden. Wie ich bereits gesagt habe, ist das Schreiben auf die Übertragung der Zuständigkeit auf mein Gericht bereits raus und das wird auch bestätigt werden. Die Hamburger sind bestimmt froh, wenn sie zwei Streithammel weniger haben."
Meine Fresse, hier herrscht aber noch Zucht und Ordnung, ist mir ganz recht. Kurze Zeit später klopft es an der Tür. Frau Bartsch. Eine wirklich sehr sympathische Erscheinung. Die werden die Kinder bestimmt mögen, nicht so ein Spaggen wie der Dankert und seine Auszubildende, sondern eher der mütterliche Merkel-Typ. Es wird besprochen, dass der erste Umgang in Niedersachsen im Juli stattfinden soll. Allerdings nicht für neunzig Minuten, sondern für fünf Stunden. Fünf Stunden! Unglaublich. Zwar nur alle drei Wochen, aber dafür fünf Stunden. Toll. Frau Bartsch kann nicht verstehen, wie man Umgänge für neunzig Minuten ansetzen kann. Da kann man das auch gleich ganz sein lassen. Da kann man ja noch nicht mal eine Partie UNO spielen. Wo sie recht hat, hat sie recht. Der Richter meint, dass in Hamburg die Uhren wohl anders ticken. Die Städter hätten wohl nicht so viel Zeit. Die beiden kennen sich gut und scherzen die ganze Zeit miteinander.
Frau Bartsch: „Warum haben wir hier überhaupt Begleitete Umgänge? Lassen sie mich raten, sexueller Missbrauch."

Richter Allersburg: „Ja, sexueller Missbrauch, mal wieder, aber das ist bereits geklärt und nicht mehr relevant."
Der hat dabei tatsächlich mit den Augen gerollt, der kleine Frechdachs. Tja Levke, die nehmen dich so gar nicht ernst. Damit haste nicht gerechnet, ich allerdings auch nicht. Wir verabreden, dass wir uns in drei Monaten wieder hier sehen und dann schauen wir weiter. Wieder drei Monate warten, dann ist wieder Herbst, Hmmmpff. Aber ich will mich nicht beschweren. Das lief doch gut. Reinhold, Frau Stemmer und ich sind sehr guter Dinge. Jetzt noch ein paar Monate durchhalten und vielleicht, vielleicht ist der ganze Scheiß bald vorbei.

12.06.2015
- Beschluss – Sache geht von HH nach Celle
- Umgänge finden ab sofort in Niedersachsen statt

15.06.2015
- Letzter BU in Hamburg BU aufm Spielplatz

01.07.2015
- 48. Geburtstag, allein und traurig

04.07.2015
- BU Abenteuerland Mellendorf 5 Stunden – unglaublich schön
- Geburtstag aufm Parkplatz
- Viele Gespräche und viel Zeit – Frau Bartsch ist super, sie sagt, wenn sich Levke weiter weigert, normale Umgänge zu ermöglichen, besteht die Möglichkeit, dass sie das Aufenthaltsbestimmungsrecht verliert

- Kinder sind wieder zu Therapie angemeldet

17.07.2015
- Frau Bartsch sieht unbegleitete Umgänge im Herbst

01.08.2015
- BU Kletterwald Scharnebeck, der BU wurde kurzfristig angesetzt, da es immer wieder Terminprobleme gab. Der Umgang war auf fünf Stunden angesetzt, aber es wurden nur vier, da Levke eine Stunde zu spät kam. Beim Abschied haben die Kinder und ich ganz oft Tschühüss gerufen und Levke hat mein Tschühüsss Jonny, Tschühüssss Ida laut nachgeäfft. Was für eine gezielte Provokation von der Drecksmutter
- Wenig Hoffnung, dass es besser werden könnte
- Wieder keine Sommerferien mit den Kindern
- Wieder gute Miene zum bösen Spiel
- 2,5 Jahre Kampf und keinen Millimeter weiter
- Ich kann nicht mehr – wieder Gedanken an Suizid

15.08.2015
- Ich will so sehr mein altes Leben zurück, meine Kinder
- Seit 2,5 Jahren nur diese Scheiße im Kopf, keine Freude mehr am Leben
- Verhandlung am 04.09. Levke geht dann danach sowieso vors OLG

01.09.2015
- Jonnys 11. Geburtstag – wieder ohne mich

Das Beschütz Mich

04.09.2015

Da sind wir wieder. Reinhold, Frau Stemmer und ich sind bereit zur nächsten Runde beim Amtsgericht in Celle. Vor drei Tagen habe ich die Stellungnahme von Frau Bartsch über die letzten beiden Umgänge bekommen und Infos, wie Levke mittlerweile aufgestellt ist. Die Umgänge im Abenteuerland Mellendorf, einem dieser schrecklichen Indoorspielplätzen und in einem Klettergarten in Lüneburg waren das Beste, was ich die letzten zweieinhalb Jahre mit den Kindern hatte. Zweimal satte fünf beziehungsweise vier Stunden mit meinen Kindern. Nicht in einem verfickten Büro vom Jugendamt, nicht in einem dunklen Acht-Quadratmeter-Zimmer im Souterrain beim Dankert, nicht im Möbelhaus Kraft. Nicht bei der widerlichen Familienbegleiterin, Kartoffelfrau Hartmann-Dembele und vor allem nicht mit der Stoppuhr in der Hand. Dreihundert Minuten sind schon was anderes als neunzig. Wenn man seine Kinder nur alle paar Wochen unter Aufsicht für neunzig Minuten sieht, ist das einfach gar nichts. Natürlich ist das besser als gar nichts, aber viel mehr ist das auch nicht. Die Stellungnahme von Frau Bartsch liest sich sehr gut. Der erste Umgang fand im Abenteuerland Mellendorf statt. Dieser Indoorspielplatz ist wirklich riesig. Mit Blubberberg, Trampolins mit Springhilfe, riesigen Klettertürmen, Bällebad, Go-Kart-Bahn, Restaurant, Slush Eis – kurzum: alles da, was Kinder zwischen drei und zwölf Jahren lieben. Natürlich auch die Eltern, da sie ihre Kinder hier glücklich sehen und selbst nichts machen müssen. Ich habe allerdings Vollgas mit den Kindern gegeben, ohne Rücksicht auf Verluste. Stundenlanges Verfolgen und Klettern in den Klettertürmen, Fangen spielen, Hüpfen, Toben, Springen, Lachen und das bei über 30 Grad. Die ganze Zeit zwischen Zuckerschock und Hitzeschlag. Auf allen Fotos, die ich machte, haben wir alle immer eine rote Birne und ein breites Lachen oder Schreien vor Freude im Gesicht.

Nach dem Abenteuerland Mellendorf haben wir auf einem Grünstreifen, zwischen parkenden Autos, meinen Geburtstag nachgefeiert. Was für ein feiner Tag, der beste seit zweieinhalb Jahren. Schon während des Umganges fiel mir auf, dass Frau Bartsch immer wieder das 1:1-Gespräch mit Jonny und Ida suchte. Diese Gespräche hat es bei Dankert und der Kartoffelfrau nie gegeben. Die Umgangsbegleiter, wie auch diese verdammten Kinderpsychologinnen, sehen ihre Aufgabe ja auch in erster Linie darin, sich um das Wohlergehen der Schrottmütter zu kümmern. Die Kinder sind für dieses Pack doch nur lästiges Beiwerk.

Frau Bartsch schreibt:

Ich tobe ausgelassen mit Ida im Bällebad herum, und danach suchen wir uns eine ruhige Ecke, um uns zu unterhalten. Auf meine Nachfrage teilt mir Ida unter anderem Folgendes mit:
„Heike, es macht mir ganz doll Spaß, hier mit dir, Papa und Jonny zu spielen. Alle Treffen mit Papa sind toll, aber sie sind immer begleitet."
Ich frage Ida: „Möchtest du das anders haben? Oder wäre das zu viel für dich? Gibt es etwas, wovor du Angst hast?"
Ida antwortet: „Ich glaube, die Mama hat Angst. Ich habe keine Angst. Warum denn auch? Mit dir, Heike, macht es am meisten Spaß. Die anderen, die dabei waren, waren nicht wie du. Ich würde auch gerne mal etwas allein mit Jonny und Papa machen wollen. Kann ich mal nur den Papa sehen?"
Ich: „Ida, was willst du denn mit Papa unternehmen?"
Ida: „Ich möchte mit ihm schwimmen gehen oder nochmal in einen Spielpark. Oder ein Buch lesen. Kann Papa mit mir Hochwerfen spielen?"

Nun kommt auch Jonny zu uns. Ich frage: „Wie gefällt dir unser Treffen?"
Jonny: „Heute ist Papa endlich lang da. Es macht Spaß, es ist toll, dass wir heute so lange mit Papa zusammen sind. Das sollten wir öfters machen."
Ich: „Jonny, sollte dann immer eine andere Person (Umgangsbegleitung) dabei sein? Also jemand wie ich?"
Jonny sagt: „Meinetwegen muss das nicht sein. Aber Mama möchte das so."
Ich erkundige mich bei den Kindern, ob es sinnvoll wäre, mit Mama und Papa gemeinsam darüber zu sprechen, dass es für sie kein Problem wäre, auch allein etwas mit Papa zu unternehmen.
Jonny sagt:
„Das fände ich mega. Ich würde gerne länger Zeit mit Papa verbringen und kann mir vorstellen, mit ihm eine Kanufahrt zu machen oder ab und zu gemeinsam ins Kino oder in einen Spielpark zu gehen. Mit dir, Heike, ist es das erste Mal, dass wir so eine lange Zeit mit Papa verbringen dürfen. In meiner Klasse gibt es auch Kinder, deren Eltern getrennt sind. Ich denke, deren Eltern reden miteinander. Wenn Mama sagt, dass es okay ist, fände ich das gut. Außerdem würde ich wirklich gerne wieder bei Papa übernachten oder mit ihm in den Urlaub fahren. Das war früher mal so!"
Jonnys Gesichtsausdruck und Körperhaltung vermittelten mir den Eindruck, dass er nicht daran glaubt, dass ein Gespräch mit seiner Mutter erfolgreich sein wird.

Nach zweieinhalb Jahren haben wir es dann doch endlich mal schwarz auf weiß, was meine Kinder wollen. Die wollen eigentlich gar nicht viel. Die wollen nur endlich wieder ihren Papa zurück. Keiner und keine, mit Ausnahme von Frau Bachmann-Meinicke, von diesen ganzen Doktoren, Gutachterinnen, Sozialdiplom- und Möchtegern-Kinderpsychologinnen, Ergänzungspflegerinnen, Richterinnen, Mut-im-Bauch-Schnallen, Familienbegleiterkaroffelfrauen, keiner dieser ganzen Pisser hat das auch nur einmal die Kinder gefragt. Nicht einmal hat das jemand so zu Papier gebracht. Welch ein Armutszeugnis. Vielleicht sollte man das Wort „Kindeswohl" in Stein meißeln und denen damit so lange auf den Kopf schlagen, bis sie sich daran erinnern, um wen es hier eigentlich gehen sollte. Kleiner Spoiler: nicht um das Wohlergehen der Mutter. Da muss Richter Allersburg erst eine Frau Bartsch holen, damit sich endlich mal jemand um meine Kinder kümmert, Jonny und Ida fragt, was sie wollen, den beiden einfach mal zuhört. Mir ist das bis dahin gar nicht aufgefallen, was ich jetzt auch irgendwie komisch finde. Erst durch die Missachtung der Wünsche der Kinder wurde doch Levke die ganze Zeit in ihren wirren, kranken Gedanken unterstützt. Niemand dieser Arschlöcher – und ganz besonders Levke nicht – hat sich einen feuchten Kehricht um die Wünsche von Ida und Jonny geschert. Das muss man sich mal vorstellen. Ida ist sieben Jahre alt, Jonny schreibt die ersten kleinen Aufsätze in der Schule und niemand hat sie gefragt, was sie wollen. Meine Kinder wurden von allen Verfahrensbeteiligten als Gegenstände gesehen, die im Zuge einer Scheidung aufgeteilt werden müssen. Für diese Verfahrensbeteiligten waren meine Kinder keine fühlenden, denkenden, kleinen Menschen mit Wünschen, Sehnsüchten, Gefühlen, die einen Papa haben wollten. Jonny und Ida waren für sie nur beschissene Gegenstände. Wie Gegenstände sieht Levke die Kinder auch. *Du gehörst mir* ist das, was Levke denkt. Das denkt die wirklich und die Verfahrensbeteiligten unterstützen sie darin. Das sogenannte Helfersystem ist definitiv nicht dazu da, den Kindern zu helfen, sondern den Müttern, damit diese sich, auf welche Weise auch immer, des Vaters entledigen können und die Kinder ohne ihren Vater aufwachsen müssen. Die wollen diese Scheiße nicht zum Wohl der Kinder beenden, nein, die wollen den Kindern lediglich kostenpflichtige Räume zur Verfügung stellen, damit sie lernen, den Wahnsinn der Mutter auszuhalten. Schämen sollten die sich, widerliches Pack. Wenn diese Kinderpsychologinnen Onkologinnen wären, würden sie zu den Krebspatienten sagen, dass sie die Zähne zusammenbeißen sollen, sterben müssen wir alle mal. Freuen Sie sich doch, dass Sie bis hierhin ein schönes Leben hatten. Die würden den Krebs nicht mit Chemo und Skalpell bekämpfen. Die würden einen Raum, eine Stunde die Woche, für die Trauer, den Schmerz und die Verzweiflung anbieten. Wofür haben diese Kinderpsychologinnen eigentlich studiert? Ein Klempner, der bei einem Rohrbruch lediglich einen Eimer und einen Feudel anbieten würde, könnte seinen Laden bestimmt recht flink dichtmachen.

Die Reaktion von Levke auf dieses ungeheuerliche Vorgehen von Frau Bartsch, doch tatsächlich unseren Kindern Gehör zu schenken, die Wünsche von Jonny und Ida in den Mittelpunkt zu stellen und nicht die Mutter bei der Zerstörung der Kinder und des Vaters zu unterstützen, lässt natürlich nicht lange auf sich warten.

Levke informierte Frau Bartsch ein paar Tage nach dem Umgang im Abenteuerland Mellendorf am Telefon, dass Jonny ihr mitgeteilt habe, dass er es so nicht gemeint hätte, was er im Gespräch vor Ort gesagt habe. Bestenfalls hat sich Levke das nur ausgedacht. Aber ich befürchte, Jonny musste sich nackt auf einen Stuhl setzen und über das Abenteuerland Mellendorf berichten. Dann wurde er wieder und wieder mit kaltem Wasser übergossen, geschlagen und mit Strom gefoltert, bis er endlich eingeknickte und widerrief. Die Erde ist aber trotzdem keine Scheibe. Wir haben einen Vater in der Selbsthilfegruppe, dessen Tochter auf einmal die Papawochenenden verweigerte. Später stellte sich heraus, warum. Die Mutter sagte vor dem Papawochenende zur Tochter, dass sie gerne zu ihrem Vater gehen kann. Aber sie, die Mutter, würde das Kaninchen der Tochter, die war vier oder fünf Jahre alt, nicht füttern. Das Kaninchen würde somit wohl verhungern und sterben und das sei dann die Schuld der Tochter. Ja, genau so ticken diese Umgangsboykottmütter. Levke ist mittlerweile bestimmt eine hochdekorierte Anführerin dieses Abschaums. Levke berichtet weiter, dass sich Ida ihrer Therapeutin gegenüber geöffnet hat und es einen sexuellen Missbrauch gegeben hätte. Dies hat die Therapeutin allerdings nicht dem Gericht mitgeteilt, weil sie Ida schützen wollte. Was für ein Schwachfunk. Jetzt möchte Levke, dass gar keine Kontakte mehr zwischen meinen Kindern und mir stattfinden sollen, weil alle bisherigen Umgänge für die Kinder sehr belastend gewesen sind. Außerdem halte ich mich an keine Absprachen und müsste ständig durch die Umgangspfleger ermahnt werden. Die Umgänge würden den Kindern nicht guttun, und ich sei während der Umgänge immer überstülpend. Belastbare Quellen kann Levke hierfür natürlich nicht liefern. Diesem Gehirndünnschiss der Mutter will aber Frau Bartsch nicht folgen. Die Stellungnahme von Frau Bartsch endet wie folgt:

Die Kinder wünschen sich zukünftig einen von der Mutter akzeptierten und unbeaufsichtigten Umgang mit ihrem Vater. Der Umgang mit beiden Elternteilen nach der Trennung ist im Interesse der Kinder. Die Besuche beim Vater tragen dazu bei, dass er weiterhin eine verantwortungsbewusste Rolle als Vater einnehmen kann, der die physische und mentale Entwicklung der Kinder unterstützt. Dies ermöglicht zudem den Aufbau und die Pflege einer Beziehung zwischen den Kindern und dem abwesenden Elternteil (Vater). Briefliche Kontakte und Telefonate sollen den persönlichen Umgang ergänzen.
Meine Empfehlung an die Eltern ist, ihren Kindern Jonny und Ida gemeinsame und unbegleitete Umgangszeiten alle 14 Tage zu ermöglichen. Diese Zeiträume erstrecken sich von freitags nach der Schule bis montags zur Schule und finden im Haushalt des Vaters statt. Es ist wichtig, dass die Eltern in Erziehungsberatungsgesprächen einen gemeinsamen Weg für ihre Kinder finden. Vorübergehend schlage ich vor, dass die Eltern ein Elternbuch führen. In die-

sem Buch können sie wichtige Informationen und Beobachtungen über ihre Kinder miteinander teilen. Des Weiteren empfehle ich, die Ferienzeiten hälftig zwischen den Eltern aufzuteilen.

Das Ganze hört sich ja gut an, aber genau das hatte ja auch schon Frau Bachmann-Meinicke, Herr Kallert und die Hambach-Stolte vor Jahren empfohlen. Passiert ist aber seitdem genau NICHTS. Da bin ja mal gespannt, was der Richter Allersburg, hier in Celle, mit der Empfehlung macht. Wenn Reinhold recht hat, hat der Richter Frau Bartsch genau für diese Empfehlung ins Boot geholt.
Zurück zur heutigen Verhandlung. Neben dem Richter Allersburg sind Frau Bartsch, Frau Stemmer und ich, sowie die Schrottmutter mit ihrer Anwältin und als Ehrengast Frau Harmsen vom Jugendamt Celle, die kenne ich noch gar nicht, mit von der Partie. Ich bin zwar nervös, aber nicht angespannt. Reinhold hat ja gesagt, wir sollen den Richter machen lassen und nicht dazwischenreden. Wie sagte meine Mutter immer so schön, mit einem Lächeln und erhobenen Zeigefinger, wenn wir am Esstisch saßen? „Kinder, Hände falten, Schnabel halten, Kopf nicht drehen, nach vorn sehen, Ohren spitzen, gerade sitzen, guten Appetit." Ich habe dann immer gesagt: „Jeder isst so viel er kann, nur nicht seinen Nebenmann, guten Appetit."
Levke sieht schon recht durch den Wind aus, verhärmt, verbittert, fleckig und zerpullt im Gesicht. Wahrscheinlich sind auch ihre Oberschenkel zerritzt, um endlich mal wieder etwas zu spüren und von der Paranoia abgelenkt zu werden. Sie ist die ganze Zeit wie irre an ihrem riesigen Papierstapel zugange und macht sich Notizen, obwohl es noch nicht mal losgegangen ist. Ich habe nur Block und Stift dabei. Frau Bartsch hat das Wort. Sie erzählt sehr ausführlich von den Umgängen und das, was die Kinder und Levke gesagt haben. Ergänzend zu dem bekannten Bericht erwähnt sie, wie verwundert die Kinder waren, dass wir so viel Zeit, fünf Stunden, hatten. Frau Bartsch kann sich nicht erklären, warum die Umgänge die letz-

ten Jahre immer nur so kurz waren. Diese Umgänge seien doch so wichtig für die Kinder und ihre Beziehung zum Vater. Das kann ich Ihnen erklären, Frau Bartsch, weil sich bisher noch niemand für meine Kinder interessiert hat, Ida und Jonny sind doch nur verschiebbare Masse, Gegenstände in einem Scheidungskrieg, denke ich. Sie hebt hervor, wie sehr die Kinder die Nähe zu mir gesucht hätten. Kein Mädchen, was von ihrem Vater in irgendeiner Weise sexuell missbraucht wurde, könnte so, wie Ida es getan hat, mit ihrem Vater in einem Bällebad toben. Sie lobt mich, wie gut ich vorbereitet gewesen war und was für einen schönen Geburtstag wir auf dem Parkstreifen gefeiert haben. Die Kinder hätten sie als Begleitung komplett ausgeblendet, sie waren ganz bei ihrem Vater, was vom tiefen Vertrauen zeugt. Es sei ihr allerdings besonders negativ aufgefallen, dass die Kinder, nachdem der Vater weg war, weiter auf dem Parkplatz mit ihr gespielt hätten. Als jedoch die Mutter eintraf, hätten die Kinder das Spielen schlagartig eingestellt und jeglichen, und sei es auch nur Augenkontakt, zu ihr abgebrochen. Sie sind förmlich erstarrt. Levke hat aus unseren Kindern kleine dressierte Äffchen gemacht, parierende Hunde. Wie man Elefanten erst einmal brechen muss, damit sie gehorchen, hat Levke unsere Kinder gebrochen, um sie zu ihren Handpuppen zu machen. Frau Bartsch erzählt weiter von dem Umgang im Klettergarten, wie sehr meine Kinder dort meine Nähe und Hilfe gesucht haben, wie gut ich die beiden durch den Klettergarten begleitet habe. Wie viel Sicherheit ich meinen Kindern geben konnte, wie viel Vertrauen die Kinder zu mir hatten. Sie kommt zu dem Schluss, dass das hier nicht so weitergehen kann. Wenn das so weitergeht wie bisher, werden Ida und Jonny in der Zukunft keine Chance haben, jemals eine gesunde, glückliche Beziehung zu führen. Ach was, hört, hört. Da wundert sich der Laie, da staunt der Fachmann. Ha, volle Breitseite gegen Levke. Das hat gesessen. Levke bestreitet gesagt zu haben, dass sich Ida ihrer Therapeutin gegenüber geöffnet hätte und dass die Therapeutin einen

Missbrauch bestätigen könnte. Sie redet irgendwie wirr und beschuldigt dann tatsächlich Frau Bartsch der Lüge.
Das kann Frau Bartsch natürlich nicht auf sich sitzen lassen. Sie kontert, was sie denn für Gründe haben sollte, zu lügen und dass sie sich nach jedem Gespräch sofort Notizen machen würde, die jeder gerne einsehen kann. Levke behauptet weiter, dass Jonny auf keinen Fall nach Hamburg fahren will. Die beiden liefern sich einen harten Schlagabtausch, es geht hoch her, der Richter geht allerdings nicht dazwischen. Das erinnert mich an meinen ersten Sparring mit Adam. Dann wird Levke laut und fängt an zu flennen.
„Ich kann nicht mehr, ich will, dass keine Umgänge mehr mit dem Vater stattfinden. Ich muss meine Kinder vor diesem Vater schützen, keiner schützt meine Kinder vor diesem Vater. Ich bin DAS BESCHÜTZ MICH und meine Kinder, ganz besonders Ida nennen mich auch so, DAS BESCHÜTZ MICH. Meine Tochter nennt mich DAS BESCHÜTZ MICH, meine Tochter sagt zu mir, Mama, du bist doch DAS BESCHÜTZ MICH, du beschützt mich doch, du musst mich immer beschützen. Ich muss meine Kinder beschützen."
Heul, heul, flenn, flenn, irrer Gesichtsausdruck, fleckig und fahrig, komplett durchgeknallt, Headcrash, Hirnriss, Pfeil im Kopf, des Wahnsinns fette Beute. Hier fliegen grad die Löcher aus dem Käse, die Schwarte kracht. Was für eine Show.
Ich soll ja nichts sagen, daran halte ich mich natürlich. Ich denke mir jedoch, heul doch, du blöde Kuh, dann musst du nicht so viel pissen. Das Beschütz Mich also, spätestens jetzt muss doch hier jedem im Raum klar sein, dass diese Frau, Levke, Das Beschütz Mich, nicht mehr alle Latten am Zaun, voll einen an der Waffel hat. Dass dieser Mutter die Kinder weggenommen gehören. Was muss denn noch passieren? Wohin soll das nur bloß noch alles führen? Um die Situation zu beruhigen, ordnet der Richter eine Pause an. Ich hätte eigentlich gehofft, dass jetzt der Saaldiener kommt und die Schrottmutter direkt in die Klapse steckt. Da haben die bestimmt

noch Platz für ein „Das Beschütz Mich", dann könnte Levke mit dem „Das Verfolg Mich", dem „Das Befiehl Mir" und dem „Das Fick Mich" einen feinen Morgenkreis bilden.
Wir gehen raus zu Reinhold und berichten. Ich würde jetzt gerne Levke so richtig angreifen. Die ist doch sturmreif geschossen, bereit für die Klapse. Wenn wir jetzt noch ordentlich draufhauen, sie weiter und tiefer in Widersprüche verwickeln, dann bricht die doch komplett zusammen und müsste rausgetragen werden. Vielleicht geht sie sogar freiwillig in die Irrenanstalt. Reinhold tritt aber leider voll auf die Bremse.
„Wir warten ab, wenn wir jetzt angreifen, nehmen wir dem Richter die Möglichkeit, für uns zu entscheiden. Das läuft alles sehr gut, wir beantragen auch heute keinen Beschluss. Wir haben den Richter und den Verfahrensbeistand auf unserer Seite. Wir machen uns das so kurz vorm Ziel nicht kaputt. Hagen, das musst du jetzt aushalten."
„Aushalten, aushalten, aushalten, ich halte diese Scheiße jetzt fast drei Jahre aus, wie lange denn noch?"
„Nicht mehr lange, die Mutter kann auch nicht mehr lange, die ist fertig, die hat jetzt hier in Niedersachsen niemanden mehr, der sie in ihrem Wahnsinn unterstützt."
„Was ist mit dieser Allenbach?"
„Nicht relevant."
Die Allenbach ist eine Kinderpsychologin, die Levke wohl irgendwo im feministischen Darknet ausgegraben hat oder die von irgendeiner Beratungsstelle, Himbeereis, Wut und Rauch, Pissflitsche e. V. kommt. Von der Allenbach habe ich gestern eine „fachliche Stellungnahme" bekommen, die auch ans Gericht gegangen ist, in der sie sich als Therapeutin von Ida ausgibt. Natürlich wusste ich nichts von dieser angeblichen Psychologin, die jetzt scheinbar schon seit ein paar Wochen im Gehirn meiner Tochter rumstochert und dort wohl irgendwo Hinweise auf einen Missbrauch gefunden hat. Natürlich hätte sie ohne meine Zustimmung gar nicht mit Ida sprechen

dürfen, da sie das aber trotzdem getan hat, weiß ich schon jetzt, was das wieder für eine sein muss. Praktischerweise hat sie eine Gemeinschaftspraxis mit ihrer Kollegin Frau Vahland, die im Gehirn von Jonny rumwühlt. Gemeinschaftspraxis „Die Heilen Mich".
„Um die Psychologinnen mach dir mal keine Sorgen, du verbietest denen, weitere Gespräche mit deinen Kindern zu führen und gut ist. Richter haben in der Regel auch keine Lust auf Menschen, die ungefragt ans Gericht schreiben. So, jetzt wieder rein da und Ruhe bewahren."
Der Richter fragt, ob wir weitermachen können. Können wir, meinetwegen, wir führen ja auch mindestens drei zu null. Der Richter stellt klar, dass entweder Frau Bartsch oder Frau Twente lügt, er aber keinen Grund wüsste, warum Frau Bartsch lügen sollte. Es sei für ihn auch in keiner Weise mehr relevant, ob die Mutter oder sonst wer behauptet, dass es einen sexuellen Missbrauch gegeben hätte. Darüber hätte das Gericht bereits vor über zwei Jahren ein Urteil gefällt. Auch in diesem Gutachten, das bestimmt 5.000 Euro gekostet hat und doch keine neuen Erkenntnisse gebracht hätte, wird kein Missbrauch bestätigt. Dieses Gutachten hätte auch seine Mutter schreiben können. Lustiger Vogel, dieser Richter. Dann legt er noch einmal nach.
„Kennen Sie das Stellvertreter-Syndrom? Münchhausen by Proxy? Genau das sehe ich hier."
Ha, das hat Frau Bachmann-Meinicke doch auch schon vor zwei Jahren gesagt. Steht das irgendwo in den Akten oder hat der das ganz allein rausgefunden?
„Ich denke, Sie, Frau Twente wollen die Kinder krank machen, um eine Bühne für sich zu haben, aber das mache ich nicht mit."
Der hat auch keinen Bock mehr auf das Helfersystem. Er sagt, dass es gemäß den rechtsstaatlichen Vorgaben kurz- oder mittelfristig normale Umgänge geben wird. Er will die Kinder demnächst in Begleitung einer Kinderpsychologin und Frau Bartsch anhören. Das

wird die beiden bestimmt freuen, noch einer, den sie nicht kennen, der sie bestenfalls befragt, schlimmstenfalls ausquetscht, durch die Mangel dreht. Wenigstens ist Frau Bartsch sowie eine Psychologin dabei und er macht das nicht allein, wie die Verhörspezialistin Frau Wagner vor ein paar Jahren. Ich muss an meine Liste denken, die ich gemacht habe, um deutlich zu machen, wer schon alles in den Gehirnen meiner Kinder rumgestochert hat, mit wem die beiden die letzten Jahre schon alles reden mussten:

Verfahrensbeteiligte / betreuende Personen Jonny
- Traumatherapeutin Frau Rose, UKE
- Verfahrensbeistand Frau Dipl. Psy. Frau Bachmann-Meinicke
- Gutachterin Dipl. Psy. Frau Hambach-Stolte
- Familienbegleiterin Frau Hausmann-Dembele (Kartoffelfrau)
- Therapeutin Dipl. Psy. Frau Blumstad
- Therapeut Herr Dr. Wollner
- Umgangspfleger Dipl. Psy. Herr Dankert
- Umgangspflegerin Frau Stein
- Therapeutin Frau Schneider
- Verfahrensbeiständin Frau Bartsch
- Therapeutin Dipl. Päd. Frau Vahland
- Dipl.-Psych. Frau Anne Cramer

Verfahrensbeteiligte / betreuende Personen Ida
- Traumatherapeutin Frau Rose, UKE
- Verhörende Kripobeamtin Frau Wagner
- Verfahrensbevollmächtigte Frau Kramer
- Frau Dr. Massner, Prof. Dr. Bessel – Rechtsmedizinische Untersuchung
- Verfahrensbeistand Frau Dipl. Psy. Bachmann-Meinicke

- Gutachterin Dipl. Psy. Frau Hambach-Stolte
- Umgangspfleger Dipl. Psy. Herr Dankert
- Umgangspflegerin Frau Stein
- Familienbegleiterin Frau Hausmann-Dembele (Kartoffelfrau)
- Evtl. Mitarbeiter „Mut im Bauch"
- Therapeutin Dipl. Psy. Frau Achtermann-Hilsberg
- Therapeutin Frau Dipl. Psy. Teichert
- Umgangspfleger Dipl. Psy. Herr Dankert
- Verfahrensbeistand Frau Bartsch
- Therapeutin Dipl. Päd. Frau Allenbach
- Dipl.-Psych. Frau Anne Cramer

Hinzu kommen für beide neue Bezugserzieher, neue Kindergartenkinder, neue Mitschüler, neue Lehrer, neue Ärzte, kurz: ein komplett neues soziales Umfeld.

Na, dafür mussten die beiden ja nicht mehr mit ihrem Papa, ihrer Tante, ihren Cousinen, ihren alten Freunden, Lehrern, Kitaerziehern oder ihren Babysitter reden. Ich muss auch an den Bericht der Vahland über Jonny denken:

Es scheint, dass Ihr Sohn eine depressive Verarbeitung von Verlust und Schuldgefühlen durchläuft und starke Ängste um Familienmitglieder empfindet. Meiner Einschätzung nach verwendet er sein hyperaktives Verhalten als Strategie, um unerträgliche Spannungszustände zu bewältigen. Jonny nutzt seine Körpersprache und sein Verhalten, wie beispielsweise Impulsausbrüche, als Mittel, um auf seine inneren Probleme aufmerksam zu machen. In therapeutischen Spielsituationen werden seine aggressiven Fantasien, Schuldgefühle und innere Unruhe deutlich. Zudem inszeniert er meiner Meinung nach Affekte wie starke Ängste, Wut und Trauer in der therapeutischen Umgebung. Das Erscheinungsbild einer Depression im Kin-

desalter ist oft schwer zu erkennen. Bei Jonny deute ich jedoch anhand seiner Hyperaktivität und Getriebenheit auf eine depressive Entwicklung hin. Es besteht dringender Bedarf an einer kinderpsychotherapeutischen Langzeitbehandlung, für die bereits ein entsprechender Antrag beim Kostenträger eingereicht wurde.

Was für ein feiger, oberflächlicher Scheiß. Mein Junge ist ein Wrack, schwerstens beschädigt. Es besteht lediglich eine dringende Indikation, dass er seinen Vater wieder zurückbekommt, dass diese von der Mutter verzapfte Scheiße endlich ein Ende hat. Ein entsprechender Antrag liegt dem Gericht vor und nur dieser kann meinem Jonny helfen. Von Ida habe ich einen solchen Bericht nicht, aber auch von Ida dürfte nicht mehr viel übrig sein. Levke scheint das nicht im Geringsten zu tangieren, wie auch, emotionsloses Arschloch.
Der Rest der Verhandlung ist weniger spektakulär. Levke redet sich noch ein paar Mal um Kopf und Kragen, was die ungefragte „fachliche Stellungnahme" von der Allenbach angeht. Eigentlich kann ich Frauen nicht weinen sehen und mache alles, damit das Weinen aufhört. Jetzt aber ist jede Träne von Levke Balsam für meine Seele. Der Richter bohrt immer wieder nach, wieso diese Stellungnahme ans Gericht gegangen ist und was Levke damit zu tun hat. Das konnte aber von dem „Beschütz Mich" nicht geklärt werden.
Die Frau vom Jugendamt fasst dann nochmal zusammen, dass sie keine Möglichkeit sieht, dass sich die Eltern irgendwie verständigen werden und über die Zukunft der Kinder wohl das Gericht entscheiden muss. Die Mutter hasst den Vater, weil sie glaubt, dass er die Tochter missbraucht hat und der Vater hasst die Mutter, weil sie sein Leben zerstört und ihm die Kinder genommen hat. Da war er wieder, der „Hass als emotionale Brücke". Nur, dass der Hass der Mutter auf einer Lüge beruht, die sie mittlerweile auf jeden Fall selbst glaubt, und mein Hass auf der Realität.

Der Richter ordnet weitere Umgänge mit Frau Bartsch an. Alle drei Wochen für fünf Stunden. Was für eine feine, unterhaltsame Verhandlung, ganz großes Kino. Endlich stehe ich mal nicht am Pranger. Das sieht doch alles sehr gut aus, aber irgendwie denke ich auch, dass sich doch schon wieder alles im Kreis dreht. Wieder kein Beschluss, wieder Begleitete Umgänge, wieder Anhörungen und weitere Verhandlungen. Reinholds Zuversicht kann ich so gar nicht teilen. Der Richter sagt, wir sehen uns dann in drei Monaten wieder. Na super, die ganze Sache zieht sich also noch locker ins nächste Jahr und ich kann schon mal den Spielmannzug für das Dreijährige im März bestellen. Fickt euch alle.

05.09.2015
- Einschulung Ida ohne mich – kurzes Treffen vor der Schule, Levke hat Ida gezwungen, mir zu sagen, dass sie das nicht will, dass ich mit in die Schule komme, aber meine Schultüte hat sie genommen
- Reinhold sagt, dass Levke die Kinder niemals rausgeben wird, wir müssen Strafen einleiten, das geht nur mit Beschluss

BEGLEITETE UMGÄNGE

BU – Begleitete Umgänge. BU – Besondere Unverschämtheit. Scheiß Begleitete Umgänge, ihr könnt euch eure BUs mal quer, ganz tief in den Arsch schieben. Es geht doch nur um eins, Levke hat sie nicht mehr alle. Da wir aber in einem Land leben, in dem auf jeden Arsch, der nicht mehr alle Latten am Zaun hat, Rücksicht genommen werden muss, durfte ich meine Kinder die letzten Monate nur einmal für neunzig oder wenn alle wohlwollend waren, für hundertzwanzig Minuten sehen. In Niedersachsen sind es jetzt zwar dreihundert Minuten und lobenswerterweise finden diese samstags statt und nicht nach Schule, Kita und Arbeit unter der Woche, aber es bleiben Begleitete Umgänge. Bewacht von Psychologen, Umgangspflegern oder Kartoffelfrauen, die jeden Atemzug von mir kontrollieren und anschließend darüber subjektive Protokolle schreiben. Niemand macht sich Gedanken darüber, was die anderen dreißig Tage sechzehn mal neunzig Minuten mit den Kindern gemacht wird. Menschenverachtend ist das. Erniedrigend. Erniedrigt werde ich seit fast drei Jahren. Nicht einmal, bis zum 21.02.2013, hat sich jemand dafür interessiert, wie ich mit meinen Kindern umgehe. Aber jetzt, jetzt schauen sie alle, zerreißen sie sich ihre Mäuler und scheißen klug daher. Wie sagte die feige Hambach-Stolte so schön im Gericht? „Die Umgänge müssen sehr intensiv und gut vorbereitet werden." Wer hat mich denn vorbereitet, darauf, meine Kinder nach fast einem Jahr das erste Mal wiederzusehen? Niemand, nicht ein Gespräch, nicht ein Tipp, wie es laufen kann, wie es laufen sollte. Nicht ein Feedback-Gespräch. Nichts, gar nichts. Aber hinterher schreibt sie dann in ihrem nichtssagenden Drecksgutachten:

„Herr Twente zeigt das Talent, mit seinen Kindern aufgedreht und fröhlich zu spielen. Aus gutachterlicher Sicht scheint er jedoch nicht der Vater zu sein, der sich angemessen auf die sensiblen Seiten sei-

ner Kinder einstellt. Seine Briefe und gebastelten Mitbringsel zeugen zwar von einem sehr engagierten Vater, der für Spaß sorgt, doch in ihnen stellt er sich eher als großer Bruder oder Freund dar."

Das kann diese feine Diplompsychologin also feststellen, nachdem sie mich vier mal neunzig Minuten mit meinen Kindern gesehen hat. Nachdem wir uns über zehn Monate nicht sehen oder sprechen durften und die Kinder nichts von mir gehört haben, nicht einmal meine Briefe bekommen haben. Entschuldigen Sie bitte, dass ich nicht über den Wahnsinn der letzten Monate mit meinen Kindern gesprochen habe, dass meine Kinder keinen gebrochenen, traurigen, frustrierten Vater zurückbekommen haben. Entschuldigen Sie bitte, dass ich meinen Kindern nicht die Hoffnungslosigkeit, die mir innewohnt, vermittelt habe, dass ich sie nicht noch unglücklicher gemacht habe, als sie eh schon sind. Entschuldigen Sie bitte, dass ich sie zum Lachen und nicht zum Weinen gebracht habe. Entschuldigen Sie bitte, dass ich einfach nur dreihundertsechzig Minuten Spaß mit meinen Kindern haben wollte, um ihnen zu zeigen, dass ich noch der Alte bin, dass sie sich auf Papa verlassen können. Entschuldigen Sie bitte, dass ich das Leben liebe, dass ich laut und wild bin. Entschuldigen Sie bitte, dass ich Ida hochgeworfen und nicht fallen gelassen habe. Aber Sie, Frau Diplom-Psychologin, die Mutter, das Helfersystem, dieses ganze Dörrobst, schleppen die Kinder lieber in Psychotherapien, damit sie sich mit ihrem Unglück arrangieren können, sich an die neue Normalität gewöhnen, statt dafür zu sorgen, dass die Kinder einfach glücklich sein dürfen. Glücklich mit ihrem Papa. Warum diese BUs? Doch nur, weil Levke einen Sprung in der Schüssel hat, aber das traut sich ja keiner zu sagen. Allein der Ort der ersten BUs. Auf dem Flur vom Allgemeinen Sozialen Dienst und im Besprechungszimmer vom ASD. Ich sehe meinen Sohn das erste Mal nach acht Monaten, meine Tochter das erste Mal nach zehn Monaten und ich muss vorm Kopierer spielen. Hinterher kann ich mir dann anhören, dass meine Tochter zu viel auf meinem Schoß gesessen hat. Oh wonder why, du Arschloch. Wenn Ida auf einem Stuhl gesessen hätte, wie es sich wohl in einem Besprechungszimmer gehört, hätte sie leider mit den Zähnen in die Tischkante beißen können. Das Besprechungszimmer vom ASD ist nämlich nicht für vierjährige Kinder ausgerichtet. Wenn man dann vor dem Kopierer im Flur so gerade ein bisschen ins Spielen gekommen ist, muss man leider aufhören, da der Putzdienst kommt und feudelfeudel macht. Sehr witzig. Was glaubt ihr denn, ihr Psychologinnen, ihr Richter, ihr Pisser in eurem gelingenden Leben, wie das ein Mann gebacken bekommt, der etwas schüchtern und unsicher ist. Der bekommt dann wohl kein Wort heraus. Müsste doch eigentlich jeder wissen, wie das ist, wenn jemand hinter einem steht und man schnell mal was am Computer tippen soll. Ich kann gar nicht so viel fressen, wie ich kotzen möchte.

Es gibt objektiv betrachtet keine Kritikpunkte an meinem Verhalten in den BUs. Aber wer sucht, der findet auch. Da wird mir doch tatsächlich vorgeworfen, dass ich meinen „Wirkungskreis" auf dem Kinderspielplatz überschritten haben soll. Ich wusste gar nicht, dass es auf Spielplätzen zugeteilte „Wirkungskreise" gibt. Nur weil ich laut und wild mit den Kindern tobe, weil ich laut mit ihnen die alten Fussballchants, die sie kennen, rufe? „Wer hat uns verraten? Sozialdemokraten! Wer verrät uns nie? Sankt Pauli!"

Vielleicht hätte ich lieber rufen sollen:

„Wen treten wir in die Hoden? Scheiß Psychologen! Wen treten wir nie? Sankt Pauli."

Ich bin mir ganz sicher, dass nicht ein Mensch die letzten, nunmehr fast drei Jahre, so intensiv, laut und lustig mit den Kindern getobt hat, wie ich damals auf dem Spielplatz, später auch im Möbelhaus und jetzt in Niedersachsen. Niemand hat Ida hundertmal hochgeworfen und wieder aufgefangen. Nur weil diese ganzen Möchtegerns, angeblich am Kindeswohl orientierten Trockenpflaumen einen

Scheißvater hatten, der zum Lachen in den Keller gegangen ist, muss ich das jetzt ausbaden, soll ich auch so einer sein. Bin ich aber nicht, werde ich niemals sein. Ich werde mich nicht ändern, meine Kinder können sich auf mich verlassen. Mein Lieblingssong ist zurzeit „Ich werd' mich ändern" von der Band 4 Promille. Ich muss den ganzen Scheiß, den Levke und ihr Helfersystem in ihrer Kindheit erlebt haben, ausbaden und meine Kinder gleich mit. Sollen die doch alle erst mal ihre eigene Vergangenheit aufarbeiten, bevor sie in meinem und dem Leben meiner Kinder rumstochern. Wichser, Pisser, allesamt, einer wie die andere. Gott sei Dank schert mich das eine feuchte Kehricht. Was kümmert es die Eiche, wenn die Sau sich an ihr schubbert? Kümmert sie gar nicht. Geht mir aber furchtbar auf die Nüsse. Mit allen Mitteln versuchen die, mich fertig zu machen. Ja, ich weiß, wenn die Mutter nicht will, kann man nichts machen. Warum steht dieser Satz eigentlich nicht in einem Gesetzestext? Jeder, aber auch wirklich jeder, haut mir diesen Satz ständig um die Ohren. Ja, warum kann man denn da nichts machen? Weil man nichts machen will. Meine Mutter hat immer gesagt: „Kann ich nicht, gibt es nicht, will ich nicht, gibt es nur." Diese Begleiteten Umgänge sind für mich und meine Kinder mittlerweile Normalität geworden. Die Umgänge im ASD, bei denen die Hambach-Stolte mit dem Klemmbrett of Death die ganze Zeit nebenher gegangen ist und sich Notizen gemacht hat. Die Umgänge mit der Kartoffelfrau, bei denen ich gebeten wurde, nein, gezwungen wurde, keine Süßigkeiten mitzubringen. Die Kartoffelfrau hatte natürlich Knoppers, Snickers und Haribos dabei, die sie sich die ganze Zeit in ihr hässliches Gesicht gestopft hat. Unvergesslich auch der Begleitete Umgang in einem Kindergarten mit anderen Begleiteten Umgängern zusammen. Die anderen Teilnehmer waren crackabhängige, zahnlose, ungewaschene, schizophrene, rauchende Eltern, der Bodensatz der Gesellschaft. Besser für deren Kinder, ohne diese Eltern aufzuwachsen, solange bis diese ihr Leben im Griff haben. Freakshow,

Horrorkabinett. Ich habe diesen Umgang sofort nach ein paar Minuten abgebrochen. Weder wollte ich, noch sollten meine Kinder in der Nähe dieser gescheiterten Existenzen kommen und sich womöglich Krätze einfangen. Ein Umgang im Möbelhaus Kraft, das muss man sich mal vorstellen. Meine Kinder sehen mich für neunzig Minuten, in einem Möbelhaus, kann man sich nicht ausdenken. Die Umgänge bei dem Umgangspfleger Dankert fanden nur vierhundert Meter von meiner Wohnung statt, aber wir durften nicht in meine Wohnung, weil die Mutter das nicht erlaubte. Ich habe das trotzdem erzwungen und was hatten wir für einen Spaß. Sechzig Minuten, tanzen, singen, toben, essen, basteln, in einer richtigen, großen, meiner Wohnung und nicht in einem fremdem Kackzimmer. Natürlich gab das auch wieder ordentlich Ärger. Natürlich war ich grenzüberschreitend, hatte die Kinder traumatisiert, überfordert und hatte mich nicht an Absprachen gehalten. Was für Absprachen? Gar nichts wurde abgesprochen. Es wurde so gemacht, wie Levke es wollte und ich und die Kinder mussten sich unterwerfen. Diese Begleiteten Umgänge wurden für Monate im Voraus fest terminiert. Nachdem die Kinder nach Bergen gezogen waren, mussten sie alle vierzehn Tage eineinhalb Stunden aus Niedersachsen nach Hamburg gekarrt werden, nachdem sie schon den ganzen Tag auf den Beinen waren. Um dann in einem beschissenen Acht-Quadratmeter-Zimmer mit ihrem Vater unter Aufsicht zusammen sein zu dürfen. Natürlich haben Jonny und Ida dann auch mal den Umgang, bestimmt sehr zur Freude der Schrottmutter, verweigert, weil sie einfach keine Lust hatten, müde und kaputt waren. Immer die Angst im Rücken, dass die Umgänge kurzfristig abgesagt werden. Immer die Angst, dass die Umgänge nicht schön werden könnten, dass man sich mal streitet, denn vielleicht gibt es nicht die Chance und Zeit, sich wieder zu vertragen. Die Zeit ist um, tschüss, bis in zwei Wochen, bestenfalls. Ich musste immer gute Laune, Zuversicht, Stärke und Hoffnung verbreiten, obwohl ich mich so oft so traurig, so zerfressen von Wut und Ohnmacht gefühlt habe. Es gab einen Umgang, bei dem Jonny und Ida sehr schwierig waren und auch miteinander nicht zurechtkamen. Der ganze Umgang war mit negativem Stress belastet. Irgendwann konnte ich nicht mehr. Alle meine Dämme brachen und ich musste fürchterlich weinen. Ich habe einfach die Maske der Fröhlichkeit fallen lassen und den Kindern weinend gesagt, dass das hier alles so eine Scheiße ist, dass diese Treffen scheiße sind, dass mich das alles so ankotzt, dass es mir so leidtut, dass sie diesen Scheiß mitmachen müssen. Ich habe ihnen gesagt, wie sehr ich die Begleiteten Umgänge hasse, es hasse, dass wir keine normale Zeit mehr miteinander haben dürfen, so wie es früher einmal war. Dann weinten wir zusammen, umarmten uns lange, unter Aufsicht vom Dankert. Dadurch waren wir uns ganz nah und irgendwie weich und glücklich, haben unsere Liebe zueinander gespürt. Natürlich gab es danach ein Schreiben von der Ratte Kleinfeld und der Mutter, dass ich die Kinder belastet hätte, dass ich meine Gefühle nicht unter Kontrolle hätte und die Kinder instrumentalisieren würde und deswegen die Umgänge ausgesetzt werden sollten. Widerliches Dreckspack. Ich bin doch aber keine Maschine, die man an- und ausschalten kann. Es wird keine Rücksicht darauf genommen, ob man krank ist, was Besseres zu tun hat oder einfach keine Lust hat oder müde ist. Die neunzig Minuten sind fest und wenn man daraus nichts macht, dann sehen die Kinder einen erst in vierzehn Tagen wieder, bestenfalls. Ich hasse diese Begleiteten Umgänge, aber ich muss das aushalten, gute Miene zum bösen Spiel zu machen, ich muss das für meine Kinder aushalten. Ihr bekommt mich nicht klein, ihr entfernt mich nicht aus dem Leben meiner Kinder, wie es die Schrottmutter gerne hätte. Ich werde immer da sein, weiter kämpfen. Ihr könnt nur gewinnen, ihr könnt nur mit eurem Scheiß durchkommen, wenn ihr mich totschlagt und dafür reicht es bei euch Feiglingen nicht.

12.09.2015
- Toller BU an der Aller, Drachenfliegen, Raketen, Jonnys Geburtstag nachgefeiert
- Anhörung der Kinder lief gut, Jonny hat bei Frau Bartsch geweint, Ida nicht traumatisiert
- Frau Bartsch macht Hoffnung, dass es jetzt schnell gehen wird
- Eigentlich kann es nicht mehr lange dauern, bis ich meine Kinder ohne Aufsicht sehe

06.10.2015
- Schwer depressiv
- BU verschoben – ich weiß mal wieder nichts über meine Kinder
- Kein Plan für die Zukunft

21.10.2015
- Schwerst depressiv

29.10.2015
- Depression werden immer schlimmer, ich will aber kein Paroxetin mehr nehmen

08.11.2015
- BU in Hannover, Museen alles gut, Levke wieder irre

21.11.2015
- Frust; über 3 Jahre Krieg, ich bekomme nichts mehr auf die Reihe

DIE ZEITSCHLEIFE

27.11.2015

Wieder einmal auf nach Celle, wieder mal Verhandlung in der Familiensache Twente. Wenn ich ehrlich bin, weiß ich gar nicht so genau, um was es diesmal wieder geht, aber es wird das Gleiche sein wie die letzten Jahre. Irgendwie habe ich die Hoffnung aufgegeben, dass sich irgendetwas ändern wird. Vielleicht einigen wir uns ja darauf, dass ich die Kinder bis zu ihrer Hochzeit nur noch in Begleitung sehen darf. Ida wird dann von der mittlerweile in die Jahre gekommenen Umgangsbegleiterin zum Altar geführt. Mir geht dieser wunderschöne Tag total am Arsch vorbei, da ich mittlerweile Demenz habe und weder weiß, wer da heiratet, noch was ich in dieser Kirche soll.
Natürlich bin ich wieder eine Stunde zu früh am Gericht. Frau Stemmer macht bestimmt wieder eine Punktlandung. Schade, dass Reinhold heute nicht dabei ist, nicht an meiner Seite sein kann, sondern nur die schüchterne Frau Stemmer. Reinhold hat gesagt, wir sollen da heute nicht ohne Beschluss rausgehen. Ich bin mir aber eigentlich ganz sicher, dass wir auch heute wieder ohne Beschluss rausgehen werden. Es wird bestimmt wieder ein einziges Gelabber, Geschwurbel und Gesabbel, garniert von peinlichen Auftritten und Geflenne von Levke geben. Zum Schluss drehen wir uns alle zweimal im Kreis, klatschen dreimal in die Hände und ich bekomme fünfzehn Minuten Begleiteten Umgang extra, ab 01.03.2016, fast pünktlich zum dreijährigen Jubiläum. Schlimmstenfalls denkt sich der Richter mittlerweile auch, wie lange müssen wir den Twente eigentlich noch verarschen, bis er endlich rallt, dass er seine Kinder in diesem Leben nicht mehr unbegleitet sehen wird. Vielleicht sollte ich mir auf den Unterarm eine Deadline stechen lassen. 01.03.2016, wenn ich bis dahin meine Kinder nicht unbegleitet sehen darf, gebe ich auf. Eigentlich gar keine schlechte Idee. Man weiß halt oft nicht,

wann gut ist, wann die Zeit gekommen ist, aufzugeben. Wenn man dann zurückblickt, sagt man sich, oh man, hätte ich damals bloß die Zeichen der Zeit erkannt.
Ich muss an Sputnik denken, unseren tollen, riesigen Doggenmischling. Was für ein feiner, gutmütiger, fünfzig Kilogramm schwerer Hund. Schwarzweiß gefleckt wie eine Kuh und zart wie ein Kalb. Jonny konnte seinen Kopf in Sputniks Maul legen und das hat er auch gemacht. Davon gibt's sogar Bilder. Ich habe gar keine Kinderbilder mehr von Ida und Jonny, die sind alle von der Schrottmutter beschlagnahmt. Auf jeden Fall hatte sich Sputnik beim Toben den Vorderlauf gebrochen. Das war ganz schrecklich. Der Tierarzt hat den Vorderlauf dann mit Außenfixateuren wieder zusammengeflickt. Bei einer Nachuntersuchung ist Sputnik vom Tisch gesprungen und hat sich dabei den Außenfixateur rausgerissen. Da musste der Vorderlauf abgenommen werden und wir hatten einen dreibeinigen Hund. Leider hat sich später der andere Vorderlauf entzündet und wir mussten ihn einschläfern. Fünf Monate nur Schmerzen, Operationen, Traurigkeit. Was für eine Quälerei. Nachdem sich Sputnik den Fixateur rausgerissen hatte, hätten wir ihn einschläfern sollen. Wann soll ich aufhören, für meine Kinder zu kämpfen? Ich kann nicht aufhören zu kämpfen. Wenn ich nicht mehr kämpfe, verlieren die Kinder ihren Papa und da sie noch so klein sind, vergessen sie ihren Papa auch irgendwann. Ich will zwar eigentlich nicht mehr, aber ich kann noch. Ich kann mir ja mit Henna eine Deadline auf meinen Unterarm malen.
Reinhold hat gesagt, ich soll ein Mini-Tonbandgerät mit in die Verhandlung nehmen. Aber das traue ich mich nicht. Die Bachmeier hat ja damals eine Pistole mit in die Verhandlung genommen und den Mörder ihrer Tochter im Gericht erschossen. Zu Recht, wie ich meine. Der klassische, kurze Prozess. Damit hat das Schwein bestimmt nicht gerechnet, hat bestimmt gedacht, ein paar Wochen Verhandlungen, ein paar Jahre Knast und alles vergessen. Da hatte er aber

die Rechnung ohne den Wirt, genauer gesagt ohne die Mutter gemacht. Achtmal „Peng" – kurzer Prozess.

Pünktlich um 14:00 Uhr heißt es: „Vorhang auf, die Show beginnt!" Das Ensemble der heutigen Aufführung kann sich sehen lassen. Im Uhrzeigersinn: Auf 12:00 Uhr der ehrenwerte Richter Herr Allersburg, auf 14:00 Uhr Frau Stemmer und ich, auf 16:00 Uhr Frau Cramer vom Kinderschutzzentrum Hannover, die kenne ich noch gar nicht. Auf 17:00 Uhr Frau Stadler vom Jugendamt Celle. Auf 18:00 Uhr die gute Frau Bartsch, daneben die Allenbach. Die Allenbach bringt mit ihrem feinen Busen einen Hauch von Erotik in die Aufführung, aber ich bin wohl der Einzige, der sie scharf findet. Mir gegenüber sitzt Levke. Levke sieht jetzt schon fertig aus. Ich fühle mich, wie sie aussieht, aber ich sehe nicht so aus – ätschi. Levke hat schon wieder eine neue Anwältin, Frau Keiler. Wo sie die wohl wieder her hat? Auf jeden Fall ist sie irgendwie unsichtbar. Ich bin mir sicher, dass ich beim Verlassen des Gerichts nicht mehr weiß, wie sie aussieht. Solche Menschen gibt es. Der ehrenwerte Richter stellt kurz das Ensemble vor und gibt dann den Redestab an Frau Bartsch. Frau Bartsch erzählt wieder von den vergangenen Umgängen, im Tierpark, an der Aller und im Abenteuerland Mellendorf und mir steigen wie immer die Tränen in die Augen. Sie erzählt, wie schön die Umgänge und wie fröhlich die Kinder waren. Ja, das waren schöne Stunden. Fünfzehn Stunden in drei Monaten, um genau zu sein. Sehr witzig, Frechheit.

Frau Cramer bekommt den Redestab und erzählt von der Anhörung der Kinder durch den Richter und Frau Bartsch. Jonny wurde letzte Woche vom ehrenwerten Richter Allersburg gefragt, wie er sich die Umgänge in Zukunft vorstellt und ob er mehr Umgänge haben wollte, auch unbegleitete. Jonny sagte, er möchte, dass die Umgänge so bleiben sollten, wie sie sind und er noch nicht so weit sei. Frau Bartsch konfrontierte ihn dann mit seinen Aussagen aus dem Abenteuerland Mellendorf im Juni, vor fünf Monaten. Damals sagte er ja, dass er gerne öfter mit mir zusammen sein möchte, mit mir in den Urlaub fahren möchte, aber dass Mama das nicht will. Das war dann zu viel für den kleinen Jonny und er ist in Tränen ausgebrochen. Richter Allersburg fragt daraufhin die Cramer, warum Jonny angefangen hat, zu weinen. Frau Cramer sagt, dass die Tränen Ausdruck der Sehnsucht nach seinem Vater waren. Jetzt laufen mir die Tränen übers Gesicht. Meine Zehen krallen sich in meine Schuhe, mein Kiefer versucht, meine Backenzähne zu zermalmen, unterm Tisch balle ich meine Hand zur Faust und meine Knöchel glänzen weiß. Ich schaue in Levkes regungsloses Gesicht, in ihre leeren, toten Augen. So oder so ähnlich hat sich die Bachmeier gefühlt, als sie aus dem für mehrere Wochen angesetzten Prozess einen kurzen Prozess machte. Ich muss mich irgendwie runterbekommen, sonst nimmt das hier kein gutes Ende. Ich höre einfach nicht mehr zu. Warum auch? Dieses Theater geht doch nun schon seit fast drei Jahren und wir sind noch keinen Schritt weiter. Jeder weiß, dass Levke nicht mehr alle Latten am Zaun hat und den Kindern aufs Übelste das Gehirn wäscht. Aber keiner kommt mal auf die Idee, Levke direkt ins Gesicht zu sagen: „Es reicht, Frau Twente, die Umgänge finden ab sofort unbegleitet und regelmäßig mit Übernachtung statt." Das, was die gute Frau Bachmann-Meinicke schon vor zwei Jahren gefordert hat. Stattdessen: laber, laber, laber.

Ich bin definitiv in einer Zeitschleife gefangen. Wenn ich doch nur wüsste, wie ich da rauskomme. Wie ist es eigentlich damals Bill Murray in „Täglich grüßt das Murmeltier" gelungen, aus der Zeitschleife rauszukommen? Ich weiß es nicht mehr, es war glaube ich irgendwas mit der guten alten Liebe. Aber das Denken an Tom Hanks holt mich runter. In Gedanken schüttele ich den Kopf. Leider merke ich, dass ich den Kopf auch in Wirklichkeit schüttele. Peinlich, jetzt bin ich auch des Wahnsinns fette Beute geworden. Das hat bestimmt jeder gesehen, spricht mich aber keiner drauf an. Spricht ja auch keiner Levke auf ihr verrücktes Verhalten an. Irre werden näm-

lich vor Gericht immer mit Samthandschuhen angefasst. Man will die Verrückten ja nicht noch mehr destabilisieren. Schöner Trost. Frau Cramer legt sich dann auch fest. Sie gehe wie Frau Bartsch davon aus, dass es keinen sexuellen Missbrauch gegeben hat und die Kinder sehr unter dem Druck der Mutter leiden, da sich das Verhalten und die Gedanken der Mutter auf die Kinder übertragen und die Kinder stark belasten. Vielleicht sollte ich die Gelegenheit beim Schopfe packen und das alles einmal kurz zusammenfassen und den Vorschlag machen, dass wir diese Serie, jetzt hier in Staffel sechs, nach drei Jahren, beenden sollten. Vielleicht könnte ich genau jetzt die Zeitschleife durchbrechen, aber ich traue mich nicht.
Die Allenbach bekommt den Redestab. Mist, Chance verpasst, aber ist der eine Bus weg, kommt der nächste. Jetzt kann ich wenigstens der Allenbach auf ihren Busen schauen, ohne dass es jemand merkt. Natürlich starre ich ihr nicht direkt auf ihren Busen, sondern schaue ihr ins Gesicht, konzentriere mich aber auf den unteren Bildrand, wo die Brüste sind. Ich merke, wie sich meine Anspannung auflöst. Tittenmeditation nennt man das. Das sollte ich vielleicht regelmäßig machen, dann müsste ich auch nicht so viel kiffen. Ich könnte auch einen kleinen Ratgeber rausbringen: „Anspannungen lösen durch Tittenmeditation". Was für ein Kuddelmuddel in meinem Kopf. Ich bin so gar nicht bei der Sache. Bevor die Allenbach allerdings loslegen darf, müssen Levke und ich sie von der Schweigepflicht befreien. Machen wir. Ich überlege noch den Antrag zu stellen, Frau Allenbach auch von ihrem Pullover zu befreien. Der ehrenwerte Richter Herr Allersburg würde dem Antrag bestimmt zustimmen. Bei Frau Stemmer wäre ich mir da nicht so sicher, das Mauerblümchen. Bei dem Gedanken muss ich grinsen. In bestimmten Situationen sollte man aus der Situation herausgehen und die Situation, sich selbst, von außen betrachten und sich fragen: „Wie wirke ich auf andere?" Ich habe eben noch geweint, dann das Gesicht zu Faust geballt, kurze Zeit später habe ich leeren Blickes abwesend den

Kopf geschüttelt und jetzt grinse ich mir einen. Ich würde den Gerichtsdiener hinter mich stellen oder mich in einen Glaskasten setzen lassen. Vorsicht ist besser als Nachsicht. Vielleicht bin ich auf dem besten Weg, verrückt zu werden, auf jeden Fall muss ich aufpassen, dass ich nicht komplett entgleise.
Die Allenbach legt los. Die ist auf jeden Fall auf voll auf Levkes Seite – Tittenallianz. Sie hätte sieben Sitzungen mit Ida gemacht. Ich flüstere zu Frau Stemmer: „Das durfte sie gar nicht ohne meine Zustimmung." Die Stemmer macht eine abwertende Handbewegung.
Sie könnte doch sagen: „Einspruch euer Ehren", das sagen die doch in den Filmen auch immer.
„Da die Zeugin nicht die Zustimmung des Vaters zu diesen Sitzungen hatte, durfte sie diese Sitzungen nicht machen, die Aussagen bezüglich der Sitzungen dürfen somit nicht verwendet werden."
„Einspruch stattgegeben. Frau Allenbach, haben Sie außerhalb dieser Sitzungen noch etwas zu sagen?"
„Nein."
„Dann sind Sie hiermit entlassen und dürfen Ihren Pullover wieder anziehen."
Frau Stemmer sagt aber natürlich nichts, Angsthase, Pfeffernase, Pausenclown. Die Allenbach erzählt von einer Sitzung, in der sie mit Ida „Das verrückte Labyrinth" gespielt hat. Ich komme mir auch vor, wie in einem verrückten Labyrinth oder wie in einem Labyrinth mit Verrückten.
Ich werde niemals aus diesem Labyrinth herauskommen, niemals, wahrscheinlich werde ich über kurz oder lang der Anführer der Verrückten sein. Oh Gott, oh Gott, schreckliche Vorstellung. Den Rest meines Lebens im verrückten Labyrinth gefangen. Das Schlimme ist, dass diese Vorstellung gar nicht so unwahrscheinlich ist. Da bin ich ja gespannt, was Ida in diesem Labyrinth erlebt hat. Auf jeden Fall ist Ida im verrückten Labyrinth auf einem Feld mit einem Bade-

zimmer gelandet und dann in einen Zustand der Dissoziation geraten. In einen was, bitte? Der ehrenwerte Richter Allersburg möchte das auch genauer erklärt bekommen. Ich bitte auch. Ich will ja nicht dumm sterben. Vielleicht kann ich ja heute noch etwas lernen.
Die Allenbach erklärt: „Ida ist in dieser Situation aus dem Kontakt, oder aus der Realität gegangen. Sie konnte aufgrund des Bildes des Badezimmers nicht mehr unterscheiden, ob sie sich in der Realität des Spielzimmers befindet oder in einer Situation aus ihrer Vergangenheit oder ihrer Fantasie."
Ach, das wird ja immer besser. *Wie sieht denn so ein dissoziatives Verhalten genau aus?*, frage ich mich, sollte ich vielleicht besser die Allenbach fragen. Ich sehe Ida über dem verrückten Labyrinth schweben, wie das Mädchen in „Der Exorzist" – gruselige Vorstellung, schreckliches Spiel. Als ich früher, vor langer, langer Zeit, noch mit meinen Kindern Spiele gespielt habe, war es ganz normal, dass hin und wieder eines der Kinder während des Spiels aus dem Spiel ausgestiegen ist. Meist dann, wenn es eine Figur verlor oder sonst wie frustriert war und gerade das Verlieren lernte. Vielleicht waren das ja schon Dissoziationen. Glaube ich aber eher nicht. Das ist doch an den Haaren herbeigezogen. Hokuspokus, Kokolores, Firlefanz. Die Allenbach redet doch Dünnes.
Aber die Allenbach legt nach. „Wenn ich Fantasie sage, heißt es nicht, dass es sich um eine Fantasie von Ida handeln muss."
Na, jetzt bin ich aber mal gespannt. Spricht vielleicht der Allmächtige durch Ida oder der Betzelbub persönlich?
„Es kann sich um eine Delegation handeln, das heißt, dass zum Beispiel ein Elternteil in der eigenen Kindheit etwas sehr Belastendes, Traumatisches erlebt hat und dieses nun auf das Kind übertragen wird."
Hoppala, davon habe ich auch noch nie was gehört. Levke hat mir ja schon vorgeworfen, dass ich Signale, Signale sexueller Natur aussenden könnte, was aber seinerzeit nicht weiterverfolgt wurde. Jetzt

steht scheinbar der Vorwurf der Delegation im Raum. Aber da bin ich raus. Ich habe meine Kinder die letzten drei Jahre nicht unbeaufsichtigt gesehen, und mir ist auch nie etwas Traumatisches in einem Badezimmer passiert. Vielleicht sollte man dazu mal „Das Beschütz Mich" befragen. Ich denke, die Allenbach redet sich um Kopf und Kragen. Mittlerweile ist es auch schon 17:00 Uhr, wir sind alle müde, vielleicht sollten wir das hier abbrechen und die Angelegenheit vertagen. Zeit spielt hier ja keine Rolle mehr. Aber an einen Abbruch denkt die Allenbach nicht. Heute blamiert sich jeder selbst, so gut er kann.

„Das Phänomen der Delegation ist in der Forschung, insbesondere der Holocaustforschung bekannt. Es wurde herausgefunden, dass zum Beispiel die folgenden Generationen der Überlebenden eine weitaus höhere Suizidrate haben als die betroffene Holocaustgeneration selbst."

Oha, wieder einmal staunt der Laie und der Fachmann wundert sich. Alle schauen die Allenbach an, selbst dem ehrenwerten Richter steht ein Fragezeichen im Gesicht. Vielleicht werde ich ja doch nicht der Anführer der Verrückten in diesem Zeitschleifenlabyrinth. Ich glaube, die Allenbach wird's, aber dann werden wir ein Paar, ein glückliches Paar, zelebrieren die Tittenmediation und Delegieren bis an das Ende unser, nein bis ans Ende aller Tage. Das ist doch alles nicht wahr. Allenbach und Levke, die verrückte Tittenallianz. Ich komme hier niemals wieder raus, das wird immer und immer schlimmer. Von dem Drama zur Komödie, über den Gerichtsthriller zum Horrorfilm, in den abstrakten französischen Film Noir, endet dieser Film in der experimentellen Rosa von Praunheim Hommage an Klaus Kinski und ich in der Hauptrolle. Ich packe gleich meine Siebensachen und verlasse diese Irrenanstalt. Ich will nach Hause. Die Tittenmediation reicht nicht mehr. Ich würde jetzt gerne in meiner Küche Jägermeister trinken und kiffen. Vielleicht schreibe

ich ein Drehbuch über diesen Wahnsinn und schicke das an Rosa von Praunheim und eine Kopie an Lars von Trier.
Aber Levkes unsichtbare Anwältin hakt nach. Sie erinnert die Allenbach an das kindliche Gebrabbel von Ida, welches sie nicht erwähnte. Das kindliche Gebrabbel also wieder, das hat Levke schon vor drei Jahren bei der Anzeige erwähnt. Irgendwo im Internet muss stehen, dass man bei einem erfundenen sexuellen Missbrauch immer das kindliche Gebrabbel erwähnen sollte. Das kindliche Gebrabbel wird gerne als Zeichen für einen Missbrauch gesehen. Wenn das nicht reichen sollte, „Das verrückte Labyrinth" spielen lassen.
Allenbach klärt auf: „Der Umstand, dass Ida in der geschilderten Situation wie ein Kleinkind gebrabbelt hat, kann verschiedene Gründe haben. Es kann sein, dass sie in der geschilderten Situation so überwältigt war oder so unter Druck, dass sie nicht mehr richtig sprechen konnte.
Es ist aber auch möglich, dass sie durch dieses Gebrabbel wie ein Kleinkind, das Zeitfenster beziehungsweise den Zeitpunkt wiedergegeben hat, in welchem Rahmen die Delegation zum Beispiel einem der beiden Eltern, oder ihr selbst ein traumatisches Ereignis in diesem Zeitfenster zugestoßen ist."
Ei der Daus, steile These. Erstens wird der ganze Quatsch mit Nichtwissen bestritten und zweitens fragt der ehrenwerte Richter Herr Allersburg nach:
„Wie oft ist diese Dissoziation und, oder Delegation, in den sieben Sitzungen vorgekommen?"
Allenbach: „Einmal."
Na ja, die Suizide in den Folgegenerationen der Holocaustopfer bestimmt auch nicht öfter, denke ich, sage ich aber nicht. Die Allenbach hat sich auf jeden Fall ins Abseits gekegelt und muss den Redestab abgeben. Ende der Tittenmeditation.
Es folgen die Schlussplädoyers. Frau Bartsch fängt an.

Sie liest aus ihrem Notizblock vor: „Ich empfehle folgende Regelung der Umgänge: Die nächsten Umgänge, alle vierzehn Tage unbegleitet, ein Wochenendtag von 10:00–18:00 Uhr, nach drei Umgängen zwei Wochenendtage von 10:00–18:00 Uhr, nach sieben Umgängen dann von Freitag nach der Schule bis Sonntag 15:00 mit Übernachtung, ab dann sollten die Kinder die Ferien hälftig bei ihren Eltern verbringen."

Cooool! Ich bin dabei, das sind noch zehn Umgänge, also fünf Monate bis zur ersten Übernachtung. Pünktlich zum Frühling wäre es dann geschafft. Wo soll ich unterschreiben? Den Beschluss unterschreiben. Außerdem regt sie eine Erziehungsberatung und eine Mediation der Eltern an. Auch okay, mache ich alles, Hauptsache der Scheiß hat ein Ende. Frau Cramer schließt sich Frau Bartsch an. Bestens, zwei zu null. Die Allenbach kann sich natürlich nicht anschließen und möchte keine Empfehlung aussprechen. Frau Stadler empfiehlt auch nichts. Sie redet um den heißen Brei und empfiehlt auch die Mediation.

Das Beschütz Mich, kurz und knapp, mit brüchiger Stimme: „Ich nehme Bezug auf meine Forderung der letzten Verhandlung. Ich will gar keine Umgänge mehr für den Vater mit den Kindern, weder begleitet noch unbegleitet. Dabei bleibt es."

Hat Levke die letzten drei Stunden eigentlich nicht zugehört? Ihre Finger hat sie sich auf jeden Fall nicht in die Ohren gesteckt. Vielleicht hat sie sich aber schon vor der Verhandlung Petersilie in die Ohren gestopft.

Die Allenbach meldet sich noch einmal zu Wort: „Ich wäre bereit, zusammen mit Frau Vahland, in unserer Praxis eine Mediation anzubieten."

Ach, drei gegen einen, das kann ja lustig werden. Aber ich bin ja kein Spielverderber und stimme zu, Levke auch. Das sieht jetzt aber mal wieder nicht nach einem Beschluss aus, das sieht nach irgendeinem beschissenen Vergleich aus, wenn überhaupt. Also gibt es erst

einmal über Monate Mediationen, bestenfalls ein paar Stunden Begleitete Umgänge, wo auch immer, mit wem auch immer. Dann ist irgendwann April und wir treffen uns hier zur nächsten drittklassigen Aufführung des Kasperletheaters wieder. Hier und da wird das Ensemble neu besetzt werden, aber letzten Endes der gleiche Scheiß, mit neuer Besetzung, wir drehen uns also, wie befürchtet, weiter im Kreis. Manchmal bleibt die Zeit stehen oder fast stehen, weil so viel passiert. Das ist immer so, wenn man verliebt ist. Manchmal rast die Zeit, weil man zu spät mit etwas angefangen hat und dann die Zeit knapp wird. Hier und jetzt und seit drei Jahren passiert gar nichts und die Zeit vergeht einfach. Es ist einfach eine verlorene Zeit, für die Kinder und für mich. Ida hat jetzt die Hälfte ihres Lebens verloren, Jonny ein Viertel seines Lebens, ich nur zehn Prozent. Das Phänomen Zeit. Ich muss mich jetzt gerade machen, ich muss die Zeitschleife genau jetzt durchbrechen. Ich habe doch eh nichts mehr zu verlieren.
„Ich möchte gerne was sagen", kommt plötzlich aus meinem Mund.
Also, ich höre mich das sagen, dass ich etwas sagen möchte. Habe ich das eben gesagt oder nur ganz laut gedacht, was will ich denn eigentlich sagen? All eyes on me.
„Bitte, Herr Twente", höre ich Richter Allersburg von ganz weit weg.
Frau Stemmer fasst meinen Arm an: „Seien Sie bitte vorsichtig."
Vorsichtig, vorsichtig, vorsichtig. Oh Mann, die Nazi-Zschäpe hat drei Anwälte Heer, Sturm und Stahl – das kann sich auch keiner ausdenken und ich stehe hier allein auf weiter Flur mit der Sockenpuppe Stemmer.
„Fass mich nicht an."
Ich räuspere mich. Höre die Stille, merke, dass ich mich ganz weich fühle und dann fange ich tatsächlich an zu reden, endlich.
„Ich habe nichts gemacht, ich haben weder Nacktbilder von meiner Tochter gemacht noch habe ich meine Tochter am ganzen Körper

geküsst oder ihr ‚irgendetwas' in den Po gesteckt, während mein Sohn im Bett darüber laut gelesen hat. Ich habe meine Tochter nicht missbraucht und auch meinen Sohn habe ich nicht missbraucht. Das sind niederträchtige Lügen und ich weiß nicht, warum sich Levke diese Lügen ausgedacht hat und es interessiert mich auch nicht mehr.

Ich habe die letzten drei Jahre in dutzenden Gerichtsverhandlungen gesessen. Ich habe meine Kinder die letzten drei Jahre ein paar Stunden unter Aufsicht in Jugendämtern, sozialen Einrichtungen oder Möbelhäusern gesehen. Ich habe mittlerweile über 40.000 Euro für dieses Kasperletheater ausgegeben. Ich habe es so, so, satt. Damals wurde das Strafverfahren gegen mich nach fünf Monaten eingestellt, da es weder eine Tat noch einen Täter gegeben hat. Alle meine Rechner und persönlichen Sachen wurden beschlagnahmt und nirgendwo wurde ein Hinweis darauf gefunden, dass ich pädophil oder sonst wie krank bin.

Ich war einer der ersten Väter, der eine Erziehungszeit gemacht hat, damals mit meinem Sohn. Die ersten zweieinhalb Jahre war ich mit Jonny zu Hause. Levke ist acht Wochen nach der Geburt von Jonny wieder arbeiten gegangen. Ich war immer, immer für meine Kinder da. Ich war und bin ein guter Vater. Jede freie Minute habe ich mit meinen Kindern verbracht, habe sie zum Lachen gebracht und ihnen gezeigt, wie toll das Leben ist. Ich wollte, dass meine Kinder eine so schöne Kindheit haben, wie ich sie hatte. Seit drei Jahren werde ich mit Scheiße beworfen und die Scheiße, die vorbeifliegt, bekommen meine Kinder ab. Ich werde als schlechter Vater hingestellt, den die Kinder nicht lieben und nicht brauchen und wenn sie sagen, dass sie mich lieben, dann ist es aufgrund eines Stockholm-Syndroms. Es wurde mir vorgeworfen, dass ich Signale sexueller Natur aussenden kann und wenn ich das erste Mal, das erste Mal, nach über einem Jahr, für zwei Stunden unter Aufsicht auf einem Spielplatz mit meinen Kindern laut tobe, dann wird mir auch das vorgeworfen. Ich wurde zum Pädophilen und zum unberechenbaren Schläger gemacht. Lügen, alles Lügen. Ich habe keine Lust mehr, dieses Schmierentheater länger mitzumachen.

Bis zum 21.02.2013 waren Ida und Jonny ganz normale, glückliche Kinder. Weder traumatisiert noch delegiert oder dissosonstwas, weiß denn ich, wie das heißt. Dann hat die Mutter mich einfach mit einer Lüge aus dem Leben der Kinder entfernt. Das geht nämlich einfacher und schneller, als ein Konto zu eröffnen. Wissen Sie was? Ich bin erwachsen, ich hatte ein wirklich tolles, lustiges Leben – bis vor drei Jahren.

Es geht hier aber nicht um mich, ich kann diese Schmierenkomödie noch Jahre mitmachen. Ich mache die ganze Zeit gute Miene zum bösen Spiel. Ich lasse Gutachten über mich erstellen, ich greife die Mutter nicht an, ich lasse mich beleidigen, mein guter Ruf, den ich einmal hatte, ist schon lange zerstört. Ich habe meine Kinder verloren, mein Zuhause; alles, woran ich geglaubt habe, alles weg. Mein altes Leben existiert nicht mehr. Wissen Sie, was das Tolle ist? Das geht mir mittlerweile komplett am Arsch vorbei. Ich kann mit diesem Wahnsinn leben. Ich könnte einfach sagen: Tschüss ich bin raus, lasst mich mit eurem Scheiß, mit euren Lügen, eurer Pseudomoral und eurem Möchtegern Intellektuellen, Paragrafen und Familiengerichtsgeschwafel, eurer Küchenpsychologie, einfach in Ruhe.

Ich mache das aber alles nicht für mich oder gegen die Mutter, sondern nur für meine Kinder Jonny und Ida. Ich kann doch nicht einfach zulassen, dass die beiden ohne mich aufwachsen sollen, wie die Mutter, „Das Beschütz Mich", es gerne hätte, warum auch immer. Jonny hat zweimal damit gedroht, sich umzubringen, Ida hat gedroht, ihre Mutter umzubringen, abzustechen, mit einer Schere. Jonny kaut Nägel und reißt sich die Haare raus. Ida hat ständig Bauchschmerzen. Eine der vielen Psychologinnen, die meinen Jungen in seinem Gehirn rumstochert haben, hat Jonny eine Depression bescheinigt, mit elf Jahren! Jonny weint in der Schule, bei Gericht, bei Psychologen, wie auch Ida. Die beiden habe alle ihre alten Freunde verloren und meine Familie. Jeder hier weiß, dass die Mutter die Gehirne von Ida und Jonny wäscht. Die Mutter will, dass unsere beiden Kinder keinen Vater mehr haben sollen, dass die beiden die Hälfte ihrer Identität einfach vergessen sollen. Jeder hier weiß, dass es ganz normal ist, dass eine Mutter einen sexuellen Missbrauch durch den Vater erfindet, um den Vater zu entfernen."

Die unsichtbare Anwältin will mir ins Wort fallen, wo ich mich doch gerade so fein in Rage oder eventuell um Kopf und Kragen rede.

„Nein, jetzt nicht, ich habe drei Jahre geschwiegen, jetzt rede ich, ich bin gleich fertig, dann können Sie wieder mit Ihrem Geschwurbel weitermachen. Danke. Vor eineinhalb Jahren hat Frau Hambach-Stolte, nach der Erstellung eines Gutachtens, was ein halbes Jahr gedauert hat, empfohlen, dass mittelfristig normale Umgänge oder besser gesagt, dass meine Kinder ihren Papa ganz normal sehen dürfen. Das Gleiche hat die damalige Verfahrensbeiständin der Kinder, Frau Bachmann-Meinicke, bereits ein Jahr zuvor gefordert und wurde dabei vom Jugendamt, Herrn Kallert, unterstützt. Jetzt, drei Jahre später, sitzen wir hier wieder in großer Runde und verhandeln, ob meine Kinder mich die nächsten Monate einmal im Monat, für zwei oder vielleicht für drei Stunden in irgendwelchen Jugendzentren, Schutzzentren, Möbelhäusern oder SOS-Kinderdörfern unter Aufsicht sehen dürfen. Entschuldigen Sie bitte meine Ausdrucksweise, ABER WOLLEN SIE MICH EIGENTLICH ALLE VERARSCHEN, machen Sie das extra? Finden Sie das lustig? Ich nicht! Aber ich kann darüber mittlerweile nicht nur weinen, sondern auch lachen. Es geht hier aber nicht um mich, ich kann das nämlich ab, ich habe breite Schultern und das Herz eines Boxers, aber meine Kinder, die gehen daran kaputt, die sind schon schwerstens beschädigt, haben ihr Urvertrauen verloren, sollen die etwa draufgehen?"

Tränen laufen mir durchs Gesicht. Ich schaue jedem in die Augen. Man könnte die berühmte Stecknadel fallen hören. 21, 22, 23, totale Stille, 24, 25 …

„Danke, Herr Twente", höre ich Richter Allersburg aus der Ferne sagen.

Ich höre mich ganz ruhig atmen. Spüre, wie Tränen warm durch mein Gesicht laufen. Das tat gut. Damit hat keiner gerechnet, nicht einmal ich.

Frau Bartsch ergreift noch einmal das Wort: „Nach den verfügbaren Informationen hat meines Erachtens kein sexueller Missbrauch des Kindesvaters zulasten von Ida und Jonny stattgefunden. Wenn sich die Kindesmutter weiterhin beharrlich weigert, unbegleitete Umgänge zuzulassen, weise ich darauf hin, dass durchaus die Möglichkeit besteht, einen Antrag auf Übertragung des alleinigen Aufenthaltsbestimmungsrechts für beide Kinder auf den Vater zu veranlassen."

Gute Idee! Sollten wir hier und jetzt in trockene Tücher bringen. Passiert natürlich nicht. Anschließend wird dann die allgemeine Sach- und Rechtslage vom ehrenwerten Richter Allersburg erörtert und ein Zwischenvergleich vorgestellt. Ich muss mit Levke in die Mediation bei Allenbach und Vahland. Ich darf dann alle drei Wochen Begleiteten Umgang mit meinen Kindern haben. Erst einmal mit der Cramer und dann soll Levke die Begleitung stellen und Frau Stadler mitteilen. Oh super, da habe ich ja noch weniger als vorher. Die Zeitschleife habe ich mit meiner Rede scheinbar nicht durchbrochen. So eine Scheiße. Ich will nur noch raus hier. Nach Hause, kiffen, saufen mich so richtig abschießen.

Frau Stemmer will noch mit mir reden. „Herr Twente, das, was Sie da gesagt haben, war nicht so richtig klug."

„Doch, das war es. Das war das Beste, was ich die letzten drei Jahre gesagt habe. Zumindest daran werde ich nicht ersticken. Lassen Sie uns die Tage reden, ich will nur noch nach Hause. Danke und Tschüss."

Es ist wie immer dunkel, kalt und nass, feines Selbstmordwetter. Ich halte an der ersten Tanke an, sechs Weizen, zwei Jägermeister. Zwei Weizen habe ich schon beim Einparken vor meinem Zuhause weg. Ich ruf noch kurz bei Reinhold an und sage ihm, dass ich heute nicht mehr reden will. Er sagt, ich soll morgen bei ihm vorbeischauen.

MEDIATION

15.12.2015

Mediation, Mediation, ich hab' Mediation. Fast drei Jahre habe ich darauf gewartet. Drei verdammte Jahre darauf, dass ich endlich mit Levke reden kann. Endlich kann ich ihr all das sagen, was ich ihr die letzten drei Jahre geschrieben und nicht abgeschickt habe. Endlich kann ich ihr all das um die Ohren hauen. Endlich kann sie nicht weglaufen oder sich ihre schönen Finger in ihre Ohren stecken. Endlich muss sie sich das anhören. Anhören, was sie für eine Scheiße gebaut hat. Aus den Ohren soll es ihr bluten und dann soll sie bestenfalls aus dem Fenster springen. Ja, so habe ich mir das zumindest gedacht, bis gestern Abend bei Reinhold. Ich bin gestern Abend noch zum Coaching, zum Abstimmungsgespräch zu ihm gegangen. Abende lang, tagelang, wochenlang, eigentlich seit drei Jahren, habe ich an meinem Zettel gesessen und aufgeschrieben, was ich Levke alles sagen will. Ich habe alles auf den Punkt gebracht, eine DIN-A4-Seite, in der Kürze liegt die Würze.

Mit meinem Kampfpamphlet bin ich dann stolz zu Reinhold rein. Reinhold hat meinen Zettel dann ohne jegliche Regung durchgelesen. Ich konnte allerdings an seinem Gesicht sehen, dass ich wohl mal wieder am Thema vorbeigeschrieben hatte. Reinhold hat den Zettel einfach zerrissen. Ritsch ratsch, das tat weh. Hätte er mir auch netter rüberbringen können, dass das mal wieder alles Scheiße ist, worüber ich gefühlt hunderttausendmillionen Stunden gebrütet habe. Immer weiß er alles besser und das Schlimmste ist, dass er wohl mal wieder recht hat.

„Hagen, hast du denn die letzten Jahre nichts gelernt?"
„Ich dachte, ich weiß … viel Scheiße fängt mit ich dachte an."
„Das Denken überlässt du mir, okay?"
„Okay."
„Okay, okay, okay, was soll ich denn sagen, deiner Meinung nach?"

„Was willst du, Hagen? Reden oder deine Kinder?"
„Hmmm, meine Kinder."
„Richtige Antwort. Wann willst du deine Kinder?"
„Sofort, jetzt."
„Wer kann dir deine Kinder zurückgeben?"
„Levke!"
„Blödsinn, Hagen. Wenn dir irgendjemand deine Kinder nicht zurückgeben wird, dann Mutti. Mensch, Hagen."
„Mensch Reinhold, hmmmpfff."
„Wer kann dir die Kinder zurückgeben?"
Aaaarghhh, ich hasse diese Fragen-Antwortspiele, wo es nur eine richtige Antwort gibt, die ich wohl kenne, die mir aber immer genau dann, wenn ich gefragt werde, nicht einfällt oder ich traue mich nicht zu sagen, was ich denke, obwohl es die richtige Antwort wäre. Deswegen könnte ich auch nie bei „Schlag den Raab" mitspielen. Weil ich mich nicht traue zu sagen, was ich weiß. Selbst bei so doofen Radioratespielen traue ich mich nicht, laut die Antwort zu sagen, obwohl ich allein im Auto sitze. So ein Dilemma aber auch.
„Reinhold, hör bitte auf mit diesem Frage-Antwort-Spiel, mir geht doch eh schon der Arsch auf Grundeis, sag mir, was ich machen soll und ich mach das dann, so einfach ist das. Mein Vater hat immer gesagt: ‚Befehl wiederholen, Ausführung melden'."
„Das Einzige, was dir deine Kinder wieder geben kann, ist ein Beschluss, ein Gerichtsbeschluss mit Ordnungsgeld. Wenn wir den haben, dann geht es in die nächste Runde, dann sind wir dran, wie oft haben wir das in der Selbsthilfegruppe durchgesprochen, Hagen?"
„Oft, eigentlich jedes Mal."
Ich mag das, wenn Reinhold von „wir" spricht, dann bin ich nicht allein. United we stand, devided we fall.
„Das ganze Mediationsgenuschel, dieses ganze Gelaber kostet nur Zeit, unsere Zeit und bringt uns nicht weiter. Das Gleiche gilt für

das Jugendamt, für das ganze Helfersystem. Niemand kann dich oder Levke zwingen, irgendetwas zu machen, außer ein Beschluss und somit der Richter. Wir gehen da morgen hin, nicht um zu reden, um Lösungen zu finden. Wir gehen da morgen hin, um die alberne Mediation scheitern zu lassen. Überleg doch mal, Hagen, schlimmstenfalls sechs Sitzungen, dann ist Frühling und wir sind kein Stück weiter. Was du auch bedenken musst, ist, dass da Mutti und zwei ihr wohlgesonnene Psychologinnen sitzen. Ihr vier sitzt in einem Boot und du bist der Einzige, der rudern muss, die Richtung bestimmen die Drei. Wir lassen die Mediation scheitern. Danach schreiben wir dem Gericht, dass das mit der Mediation leider nicht geklappt hat und wir daher jetzt gerne den Beschluss hätten. Darf natürlich keiner merken, dass wir das Gespräch vorsätzlich scheitern haben lassen."

„Wir gehen dahin, schön wär's, Reinhold, noch schöner wäre es, wenn du dahin gehen würdest. Das Problem ist nur, dass ich da allein hingehen muss."

„Hagen, Mutti muss aus der Mediation rausrennen. Das Ding abbrechen und du musst sitzenbleiben, du verlässt den Raum als Letzter, obwohl du ja noch so gerne weitergeredet hättest. Endlich ein geschützter Raum, um über die Kinder zu reden. Aber wie schade, wirklich schade, Mutti hat die Mediation leider verlassen. Dann bleibt jetzt nur noch der Gang zum Gericht."

„Krieg ist die Fortsetzung der Politik mit anderen Mitteln."

„Genau. Mutti ist jetzt dran, die ist fällig. Wir kennen Mutti, wir kennen unseren Gegner. Der Gegner wird uns kennenlernen, wir überraschen den Gegner, wir überraschen Mutti. Wir verhalten uns nicht, wie Mutti es erwartet und ganz besonders nicht, wie die Kinderpsychologinnen es erwarten."

„Reinhold, du kennst doch Levke gar nicht, woher willst du wissen, wie sie sich verhält, ich kenne sie doch selbst nicht mehr."

„Deine Ex-Frau verhält sich so, wie sich diese Muttis immer verhalten. Mutti will sich streiten und die Kinderpsychologinnen wollen

Mutti dabei helfen, sich zu streiten. Die Kinder interessieren die Damen und Mutti nicht. Es geht nur um Mutti, aber wir, du wirst ihnen nicht den Gefallen tun, dieses Spiel mitzuspielen."

„Na gut, Reinhold, dann sag mir mal, wie ich innerhalb von zwölf Stunden von der Links- in die Rechtsauslage wechseln soll!"

„Du wechselst die Auslage gar nicht, du musst nicht mal kämpfen. Du lässt dich beschimpfen und davon ist auszugehen, beleidigen, davon ist mit Sicherheit auszugehen. Du hörst dir an, was für ein Schwein du bist, wie schwer Mutti es hat, wie schwer es für die Kinder ist. Du hörst dir an, dass du immer nur an dich denkst. Du hörst dir an, dass du nicht an die Kinder denkst, dass dir die Kinder egal sind, dass es immer nur um dich geht. Wenn du sie nicht angucken sollst, guckst du sie nicht an, wenn du dich umsetzen sollst, setzt du dich um, wenn du dich ausziehen sollst, ziehst du dich aus, obwohl das wohl nicht gefordert werden wird, falls doch, ausziehen."

Das war lustig, müssen wir beide lachen.

„Du lässt Mutti reden, schreien und weinen. Du bleibst ruhig, sagst nichts, gar nichts. Irgendwann wird Mutti fertig sein, irgendwann wird Mutti und die Kinderpsychologinnen dich anschauen und warten, was du denn dazu sagst. Du schaust sie an, du schaust in die verständnisvollen Augen der Kinderpsychologinnen, lass dir ein paar Sekunden Zeit, genieß die Stille, die Erwartung, dass du dich jetzt auf die Provokation einlässt. Denk daran, es geht nur um deine Kinder, dass deine Kinder bald wieder einen Papa haben, nicht um die Mutter, die Richter, die Psychologinnen, nicht um dich. Dann bist du dran."

„Na, und dann, sag ich was, was sag ich denn dann, wenn ich dran bin und was sagen soll, Reinhold? Da bin ich aber mal gespannt und jetzt bitte ganz langsam und zum Mitschreiben, für Dumme und Soldaten, was sag ich denn dann, Reinhold?"

„Du fragst: ‚Fertig? Kommt noch was? Oder kann ich jetzt?' Du sagst, dass das ja alles sehr interessant war und du das anders siehst, aber dass es wohl leider keinen Sinn macht, darüber zu reden. Wenn es irgendwas gibt, wofür Mutti eine Entschuldigung erwartet, dann soll sie es sagen und dann entschuldigst du dich gern, wenn es dem Kindeswohl, der Sache dient. Du sagst, dass du nicht hier bist, um zu diskutieren, um über alte Zeiten zu reden. Sondern du willst nur über eine Umgangsregelung für Jonny, Ida und dich reden. Du willst wissen, wann die Kinder wieder ihren Vater sehen können, ohne dass jemand aufpasst und ohne dass die Uhr im Hintergrund tickt. Nicht für ein paar Minuten oder Stunden, sondern du willst wissen, wie die zukünftigen unbegleiteten Umgänge gestaltet werden können. Wann die Kinder bei dir übernachten können und wie ihr die Übergabe der Kinder gestaltet, damit es für die Kinder einfach sein wird, wieder einen Papa haben zu dürfen. Wann können die Kinder wieder einen Papa haben und bei ihm übernachten, das ist deine Hauptfrage. Wir reden jetzt nicht darüber, ob die Kinder wieder bei ihrem Papa sein dürfen, sondern nur wann und wie. Die Frage ist nicht ob, sondern wann, Punkt, ganz einfach."

„Punkt, ganz einfach, das bekomme ich hin und das klappt?"

„Klar klappt das."

„Warum klappt das?"

„Weil ich die Muttis kenne. Weil sie sich absolut berechenbar verhalten und weil wir uns nicht so verhalten, wie sie es gerne hätten."

Ach, so einfach ist das, na dann wird es ja ein Spaziergang.

„Wie reagiert denn Levke deiner Meinung nach, Reinhold?"

„Das weiß ich doch nicht, ich bin ja nicht Levke, aber ich denke, sie wird die Mediation platzen lassen. Wir können dann gerne noch ein paar Sitzungen machen, wenn es dem Kindeswohl dient, aber gleichzeitig bitten wir das Gericht, eine Entscheidung herbeizuführen, endlich den Beschluss zu erlassen. Es darf keine weiteren direkten Gespräche mehr mit Mutti geben. Hagen, die spielen auf Zeit,

die spielen die ganze Zeit auf Zeit. Der Richter will keinen Beschluss erlassen. Der hat links auf seinem Schreibtisch fünfzig Fälle und rechts fünfzig, die er schon bearbeitet hat, die aber bald wieder links liegen werden. Dein Fall liegt jetzt rechts und da liegt er auch noch in drei Monaten. In drei Monaten, nach sechs sinnbefreiten Mediationen, liegt er dann wieder links und nochmal zwei Monate später liegt er im Gerichtssaal vor ihm. Dann haben wir Juni und du hast deine Kinder bestenfalls sechs mal drei Stunden unter Aufsicht gesehen. Dann schauen wir uns das wieder einmal, nochmal an. In einem Jahr bist du dann wieder genau da, wo du jetzt bist, halt ein Jahr älter und deine Kinder auch. Weißt du, eine Mediation kann nur funktionieren, wenn beide einen gemeinsamen Wunsch, ein gemeinsames Ziel haben. Beide wollen die Ehe retten, beide wollen mit einem Schicksalsschlag gemeinsam zurechtkommen. Ich mache diesen Job jetzt seit über fünfzehn Jahren und nicht einmal hat eine Mediation irgendetwas gebracht. In diesen Mediationen gehen Menschen aufeinander los, die sich abgrundtief hassen. Das einzige Gemeinsame, was sie haben, ist der Hass aufeinander, das einzige gemeinsame Ziel, den einzigen gemeinsamen Wunsch, den Mama und Papa haben, ist, dass der andere einfach, am besten für immer, verschwindet. Es geht sogar noch weiter. Es gibt Studien, die belegen, dass Mediationen in Hochkonfliktscheidungen kontraproduktiv sind und die Situation nur verschlimmern. Diese beiden Menschen müssen so gut es geht voneinander getrennt werden und nicht noch aufeinander losgelassen werden, klingt doch logisch, oder?"
„Ja, du weiser Mann."
„Weißt du, warum der Richter keinen Beschluss machen will?"
„Nö."
„Weil das richtig viel Arbeit ist. So ein Beschluss muss gut, sehr gut begründet sein, weil ja beide Streithähne das Recht haben, diesen Beschluss anzufechten. Dieser Beschluss darf keine Formfehler enthalten, der Beschluss muss vom Richter wasserdicht begründet

werden. Sonst liegt er nach ein paar Monaten wieder auf seinem Schreibtisch und dann hat er noch mehr Arbeit. Schlimmstenfalls wird der Beschluss von der nächsten Instanz komplett kassiert und dann bekommt der Richter keine Sternchen in seine Hausaufgabenmappe. In der Regel will der Richter, vor allem wenn er jünger ist – und unser Richter ist jung –, gerne weiter kommen, ans OLG, in den Senat oder gar nach Karlsruhe. Wenn der Richter aber immer nur schlechte, weiche Beschlüsse abliefert, dann kommt er nicht weiter. Richter sind wie Fußballspieler, Profifußballspieler, die machen nicht irgendeinen Job wie du. Die haben alles gegeben, um Richter zu sein, die wollen nicht am Amtsgericht versauern, die wollen nicht Regionalliga spielen. Weißt du, was die gar nicht wollen?"
„Nö."
„Die wollen sich nicht am Familiengericht mit garstigen Müttern, frustrierten Vätern und Kinderpsychologinnen rumärgern. Aber die müssen das, die müssen auch ein paar Semester Familiengericht machen. Das Familiengericht wollen die schnell hinter sich bringen. Schnell und verletzungsfrei. Die Richter wollen in die Abteilung Hauen und Stechen, Gewaltkriminalität, in die organisierte Kriminalität, Wirtschaftsverbrechen. Die Richter, die freiwillig am Familiengericht sind, sind entweder Emanzen, Feministinnen oder sonstige frustrierte Muttis, oder die Pensionierung steht in ein, zwei Jahren an. Also, du gehst da morgen mit dem einzigen Ziel hin, die Mediation scheitern zu lassen. Du gehst dahin, um zu zeigen, dass Mutti die Gespräche hat scheitern lassen, dass man leider nicht mehr mit Mutti reden kann. Dass Papa und Mama nicht mehr miteinander reden können. Weil ihr nicht mehr miteinander reden könnt, willst du einen Beschluss, damit ihr nicht mehr miteinander reden müsst."
„Ja."
Ich dachte eigentlich, dass ich da morgen hingehe, um zu reden, nicht um nicht zu reden, aber der Kopf ist rund, damit die Gedanken die Richtung wechseln können. Danach haben wir noch lange über

Autos geredet, obwohl ich so gar keine Ahnung von Autos habe und mich Autos auch nicht im Geringsten interessieren. Reinhold aber liebt Autos. Reinhold sagt immer, der Unterschied zwischen Autos und Frauen ist, dass Autos Liebe brauchen. Ich bin einfach gerne mit Reinhold in seinem unordentlichen Büro zusammen. Ich höre ihm gerne zu. Reinhold ist irgendwie mein Vater geworden, der Vater, den ich nicht mehr habe. Reinhold ist, wie mein Vater einmal war. Er lässt mich nicht im Stich, er steht hinter mir, auf Reinhold kann ich mich verlassen, wie ich mich auch immer auf meinen Vater verlassen konnte. Reinhold kämpft für mich, mein Vater hat auch immer für mich gekämpft. Ich werde für Ida und Jonny kämpfen, damit auch sie für ihre Kinder einmal alles geben werden. Was für ein schöner Abend. Morgen lasse ich die Mediation gegen die Wand fahren und dann wird Reinhold stolz auf mich sein. Was gibt es Schöneres für einen Sohn, als wenn der Vater stolz auf ihn ist? Mein Vater war immer stolz auf mich, und ich werde Reinhold morgen nicht enttäuschen.

Jetzt sitze ich hier in meinem roten, von der Feuerwehr ausgemusterten, Opel Kombi. Wie immer locker eine Stunde zu früh. Ich denke darüber nach, ob das, was ich sagen wollte, vielleicht doch das Richtige sein könnte oder ob das, was Reinhold gesagt hat, das Richtige ist. Reinhold weiß allerdings, dass es das Richtige ist, was er gesagt hat. Also werde ich wohl besser das machen, was er gesagt hat. Wenn es nicht klappen sollte, hat Reinhold die Schuld. Ist immer gut, wenn man jemand anderem die Schuld in die Schuhe schieben kann.

Mediation in Kacke-Hannover. Was für eine Kackstadt. Die Hannoveraner an sich kenne ich ja gar nicht, bis auf meinen Arbeitskollegen Ingo. Der kommt aber nicht direkt aus Hannover, sondern von irgendeinem Bauernhof vor Hannover. Zum Einkaufen und Feiern muss er immer nach Hannover. Gruselige Vorstellung. Ingo ist in Ordnung, aber Hannover ist scheiße. Deswegen ist Levke wohl auch in die Nähe von Hannover gezogen, weil sie genauso scheiße wie Hannover ist. Ich fand Hannover schon immer scheiße. Wenn die Familie Twente früher auf einen Reiterhof bei Hannover wollte, habe ich mich immer in Hannover verfahren. Man muss irgendwie kurz vor Hannover abbiegen, um auf diesen Reiterhof zu kommen. Ohne Navi war das natürlich nicht so einfach wie heute. Ich bin immer falsch abgebogen und in Hannover gelandet. Ich hasse es, mich zu verfahren und habe es vor den Navi-Zeiten immer getan. Sobald ich Bergedorf mit dem Auto verlassen hatte, habe ich mich verfahren. Als ich damals mit Eva aus Berlin zusammen war, musste ich immer der Liebe wegen nach Berlin. Freitagsnachmittags los Richtung Berlin, nur mit einem Faltplan. Jedes, aber auch wirklich jedes Mal habe ich mich verfahren. Hin gings ja noch. Es war ja ganz sicher, dass es innerhalb der nächsten Stunden Sex, Ecstasy, Speed, Gras und Techno satt geben würde. Ganz anders sah es aus, wenn ich montagmorgens um 5:00 Uhr wieder Richtung Hamburg geschickt wurde. Achtundvierzig Stunden gefeiert, getanzt, gelacht und gevögelt. Einmal war ich gegen 7:00 Uhr endlich, nach einigen theatralischen Nervenzusammenbrüchen, was kann man schön fluchen in einem Auto, auf der Autobahn. Dann die erste große Autobahntafel. *Warschau 560 Kilometer*. Ich war auf dem Weg an die Ostfront, Stalingrad, Massengrab. Irgendwie bin ich aber immer wieder nach Hause gekommen.

Ich habe noch Zeit zum Nachdenken. Ich gehe jetzt das erste Mal nicht unvorbereitet und blauäugig in eine Konfliktsituation. Wir haben eine Strategie, genau das, was ich mir die letzten Jahre immer gewünscht hatte. Eine richtige Strategie. Ich mache gleich etwas, womit der Gegner nicht rechnet, schwarzes Theater. Ich habe gar kein Interesse an einer gelingenden Mediation. Ich will die Mediation gegen die Wand fahren lassen, damit es weitergeht. Ich brauche einen Beschluss, kein Gelaber. Ich erinnere mich an die erste Verhandlung wegen des Begleiteten Umganges. Meine Fresse, bin ich da ins Messer gelaufen. Vollkommen unvorbereitet überrumpelt worden. In den Sitzungen der Selbsthilfegruppe sagt Reinhold immer, dass wir uns vor Gericht beleidigen lassen, uns Lügen unterstellen lassen, sie können uns angreifen und attackieren, wir lassen uns darauf nicht ein. Nicken, lächeln, Arschloch denken. Wir lassen fast alles, auch Lügen und Beleidigungen, über uns ergehen. Wenn uns allerdings sexueller Missbrauch vorgeworfen wird, stehen wir auf und wehren uns, wir sagen, was Reinhold uns beigebracht hat: „Du kannst mir vorwerfen, dass ich ein schlechter Mann war, ein schlechter Vater bin, tausend Sachen, die mich schlechtmachen. Schade drum. Es stellt sich natürlich die Frage, warum du so lange mit mir zusammen warst, aber die Antwort interessiert mich nicht. Du nimmst den Vorwurf des sexuellen Missbrauchs sofort zurück. Du weißt, dass du lügst. Du kannst so viel Lügen über mich verbreiten, wie du glaubst zu glauben, aber jetzt ziehst du unser Kind durch den Schmutz. Das werde ich nicht zulassen. Es hat keinen Missbrauch gegeben, nur in deinem Kopf. Wir brechen diese Veranstaltung hier jetzt sofort ab. Ich verlasse die Verhandlung ohne Wenn und Aber, wenn du das nicht sofort zurücknimmst. Jetzt sofort oder ihr könnt hier ohne mich, mit eurem Schmierentheater weiter machen. Ich glaube, es hackt." Oder so ähnlich.

Ich bin damals einfach nur eingeknickt, im Boden versunken, als mein mentaler Untergang eingeläutet wurde. Vielleicht wäre alles anders gekommen, wenn ich damals so aufgestellt wäre, wie Reinhold es immer empfiehlt. Vielleicht, vielleicht auch nicht. Wenn ich früher Jonny etwas erklärt habe, hat er manchmal gesagt: „Hagen, man weiß es aber nicht." Ach, wie sehr ich meine Kinder vermisse.

Also nochmal langsam, für Dumme und Soldaten. Was soll ich genau machen? Ich soll eigentlich nichts machen. Ich soll so tun, als würde ich zuhören, ich soll mich beschimpfen und beleidigen lassen. Wenn nichts mehr kommt, soll ich nach einem Nachschlag fragen. Wenn dann alle Scheiße über mich ergossen wurde, soll ich fragen,

wie und wann der nächste unbegleitete Umgang stattfinden wird. Ich kann auch noch sagen, dass es schade ist, dass Levke so voller Wut und Misstrauen ist, dass ich ihr gerne helfen würde, wenn ich doch nur wüsste wie. Bla, Bla, Bla und noch etwas Text. Das sollte funktionieren. Das sollte ich doch hinbekommen. Ich darf mich halt nur nicht zu irgendwelchen Wortgefechten hinreißen lassen. Was dann passiert, konnte Reinhold zwar nicht sagen, aber es wird etwas passieren. Ich muss es schaffen, Levke dermaßen aus dem Konzept zu bringen, ihr die Bestimmerzone zu nehmen, dass sie die Kontrolle über sich und die Situation verliert. Na, da bin ich ja mal gespannt. Raus aus dem Feuerwehrwagen, rein in den Ring.
Die Vahland macht die Tür auf.
„Hallo Herr Twente, schön, dass Sie hier sind."
Wenn die wüsste. Ich bin nämlich nicht hier, um zu bleiben. Ich bin nicht hier, um wieder hierherzukommen. Schön wird das bestimmt nicht, vor allem nicht für Levke.
„Nehmen Sie Platz, Frau Twente ist noch nicht da."
Meinetwegen braucht Frau Twente gar nicht zu kommen, dann könnten wir das hier schlank abkürzen. Die Augenweide Allenbach schaut auch kurz vorbei. Ich sitze wieder einmal in so einem mit Spielsachen, Spielteppich, Kinderbüchern dekorierten Raum. Das wievielte Kinderzimmer ist das eigentlich? Die ganzen letzten Jahre sitze ich in ständig wechselnden Kinderzimmern, mit irgendwelchen Psychologinnen, Umgangspflegern, Verfahrensbeiständen, Sachverständigen, oder Kartoffelfrauen. Vielleicht hat das ja auch System. Wenn der Herr Twente nur regelmäßig in irgendwelchen Instantkinderzimmern sitzt, vermisst er vielleicht eines Tages das echte Kinderzimmer mit seinen Kindern nicht mehr. Besser, noch besser, er vergisst einfach das Kinderzimmer seiner Kinder und seine Kinder gleich mit und dann gibt er endlich Ruhe und Mutti kann dann mit den Kindern machen, was sie will. In Zukunft werden die Kinder bestimmt auch ihren Vater vergessen. Vergessen, dass sie früher

einmal einen Vater hatten. Levke kommt mit Allenbach und Vahland rein.

„Hallo Levke."

Levke grüßt nicht zurück. Soll hinterher keiner sagen, ich hätte mir keine Mühe gegeben. Levke sieht wie immer kacke aus. Die wirkt total gestresst und hat jetzt schon Schnappatmung, somit bin ich guter Dinge, dass ich gleich leichtes Spiel haben werde. Wir bilden einen Arbeitskreis. Levke sitzt mir mit der Allenbach gegenüber, Vahland zu meiner Rechten, ein kleiner Tisch als demilitarisierte Pufferzone zwischen uns. Kinderbücher, Spielzeug um uns herum. Das Einzige, was fehlt, ist der Pappspender mit Taschentüchern, um die unvermeidlichen Krokodilstränen trocknen zu können. Bei jedem Psychologen stehen diese Pappkartons auf dem Tisch bereit, mit extra weichen Tüchlein zum Rausrupfen, wenn das große Geheule losgeht. Diese Pappkartons stehen auch immer auf den Nachttischen bei allen Prostituierten. Tja, diese Auszeiten, im sicheren Raum, bei den Psychologen als auch bei den Prostituierten, sind ja auch immer hochemotionale Angelegenheiten. Da kann man mal sehen, wie nah Freud und Leid beieinander liegen können. Ich muss bei diesen Pappschachteln immer an Prostituierte denken. Ich denke, das ist ein gutes Zeichen. Wenn ich irgendwann bei diesen Tuchspendern an Psychologen denken muss, bin ich des Wahnsinns fette Beute geworden. Aber im Moment ist die spontane Assoziationskette noch im Lot. So, Konzentration Herr Twente, nicht auf den feinen Busen der Allenbach geschaut, bloß das nicht.

„Starr mich nicht an!", kommt von Levke.

Oh, es geht los, wie Reinhold es orakelt hat. Sehr gut. Wo soll ich denn hinschauen? Ich kann ja schlecht um die Ecke schauen und auf den Busen von der Allenbach geht auch nicht. Ich mache den Vorschlag, dass ich mich umsetzen könnte. Den Platz mit der Vahland tauschen kann, dann würde ich beim Geradeausschauen gegen die Wand schauen und Levke wäre nicht meinen tödlichen Blicken ausgesetzt. So machen wir das dann auch. Kindergarten. Die Reise nach Jerusalem, für Arme. Das Spiel ist doch bestimmt mittlerweile auch verboten oder heißt es anders? Warum heißt das Spiel eigentlich so? Wer hat Angst vorm schwarzen Mann heißt das alte Laufspiel bestimmt auch nicht mehr. Ach, was hatte ich für eine schöne, unzensierte Kindheit. Haben die nicht auch gerade Pippi Langstrumpf in die Rassismus-Ecke gestellt? Ich merke, dass ich mich in diesem Kinderzimmerambiente einfach nicht konzentrieren kann. Immer, wenn es ernst wird, kann ich mich nicht konzentrieren. Also, umgesetzt und gegen die Wand geschaut. Hoppala, was steht denn da im Regal? Ein bunter Papiertaschentuchspender und ich denke „Nutten, Ficken, Sexarbeit" – läuft doch noch alles rund in meinem Kopf. Da bin ich ja beruhigt.

Die Allenbach fängt an, schön, dass wir da sind, Verschwiegenheit ist garantiert, sicherer Raum, keine Uhr läuft, bla bla bla. Mögen die Spiele bitte beginnen.

„Wer möchte anfangen?"

Ladies first, James last, denke ich. Aber ohne den Redestab bekommen zu haben, ballert Levke sofort los. Die hat aber mächtig Druck aufm Kessel und ne ganz kurze Zündschnurr. Die Kinder werden von allen verraten und sie muss die Kinder schützen. Ja, du bist schließlich auch „Das Beschütz Mich", denke ich. Die Kinder können nicht mehr zwischen den Welten von Vater und Mutter ohne Begleitung hin und her pendeln. Sie muss die Kinder noch dreimal schützen, Laber, Laber, Laber; links rein, rechts raus. Ich sage nichts, wie von Reinhold angeordnet, das fällt mir allerdings nicht leicht, ich muss mir schon ziemlich auf die Zunge beißen. Irgendwann nach der fünften Wiederholung frage ich: „Was kann ich denn tun, um deine Ängste abzubauen?"

„Die Wahrheit sagen, übernehme endlich die Verantwortung", keift Levke.

Ich kurz und knapp: „Nochmal, ich habe nichts gemacht, das ist alles nur in deinem Kopf und leider glaubst du mittlerweile deine Lügen."
Zack, das hat gesessen, Levke steckt sich die Finger in die Ohren und schreit.
„Stopp, Stopp, Stopp!"
Ohhhhh, die bekloppte Stopp-Regel.
Die Reaktion geht auf jeden Fall in die richtige Richtung. Läuft, Reinhold. Die Allenbach hält meine Frage für sinnvoll, es wird aber nicht weiter an einer Antwort gebastelt. Stattdessen kommt das Gespräch auf die Begleitung der Umgänge und ob Levke eine Person für die nächsten Umgänge benennen kann. Kann sie natürlich nicht. Aber jetzt, genau jetzt macht sich die Vorbereitung mit Reinhold bezahlt.
„Die Kinder brauchen keine Begleitung und wollen auch keine Begleitung. Ich brauche auch keine Begleitung. Lediglich du, Levke brauchst eine Begleitung. Ich will hier aber jetzt nicht darüber rätseln und diskutieren, wer den nächsten Umgang begleitet. Dieses Spiel haben wir die letzten Jahre gespielt und es hat nichts, aber auch rein gar nichts gebracht. Ich will meine Kinder unbegleitet sehen. Ich will, dass sie mit mir nach Hamburg kommen, jedes zweite Wochenende, mit Übernachtung und die Hälfte von den Ferien, ganz einfach, nicht mehr und vor allem nicht weniger. Wann kann ich die Kinder abholen? Die Frage ist nicht wie oder ob, sondern nur wann. Ich schlage vor, nächstes Wochenende."
Levke springt auf, macht würgende Geräusche, torkelt, Allenbach steht ihr bei, stützt sie und die beiden stolpern aus dem Kinderzimmer. Schade, dass sie das Zimmer durch die Tür und nicht aus dem Fenster verlässt. Juchhe, Treffer versenkt, Reinhold, du Tausendsassa. Die Vahland ist sichtlich geschockt und greift mich an, so könne ich doch nicht reden, das sei doch kontraproduktiv. Ich kläre sie auf, dass Mediationen in Hochkonfliktscheidungen immer kontraproduk-

tiv sind, schließlich gebe es ja kein gemeinsames Ziel. Nach einer Weile kommt Levke, sichtlich angeschlagen, verheult und fleckig im Gesicht, mit der Allenbach im Schlepptau wieder zurück ins Kinderzimmer. Sie möchte nochmal anfangen, anfangen vor drei Jahren. Jetzt heißt es aufgepasst, wenn Reinhold mich nicht vorbereitet hätte, würde ich sicherlich einsteigen. Aber das ist jetzt wie in Runde Zwei im Sparring gegen Adam. Der Gegner, Levke ist sichtlich angeschlagen, hat einen schweren Wirkungstreffer eingesteckt und will sich über die Runde retten. Genau jetzt heißt es, erbarmungslos zuzuschlagen, die Sache zu beenden. Den kurzen Prozess einleiten.

„Wir können gerne nochmal vor drei Jahren anfangen, aber vorher hätte ich gerne den nächsten unbegleiteten Umgang terminiert."

Levke verliert komplett die Fassung: „Hör auf, mich zu bedrohen, du bedrohst mich mit deinen Worten, mit deiner Mimik, du bedrohst mich, du bedrohst mich, Hilfeeeeeeee!"

Dann springt sie auf und stolpert erneut aus dem Kinderzimmer. Die kommt nicht nochmal wieder. Das war's. Klappe zu, Affe tot, Mission completed. Das war ja wirklich ganz einfach. Geht nichts über eine gute Vorbereitung. Wie schön, wenn ein Plan funktioniert. Ich rede noch ein wenig mit der Vahland und erkläre ihr nochmal, dass nur ein Beschluss Jonny und Ida den Vater zurückgeben kann und wohl auch wird. Weitere Gespräche können gerne geführt werden. Aber ich muss jetzt mal los, mit meiner Anwältin den Beschluss erzwingen. Tschüssli Müsli, noch einen schönen Tag zusammen, ihr Opfer. Haken hinter und ab nach Hause, zum weisen Reinhold.

21.12.2015
- Reinhold/Stemmer schicken Forderung nach Beschluss an das Gericht, da die Mediation gescheitert ist.

24.12.2015
- Wieder Weihnachten ohne Kinder, das dritte Mal

29.12.2015
- Zwei Stunden Weihnachten im Kinderschutzbund Celle

06.01.2016
- Möchte einfach tot sein, einschlafen und nicht wieder aufwachen
- Irgendwann sind die Kinder zu alt für Umgänge und auch zu nichts mehr zu gebrauchen
- Nächster BU erst am 22.01.2016, vorher hat keiner Zeit, diese Arschlöcher

22.01.2016
- BU ausgefallen, Cramer krank – Kinder einen Monat nicht gesehen

25.01.2016
- Hurra, der Beschluss ist da

DER BESCHLUSS

*In der Familiensache
betreffend der Kinder*

*Ida Marie Twente, geboren am 21.05.2008 und
Jonny Hagen Twente, geboren am 01.09.2004*

*Andere weiter Beteiligte sind:
Hagen Twente, Lindenallee, 20357 Hamburg
– Antragsteller–*

*Verfahrensbevollmächtigt: Rechtsanwältin Karen Stemmer, Dornenstieg , 20099 Hamburg
Levke Twente, Wendenstraße, 29303 Bergen
–Kindesmutter –*

*Verfahrensbevollmächtigt: Keiler und Schacht, Kampsallee, 30159 Hannover
und
Heike Bartsch, Hohen Deich, 30163 Hannover
–Verfahrensbeistand–*

Durch den Richter Allersbach, am Amtsgericht Celle, wurde nach mündlicher Verhandlung am 27.11.2015 folgender Beschluss erlassen:

Der Antragsteller ist entgegen dem zuvor vor dem Amtsgericht Celle unter dem Aktenzeichen 8F 845/15 geschlossenen Zwischenvergleich vom 27.11.2015 berechtigt und verpflichtet, den Umgang mit den Kindern Ida Marie Twente, geboren am 21.05.2008 und Jonny Hagen Twente, geboren am 01.09.2004 wie folgt auszuüben:

1. Außerhalb der niedersächsischen Schulferien alle vierzehn Tage:
a) Jeweils samstags in der Zeit von 10:00 Uhr bis 18:00, beginnend mit Samstag, den 30.01.2016
b) Ab dem Wochenende der 09. Kalenderwoche (27./28.02.2016) jeweils samstags und sonntags in der Zeit von 10:00 bis 18:00 Uhr
c) Ab dem Wochenende der 23. Kalenderwoche (11./12.06.2016) jeweils freitags nach der Schulende durchgängig bis Sonntagsnachmittags 16:00 Uhr

2. In den niedersächsischen Schulferien:
a) Während der Osterferien 2016 am Samstag (26.03.2016) und am Sonntag (27.03.2016) in der Zeit von 10:00 bis 18:00 Uhr
Im Weiteren
b) Beginnend mit den Sommerferien 2016, jeweils die zweite Hälfte der Schulferien

3. Zu den Feiertagen
a) In den ungeraden Jahren
   a. An Weihnachten: vom 24.12., 14:00 Uhr bis zum 25.12., 12:00 Uhr
   b. An Pfingsten: Pfingstsonntag von 10:00 bis 19:00 Uhr
b) In den geraden Jahren
   a. An Weihnachten: vom 25.12., 12:00 Uhr bis zum 26.12., 19:00 Uhr
   b. An Pfingsten: Pfingstmontag von 10:00 bis 19:00 Uhr

Der Kindesvater ist verpflichtet, die Kinder Ida Marie Twente und Jonny Hagen Twente zu den festgelegten Umgangszeiten bei der

Kindesmutter abzuholen und sie zum Ende des Umgangs zu ihr zurückzubringen. Die Gerichtskosten sind von den beteiligten Kindeseltern jeweils zur Hälfte zu tragen, und außergerichtliche Kosten werden nicht erstattet. Der Verfahrenswert wird auf 5.000,00 Euro festgesetzt.

GRÜNDE

Die Kindeseltern waren bis zum 16.01.2015 verheiratet, und aus dieser Ehe gingen die Kinder Ida Marie Twente und Jonny Hagen Twente hervor. Trotz der Scheidung üben die Kindeseltern weiterhin gemeinsam das Sorgerecht für beide Kinder aus.
Am 21.02.2013 erstattete die Kindesmutter Anzeige gegen den Kindesvater wegen des angeblichen sexuellen Missbrauchs ihrer Tochter Ida. Die Anzeige basierte auf Äußerungen von Ida gegenüber der Kindesmutter, laut denen der sexuelle Missbrauch, unter anderem in Form von „Kuss-Spielen, auch im Po- und im Scheidenbereich", in der damaligen Ehewohnung stattgefunden haben soll, wenn die Kindesmutter abwesend war. Der Bruder Jonny sei regelmäßig im Raum gewesen, habe jedoch stets laut aus einem Buch vorgelesen und habe daher (anscheinend) nichts von dem Missbrauch mitbekommen. Ida hat diese Äußerungen gegenüber Dritten nicht wiederholt. Das strafrechtliche Ermittlungsverfahren gegen den Kindesvater wurde aufgrund mangelnden Tatverdachts eingestellt. Nachdem eine Strafanzeige gestellt wurde, konnten vorerst keine Umgänge zwischen dem Kindesvater und seinen Kindern stattfinden. Ab Oktober 2013 wurde schließlich ein Begleiteter Umgang eingeführt. In einem Kindschaftsverfahren vor dem Amtsgericht Hamburg unter dem Aktenzeichen 199 F 77/13 einigten sich die Kindeseltern auf einen Vergleich. Gemäß diesem sollte der Lebensmittelpunkt der Kinder weiterhin bei der Kindesmutter liegen, und ab Juni 2014 waren regelmäßige Umgänge geplant, die ab August 2014 ausge-

dehnt werden sollten. Diese Umgänge sollten anfangs von einem Umgangspfleger begleitet werden. Der besagte Vergleich lautet:
„Ab August 2013 wird der Umgang ausgedehnt auf einen zweiwöchigen Umgang jeweils 120 Minuten, am Anfang in Begleiteter Weise."

Durch einen Beschluss des Amtsgerichts Hamburg vom 14.06.2014 wurde die festgelegte Umgangspflegschaft eingerichtet, und sie war bis zum 14.06.2015 befristet.

Die festgelegten Umgänge wurden in der folgenden Zeit durchgeführt, jedoch weiterhin begleitet. Bis zum 26.05.2015 erfolgte die Begleitung durch einen vom Amtsgericht bestellten Umgangspfleger, danach durch wechselnde Personen. Im Rahmen des genannten Verfahrens hatte das Amtsgericht Hamburg ein Sachverständigengutachten der Dipl. Psychologin Hambach-Stolte eingeholt. Dieses Gutachten sollte klären, ob das Umgangsrecht des Kindesvaters zum Wohl der genannten Kinder auszuschließen oder einzuschränken sei. Falls nicht, sollte es Vorschläge zur Ausgestaltung der Umgänge machen.
Im Gutachten vom 20.01.2014 (Seite 45) kommt die Sachverständige Hambach-Stolte zu dem Schluss, „dass es im Verlauf der Begutachtung keine Aufklärung darüber gab, ob es zwischen Ida und ihrem Vater zu sexuell übergriffigen Erfahrungen gekommen ist." Auf Seite 35 des Gutachtens heißt es: „Für einen sexuellen Missbrauch an Jonny kann zu keinem Zeitpunkt ein konkreter Anhalt gesehen werden."

Weiter wird auf Seite 40 des Gutachtens ausgeführt: „Frau Twente muss sich nun des Vorwurfs bezichtigen lassen, dass sie die Äußerungen ihrer Tochter erfunden hat. Eventuell hat sie dies getan, um

auf diese Weise die unglückliche Ehe auflösen zu können und damit zeitgleich dem Vater die Kinder zu entziehen."
Die Sachverständige betont zudem (Seite 45f), dass die Umgänge im Interesse des Kindeswohls stattfinden sollten. Bezüglich der Ausgestaltung der Umgänge wird im Gutachten vom 20.01.2014 (Seite 46) festgehalten:
„Für die nächsten sechs Monate wäre es angemessen, die bisherigen Umgänge beizubehalten (allerdings vierzehntägig für je 90 Minuten) und diese weiterhin zu begleiten. Die Begleitung sollte nicht als „Bewachung" fungieren, sondern vielmehr als Unterstützung und Beratung für den Kindesvater, insbesondere im Hinblick auf die Wahl der Worte in den Briefen. Dieser Zeitraum bietet die Möglichkeit, dass Ida und Jonny sich voraussichtlich therapeutisch weiter stabilisieren werden. Nach dieser Phase könnte eine schrittweise Erweiterung der Umgänge erfolgen, bis hin zu einem klassischen 14-tägigen Wochenende und einer Regelung für die Ferien."

Der antragstellende Kindesvater strebt an, regelmäßige unbegleitete Umgänge mit seinen Kindern zu erhalten. Die Kindesmutter ist dagegen und plädiert aufgrund des vermuteten sexuellen Missbrauchs ausschließlich für Begleitete Umgänge. Das Gericht hat durch den Beschluss vom 12.06.2015 einen Verfahrensbeistand für die beteiligten Kinder bestellt. Dieser spricht sich in seinem Bericht vom 07.08.2015 sowie in der letzten mündlichen Erörterung am 27.11.2015 für unbegleitete Umgänge des Kindesvaters mit beiden Kindern aus. Diese Empfehlung basiert unter anderem auf dem von den Kindern geäußerten Willen. Der Verfahrensbeistand hat zudem konkrete Vorschläge zur Ausgestaltung der Umgänge gemacht. Nähere Details dazu sind im genannten Bericht vom 07.08.2014 (Bl.139ff.d.A.) sowie im Sitzungsprotokoll vom 27.11.2015 (Bl. 179 d.A.) zu finden.

Zudem hat das Gericht die Kindeseltern, den Verfahrensbeistand, das Kreisjugendamt Celle sowie die Auskunftspersonen Cramer und Allenbach (Kinder- und Jugendlichen-Psychotherapeuten, die Ida im Rahmen einer Probatorik siebenmal gesehen hat), angehört. Auf die Sitzungsprotokolle vom 04.09.2015 (Bl. 151 ff d.A.) und vom 27.11.2015 (Bl. 176 ff d.A.) wird zur Kenntnisnahme des Ergebnisses dieser Anhörungen verwiesen. Die Entscheidung des antragstellenden Kindesvaters ist im Interesse der auszuschließenden Kinder gerechtfertigt. Zur Wahrung des Wohlergehens der Kinder ist der Umgang mit dem Kindesvater gemäß den in der Beschlussformel festgelegten Regelungen zu gestalten.

Gemäß § 1684 Abs. 1 BGB hat das Kind das Recht auf Umgang mit beiden Elternteilen, und jeder Elternteil ist sowohl verpflichtet als auch berechtigt, Umgang mit den Kindern zu haben. Im Rahmen dessen müssen die Eltern jegliche Handlungen unterlassen, die das Verhältnis des Kindes zum anderen Elternteil beeinträchtigen könnten, gemäß § 1684 Abs. 2 BGB. Falls die Eltern, wie im vorliegenden Fall, keine Einigung über die Gestaltung des Umgangsrechts erzielen können, hat das Familiengericht das Recht, über den Umfang des Umgangsrechts zu entscheiden und dessen Ausübung näher zu regeln, gemäß § 1684 Abs. 3 Satz 1 BGB.
Bei der festgelegten Umgangsregelung hat sich das Gericht auf den Vorschlag des Verfahrensbeistandes gestützt, den es als tragfähig und am Kindeswohl orientiert betrachtet.

Gemäß den Angaben des Verfahrensbeistandes im Bericht vom 07.08.2015 und während der persönlichen Anhörung am 27.11.2015 besteht sowohl der Wunsch als auch das Bedürfnis beider beteiligter Kinder nach einem unbegleiteten Umgang mit dem Kindesvater. Die vom Verfahrensbeistand Begleiteten (beobachteten) Umgänge wur-

den als unauffällig beschrieben; die Kinder wurden als „verbindlich" und „authentisch" wahrgenommen.

Das Gericht ist davon überzeugt, dass der vorgeworfene sexuelle Missbrauch von Kind Ida durch den Kindesvater nicht ausreichend wahrscheinlich ist. Die Frage, ob die Kindesmutter diesen Vorwurf – wie es im Gutachten der Sachverständigen Hambach-Stolte angedeutet wird – möglicherweise erfunden hat, bleibt für das vorliegende Verfahren letztlich unbeantwortet. Der geschilderte Ablauf der angeblichen Missbräuche, bei dem das Kind Jonny angeblich regelmäßig „laut vorgelesen" haben soll, erscheint dem Gericht bereits von vornherein unwahrscheinlich.

Es ist auch zu berücksichtigen, dass der Kindesvater den Vorwurf glaubhaft bestritten hat, zuletzt in seiner persönlichen Anhörung am 27.11.2015 (vgl. Seite 5 des Sitzungsprotokolls). Das gegen ihn eingeleitete Ermittlungsverfahren wurde aufgrund mangelnden Tatverdachts eingestellt. Die Psychologin Cramer und Allenbach haben zwar bei Ida Anzeichen für Traumatisierung festgestellt, konnten jedoch gleichzeitig nicht klarstellen, ob diese auf sexuellen Missbrauch zurückzuführen ist oder möglicherweise andere Ursachen hat, beispielsweise im Zusammenhang mit der Trennung der Kindeseltern steht. Ida selbst hat die angeblichen Aussagen gegenüber der Kindesmutter gegenüber Dritten nicht wiederholt.

Auch die Sachverständige Hambach-Stolte geht trotz ihrer Einschätzung der „Nichtaufklärbarkeit eines sexuellen Missbrauchs" offensichtlich nicht davon aus, dass der Kindesvater die Kinder sexuell missbraucht hat. Dies lässt sich aus ihrem Vorschlag zur Regelung des Umgangs des Kindesvaters mit den beteiligten Kindern ableiten, insbesondere aufgrund der Empfehlung einer „klassischen 14-tägigen Wochenende- sowie Ferienregelung", nach einer Stabilisierungsphase der Kinder. Da das Gericht nicht hinreichend davon überzeugt ist, dass ein Missbrauch des Kindes Ida durch den

Kindesvater stattgefunden hat, besteht keine Notwendigkeit für einen Begleiteten Umgang gemäß § 1684 Abs. 4 Satz 3 BGB. Dieser ist dazu gedacht, den Umgang zu ermöglichen und gleichzeitig das Kind zu schützen, wenn ein unbegleiteter Umgang als zu riskant angesehen wird; Voraussetzung ist dabei, dass das Kindeswohl die Begleitung des Umgangs erfordert (vgl. Döllin: Erman BGB, Kommentar, § 1684 BGB, Rn 24).
In diesem Fall trifft dies nicht zu; stattdessen sollte die von der Sachverständigen Hambach-Stolte vorgeschlagene Begleitung der Umgänge nicht als „Bewachung" verstanden werden, sondern als Unterstützung und Beratung des Kindesvaters.

Zum Schluss ist zu berücksichtigen, dass die beteiligten Kindeseltern im Rahmen des vor dem Amtsgericht Hamburg geführten Verfahrens unter Aktenzeichen 199 F 77/13 davon ausgingen, dass „ab August 2014 der Umgang ausgedehnt wird auf einen zweiwöchigen Umgang, jeweils 120 Minuten, am Anfang in begleiteter Weise, mithin nicht permanent begleitet." Es scheint zumindest inkohärent zu sein, dass die Kindesmutter einer solchen Regelung zustimmt und gleichzeitig am Vorwurf des sexuellen Missbrauchs festhält. Eine Umgangspflegschaft nach § 1684 Abs. 3 Satz 3 BGB ist derzeit nicht anzuordnen. Das Familiengericht kann eine solche anordnen, wenn gegen die Wohlverhaltenspflicht nach § 1684 Abs. 2 BGB verstoßen wird, insbesondere wenn die festgelegten Umgänge erschwert oder vereitelt werden. Die Kindesmutter hat bisher die vor dem Amtsgericht Hamburg und in diesem Verfahren vereinbarten (Begleiteten) Umgänge ermöglicht. Sollte sie von dieser Linie abweichen, könnten gegebenenfalls Ordnungsmittel verhängt oder eine Umgangspflegschaft eingerichtet werden.
Bei vorsätzlicher Nichtbefolgung der aus diesem Beschluss resultierenden Verpflichtungen kann das Gericht gemäß § 89 FamFG gegenüber der verpflichteten Person ein Ordnungsgeld von bis zu

25.000 € oder im Falle der Nichtzahlbarkeit Ordnungshaft von bis zu 6 Monaten anordnen.
Falls die Anordnung eines Ordnungsgeldes nicht zur Einhaltung führt, behält sich das Gericht vor, Ordnungshaft von bis zu 6 Monaten zu verhängen. Die Anordnung des Ordnungsmittels wird aufgehoben, wenn die verpflichtete Person Gründe vorbringt, die belegen, dass sie für die Zuwiderhandlung nicht verantwortlich ist.

„Hagen, weißt du, was das ist?"
„Der Beschluss, auf den wir seit Jahren warten, von dem du immer gesagt hast, dass nur ein Beschluss mir meine Kinder wieder geben kann. Das ist er, ne?"
Ich freue mich richtig, grinse übers ganze Gesicht.
„Hagen, das ist der härteste, beste, ich würde sogar sagen, der schönste Beschluss, den ich die letzten fünfzehn Jahre gesehen habe. Vielleicht sollte ich den einrahmen. Hagen, da passt kein Blatt Papier zwischen die Zeilen. Die Umgänge sind bis zur Volljährigkeit geregelt. Der Richter stützt den Beschluss auf das Sachverständigen-Gutachten, auf die Aussage der Verfahrensbeiständin, auf den Wunsch der Kinder, auf den Vergleich von vor zwei Jahren. Letzten Endes auch auf dem Verhalten der Mutter und deinem Auftritt in der letzten Verhandlung, da musst du ja wirklich ordentlich einen rausgehauen haben."
„Ja, meine ganz große Sternstunde vor Gericht, schade, dass du nicht dabei warst. Frau Stemmer fand das damals gar nicht gut."
„Frau Stemmer ist ja auch eher ein Hasenfuß. Weißt du Hagen, wenn Pädophile erwischt werden, reagieren die eigentlich immer gleich. Entweder sie relativieren, versuchen ihre schändlichen Taten kleinzureden oder sie knicken ein, winseln und hoffen auf Gnade. Die streiten aber nichts ab. Die haben kein Rückgrat, die wissen genau, dass sie krank sind, aber das entschuldigt nichts. Auch wenn sie noch so krank sind, haben sie lichte Momente, in denen sie er-

kennen, dass sie schweres Unrecht verzapfen, das weiß auch der Richter."
„Wie geht es nun weiter, Reinhold, was meinste, wird Levke einknicken und die Sache beenden?"
„Was meinst du denn, Hagen?"
„Nö, wird sie nicht."
„Richtig, wird sie ganz bestimmt nicht. Levke und ihr Helfersystem nehmen den Beschluss nämlich nicht ernst. Richter aber mögen das so gar nicht, wenn man sie nicht ernst nimmt. Wir, also eher du, wirst dich jetzt genau dem Beschluss entsprechend verhalten und die Kinder an den vorgegebenen Tagen ohne Begleitung abholen. Ich denke, du wirst die Kinder nicht zu Gesicht bekommen. Die garstige Mutti wird den Beschluss anfechten und eine Aussetzung des Beschlusses, bis zur Verhandlung am OLG beantragen. Bis zur Verhandlung am OLG werden schon ein paar Monate vergehen. In dieser Zeit werden wir nach jedem nicht stattgefundenen Umgang, ein eigenständiges Verfahren anleiern, jede Umgangsverweigerung ein neues Verfahren. Das kostet natürlich jedes Mal Geld. Hast du noch Geld, Hagen?"
„Ja, ja passt schon, ich weiß sowieso nicht, wofür ich mein Geld ausgeben soll. Was kostet mich denn das wieder?"
„Rechne mal mit 300 Euro, zweimal im Monat. Wenn das Gericht dann endlich ein Ordnungsgeld verhängt, dann knickt Mutti ein, versprochen. Mutti wird bestimmt vorschlagen, dass wir wieder Begleitete Umgänge machen, aber darauf lassen wir uns auf keinen, gar keinen Fall ein. Entweder unbegleitet oder gar nicht. Wir weichen den Beschluss nicht auf. Ach, was für ein feiner Beschluss, Hagen, das kann man gar nicht oft genug sagen. Dieser Beschluss ist jetzt die Vorlage in allen zukünftigen Beschlüssen in Umgangsverfahren. Vielleicht sollten wir den als Vorlage an alle Familiengerichte der Republik schicken, damit die Richter und Richterinnen wissen, wie sowas auszusehen hat."

„Reinhold, ich habe meine Kinder das letzte Mal zwischen den Tagen gesehen, das ist sechs Wochen her."

„Hagen, da musst du jetzt durch, reiß dich zusammen, noch ein paar Wochen, ein paar Monate. Das Ziel ist nicht ein kurzfristiger, Begleiteter Umgang für ein paar Minuten, sondern ein normaler, unbegleiteter Umgang für die nächsten Jahre. Du kannst jetzt ein Stück von der Torte haben oder in ein paar Wochen die ganze Bäckerei. Nimm jetzt bitte nicht nur ein Stück Torte, halte durch, deine Kinder werden auch das noch überleben. Wir haben uns bei der Mediation strategisch aufgestellt. Wenn wir das nicht gemacht hätten, würdest du jetzt und die nächsten Monate noch immer beim Kaffeekränzchen mit den drei Damen sitzen und wir hätten diesen wirklich schönen Beschluss nicht in unseren Händen. Wir stellen uns jetzt wieder strategisch auf. Wir verhandeln nicht mehr, es gibt nichts mehr zu verhandeln. Wir haben jetzt genau das, was wir wollten. Wir haben durch das Scheitern lassen der Mediation viele Monate gewonnen und diesen Beschluss bekommen. Das nächste strategische Ziel ist es, ein Ordnungsgeld zu erzwingen oder noch besser, Mutti in den Knast zu bringen. Egal, ob Ordnungsgeld oder Knast, bald, schon sehr bald werden Jonny und Ida wieder einen Papa haben dürfen, versprochen, Hagen."

„Was ist, wenn das OLG den Beschluss kassiert?"

„Das OLG wird diesen Beschluss nicht kassieren. Wie lange hättest du an diesem Beschluss gesessen, also wenn du den geschrieben hättest?"

„Hmmm, so ein, zwei Tage?"

„Genau, du hättest da ein, zwei Tage dran gesessen und du bist voll im Thema. Für den Richter ist das nur einer von vielen Fällen. Der musste sich da komplett einarbeiten, der hat alles vom Amtsgericht Hamburg durchgelesen, das Gutachten und wahrscheinlich auch deine Strafakte. Alles, Seite für Seite und hat sich dann die wichtigen Stellen rausgesucht. Da sitzt der auch mehrere Tage dran. Genau deswegen erlassen Richter ja auch so ungern Beschlüsse und handeln lieber Vergleiche aus. Dieser Beschluss ist absolut wasserdicht, der hat keinen Formfehler, der wird nicht kassiert, auf gar keinen Fall, der wird vom OLG durchgewunken und bestätigt."

30.01.2016
- Keiner da, als ich die Kinder abholen will

02.02.2016
- 1. Ordnungsmittelantrag

07.02.2016
- Autosuche, mit Reinhold Benz gekauft, verliebt in mein Auto

11.02.2016
- Kinder 2 Monate nicht gesehen
- Angebot von Levke, Kinder im Kinderschutzbund unter Aufsicht zu sehen, abgelehnt, Reinhold sagt, wir ziehen das jetzt durch, wir haben den Beschluss

13.02.2016
- Keiner da, als ich die Kinder abholen will

16.02.2016
- Ordnungsmittelantrag

27.02.2016
- Keiner da, als ich die Kinder abholen will

28.02.2016
- Keiner da, als ich die Kinder abholen will

03.03.2016
- Levkes Anwältin legt Mandat nieder

04.03.2016
- 3. Ordnungsgeldantrag mit Verweis auf Menschenrechte und Androhung der Dienstaufsichtsbeschwerde
- Jammerbrief von Levkes 6. Anwältin, die blöde Kuh verlangt tatsächlich, dass die von mir teuer bezahlten Ordnungsmittelanträge vom Gericht zurückgewiesen werden, weil die Kinder keine Umgänge mehr wollen. Reinhold sagt: läuft super – ohne Reinhold hätte ich aufgegeben
- Frist für das Ordnungsgeld 11.03.2016, sonst verklagen wir Richter, Gericht, Land SH, Rüge EGMR
- Bin wieder voller Hoffnung; alles auf rot – und rot muss kommen
- Habe meine Kinder seit drei Monaten nicht gesehen

ALLES ODER NICHTS

Reinhold hat angerufen, ich soll, nein, ich muss sofort vorbeikommen. Er hat nicht gefragt, ob ich mal vorbeikommen könnte. Er hat gesagt, ich muss sofort vorbeikommen. Das muss ja wichtig sein. Zwei Stunden später sitze ich in Reinholds Office, in Reinholds Umgangswerkstatt. Er legt sofort los.
„Hagen, du bist jetzt in den letzten Wochen viermal umsonst zum gerichtlich veranlassten Umgang gefahren und wir haben zwei eigenständige Verfahren wegen Umgangsverweigerung angeleiert."
Ja, kostenpflichtige Verfahren, um genau zu sein, für je 289 Euro."
„Und du hast nichts dafür bekommen und das wird auch so bleiben."
„Ja, super, läuft, Reinhold. Ich glaube mittlerweile nicht mehr daran, dass das Ganze irgendwann mal ein Ende oder gar ein gutes Ende hat."
„Zu Recht, zu Recht, Hagen, das ist genau unser Problem. Wir haben den besten, härtesten, wasserdichtesten Beschluss, der die Umgänge mit deinen Kindern für die nächsten Jahre regelt. In diesem Beschluss steht ganz genau, wann und wie lange du deine Kinder sehen darfst und wenn sich Mutti nicht daran hält, dann muss sie ein Ordnungsgeld bezahlen. Natürlich hat Mutti Rechtsmittel gegen diesen Beschluss eingereicht, aber solange der Beschluss nicht vom OLG aufgehoben wird, hat er Bestand. Der Beschluss wird aber nicht aufgehoben werden, der ist wasserdicht begründet. Ich bin mir ganz sicher, sobald die garstige Mutti den ersten Ordnungsgeldbescheid bekommt, knickt sie ein. Es geht dabei nicht mal um die Höhe des Ordnungsgeldes, selbst wenn es nur fünfzig Euro sind, knickt sie ein."
„Wieso sollte sie wegen fünfzig Euro einknicken? Levke ist die letzten drei Jahre nicht einmal eingeknickt. Nicht einmal, nachdem Jonny angedroht hat, sich umzubringen. Warum sollte sie wegen fünfzig Euro einknicken? Die macht ewig so weiter."

„Sie hat noch nicht einmal ein Ordnungsgeld bekommen. Für all ihr Fehlverhalten, ihre Lügen, für das, was sie den Kindern angetan hat, hat sie noch nicht einmal bezahlen müssen, nicht eine Strafe bekommen. Selbst die Gerichts- und Anwaltskosten bezahlt ihr der Staat. Natürlich denkt sie, sie kommt damit weiter durch, sie denkt, sie ist im Recht. Was aber noch viel schlimmer ist: Ihre Anwältin wird ihr auch sagen, dass sie sich keine Sorgen machen muss, weil der Staat diesen Beschluss nicht durchsetzen wird. Die werden zu ihr sagen, dass sie sich keine Sorgen machen muss und die sprechen leider aus Erfahrung. Wenn wir nicht die zwei Verfahren wegen Umgangsverweigerung auf den Weg gebracht hätten, ständen wir jetzt mit komplett leeren Händen da. Diese eigenständigen Verfahren eröffnen nämlich die meisten Väter gar nicht, weil sie gar nicht wissen, dass sie das machen müssen. Die Väter denken, es reicht, wenn sie das Gericht darüber informieren, dass die garstige Mutti mit irgendwelchen an den Haaren herbeigezogenen Gründen den Umgang boykottiert hat. Die Muttis geben sich meist noch nicht mal die Mühe, irgendwelche schadenfeinigen Begründungen mitzuteilen, weil ihr Helfersystem ihnen sagt: „Ach, da passiert nichts. Der Beschluss ist ein zahnloser Tiger, machen Sie sich da mal keine Sorgen, Frau Twente." Genauso läuft es. Selbst wenn Ordnungsmittelanträge gestellt werden, werden diese über Monate oder Jahre gesammelt und dann vielleicht, vielleicht irgendwann mal zusammenfassend zugestellt. Bis das passiert, ist Mutti schon wieder zweimal umgezogen, also neue Gerichte und neue Richter, die sich erst einmal einarbeiten müssen. So weit, so schlecht. Wenn Mutti nicht irgendwann zermürbt ist oder vielleicht doch mal ein freies Wochenende mit ihrem neuen Lover haben will, knickt die nicht ein. Deine Ex-Frau ist leider ein ganz besonders garstiges Exemplar, aber wir haben sie schon bei der Mediation vorgeführt. Unser Plan ist da voll aufgegangen und wir haben Monate gewonnen. Ich weiß, wie die tickt, die knickt ein, wenn sie ein Ordnungsgeld bekommt.

Die Kinder sind ihr egal, der Beschluss, du, die Verfahrensbeteiligten, die Richter, der Staat sind ihr alle egal. Wenn ihr aber der Staat auf die Finger schlägt, dann knickt sie ein, versprochen. Ich habe das was vorbereitet."
Sichtlich stolz räuspert sich Reinhold, rückt seine Brille gerade und liest vor.

*„An das Amtsgericht Celle: In der Familiensache Twente sind seit dem ersten Ordnungsmittelantrag vom 02.02.2016 inzwischen fast fünf Wochen vergangen. Seit dem zweiten Ordnungsmittelantrag vom 16.02.2016 sind nun fast drei Wochen vergangen, ohne dass das Gericht in irgendeiner Weise tätig geworden wäre. Ein weiterer Ordnungsmittelantrag für den Umgangsboykott am 27.02.2016 und am 28.02.2016 ist eingereicht. Das ist ein Zustand, der im Hinblick auf das Kindeswohl nicht tragbar ist. Das gerichtliche Untätig Sein ist insbesondere deshalb zu rügen, weil im diesseitigen zweiten Ordnungsgeldantrag vom 16.02.2016 einschlägige und gesicherte rechtliche Ausführungen zu der ordnungsgemäßen und beschleunigten Behandlung von Ordnungsgeldanträgen gemacht wurden, ohne dass sich das Gericht bereitgefunden hätte, seinen Handlungspflichten nachzukommen. **Der Boykott von gerichtlichen beschlossenen Umgangsregelungen stellt eine schwere Beeinträchtigung des Kindeswohls dar und wird vom Europäischen Gerichtshof für Menschenrechte als Menschenrechtsverletzung angesehen. Danach dürfen Ordnungsmittelanträge weder gesammelt werden noch im Verhältnis zur angedrohten Höchstsumme zu niedrig bemessen werden. Auch ist die Vollstreckung der Ordnungsmittel in kurzer Frist durchzuführen, da nur so Sinn und Zweck und die Effektivität gewährleistet werden, so das Urteil des Europäischen Gerichtshofs für Menschenrechte vom 15.01.2015 (Rechtssache Kuppinger./.Deutschland; Individualbeschwerde Nr. 62198/11).***

Die konkrete Festsetzung des Ordnungsmittels liegt selbstverständlich im Ermessen des Gerichts. Folgt man der Begründung der Entscheidung des EGMR, kann durch die wiederholten Verstöße und die offene Ankündigung eines Rechtsverstoßes sowie der damit verdeutlichten Haltung der Mutter gegenüber der Rechtsordnung und der einhergehenden Wiederholungsgefahr nur ein Ordnungsgeld in erheblicher Höhe in Betracht kommen, welches kurzfristig – also innerhalb weniger Wochen – festzusetzen und auch zu vollstrecken ist.

Diese Rüge gilt auch für die offenbar regelmäßige Übung des Gerichts, Ordnungsgeldanträge aktentechnisch nicht als selbstständige Verfahren zu behandeln.

Es wird hiermit ausdrücklich aufgefordert, unverzüglich die gebotenen Entscheidungen zur Beschleunigung zu fällen. Dies ist ein Beschluss über die diesseits gestellten Anträge oder hilfsweise (da keine neuen Erkenntnisse zu erwarten sind) die Terminierung einer mündlichen Anhörung der Beteiligten in diesen Sachen.

Sofern diese Entscheidung nicht bis spätestens zum Freitag, den 11.03.2016, ergangen und wenigstens per Telefax (s. Briefkopf) bekanntgemacht ist, ist dieser Schriftsatz als

DIENSTAUFSICHTSBESCHWERDE

gegen den oder die zuständigen Richter/in vom Eingang des diesseitigen Antrages vom 02.02.2016 bis zum 16.02.2016, die in dieser Zeit Entscheidungen zum Fortgang hätten treffen müssen, zu behandeln.

Dem Vater wird durch die Versäumnisse des Gerichtes und durch den Boykott der Mutter die lästige Aufgabe zuteil, dies zu rügen. Dadurch kann leicht der Eindruck eines Querulanten an ihm haften bleiben, obwohl sein Verhalten rechtmäßig ist und das der anderen Genannten unrechtmäßig.

Dem Vater geht es nicht um Rechthaberei, aber das Anliegen der Kinder ist dringend und er ist nicht nur berechtigt, sondern im Sinne der Kinder verpflichtet, sich für die Wahrung ihrer Rechte einzusetzen. Seine Rügen sind dazu leider nicht nur das einzige geeignete Mittel, sondern auch in der Sache erforderlich. Der Vater hat weder Interesse, das Gericht zu belasten, noch die Mutter. Er kann von den eingeleiteten Schritten aber keinen Abstand nehmen, weil der damit seinen Kindern schaden würde."

Ich schaue Reinhold mit gerunzelter Stirn an. Er sieht ganz beseelt aus. So ganz kann ich ihm allerdings nicht in seiner Beseeltheit folgen.
„Das hört sich ja interessant an. Kannst du das vielleicht nochmal in einfacher Sprache sagen? Ich dachte, wir verklagen keine Richter und Verfahrensbeteiligte, außer Mutti?"
„Das ist richtig. Aber die Bundesrepublik Deutschland wurde vor einem Jahr vom Europäischen Gerichtshof für Menschenrechte gerügt. Gerügt für das Verhalten, dass sie die garstigen Muttis nicht mit einem Ordnungsgeld in angemessener Höhe kurzfristig abstrafen, wenn sie sich nicht an einen Beschluss halten. So wie das hier gehandhabt wird, ist es eine Verletzung der Menschenrechte, das ist jetzt ganz offiziell. Weißt du Hagen, in all diesem Wahnsinn verliert man manchmal die große Schweinerei aus den Augen. Da sind Muttis, die den Kindern den Vater verbieten, den Kindern den Vater nehmen, der Staat schaut dabei zu oder besser weg und macht nichts. Da sollen kleine Kinder als Halbwaisen aufwachsen, ohne Vater, nur weil die Mutter das beschlossen hat.
Wir können uns unsere Freunde aussuchen, unseren Beruf, in vielen Fällen sogar das Land, in dem wir leben wollen. Wir können unseren Namen wechseln und wir können uns die Haare färben. Wir können unsere Nationalität und Religion ändern und mittlerweile können wir sogar unser Geschlecht ändern. Aber wir haben nur die-

sen einen Vater. Wir können uns keinen anderen aussuchen, dieser Mensch ist unaustauschbar. Kinder haben ein Recht auf ihren Vater, das ist ein Menschenrecht und dieses Menschenrecht wird durch den Richter und die Mutti und ihr Helfersystem mit Füßen getreten. Das ist aber noch nicht alles, das wird jetzt noch viel besser. Du unterschreibst die Dienstaufsichtsbeschwerde und ich werde parallel das Gericht in Celle und das Land Niedersachsen wegen Verletzung der Menschenrechte verklagen."

Oh, jetzt dreht der nächste durch. Willkommen im „Verrückten Labyrinth", Reinhold. Jetzt ist auch Reinhold mit von der Partie.

„Oh, Reinhold, das meinst du ernst, das mit der Klage gegen das Gericht und das Land Niedersachsen? Ich befürchte, das meinst du wirklich ernst."

„Mein voller Ernst, ich kann das kaum abwarten."

„Du meinst, dass das gut geht, dass das der Sache, dem Kindeswohl dient?"

„Hagen, das kann ich dir nicht sagen, ich habe sowas noch nie gemacht, aber mal ganz ehrlich, was hast du denn zu verlieren? Wann hast du deine Kinder das letzte Mal gesehen?"

„Am 29.12. letzten Jahres, vor über drei Monaten."

„Wann hast du deine Kinder das letzte Mal ohne einen Aufpasser gesehen?"

„Vor ziemlich genau drei Jahren."

Ich fange an zu weinen. Ich bin aber auch eine Heulsuse geworden.

„Hagen, wenn das klappt, nur ein Ordnungsgeld, dann gibt es bei dem nächsten Verstoß das nächste Ordnungsgeld. Wir haben ein Limit von 25.000 Euro und danach zieht Mutti keine 4.000 Euro ein, sondern wandert direkt ins Gefängnis. In ein paar Wochen, vielleicht zwei, drei Monate, da werden Jonny und Ida bei dir übernachten, versprochen, Hagen."

„Reinhold, wenn das nicht klappt, wenn der Richter und das Amtsgericht und das Land Niedersachsen sich nichts von dem, wie hast

du mich so schön genannt, nichts von dem Querulanten sagen lassen wollen und auf das EGMR und die Menschenrechte scheißen, wie Levke auf alles und jeden scheißt, was ist denn dann?"
„Dann ist das so, dann ist das so, Hagen. Dann brauchen wir uns wahrscheinlich erst einmal nicht mehr bei denen melden, dann siehst du deine Kinder vielleicht erst einmal nicht wieder, aber daran konntest du dich ja die letzten drei Jahre gewöhnen. Vielleicht melden sich deine Kinder ja in ein paar Jahren von ganz allein bei dir. Das klappt Hagen, das wird was, versprochen."
„Das wird was, nichts ist es ja schon, hat mein Vater immer gesagt. Reinhold, ich geh jetzt raus und rauche eine und dann komme ich wieder rein und sage dir, ob wir das machen."
Ich drehe mir eine Fluppe. Reinhold sagt nichts, grinst, ist immer noch ganz beseelt, der hat da richtig Bock drauf. Der mag Gegner, übermächtige Gegner, keine Opfer. Reinhold hat eine große Wanduhr, die kann man jetzt ticken hören. Tick, tick, tick, tick, ich kann die Zeit hören, wie sie vergeht. Ich muss an die Zeitschleife denken, als ich vor, wann war das, November, vor vier Monaten, als ich dachte, ich hätte durch meine Rede im Gericht die Zeitschleife durchbrochen. Vielleicht ist jetzt der Moment gekommen.
Ich gehe vor die Tür, dunkel, nass, kalt, wie immer. Irgendwie ist immer Winter. Wir machen das, Dienstaufsichtsbeschwerde gegen den ehrenwerten Herrn Richter. Das Kaffamtsgericht Celle bekommt eine Klage wegen Verletzung der Menschenrechte und das Bauernland Niedersachsen verklage ich auch noch wegen Verletzung der Menschenrechte. Damit rechnen die nicht. Ich muss an den Film „Blues Brothers" denken. „Siehst du dieses Licht?" Ich spüre, dass das klappen kann. Klappen muss. Das ist doch mal was Neues und Reinhold hat doch immer recht, auch wenn man das oft nicht hören will, weiß man: Reinhold hat recht. Dadurch, dass wir die Mediation gegen die Wand haben fahren lassen, haben wir den Beschluss bekommen und jetzt setzen wir den Beschluss durch. Ja, ich

bin bereit, das System in der Ringecke zu stellen. Ich gebe die Doppeldeckung auf. Ich beiße auf meinen Zahnschutz und prügel los. Entweder das System geht zu Boden, oder ich verliere alles und stehe nicht wieder auf. Ich habe ja bereits alles verloren. Ich bin es leid, auf den Knien rumzurutschen und zu betteln, betteln, betteln. Bitte, bitte, bitte, gebt mir bitte meine Kinder wieder. Seit drei Jahren jammere und bettle ich. Es tat so gut, im Gericht einfach mal zu sagen, was Phase ist, auch wenn das nichts gebracht hat. I am ready to rumble und wenn es nicht klappt, dann ist es wenigstens endlich vorbei.

Ich muss an eine Schlägerei in meiner Skinheadzeit denken. Wir waren zu dritt, abends, in feiner Ausgehmontur, Boots, Jeans, Fred Perry, Bomberjacke im Bahnhof Bergedorf, gut angedonnert auf Speed und Bier in Richtung Lohbrügge unterwegs. Sechs Jungs von den blauen Bombern, auch in klassischen Streetwear Outfit, blaue Bomberjacke in die Jogginghose gestopft und Boxerstiefel, kamen von neun Uhr die Treppe vom Gleis runter. Na, beim Outfit waren wir schon mal haushoch überlegen, welche Frau hat den Bock auf solche Honks? Wir, working class heroes, waren da schon eine ganz andere Richtschnur. Die Michelinmännchen waren wohl ob der zahlenmäßigen 2:1 Überlegenheit irgendwie siegesgewiss und fingen doch tatsächlich an, mit diesen Tschakos zu wirbeln. Bruce Lee für Zuckerkranke und dann machen die auf noch Luftsprünge mit High & Low Kicks, Chuck Norris für Arme. Passanten bleiben stehen – „gehen Sie jetzt nicht weiter, hier gibt's gleich was zu sehen." Wir sind zwar klar in der Unterzahl, aber auf Speed und haben ordentlich einen sitzen. Ich wäre eigentlich lieber stiften gegangen, aber Markus grölt: „Rauf da, Skinheads!" Wenn ihr Ärger wollt, den könnt ihr haben, also Schluss mit lustig. Ich werfe mit voller Wucht meine halbe Liter Holsten Flasche in Richtung der Blauen Bomber und treffe tatsächlich einen voll ins Gesicht, da waren es nur noch fünf. Ich sehe Markus, wie er einem Blauen Bomber volle Elle mit der

Faust ins Gesicht schlägt und mit ihm zu Boden geht, wie eine Stalinorgel deckt er ihn mit Schlägen ein, Mixed Martial Arts at it's best, live im S-Bahnhof Bergedorf. Einer der Bomber stürmt wild wirbelnd mit seinem Tschako auf mich zu, ich trete ihm volles Pfund mit meinen Stahlkappenrangers in die Eier. Geht nichts über festes Schuhwerk. Wie immer, wenn ich mich prügle, bin ich zutiefst beeindruckt, wie gut ich bin. Der Bomber klappt zusammen und schlägt lang hin, ich springe auf ihn rauf und trete mit voller Wucht zu. Da warens nur drei und wir hatten noch nicht mal richtig angefangen. Micha kniet auch auf einen Bomber und deckt ihn mit Schlägen ein, Bomber Nummer vier will Micha runtertreten, aber weil er nur ein halbes Hühnchen ist, kommt da nicht genug kinetische Energie zusammen. Ich schlage ihm mit der Faust voll ins Gesicht. Bämm, ein lautes Knacken, nicht sein Kiefer, meine Handknochen. Jetzt muss ich grinsen und reibe die Stahlplatten, die noch immer in meiner Hand sind. Mein Gott waren das geile Zeiten. Da hat man Probleme noch schnell und zeitnah gelöst. Erst schlagen, dann fragen. Für die Bomber galt: erst mutig, dann blutig. Mir wird ganz warm. Ich will mich endlich wieder gerade machen, lieber stehend sterben, als länger kniend zu leben. Ich hab doch wirklich nichts mehr zu verlieren. Diese Begleitete, gequirlte Umgangsscheiße, alle vierzehn Tage für zwei, drei Stunden. Ich habe das so satt. Ich will mich endlich mal wieder prügeln. Ich will endlich gewinnen oder endlich verlieren. Kein Unentschieden mehr. Ich will diesen Scheiß nicht mehr. Ich will alles oder nichts. Ich will endlich zurückschlagen. Eigentlich wollte ich schon immer mal ein Land verklagen. Ist zwar nur ein Bundesland, aber das ist ja erst der Anfang. Litauen, Dänemark, Frankreich, Amiland. Danach sind die Kontinente dran, ich verklage sie alle, Afrika, Asien, Indien, Europa. Die können sich alle schon mal warm anziehen. Ihr habt Böses gesät, ihr werdet Twente ernten. Wo soll ich unterschreiben? Rauf da, Hagen!

Ich gehe wieder rein: „Reinhold, wir machen das, wir machen das, komm her, mein Freund, lass dich umarmen."
Reinhold steht auf und wir umarmen uns, nein, ich klammere, halte mich an ihm fest, ich muss an Jonny denken, als ich ihn vor zwei Jahren das erste Mal wieder in den Arm nehmen durfte und er mich nicht wieder losgelassen hat. Ich muss an Ida denken, wie sie über mir fliegt und wie sie vor Freude schreit, weil ich sie hochwerfe. Ich muss an meinen Vater denken, den ich nicht mehr, nie wieder umarmen werde und ich will Reinhold nicht wieder loslassen. Ich kann nicht mehr, ich kann wirklich nicht mehr. Ich heule ganz fürchterlich. Das wird ja immer schlimmer, früher ständig dieses theatralische Getue und jetzt bin ich eine richtige Heulsuse geworden.

„Gut, Hagen, sehr gut, dann sage ich Frau Stemmer, sie soll abschicken."

Wir reden noch eine Weile über dies und das, dann gehe ich. Als ich in der Tür stehe, höre ich Reinhold.

„Hagen, bleib ein guter Vater!"

Ich drehe mich um, da sitzt der alte Mann ganz beseelt an seinem Schreibtisch, der Schelm.

„Ja, Papa."

04.03.2016
- Ab in den Skiurlaub

DEAD MAN WALKING

11.03.2016

Eine Woche Pause, Skifahren, nach drei Jahren endlich mal raus. Das tat gut. Wie sehr ich die Berge und das Skifahren liebe, hatte ich ganz vergessen. Ein Hamburger muss skifahren können. Wir haben in Hamburg, im Gegensatz zu allen anderen Bundesländern, sogar Skiferien. Zwei Wochen im März, damit die Hamburger Kinder Skifahren lernen können. Ich bin allerdings seit meiner Kindheit nicht mehr Ski gefahren. Als ich klein war, bin ich über Jahre mit der Kirche nach Ratschings in Italien zum Skifahren gefahren. Das war immer was. Erst die Verabschiedung am Bus und dann durch die Nacht nach Ratschings. Zwei Wochen ohne Eltern, ich war da neun oder zehn Jahre alt. Es gab immer zwei Gruppen. Die Elterngruppe und die Jugendlichen ohne Eltern. Zwei Wochen Skifahren, zwei Wochen ohne Eltern, mit Beten vorm Essen und Gruppenarbeiten zum Thema Kirche, Glaube, Liebe, Hoffnung, Gott und die Welt. Das hört sich jetzt schlimm an, war es aber nicht. Ich habe mich immer gut aufgehoben gefühlt, im Kreis der evangelischen Kirche. Erst war ich da im Kindergarten. Meine Kindergärtnerin hieß Frau Schicketanz, was für ein schöner Nachname, ob die wohl noch lebt? Heute heißen die Kindergärtnerinnen Bezugserzieherinnen. Ich finde Kindergärtnerin viel schöner. Gärtnerin, für Kinder, das ist doch schön. Eine Gärtnerin, die sich nicht um junge Pflanzen, Büsche und Bäume kümmert, sondern um kleine Kinder. Kinder, die wachsen wollen und wachsen werden. Eine Kindergärtnerin kümmert sich darum, dass die zarten Pflanzen namens Kinder einen guten Start in ihr langes Leben bekommen. Dass sie stark, glücklich und fest in der Erde und in sich selbst verwurzelt werden. Dass sie in sich vertrauend und widerstandsfähig werden, dass sie später Stürmen und schweren Zeiten trotzen können. Die Kindergärtnerinnen achten darauf, dass sich die Kinder gut entwickeln, wie der

Gärtner bei seinen Pflänzchen und Bäumchen. Kinder sind doch eigentlich auch kleine Bäumchen. Wenn alles gut geht und sie Sturm und Trockenheit trotzen, wenn sie nicht schon im jungen Alter entwurzelt oder beschädigt werden, werden sie zu großen, starken Bäumen. 100 Jahre alt. Kinder, die dann später wieder Schutz, Schatten und Halt geben werden. Obwohl ich oft abwertend über die Kirche spreche, war die Kirche für mich ein Geschenk. Vom Kindergarten ging es zum Skifahren und ins Zeltlager und dann war da ja noch die Mische. Ein Jugendtreffpunkt im Keller des Gemeindehauses. Ohne die Kirche wäre meine Kindheit und Jugend nicht annähernd so schön geworden, wie sie es war. In ländlichen Regionen ist die Kirche auf jeden Fall das Nonplusultra, das kann der Staat nicht übernehmen.

Ich war eine Woche mit Jana in Tirol und wir hatten eine tolle Zeit. Skifahren ist wie Schwimmen und Radfahren, das verlernt man nicht. Obwohl ich über dreißig Jahre nicht auf den Brettern gestanden bin, konnte ich es sofort wieder. Leider war Jana kein richtiger Skihase. Gerammelt wurde also nicht, aber ich bin ja auch nicht zum Bumsen, sondern zum Skifahren in die Berge gefahren. Man kann nicht alles haben. Begehrlichkeiten durch Verknappung wecken. Dabei hätte man das so schön verbinden können, aber da gehören ja bekannterweise zwei zu. Das Skifahren war auf jeden Fall klasse.

Leider haben zu Hause nicht meine Kinder auf mich gewartet, sondern nur meine altbekannten, immerwährenden Probleme. Freitag, 11.03.2016 und kein Fax vom Gericht, dass ein Ordnungsgeld verhängt wurde. Dabei ist doch heute Deadline für die Dienstaufsichtsbeschwerde. Wenn heute nichts kommen sollte, dann will doch Reinhold das Gericht und das Land Niedersachsen wegen Verletzung der Menschenrechte verklagen. So richtig scheinen den Richtern und Konsorten die Beine allerdings nicht zu schloddern.

Stattdessen Post von wieder mal einer neuen Anwältin von Levke. Die wechselt ihre Anwältin auf jeden Fall öfter als ich meine Unter-

hosen. Nein, das stimmt nicht ganz, öfter, als ich mein Bett neu beziehe. Das haut hin. Die Anwaltskanzlei Charlotte Meister & Svenja Sorge verlangt die Zurückweisung der von mir teuer bezahlten Ordnungsmittelanträge. Außerdem die Aussetzung des Beschlusses vom Amtsgericht Celle, bis zur Verhandlung durch das OLG, die ja noch nicht mal terminiert ist. Auf einen OLG-Termin kann schon mal fünf, sechs Monate warten. Zeitspiel, Zeitschleife, wenn die damit durchkommen, steige ich mal wieder aus. Ich kündige dann mein Engagement bei diesem Kasperletheater. Sollen sie sich doch einen anderen Hauptdarsteller für ihre abgehalfterte Schmierenkomödie suchen. Gibt ja genug Väter, die noch nicht genug verarscht wurden.
11:00 Uhr, ich habe schon drei halbe Weizenbier intus und bin gut angedonnert. Jetzt noch eine Sportzigarette, dann eine Pizza und danach schieß ich mich richtig ab. Von wegen „das klappt" – Reinhold. Das Gericht knickt genauso wenig ein wie Levke. Alles umsonst. Schon wieder eine Niederlage, die wievielte ist das eigentlich?

Was hat Reinhold gesagt? „Wenn das nicht klappt, dann siehst du deine Kinder erst mal nicht wieder." Dann hat der Scheiß wenigstens ein Ende. Das Telefon klingelt. Reinhold, Heilsbringer oder Hiob?
„Hagen, wir haben gewonnen, der Ordnungsgeldbescheid ist da, satte fünfhundert Euro, das war's, du hast deine Kinder bald wieder, da kommt Mutti nicht mehr raus."
Mein Herz springt, sechs Richtige, mit Superzahl, Jackpot!
„Jawohl, ja, ja, ja! Steht Levke mit dem Rücken zur Wand, Reinhold?"
„Ja, Mutti steht mit dem Rücken zur Wand, da kommt Mutti nicht mehr raus, jede Umgangsvereitelung wird ab sofort härter bestraft. In drei, vier Monaten ist sie pleite und dann geht sie in den Knast.

Entweder sie lenkt jetzt ein oder sie fährt ein. Obsiegt auf ganzer Linie, Hagen, du hast es geschafft."
„Wir, du und ich haben das geschafft, danke, danke, danke Reinhold. Was ist mit dem Antrag auf Aussetzen des Beschlusses, bis zur Verhandlung vorm OLG, kann da noch was schieflaufen?"
„Nein, der Termin vorm OLG wird sehr bald sein. Die werden unsere Sachen vorziehen, die sind gerade eingeknickt. Die reden ja miteinander, die wissen, dass wir Ernst machen. Die werden den Sack jetzt zumachen. Das OLG wird den Beschluss kurzfristig bestätigen und jedes Wochenende, wenn Mutti die Kinder nicht rausrückt, eröffnen wir ein neues Verfahren, da haben die keine Lust drauf. Kennst du den Film *The Green Mile* mit Tom Hanks?"
„Ja, der mit den Todesstrafen-Kandidaten."
„Ja, genau den. Als es an der Zeit für den Todeskandidaten ist, sich auf den Weg zum elektrischen Stuhl zu machen, sagt der Wärter, als der Todeskandidat die Zelle verlässt:
,,Dead Man Walking' – Levke ist der Dead Man."
Geiler Vergleich, das gefällt mir sehr. Reinhold, du alter Fuchs und Cineast.
„Ich habe morgen wieder Umgang. Levke und ihre neue Anwältin wollen ja nur mit Begleitung. Soll ich jemanden mitnehmen?"
„Nein, wir halten uns an den Beschluss. Du fährst da morgen und Sonntag allein hin. Keine Eingeständnisse mehr, keine Deals. Nimm dir jetzt, was dir zusteht, wofür du so lange gekämpft hast. Ich denke, du wirst die Kinder morgen nicht bekommen, aber du wirst sie bekommen, bald schon. Du kannst der garstigen Mutti schöne Grüße von mir ausrichten. Sag ihr, dass sie verloren hat, dass du sie finanziell ruinieren wirst und wenn sie kein Geld mehr hat, wirst du dafür sorgen, dass sie in den Knast geht. Hagen, nach drei Jahren Kampf und Niederlagen hast du gewonnen. Um das mal in deiner Boxersprache zu sagen, du hast gerade in Runde Zwölf den Lucky Punch gesetzt. Jetzt noch ein paar Mal hart zuschlagen, keine Gnade, Mutti

muss auf die Bretter gehen. Noch ein paar harte Schläge und der Kampf ist endlich vorbei."

Wir reden noch eine Weile und ich kann es kaum abwarten, aufzulegen und zu feiern. Mir laufen die Tränen. Als ich endlich auflegen darf, fange ich an zu heulen, ich heule nicht, Tränen schießen aus meinen Augen. Ich mache komische Geräusche und heule und heule und heule. War es das wirklich? Ist das Wirklichkeit? Ich schieße mich heute nicht ab, heute feiere ich. Musik an, Bier auf, Joint gedreht, Halli Galli, hoch die Tassen, Techno, Titten und Trompeten, heute gibt es was zu feiern.

Am nächsten Morgen bin ich dann doch recht was zerknittert. Wenn ich ehrlich bin, hoffe ich, dass Levke die Kinder heute nicht rausgibt. Ich bin nicht so ganz in Vollbesitz meiner geistigen Kräfte, waren wohl gestern doch ein, zwei Bier zu viel, aber man muss die Feste ja schließlich feiern, wie sie fallen. Ich bin leider auch keine zwanzig mehr. Als ich vor dem Haus der Schrottmutter parke, bin ich gar nicht mehr so siegesbewusst, wie gestern Abend. Ich bin ja auch nicht mehr so angedonnert. Vielleicht hätte ich gestern Abend hinfahren sollen.

Falls die Kinder wider Erwarten doch mitkommen sollten, geht es nach Hamburg. Hagenbecks Tierpark und Currywurst Pommes oder McDonalds, das geht immer und kommt bestimmt gut an. Also raus aus dem Wagen und Klingelingeling. Der Papa ist da und will seine Kinder gemäß Beschluss abholen.

Levke macht tatsächlich die Tür auf, mit ihrer Strickmütze aufm Kopf, damit hab ich nicht gerechnet, also mit der Mütze schon, aber nicht, dass sie leibhaftig die Tür aufmacht.

„Hast du eine Begleitung?"

„Nein, gemäß Beschluss ohne Begleitung, wir gehen in Hagenbecks Tierpark, um 18:00 sind Jonny und Ida wieder hier. Morgen gleiche Zeit, gleiche Stelle."

„Ohne Begleitung bekommst du die Kinder nicht!"

„Levke, du hast verloren. Das war's, du hast bereits das erste Ordnungsgeld über fünfhundert Euro, wenn du mir die Kinder jetzt nicht gibst, dann eröffne ich das nächste Verfahren und das wird dann für dich bestimmt nicht billiger. Ich mache dich fertig. Wenn du kein Geld mehr hast, bringe ich dich in den Knast, dann sind die Kinder weg für dich. Du bist dann, im Gegensatz zu mir, vorbestraft, ein Knasti und welcher Knasti kann sich schon um seine Kinder kümmern, du bist erledigt, Levke, du hast fertig, du kannst einpacken, gib endlich auf!"
„Ich scheiß auf den Beschluss, ich scheiß auf das Ordnungsgeld, ich scheiß auf dich, verpiss dich, oder ich spuck dir ins Gesicht!"
Bammmm, sie schlägt die Tür zu. Hinter der Tür schreit sie irgendwas, dann höre ich Jonny.
„Geh weg, Hagen, geh weg, wir wollen dich nicht ohne Begleitung sehen."
Das tut weh, richtig weh und der Heulsuse laufen wieder die Tränen runter. Ich höre Ida durch die geschlossene Tür schreien: „Hagen, geh weg, geh weg, geh weg."
„Ich komme morgen wieder, durchhalten, Kinder, durchhalten."
Ich fühle mich so gar nicht gut, schrecklich, oh mein Gott, ist das schrecklich. Ich soll am Gewinnen sein? Dann möchte ich nicht wissen, wie sich die nächste Niederlage anfühlt. Ich gehe weinend zu meinem Benz, bloß weg hier. Auf dem freien Feld halte ich an, Reinhold anrufen.
„Reinhold, das war ganz schrecklich, ich habe die Kinder nicht. Die Kinder haben durch die Tür geschrien, dass ich weggehen soll. Levke scheißt auf den Beschluss, auf das Ordnungsgeld und auf mich. Reinhold, das war ganz schrecklich, das fühlt sich gar nicht gut an, das fühlt sich ganz schrecklich an." Heul, heul, heul, Heulsuse.
„Hagen, alles gut, das läuft, wir, du wirst gewinnen."

„Nein, Reinhold, das glaube ich nicht mehr, nichts läuft, das läuft aus dem Ruder, das ist alles ganz schrecklich, das wird immer schrecklicher, so eine Drecksscheiße."

„Hagen, reiß dich zusammen. Du fährst da morgen wieder hin und wahrscheinlich wirst du die Kinder wieder nicht bekommen und es wird wieder ganz schrecklich. Da musst du jetzt durch. Montag setzen wir den nächsten Ordnungsgeldantrag ab und in zwei Wochen fährst du da wieder hin. Mutti hat fertig, noch ein paar Wochen und die Kinder schlafen bei dir, versprochen. Versprochen ist versprochen und wird nicht gebrochen, reiß dich zusammen, Hagen, du schaffst das, wir werden gewinnen, Hagen."

„Okay, ich fahre jetzt heim, Reinhold, ich melde mich morgen, tschüss."

„Tschüss Hagen, bleib ein guter Vater."

„Ja."

Ich gleite mit meinem neuen Benz nach Hause. Das fühlt sich so gar nicht nach Sieg an. Ida und Jonny haben beide geschrien, dass ich weggehen soll. Ich muss an Kindersoldaten in Afrika denken. Das Erste, was diese Kinder machen müssen, wenn sie in die Hände von irgendwelchen Tutsies, Haram-Boko-Terroristen oder was weiß ich, wie diese Idioten heißen, tun müssen, ist ihre Eltern töten. Dann sind sie den Terroristen ausgeliefert, denn diese Terroristen sind die Einzigen, die sie jetzt noch schützen können und als Kind braucht man Schutz, um zu überleben. Levke verlangt von unseren Kindern, ihren Vater, mich, zu töten, damit sie die Einzige ist, den unsere Kinder noch haben. Levke ist ein Terrorist und nimmt ihre eigenen Kinder als Geiseln. Wie tief kann man sinken, wie skrupellos sein? Ich verstehe nicht, wie ich Levke mal lieben konnte.

Vierundzwanzig Stunden später stehe ich wieder vor der Tür. Ich klingle, aber keiner macht auf. Die Vögel sind wohl ausgeflogen. Irgendwie bin ich auch froh. Muss ich mir wenigstens nicht von Ida und Jonny anhören, dass ich abhauen soll. Ab nach Hause und den nächsten Ordnungsgeldantrag auf den Weg bringen.

18.03.2016
- Einladung zur letzten (?) Schlacht am OLG am 25.03.2016 – DIE sind komplett eingeknickt!!!

RUNDE 12

25.03.2016

Das Oberlandesgericht Celle ist eines von drei Oberlandesgerichten im Arbeiter- und Bauernstaat Niedersachsen. Danach kommt dann der Bundesgerichtshof in Karlsruhe, dann der Europäische Gerichtshof in Straßburg und zu guter Letzt der Internationale Gerichtshof in Den Haag. Nach drei Jahren, einem Monat und vier Tagen, vom Amtsgericht Hamburg über das Amtsgericht Celle, soll hier jetzt die letzte Schlacht ausgetragen werden. Mein persönliches Waterloo, auf einem Feld im Norden Deutschlands. Drei Richter, Levke mit Anwältin Nummer sechs, die gute Frau Bartsch, Frau Stadler vom Jugendamt und ich mit Frau Stemmer haben Einladungen bekommen. Reinhold muss wie immer draußen vor der Tür warten. Das erste Mal sind auch Jonny und Ida geladen, die vor der eigentlichen Verhandlung von den drei Richtern angehört werden sollen. Den Kindern steckt bestimmt noch die letzte Anhörung in den Knochen. Die Anhörung findet diesmal ohne Psychologin, Jugendamt und Frau Bartsch statt. Wieder drei Menschen, die die beiden nicht kennen. Alte weiße Männer, die sie wieder in schwerste Loyalitätskonflikte stürzen werden.
Wahrscheinlich hat Levke unseren Kindern ganz genau gesagt, was sie sagen sollen. Immer und immer wieder, bis die sprechenden Handpuppen ihren Text sicher und auswendig konnten. Um den Druck auf Jonny und Ida zu erhöhen, hat Levke vor ihren Augen die Katze erschlagen und damit gedroht, falls die Kinder nicht ihren Vater verraten sollten, auch den Hund zu töten. Reinhold ist wie immer guter Dinge, sich ganz sicher: Das heute wird die letzte Verhandlung sein und das OLG wird den Beschluss bestätigen. Ich habe mein großes Fotobuch der vielen Begleiteten Umgänge dabei. Sechsundzwanzig Seiten fröhliche Kinder mit ihrem glücklichen Papa. Wenn man nicht wüsste, dass bei jedem Bild eine Person auf

die Kinder, genauer gesagt auf mich aufgepasst hat, dass jedes Treffen, jedes Bild von mir hart erkämpft wurde, könnte man denken, es ist ein ganz normales Kinderfotobuch. Halt ohne Urlaubsbilder, aber es fährt ja auch nicht jedes Kind dreimal im Jahr in den Urlaub. Mein Arbeitskollege Andre ist dreißig Jahre alt und war noch nie in seinem Leben im Urlaub. Das muss man sich mal vorstellen, sowas gibt es wirklich. Wenn alles gut läuft, fahre ich im Sommer mit meinen Kindern in den Urlaub, in die Berge und auf den Birkenhof, nächstes Jahr bringe ich ihnen dann Skifahren bei. Das OLG in Celle ist zwar groß, aber nicht so pompös wie die Gerichte in Hamburg, halt ein sehr großer überdachter Thing. Frau Stemmer, Reinhold und ich warten bei strahlendem Sonnenschein vor dem Gericht. Meine Mutter hat bei so einem Wetter öfters gesagt: „Was für ein schönes Wetter, ein Wetter, um Helden zu zeugen." Hoffentlich gehe ich hier heute als siegreicher Held des abendländischen Vaterkampfes aus dem Gebäude. Levke kommt samt Anwältin, Geschwistern, Oma und mit Jonny und Ida. Ich lache meine Kinder verkrampft an, es kommt kein Gruß, kein Lächeln zurück. Autschie, das tat weh. Wie viel Gewalt und Böses muss Levke unseren Kindern angetan haben, damit sie mich so ignorieren können? Die Liebe, die meine Kinder für mich in sich tragen, hat Levke ihnen wie einen gesunden Zahn, ohne Betäubung, mit der Wasserpumpenzange gezogen. Ich muss mit den Tränen kämpfen. Dann kommt Frau Bartsch. Sie hält meine Hand ganz fest und lange.

„Es wird alles gut, Herr Twente, noch diese Verhandlung und Ihre Kinder dürfen wieder einen Papa haben."
Der Kampf gegen die Tränen geht verloren.
„Meine Kinder haben mich nicht mal gegrüßt."
„Ihre Kinder wären Ihnen am liebsten um den Hals gefallen. Sie wissen das. Alles wird gut. Die Kinder werden jetzt von den Rich-

tern angehört und dann wird der Beschluss bestätigt werden, versprochen."

„Okay, versprochen ist versprochen und wird nicht gebrochen."

Wir warten noch eine halbe Stunde und dann geht es in den Thing. Drei Richter. Der Vorsitzende Richter ist jung, dynamisch und sympathisch. Seine beiden Kollegen sehen wirklich aus wie Bauern. Ich bin mir nicht sicher, ob das wirklich Richter sind oder nur Laienschauspieler. Vor den Dreien haben Jonny und Ida bestimmt Angst gehabt. Angst vor den Richtern, Angst vor der Mutter; Angst, das Auswendiggelernte zu vergessen. Angst vor der Strafe der Mutter. Angst um das Leben des Hundes, die Katze ist ja schon tot. Angst, den Vater zu verlieren, verraten zu müssen. Ich weiß so genau, wie die beiden sich fühlen. Kein Paroxetin, kein Weizenbier, keine Papers, um die Angst in Blättchen zu rollen. Angst, wie das alles weitergehen soll. Angst, dass das niemals enden wird. Angst, dass sie ihren Papa verlieren werden. Meine armen Kinder. Mitgefangen, mitgehangen.

Nach der allgemeinen Vorstellungsrunde verliest der vorsitzende Richter das Protokoll der Anhörung der Kinder. Da bin ich ja mal gespannt, wie sich meine Kleinen geschlagen haben.

Jonny äußert, ohne zuvor gefragt worden zu sein:
„Ich wünsche mir, Papa, also Hagen, alle drei Wochen mit Begleitung zu sehen."

Autsch, das tut weh. Wenn Jonny Pinocchio wäre, hätte er jetzt wieder einmal eine lange Holznase bekommen.

Frage an Ida, ob sie auch was dazu sagen möchte:
„Nein. Ich will gehen."

Reden ist Silber, Schweigen ist Gold. Wahrscheinlich hat sie ihren Text einfach vergessen. Kann passieren, aber den Hund das Leben kosten.

Jonny erklärt dann auf Nachfrage:
„Wir beide besuchen die Schule in Bergen. In meiner Freizeit engagiere ich mich bei der Feuerwehr, und ich habe eine Vorliebe fürs Reiten. Zudem treffe ich mich gerne mit Freunden."

Ida:
„Ich liebe Reiten und schaue gerne fern. In der Schule geht es mir gut, und ich habe auch Freundinnen dort."

Jonny:
„In Mamas Haus lebt niemand sonst. Wir leben auf einem Hof, den Mama gekauft hat. Papa wohnt in Hamburg, das ist 125 Kilometer entfernt. Wir haben bisher nicht bei ihm übernachtet. Früher waren wir mit ihm im Abenteuerdschungelland und in einem Kletterpark. Heike war auch dabei."

Auf die Frage, wie es mit Papa war:
„Eigentlich mochte ich das sehr."

Auf die Frage nach Hamburg:
„Wir haben Hamburg schon lange nicht mehr besucht, diese stinkende Stadt. Wir waren auch schon einmal in seiner Wohnung. Aber ich finde es auf dem Land besser."
Auf die Frage nach Fahrradfahren erklärt Ida:
„Ich fahre kein Fahrrad. Mit unserem Papa waren wir einmal im Spielepark."

Jonny:
„Wir rufen Papa nicht an, weil wir ihn nicht vermissen. Außerdem haben wir Freunde, mit denen wir Spaß haben. Mir gefällt es so, wie es ist."

Ida: „Ich mags auch. Wann gehen wir wieder?"

Na, das haben die beiden doch fein abgespult, vielleicht überlebt der Hund ja doch.

Jonny wird nach Urlaub mit seinem Papa gefragt:
„Ich bin noch nicht so weit, mein Vertrauen wieder aufzubauen."

Auf die Frage, wie es mit Begleitung wäre:
„Weiß nicht. Kanns mir nicht vorstellen."

Auf die Frage bezüglich Familie:
„Wir haben noch eine Oma. Das ist die Mutter von Mama. Außerdem gibt es noch einen Onkel und zwei Tanten in Bergen. Vonseiten unseres Vaters kennen wir Lisa, Hannah und Kerstin, die haben wir aber seit Jahren nicht gesehen. Wir haben unseren Vater noch gar nicht ohne Begleitung gesehen."

Auf die Frage, ob sie schon mal zwei Tage mit ihrem Vater zusammen weg gewesen sind:
„Ich glaube nicht."

Auf die Frage, ob er wisse, weshalb er hier sei:
„Wir sind hier, weil die Kinder mit entscheiden sollen. Wir sollen sagen, wann wir unseren Vater treffen wollen und auch wie oft. Ich möchte das eigentlich nur alle drei Wochen. Nach Absprache vielleicht auch öfter, aber kann es mir gerade nicht vorstellen. Ich

möchte ihn von 10:00 bis 6:00 abends sehen, aber nur wenn meine Schwester mitkommen darf."

Auf die Frage nach Frau Bartsch:
„Wir wollen sie nicht mehr haben. Sie ist einmal mit Süßigkeiten angekommen. Sonst war nicht so viel los."
Die Anhörung wird beendet.

Der Richter: „Ich lasse diese Anhörung jetzt mal unkommentiert stehen, weise aber schon einmal darauf hin, dass die Verantwortung über die zukünftige Ausgestaltung nicht auf die Kinder übertragen wird, sondern dass ich dafür die Verantwortung übernehmen werde. Frau Twente, Sie haben das Wort."
Levke spult die bekannte gequirlte Scheiße der letzten Jahre, wie immer garniert mit ein paar Tränen, ab. Die Kinder sind noch immer traumatisiert und in kinderpsychologischer Betreuung. Sie könnten nicht allein zwischen den Welten von Mama und Papa wandeln. Alles ginge zu schnell. Die Kinder brauchen Zeit und Ruhe. Bla bla bla, Laber, Laber, Rhabarber. Dann die Steilvorlage für mich. Alle Umgänge seien desaströs. Die Kinder kommen immer schwer belastet, ja, traumatisiert aus den Umgängen zurück zu ihr. Sie kann es nicht verantworten, dass die Kinder ihren Vater unbegleitet sehen. Zu unberechenbar sei ich. Man muss den Kindern viel mehr Zeit geben. Ich kann diesen Scheiß wirklich nicht mehr hören. Irgendwann habe ich dann das Wort. Ich lege das Fotobuch vor mir auf den Tisch.
„Ich habe hier ein Fotobuch mit Bildern von den Begleiteten Umgängen der letzten Jahre. Ich denke, Bilder sagen mehr als Worte. Herr Richter, wollen Sie sich das vielleicht mal an schauen?"
„Herr Twente, kommen Sie bitte zu mir, auch die Anwälte, Frau Stadler und Frau Bartsch, kommen bitte auch zu mir. Herr Twente möchte uns ein Buch zeigen und ich denke, was dazu sagen."

Yesss, Lucky Punch, Matchball. Wenn es noch irgendwelche Zweifel an ein gutes Ende geben wird, werde ich die jetzt ausräumen. Ich lege das Buch vor den Richter auf den Tisch. Um mich herum alle Verfahrensbeteiligten außer Levke. Ich fange an, zu erzählen. Vom ersten Treffen nach acht Monaten. Vom ersten Mal auf dem Spielplatz nach einem Jahr. Ich erzähle von den Treffen im Möbelhaus, im Jugendamt, beim Dankert, auf dem Dom, immer mit Begleitung, immer mit der Stoppuhr im Nacken. Dazu die Bilder von lachenden Kindern, einem glücklichen Vater, von Umarmungen, von Liebe und Freude. Ich spüre, wie alle angefasst sind, wie sie die Lügen von Levke sehen, ihr Lügengebäude fällt krachend in sich zusammen. Bingo. Das dürfte es gewesen sein. Als ich fertig bin, nehmen wir wieder unsere Plätze ein. Der Richter erteilt Frau Bartsch das Wort. Frau Bartsch wendet sich an Levke:
„Frau Twente, Sie sollten sich schämen, schämen, schämen. Wissen Sie eigentlich, was Sie Ihren Kindern die letzten Jahre angetan haben? Sie haben die kleinen Seelen Ihrer Kinder schwer beschädigt und ich kann nur hoffen, dass Sie sofort mit diesem Wahnsinn aufhören und ich fordere mit Nachdruck kurzfristige, sofortige, unbegleitete, normale Umgänge."
Auch Frau Stadler vom Jugendamt fordert kurzfristige unbegleitete Umgänge.
Richter: „Der Beschluss des Familiengerichts Celle vom 27. November 2015 wird von mir bestätigt. Um Ihnen, Frau Twente, eine Brücke zu bauen, und ich rate Ihnen mit Nachdruck, über diese Brücke zu gehen, werden die nächsten, folgenden Umgänge wie folgt gestaltet:
Samstag, 26. März 2016, in der Zeit von 10:00 bis 18:00, mit Begleitung.
Am 09. April 2016 und 10. April jeweils von 10:00 bis 18:00 Uhr, davon Samstag mit Begleitung und am Sonntag ohne Begleitung.

Am Samstag, 23. April bis Sonntag, 24. April, in der Zeit von Samstag ab 10:00 Uhr bis Sonntag 17:00 Uhr, mit Begleitung während der Nacht.
Am Samstag, 06. Mai 2016 und Sonntag, 07. Mai 2016 zu den oben genannten Zeiten, mit Übernachtung und Begleitung während der Nacht.
Ab der Zeit vom 21. Mai 2016 unbegleitet gemäß dem angefochtenen Beschluss, dies gilt auch für die Ferienzeit.
Frau Twente, holen Sie bitte die Kinder rein."
„Die Kinder sind schon mit ihrer Tante nach Hause."
„Frau Twente, das hier ist mein Gericht. Ich habe die Kinder nicht entlassen. Sie erzählen den Kindern sofort, wenn Sie zu Hause sind, was wir, was ich hier heute beschlossen habe. Sie werden in Zukunft die Umgänge der Kinder mit ihrem Vater unterstützen, keine Zuwiderhandlungen gegen diesen Beschluss ausüben. Wenn Sie sich dem widersetzen, wie Sie es in der Vergangenheit wiederholt getan haben, werden Sie die volle Härte des Gesetzes zu spüren bekommen. Haben Sie mich verstanden?"
„Ja."

Vorgespielt und genehmigt.
Beschlossen und verkündet.

1. Die Vereinbarung der Beteiligten wird genehmigt, da sie im Einklang mit dem Kindeswohl steht.
2. Die Kosten des Verfahrens, einschließlich der Aufwendungen für die Vereinbarung, werden zwischen dem Antragsteller und der Antragsgegnerin gegenseitig aufgehoben. Diese Kostenregelung gilt für beide Instanzen.
3. Der Verfahrenswert der Beschwerde wird auf 3.000 Euro festgesetzt. Der Wert der Vereinbarung übersteigt diesen Betrag nicht.

4. Die Beteiligten werden auf die Konsequenzen einer möglichen Missachtung der Vereinbarung und des angefochtenen Beschlusses hingewiesen (Ordnungsgeld bis zu 25.000 Euro und Ordnungshaft bis zu 6 Monaten).

„Die Verhandlung ist somit geschlossen."
Ich schaue Levke an. Ein Haufen Elend. Vor versammelter Mannschaft vorgeführt, bloßgestellt, beschimpft und erniedrigt. Ich muss lächeln und denke an die erste Verhandlung in Hamburg, wo ich der Haufen Elend war und sie mich angegrinst hat, der Kreis schließt sich. Wer zuletzt lacht, lacht am besten. Irgendwie tut sie mir leid. Das war es jetzt also. Wie ein Albtraum, aus dem man aufwacht. Aufwacht, nach drei Jahren, einem Monat und vier Tagen. Total unspektakulär. Ich brauche wohl noch etwas, um das zu verstehen, zu verinnerlichen, dass es jetzt wirklich vorbei sein soll. Ich fühle mich gar nicht wie Rocky, kommt vielleicht noch. Kurze Zeit später stehe ich mit Frau Stemmer und Reinhold auf dem Parkplatz. Unter strahlendem Sonnenschein hat Reinhold eine Flasche Mumm Sekt ploppen lassen und macht die Plastikbecher auf der Motorhaube voll. Jetzt kommt sie langsam, die Freude über den Sieg. Ich bin ganz hippelig, strahle über das ganze Gesicht, aus meinem ganzen Körper. Immer wieder umarme ich Reinhold und Frau Stemmer.
„Gewonnen, gewonnen, wir haben gesiegt. Obsiegt auf ganzer Linie!"
„Du hast gesiegt, Hagen, du hast so tapfer gekämpft, Hagen. So unglaublich gekämpft, so unglaublich lange für deine Kinder gekämpft, Hagen. Du darfst jetzt wieder der gute Vater sein, der du bist. Auf dich, Hagen. Prost."
Als ich nach Hause fahre oder besser schwebe, ist mein Kopf ganz leer von Gedanken und ganz voll voller Freude und Glück. Ich habe gar keine Gedanken mehr. Ich habe mich die letzten Jahre immer

wieder gefragt, was soll ich eigentlich denken, wenn ich nicht mehr an Gerichte, Verfahren, Psychologen; an all die Demütigungen, den Hass und die Angst denken muss? Scheinbar an gar nichts mehr. Meinetwegen kann das so bleiben, mir fällt schon noch was ein, woran ich denken kann. Jetzt will ich nur schnell nach Hause, in meine Küche. Alle anrufen, kaltes Weizenbier trinken. Heute ist ein guter Tag, der beste seit über drei Jahren, bis jetzt.

Es kam dann genau, wie es in dem Beschluss stand. Levke hat noch ein paar Mal erfolglos versucht, sich einzubringen, querzustellen. Ich habe allerdings nie wieder mit ihr diskutiert, ich habe immer nur gesagt, dass wir uns an den Beschluss halten. Bereits im Sommer 2016 hatte ich mit meinen Kindern drei Wochen Ferien in den Bergen und auf dem Birkenhof verbracht. 2017 haben Ida und Jonny Skifahren gelernt.

EPILOG I

01.12.2018

Millerntor, Sankt Pauli hat 1:1 gegen Dresden gespielt, das Stadion tobt, einer breiter als der andere, Hip Hip Horray, was für ein gelungener Nachmittag. Immer, wenn am Papawochenende Sankt Pauli Heim spielt, geht es mit den Kindern ins Stadion. Die Kinder haben kein richtiges Interesse an Fußball, aber sie mögen unseren Block, sie mögen Konfetti, sie mögen die Currywurst und vor allem mögen sie die Pfandbecher. Ich hab ja auch keine Ahnung vom Fußball und bin eigentlich nur da, weil es so schön ist, mit den Freunden, dem FC, dem Freidrehen und dem Biertrinken. 1,50 Euro Pfand pro Becher, während eines Spiels kommen locker 20 Becher zusammen, macht 15 Euro für jeden, wesentlich mehr als das offizielle Taschengeld. Sie mögen aber auch unsere Fussigruppe und die Fussigruppe mag meine Kinder. Ida und Jonny mögen ganz besonders Sherab.

Sherab ist Tibetaner und hat schon bei den Karl-May-Festspielen einen Apachen gespielt. Sherab mag jeder, Sherab ist irgendwie die fleischgewordene Freude, Sherab ist immer gut drauf und laut, ich habe Sherab in zehn Jahren noch nie leise oder schlecht gelaunt erlebt. Laut sind wir alle, besonders wenn Sankt Pauli gut spielt. Es ist immer wieder beeindruckend, wie viel Bier man trinken kann, wenn man neunzig Minuten freidreht. Den guten Vorsatz, kein Bier vor den Kindern zu trinken, habe ich im Stadion relativ flott über Bord geworfen. So ist er halt der Papa, der verrückte Vogel. Der Vogel hat auf jeden Fall alle Lampen an.

Vor ein paar Monaten hätte man mir wohl das Umgangsrecht entzogen. *Herr Twente verhält sich im Stadion immer und immer wieder nicht altersgerecht und erfüllt nicht im Geringsten den Anforderungen an die Vorbildfunktion eines Vaters, verherrlicht Pyrotechnik,*

Bier- und Drogenkonsum und bespaßt die Kinder in einer nicht altersgerechten Umgebung. Aber es gibt keinen Umgangsbegleiter, keinen Richter, keine Psychologen mehr und Levke ist wahrscheinlich froh, dass sie alle zwei Wochen mal freihat. Also hoch die Tassen. In meiner Hosentasche vibriert das Telefon. Na, wer will denn da zum Unentschieden gratulieren? Reinhold! Was für eine feine Sache, gut dass man immer schon vorher weiß, wer dran ist. Wenn es Levke wäre, würde ich natürlich nicht rangehen. Also in die Hocke, sonst versteht man ja nichts.

„Reinhold! Was gibt's? Ich bin grad im Stadion, gibt's was Wichtiges?"

„Hier ist nicht Reinhold", sagt eine Frauenstimme – Nanu?

„Hier ist Frau Dr. Dobler vom UKE Eppendorf, ich habe das Handy von Herrn Voss, Herr Voss liegt hier im Sterben, er wird die nächsten Stunden sterben und er würde Sie so gerne nochmal sehen, können Sie kommen, jetzt, sofort?"

Boom, voll ins Gesicht. Mir schießen sofort die Tränen aus den Augen. Einen Meter über mir explodiert das Stadion und ich höre nur noch ein Rauschen, Rotz läuft aus meiner Nase.

„UKE Haus Drei, fragen Sie an der Rezeption nach Herrn Voss, wo sind Sie, es ist so laut bei Ihnen!"

„Im Stadion, aber ich bin gleich da, in einer Stunde. Danke, dass Sie mich angerufen haben."

„Schön, dass Sie kommen, beeilen Sie sich, Sie haben nicht mehr viel Zeit."

„Okay, bis gleich."

Ich lege auf. Ich drücke meine Knie durch, um wieder zu stehen. Alle schauen mich an, Jonnys entsetztes Gesicht hat sich in meinem Gehirn eingebrannt.

„Reinhold stirbt, ich muss ins UKE und Tschüss sagen." Freud und Leid, so nah beieinander, nein, keine Freude mehr, die noch vor

Sekunden alles bestimmt hat, nur Schmerz und schlimme, große Traurigkeit. Ich kann nur noch heulen, kann das kein bisschen kontrollieren. Irgendwie kommen wir aus dem Stadion, alles singt und grölt, schiebt und bewegt sich, ich stolpere und heule.

Gott sei Dank ist Jana dabei und nüchtern. Wir steigen in das erste Taxi und ab nach Hause. Ohhgottohgott, bin ich angetüddert. Kurze Zeit später sitze ich allein im Taxi und fahre ins UKE, vorher noch die Augen mit Augentropfen gespült, um etwas frischer zu wirken. Ich kaue Fischerman's Friends, gegen die Bierfahne. Wenn die mich mal überhaupt zu Reinhold durchlassen. Überall rieselt Konfetti. Na, das wird Reinhold bestimmt gefallen. Das letzte Geleit vom liebsten Weggefährten, angetüddert und mit Konfetti. Augen zu und durch, daran ist jetzt auch nichts mehr zu ändern, ist wenigstens ehrlich. Gott sei Dank kann das Taxi direkt vor Haus Drei halten. Ich falle mehr oder weniger aus dem Taxi. Wie peinlich. Ich find das gar nicht lustig, obwohl es nicht einer gewissen Komik entbehrt. Ich versuche gerade zu gehen, aber ich schwanke, bestenfalls, ich torkel wohl eher. Das Mädchen an der Rezeption lässt sich aber nichts anmerken, kennt sie wohl schon bei Heimspielen vom FC oder dem HSV.

Ich schwanke in Richtung Zimmer 32, durch den neonhellen Gang mit grünem Linoleumboden. Es ist niemand außer mir auf dem Gang. Ich denke: Hinter jeder dieser Türen wird gerade gestorben. Krass. Ich höre meine Schritte, mein Torkeln und nebenbei brennt sich ein Bild von diesem Flur in mein Gehirn ein. Zimmer 32, klopf, klopf und rein. Schlimmer geht immer. Das Zimmer ist voller Menschen, natürlich alle nüchtern, ich dafür breit für drei und Reinhold liegt mit Sauerstoff in der Nase im Bett. Er ist ganz klein, bestimmt einen halben Meter kleiner als sonst.

„Hallo, ich bin Hagen, entschuldigen Sie bitte, ich komme gerade aus dem Stadion und bin etwas angetrunken." Na ja, „etwas ange-

trunken" ist wohl „etwas" untertrieben. Machen Sie bitte Platz für ein Bierfass auf zwei Beinen.
„Ich bin Dr. Dobler, wir haben telefoniert, wirklich schön, dass Sie hier sind. Herr Voss hat so oft nach Ihnen gefragt!"
Ich schiebe mich zu Reinhold durch. Na, Reinhold kennt Leute. Ich stinke bestimmt wie der Goldene Handschuh, mittwochs nachmittags. Ich beuge mich zu Reinhold runter und lasse etwas Konfetti rieseln und meinen Tränen ihren Lauf. Vielleicht kann ich ja mit meiner Bierfahne seine Lebensgeister wieder zum Leben erwecken, bestenfalls, schlimmstenfalls gibt sie ihm den Rest.
„Reinhold, was machst du denn hier? Etwa sterbisterbi? Ich komme gerade aus dem Stadion, du kannst mir doch nicht den Abend schrotten."
„Hagen, haben wir gewonnen?"
„Reinhold, wir gewinnen immer, weißt du doch!"
Ich nehme Reinhold in den Arm, er ist ganz leicht, ganz klein, wie ein Kind. Ich denke an meine Mama, wie sie mir Minuten vor ihrem Tod gesagt hat, dass sie mich immer geliebt hat.
„Reinhold, du warst wie mein Papa für mich, du hast mich nie im Stich gelassen, ich liebe dich, wir sehen uns dann in Walhalla, ne?"
„Ja, Hagen, so machen wir das – bleib ein guter Vater."
Ein paar Stunden später ist er dann gestorben. Was für ein Verlust für mich, für so viele Väter, für so viele Kinder. Irgendwie bin ich dann wieder aus dem Krankenhaus geschwankt, habe mich auf eine Bank gesetzt und habe geheult und geheult und geheult, wie damals in der Kirche, als mein Papa beerdigt wurde, wie damals, als meine Mama starb. Jetzt hatte ich niemanden mehr, der auf mich aufpasst. Ich war niemandes Kind mehr. Mama, Papa, Reinhold – tot, alle tot.

EPILOG II

Herbst 2023

Hat sich der Kampf gelohnt? JA! Jonny ist jetzt zwanzig Jahre alt, macht sein Abitur, hat große Pläne für die Zukunft, entdeckt die Liebe, ist total digital und ich weiß, weil er mir das oft sagt, dass er glücklich und voller Zuversicht ist, auf das, was da kommt. Ida ist sechzehn Jahre alt, voller Tatendrang und rotzfrech. Ich bin mir auch bei ihr ganz sicher, dass auch sie glücklich und voller Zuversicht ist. Ich glaube, sie tritt in meine Fußstapfen und sie wird mir noch viel Freude und Kopfschütteln bereiten, eben immer noch ein Wildfang. Die beiden haben das wirklich gut überstanden. Wohl weil immer, ihr ganzes Leben lang, ein Hagen für sie da war, der sie bedingungslos geliebt hat, auf den sie sich verlassen konnten. Jonny hat mal zu Ida gesagt: „Ida, wenn Papa was verspricht, dann hält er das, immer, da kannst du dir ganz sicher sein." Was für schöne Worte. Ich bin mir sicher, wenn ich diesen aussichtslosen Kampf nicht aufgenommen und durchgezogen hätte, würden beide nicht das Leben leben, welches sie jetzt leben. Jonny hat zweimal damit gedroht, sich umzubringen, und vielleicht hätte er das tatsächlich gemacht. Auch Ida wäre wohl irgendwo zwischen Bulimie, Ritzen, Drogen und Absturz gelandet. Es gab für mich doch keine Alternative. Ich wollte doch in die Fußstapfen meines Vaters treten, der sein letztes Hemd für seine Kinder gegeben hat. Was für eine schöne, letzte gemeinsame Reise wir hatten, auf Island. Zwei Wochen mit dem Geländewagen, ohne GPS, nur mit Kartenmaterial quer durch Island. Ein halbes Jahr später hat er sich uffgehangen, weil er pleite war, aber die Reise mit seinem Sohn war noch drin. Danke, Papa. Ich bin mir sicher, dass Jonny und Ida in unsere Fußstapfen treten werden und gute Menschen, glückliche Eltern, von glücklichen Kindern werden, wie meine Eltern und wie ich.

Ich musste mich mit so vielen Dingen beschäftigen; dem Familiengericht und dem Kasperletheater Umgangsverfahren. Darauf hätte ich natürlich gerne verzichtet, aber manche Sachen sucht man sich nicht aus, die bekommt man unbestellt, frei Haus geliefert. Reinhold hat oft eine Geschichte von Häger dem Schrecklichen erzählt. Einer Wikingerfigur aus einem Comic. Häger war mal wieder auf Raubzug, aber das Plündern und Brandschatzen lief suboptimal und er konnte gerade noch mit seinem Schiff davonkommen. Von Schmerzen und Hunger geplagt, segelte er nach Haus, wo seine meckernde Frau auf ihn wartete. Dann ist sein Schiff untergegangen und er hält sich im tosenden Meer an einer Planke fest und schreit gen Himmel.
„Odin, warum ich?"
Aus dem Himmel schallt es zurück:
„Warum nicht?"
Ja, so ist das. Gießkannenprinzip. Ich hoffe, ich muss mich nicht irgendwann einmal so intensiv mit dem Thema Krebs oder Rollstuhl auseinandersetzen.
Seit ein paar Jahren können Levke und ich uns normal über wichtige Belange der Kinder unterhalten. Sie lebt ihr Leben, mit unseren Kindern, ich lebe mein Leben, ohne unsere Kinder. Regelmäßig sind meine Kinder jetzt bei mir in Hamburg. Natürlich sind die Papawochenenden über die Jahre seltener geworden, aber das ist okay. Eine Entschuldigung oder Erklärung von Levke hat es nie gegeben. Was geschah, ist zu einem Tabu geworden. Ich habe den Kindern mal gesagt, dass wir über die Scheidung reden können, wenn sie es wollten. Wollten sie nicht und das habe ich akzeptiert. Manchmal ist es das Beste, zu vergessen, und den Wunden einfach nur Zeit zu geben, um zu heilen.
Eine Sache darf man allerdings nicht vergessen und die muss ich auch erwähnen: Ich war prädestiniert, ich hatte einen riesengroßen Vorteil. Geld. Der ganze Scheidungsprozess hat mich über 50.000 Euro gekostet. Jeden Monat sieben bis achthundert Euro Unterhalt.

In sieben Jahren über 70.000 Kilometer Fahrerei, um die Kinder zu sehen, abzuholen und zurückzubringen. Die Kosten für die Umgänge sind allein vom Vater zu tragen – ihr Arschlöcher, so eine Frechheit. Ein nettes Wochenende mit den Kindern kostet immer mindestens 200 Euro, das mal zwanzig; zack, schon wieder 4.000 Euro im Jahr und dann war man noch nicht mal im Urlaub. Also ist bei zwei Kindern immer locker ein Tausender im Monat weg. Da bleibt für die meisten Väter nicht viel übrig. Für manche Väter nur ein Zimmer in einer Wohngemeinschaft oder eine kleine Wohnung und das ist dann wieder ein Totschlagargument für Übernachtungen. Außerdem ist es scheiße, mit Mitte vierzig wieder in eine WG zu ziehen. Auf jeden Fall habe ich die verlorene Zeit mit meinen Kindern nachgeholt. Reinhold hat zwar immer gesagt, wenn es um ausgefallene Umgänge ging und der Vater diesen nachholen wollte: „Man kann keine Zeit nachholen; die Zeit, die vergangen ist, die ist weg."
Ich habe das trotzdem gemacht, die Zeit nachgeholt. Durch den Verkauf meines Zuhauses, dem Haus in der Deichstraße, hatte ich Geld über. Ich bin jeden Winter mit den Kindern in Österreich Ski gefahren. Im Sommer ging es auch in die Berge. Gletscherski, Klettern am Klettersteig, Schwimmen, Wandern, E-Mountainbiking, Tubing, Raften, Unterkunft All in, mit Pool. Ein Trip nach England, Birkenhof mit vollem Entertainment. Locker nochmal 5.000 Euro für Fun & Action, jedes Jahr. Nach zehn Jahren hatte ich die 100.000 Euro aus dem Hausverkauf verbraten. Wie oft war die Mutter mit den Kindern in den letzten zehn Jahren im Urlaub? Zweimal – auf einem Campingplatz in Ostdeutschland, obwohl sie jeden Monat über 1.200 Euro an Unterhalt und Kindergeld hatte, welches mit Sicherheit nie bei den Kindern angekommen ist. Dafür müssen andere vierzig Stunden die Woche arbeiten. Für mich trotzdem gut angelegtes Geld. Was hilft das Geld, wenn man's behält? Wenn man allerdings kein Geld auf der hohen Kante hat, brechen einem zwei Kinder und ein Scheidungskrieg das Genick. Umso mehr Respekt

für die Väter, die trotzdem kämpfen. Kinder sind nach einer Scheidung wirklich, wirklich sehr teuer. Überlegt es euch gut, Männer. Den Unterhalt für Ida kann ich wohl mit 66 Jahren einstellen. Dann bekomme ich meine Rente, die auch nicht mehr sein wird, als mein Gehalt die letzten zwanzig Jahre, abzüglich Unterhalt für die Kinder. Muss ich mich wenigstens nicht einschränken. Vielleicht sorgen dann ja Ida und Jonny später mal für mich. Aber wie sagt ein altes polnisches Sprichwort in Bezug auf Kinder: „Und später bekommst du nicht mal eine Scheibe Brot."

Trotz der extremen „Quality Time" waren die letzten zehn Jahre, mit Blick auf die Kinder, offen gesagt scheiße. Ich kann mir das Gott sei Dank schönreden, mehr war ja nicht drin. Aber seine Kinder nur alle zwei Wochen für achtundvierzig Stunden zu sehen und fünf Wochen Ferien im Jahr mit ihnen zu verbringen, hat nichts mit dem zu tun, wie ich mit meinen Kindern leben wollte, warum ich Kinder wollte. Jonny und Ida hatten keinen anwesenden Vater, der ihr Leben wohlwollend aus der zweiten Reihe betrachtete. Der immer, physisch und psychisch, immer für sie da war. Ich war die letzten Jahre eigentlich nur der Sugardaddy, aber wenigstens einer der besten. Ich bin nicht mehr ein wichtiger Teil in ihrem Leben. Ich bin seit Jahren nur ein gern gesehener Gast, aber eben nur ein Gast. Das ist leider wahr und das ist sehr traurig, das ist bitter, das ist hart. Wenigstens bin ich nicht mehr nur ein Gast in meinem eigenen Leben. Das Wechselmodell ist der einzige vernünftige, gerechte Weg nach einer Scheidung, wenn dieses Modell denn technisch möglich ist. Wir brauchen die Kinder nicht, falls doch, ist das schon der Anfang vom Ende. Die Kinder brauchen aber uns, Mama und Papa. In manchen Gegenden Afrikas sagt man, dass es ein ganzes Dorf braucht, um ein Kind zum Erwachsenen zu machen – hier gibt es Mütter, die denken, sie bekommen das besser allein hin. Merkste selber, ne?

Es gibt natürlich gute Väter und schlechte Väter, wie es gute Menschen und schlechte Menschen gibt. Ich bin mir aber sicher, dass die meisten Menschen gute Menschen sind. Alle Väter, die ich über die Jahre und die Selbsthilfegruppe kennengelernt habe, waren gute Väter und gute, sympathische Menschen. Es waren alles engagierte Väter, sonst würden die auch nicht in einer Selbsthilfegruppe sitzen. Positive, freundliche Väter, eine Bereicherung für jedes Kind. Die Schrottmütter verwehren ihren Kindern eine gute Zeit, Spaß, Freude und Energie. Verwehren ihnen die Hälfte ihrer Identität. Verwehren ihnen, geliebt zu werden, sicher zu sein. Da ist jemand, der sie bedingungslos liebt, eine Sicherheit und auch eine Alternative. Väter, die ihre Kinder einfach zurücklassen, sich nicht um ihre Kinder kümmern, sind schlechte Väter, wohl auch schlechte Menschen. Es ist aber ein großer Unterschied, ob ich kein guter Vater sein kann, nicht sein will oder ob mir jemand verwehrt, ein guter Vater zu sein; den Kindern verwehrt, einen guten Vater zu haben.

Es gibt jährlich ungefähr 140.000 Scheidungen in Deutschland, über 40.000 davon enden in einem Umgangsverfahren, von denen 80 % von Vätern eröffnet werden und bestimmt nicht, weil sie ihre Kinder nicht mehr sehen wollen. Die anderen 20 % werden wohl von Müttern mit dem Ziel eröffnet, dass die Kinder ohne ihren Vater aufwachsen sollen. 40.000 Umgangsverfahren im Jahr, durchschnittliche Dauer zwei, drei Jahre. Momentan dürften 120.000 Umgangsverfahren am Köcheln sein, mit je durchschnittlich zwei betroffenen Kindern, macht das jetzt gerade eine Viertel Millionen Kinder nur in Deutschland, die ihren Vater nicht sehen dürfen. Über Oma, Opa, Cousinen, Tanten und alte Freunde rede ich gar nicht.

Ich frage diese Umgangsboykottmütter: „Was glaubt ihr eigentlich, wer ihr seid? Seht ihr eure Kinder wirklich als Besitz an – ‚Du gehörst mir'? So viele Mütter können doch nicht krank sein, so viele Mütter können nur scheiße sein. Ihr geht über Leichen, die Leichen eurer eigenen Kinder, ihr wascht die Gehirne eurer eigenen Kinder. Ihr zerstört nicht nur die Kindheit eurer Kinder, sondern auch deren

Zukunft. Klar war eure Kindheit scheiße und ihr habt wohl leider in der Regel nicht erfahren, was Elternliebe ist, aber man muss doch nicht die Fehler der eigenen Eltern wiederholen!"

Für meine Kinder hat sich der Kampf gelohnt. Aber für mich? Für mich auch. Ich habe ein Buch geschrieben, ich wollte immer schon ein Buch schreiben. Ich habe erfahren, dass man fast alles erreichen kann, wenn man ein paar tausend Stunden und ein paar tausend Euro in einen Traum investiert. Aber nur mit diesem massiven Einsatz, vor allem von Zeit kann man ein Buch schreiben, 100 Meter tief tauchen und die höchsten Wellen reiten, jede Sprache der Welt lernen, jedes Handwerk beherrschen, kann man ein besserer Mensch werden, man kann das Spielen jedes Instrumentes lernen, von einem Lauch zu einem Hulk werden, vielleicht kann man sogar Berge versetzen, aber immer gilt: „Von nichts, kommt nichts, ohne Fleiß kein Preis." Deswegen werde ich auch 2024 meinen ersten Marathon mit 57 Jahren laufen. Allerdings bin ich ein Einzelgänger geworden. Ganz früher war ich immer gerne ein Teil einer Jugendbewegung, hatte gerne eine Gang, eine Clique von Gleichgesinnten, hatte gerne meine vielen Freunde um mich. Später war ich gerne ein Teil der Gesellschaft, für die ich mich gerne und viel engagiert habe. Jetzt bin ich am liebsten allein. Ich denke viel und gerne bei Technomusik über alles, Gott und die Welt nach. Früher habe ich gar nicht viel nachgedacht. Ich glaube, das ist nicht dem Alter geschuldet. Das sind die Narben der drei Jahre. Die Zeit heilt alle Wunden, Narben bleiben. Die Menschen auf der Arbeit reichen mir. Ab und zu meine Kinder, die Heimspiele vom FC Sankt Pauli, ein paar, sehr wenige, sehr gute Freunde, mehr brauche ich nicht. Ich bin wirklich gerne allein, ich bin ja nicht einsam. Ich rauche nicht mehr, nur noch elektrisch, gekifft wird manchmal auch, Weizenbier trinke ich immer noch gerne, aber verkatert bin ich eigentlich nie mehr. Ich achte auf meine Gesundheit, schone meinen Körper, den ich so sehr aus-

gebeutet habe. Ich bin eigentlich jeden Abend dankbar, dass ich so gesund bin.
Ich hätte natürlich gerne auf diesen Scheiß verzichtet, aber ich hatte keine Wahl. Hätte ich diesen Kampf nicht geführt, könnte ich nicht mehr im Spiegel schauen, ohne mich zu schämen. Was fühlt eigentlich Levke, wenn sie sich im Spiegel sieht?
Wenn „das" nicht passiert wäre, hätte ich dieses Buch nicht geschrieben. Wenn ich irgendwann mal sterbisterbi machen muss, wäre nichts mehr übrig von mir. Die Erinnerungen an mich würden dann irgendwann verblassen. Jetzt ist „Das Beschütz Mich" und „Lukke und Lykka auf der Suche nach der Sonne" da und ich werde immer irgendwo sein, wenn auch nur als bedrucktes Papier. Jonny und Ida können, wenn sie wollen, lesen, wie ihr Vater war, wie ein guter Vater zu sein hat und wie man verdammt nochmal das einzige, feine Leben, was man hat, rockt. Ich hatte so viel Zeit, an meine Eltern zu denken, vor allem an meinen Vater. Was für ein Geschenk, solche Eltern gehabt zu haben. Mit diesem Buch konnte ich nochmal Danke Papa, Danke Mama sagen. Ich weiß jetzt, wie sich Liebe anfühlt, weiß, dass ich nichts mehr auf der Welt liebe als meine Kinder. Wenn das Buch ein Erfolg werden sollte, schreibe ich das nächste Buch, eine Idee habe ich schon. Natürlich gibt es auch wieder ein passendes Kinderbuch dazu. Es wird ein ganz anderes, lustiges Buch werden, versprochen. Dann werde ich meinen Job an den Nagel hängen und den Rest meines Lebens schreiben, chillen, Techno hören, glücklich und zufrieden sein und den lieben Gott einen guten Mann sein lassen. Wenn ich die letzten Jahre so richtig traurig sein wollte, habe ich immer Cat Stevens „Father and Son" gehört. Die schönste Textzeile war immer: *Look at me, I am old but I am happy.*
So wird es kommen, ganz bestimmt.
Eigentlich ist es doch jetzt schon so.

Playlist

SANKT PAULI IST IMMER DA
Hells Bells   AC/DC
Song 2   Blur

JAMES BROWN IS DEAD
Pogo in Togo   United Balls
I just can´t get enough   Depeche Mode
James Brown is Dead   L.A. Style
Ein Jahr (es geht voran)   Fehlfarben
Deutschland im Herbst   Böhse Onkelz
Yes we can   Pete Sheppibone

PAPA MAMA OPA OMA SOHN
Temple of Love   Sister of Mercie

WIEDERSEHEN
Tage wie diese   Die Toten Hosen

WEIHNACHTEN
We wish you a reagge Christmas   Jamaica Papa Curvin

DIE KARTOFFELFRAU
Out of Space   Prodigy

BOXEN
Rocky Balboa – Theme Song   Pedro da Boleia

27.11.2014
Bilder im Kopf   Sido
Whatever   Cro

08.01.2015
Lieder   Adel Tawil

CHEMICAL ROMANCES
Kalkutta liegt am Ganges   Vico Torriani

BEGELEITETE UMGÄNGE
Ich werd mich ändern   4 Promille

RUNDE 12
Father and Son   Cat Stevens

DANKSAGUNG

Das Schönste kommt zum Schluss: „DANKE" sagen! Ich sage gerne und oft vom ganzen Herzen „Danke".

Das allerallerllergrößte „Danke" geht an Karolina Schucht. „Danke" Karolina, dass wir dieses Buch zusammen zusammengebastelt haben. Karolina, was bist du für ein feiner Mensch und was für eine professionelle, pünktliche, zuverlässige, tolle, schlaue, nie belehrende Lektorin. Wir haben es tatsächlich geschafft!
„Danke" Dirk, dass du dieses Werk möglich gemacht hast, du verrückter Hund.
„Danke" Heike, dass du mich an das Schreiben herangeführt hast.
Ein ganz großes „Danke" geht an Pit raus, meinen besten Freund und an Ulli, die mich beide schon so lange ertragen. Peter, das kann klappen!
„Danke" an Sabine, die mich tapfer ausgehalten hat, als ich dieses Buch geschrieben habe und mir gezeigt hat, dass man über Jahre glücklich zusammen sein kann, ohne sich jemals zu streiten, was für ein feiner, herzlicher, herzensguter Mensch du bist, einer der besten Menschen, die ich je an meiner Seite hatte.
„Danke" an Jana, die seit über 30 Jahren an meiner Seite geht und immer, wirklich immer für mich da war und ist.
„Thanks" to Liam, we will large it again, again and again.
„Danke" an den FC Sankt Pauli, fürs Boxen und die hunderten Spiele am Millerntor – „Du bist mein Verein und du wirst es auch für immer bleiben!"
„Danke" an Marten, meinem Sandkastenfreund und fantastischen Illustrator, schön, dass wir uns wieder gefunden haben.
„Danke" an Jan, fürs Babysitten und immer da sein.
„Danke" an meine Schwester und ihre Töchter, die den verrückten Vogel nie in Frage gestellt haben.
Ein „Danke" an Frau Zeich, für die vielen guten Gespräche.

Ein „Danke" an all meine Freunde und Arbeitskollegen, die mein Gesabbel und mich so tapfer, immer und immer wieder aushalten.

Zu guter Letzt, ein „Danke" aus der Tiefe meines Herzens, an meine tollen, tapferen Kinder. Ich liebe euch so sehr. Ist bestimmt nicht immer einfach, so einen Vater zu haben, aber was sollt ihr machen, ihr habt ja nur den einen, hihihi.